常见渔业违法行为及法律责任

周艳波　高丽鹏　郭云峰　主编

中国农业出版社

农村读物出版社

北　京

图书在版编目（CIP）数据

常见渔业违法行为及法律责任 / 周艳波，高丽鹏，郭云峰主编 . —北京：中国农业出版社，2022.11
ISBN 978-7-109-28705-1

Ⅰ.①常⋯　Ⅱ.①周⋯ ②高⋯ ③郭⋯　Ⅲ.①渔业法
－违法－研究－中国　Ⅳ.①D922.44

中国版本图书馆 CIP 数据核字（2021）第 165399 号

中国农业出版社出版
地址：北京市朝阳区麦子店街 18 号楼
邮编：100125
责任编辑：王金环　肖　邦　　文字编辑：耿韶磊
版式设计：杨　婧　　责任校对：周丽芳
印刷：中农印务有限公司
版次：2022 年 11 月第 1 版
印次：2022 年 11 月北京第 1 次印刷
发行：新华书店北京发行所
开本：787mm×1092mm　1/16
印张：20
字数：456 千字
定价：125.00 元

本书编委会

主　　编　周艳波　高丽鹏　郭云峰

副主编　吴洽儿　马胜伟　张燕雪丹

参　　编　（以姓氏笔画排序）

　　　　　冯　菲　毕洁婷　孙慧岩　邱贞珊　邹广生

　　　　　张　梅　张　磊　陈　森　林锡坤　周利粒

　　　　　周茜涵　钟舒童　黄应邦　梁琳奇　谢恩阁

前　言

　　全面依法治国推动新时代党和国家事业取得了历史性成就、发生了历史性变革。习近平总书记对全面依法治国做出了重要论述，鲜明地回答了中国特色社会主义法治走什么样的道路、构建什么样的体系、实现什么样的目标重大理论和实践问题，深刻指出全面依法治国是一场国家治理的深刻革命，为全面依法治国、推进国家治理体系和治理能力现代化提供了根本遵循。《中共中央 国务院关于实施乡村振兴战略的意见》和《乡村振兴战略规划（2018—2022年）》明确提出了建设法治乡村的重大任务。《中共中央关于坚持和完善中国特色社会主义制度 推进国家治理体系和治理能力现代化若干重大问题的决定》强调系统治理、依法治理、综合治理、源头治理。中共中央办公厅、国务院办公厅印发《关于加强和改进乡村治理的指导意见》，对法治乡村建设提出明确要求。对标渔业行业，立法执法工作已经取得明显成效，发展越来越多地依靠法治的支撑与保障，广大渔民也越来越多地享受到法治带来的公平与利益。

　　2019 年 5 月 21 日，农业农村部公布了现行有效规章和规范性文件目录（中华人民共和国农业农村部公告第 176 号），对我国渔业行业现行有效的法律法规进行了梳理，为渔政管理工作提供了正确指引，但是过于碎片化的渔业专业法律知识给渔政执法工作也带来诸多困扰。为贯彻依法治国基本方略，进一步深化渔业法律宣传教育工作，让常见的"电鱼、炸鱼、毒鱼"违法行为、"三无"船舶非法捕捞行为以及扰乱渔业正常生产秩序等违法行为能够被更多的人认识与了解，让社会大众在短时间内系统全面地了解渔业专业法律知识，在农业农村部渔业渔政管理局渔政处的资助和指导下，中国水产科学研究院南海水产研究所组织相关领域专家，编写了以渔业行业专有名词为基础的介绍常见渔业违法行为的著作——《常见渔业违法行为及法律责任》。该书针对渔政执法人员和渔业行业从业人员的实际需求，在现有渔业法律法规框架下，结合《农业综合行政执法事项指导目录》和中国渔政执法举报受理平台具体数据，梳理常见渔业违法行为，整合松散的渔业专业知识，对常见的渔业违法行为及法律责任进行全面总结。希望本书的出版，能对我国从事渔业相关工作的社会各界人士提供帮助，也为推进渔业行业绿色健康发展发挥作用。

因时间和水平有限，书中难免有不妥和疏漏之处，敬请批评指正。

《常见渔业违法行为及法律责任》编写组

2022 年 10 月

索　引

A

B

C

W

Z

目　　录

第一章 非法捕捞

一、使用炸鱼、毒鱼、电鱼等破坏渔业资源的方法进行捕捞

〔关键词〕禁用渔法｜炸鱼｜毒鱼｜电鱼｜鱼鹰捕鱼｜敲罟作业

【禁用渔法】

禁止使用炸鱼、毒鱼、电鱼等破坏渔业资源的方法进行捕捞。禁止制造、销售、使用禁用的渔具。禁止在禁渔区、禁渔期进行捕捞。禁止使用小于最小网目尺寸的网具进行捕捞。捕捞的渔获物中幼鱼不得超过规定的比例。在禁渔区或者禁渔期内禁止销售非法捕捞的渔获物。

重点保护的渔业资源品种及其可捕捞标准，禁渔区和禁渔期，禁止使用或者限制使用的渔具和捕捞方法，最小网目尺寸以及其他保护渔业资源的措施，由国务院渔业行政主管部门或者省、自治区、直辖市人民政府渔业行政主管部门规定。

——《中华人民共和国渔业法》（法律）第三十条

本法规定的行政处罚，由县级以上人民政府渔业行政主管部门或者其所属的渔政监督管理机构决定。但是，本法已对处罚机关作出规定的除外。

在海上执法时，对违反禁渔区、禁渔期的规定或者使用禁用的渔具、捕捞方法进行捕捞，以及未取得捕捞许可证进行捕捞的，事实清楚、证据充分，但是当场不能按照法定程序作出和执行行政处罚决定的，可以先暂时扣押捕捞许可证、渔具或者渔船，回港后依法作出和执行行政处罚决定。

——《中华人民共和国渔业法》（法律）第四十八条

禁止使用电力、鱼鹰捕鱼和敲罟作业。在特定水域确有必要使用电力或者鱼鹰捕鱼时，必须经省、自治区、直辖市人民政府渔业行政主管部门批准。

——《中华人民共和国渔业法实施细则》（行政法规）第二十条

严禁任何单位和个人在水库、湖泊、江河等一切水域炸鱼、毒鱼、电鱼，以保护水利工程安全和水产资源。

——《国务院关于保护水库安全和水产资源的通令》（行政法规）第二条

严禁炸鱼、毒鱼、滥用电力捕鱼以及进行敲罟作业等严重损害水产资源的行为。

——《水产资源繁殖保护条例》（行政法规）第十一条

本规定中需要处以罚款的计罚单位如下：

（四）炸鱼、毒鱼、非法电力捕鱼和使用鱼鹰捕鱼的，用船作业的以单艘船计罚，不用

船作业的以人计罚。

——《渔业行政处罚规定》（部门规章）第五条第四项

禁止使用下列严重损害生物资源的渔具、渔法：

（一）炸鱼、毒鱼和电力捕鱼；以渔船推进器、泵类采捕定居种生物资源。

——《渤海生物资源养护规定》（部门规章）第三十条第一项

禁止炸鱼、毒鱼和使用电力、鱼鹰、水獭捕鱼，禁止使用拦河缯（网）、密眼网（布网、网络子、地笼网）、滚钩、迷魂阵、底拖网等有害渔具进行捕捞。沿江闸口禁止套网捕捞生产。

——《长江渔业资源管理规定》（部门规章）第六条

（一）炸鱼、毒鱼

〔关键词〕利用炸鱼、毒鱼等方法进行捕捞

使用炸鱼、毒鱼、电鱼等破坏渔业资源方法进行捕捞的，违反关于禁渔区、禁渔期的规定进行捕捞的，或者使用禁用的渔具、捕捞方法和小于最小网目尺寸的网具进行捕捞或者渔获物中幼鱼超过规定比例的，没收渔获物和违法所得，处五万元以下的罚款；情节严重的，没收渔具，吊销捕捞许可证；情节特别严重的，可以没收渔船；构成犯罪的，依法追究刑事责任。

——《中华人民共和国渔业法》（法律）第三十八条第一款

本法规定的行政处罚，由县级以上人民政府渔业行政主管部门或者其所属的渔政监督管理机构决定。但是，本法已对处罚机关作出规定的除外。

在海上执法时，对违反禁渔区、禁渔期的规定或者使用禁用的渔具、捕捞方法进行捕捞，以及未取得捕捞许可证进行捕捞的，事实清楚、证据充分，但是当场不能按照法定程序作出和执行行政处罚决定的，可以先暂时扣押捕捞许可证、渔具或者渔船，回港后依法作出和执行行政处罚决定。

——《中华人民共和国渔业法》（法律）第四十八条

依照《渔业法》第二十八条规定处以罚款的，按下列规定执行：

（一）炸鱼、毒鱼的，违反关于禁渔区、禁渔期的规定进行捕捞的，擅自捕捞国家规定禁止捕捞的珍贵水生动物的，在内陆水域处五十元至五千元罚款，在海洋处五百元至五万元罚款。

——《中华人民共和国渔业法实施细则》（行政法规）第二十九条第一项

建设单位违反本条例规定，在重要渔业水域进行炸药爆破或者进行其他可能对渔业资源造成损害的作业，未避开主要经济类鱼虾产卵期的，由县级以上人民政府海洋主管部门予以警告、责令停止作业，并处五万元以上二十万元以下的罚款。

——《防治海洋工程建设项目污染损害海洋环境管理
条例》（行政法规）第五十一条第二款

依照《渔业法》第二十八条和《实施细则》第二十九条规定，有下列行为之一的，没收渔获物和违法所得，处以罚款，并可以没收渔具、吊销捕捞许可证。罚款按以下标准执行：

〔一〕毒鱼、炸鱼的，在内陆水域，从轻处罚的处以二百元至三千元罚款，从重处罚的处以三千元至五千元罚款；在海洋，从轻处罚的处以五百元至一万元罚款，从重处罚的处以一万元至五万元罚款。

——《渔业行政处罚规定》（部门规章）第六条第一项

案例 1

2018 年 4 月 20 日左右，被告人张某某伙同张某某 1、陈某（均另案处理）来到浙江省永嘉县的楠溪江边，使用农药甲氰菊酯以毒鱼的方法捕捞溪鱼，共捕捞得溪鱼 4 斤* 以上。2018 年 4 月 28 日下午，被告人张某某伙同张某某 1 来到永嘉县的楠溪江边，使用农药甲氰菊酯以毒鱼的方式捕捞溪鱼，共捕捞得溪鱼 10 斤以上；后被告人张某某再次伙同张某某 1 来到永嘉县的楠溪江边，与戴某、应某（均另案处理）会合，共同使用农药甲氰菊酯以毒鱼的方式捕捞溪鱼，共捕捞得溪鱼 10 斤以上。2018 年 7 月 17 日，被告人张某某被民警抓获归案。浙江省永嘉县人民法院认为，被告人张某某违反保护水产资源法规，伙同他人在禁渔期内使用禁用的工具、方法捕捞水产品，情节严重，其行为已构成非法捕捞水产品罪，判处有期徒刑六个月①。

案例 2

2016 年 7 月 21 日，上午 9 时，被告人吴某某、严某某、吴某某 1 三人相约一起去钓鱼，后三被告人驾车来到河边，被告人吴某某看河水较浅即提出买点猪饲料撒到河中再观察是否有鱼，有鱼就用其车上自备的"开门炮"炸鱼，被告人严某某和吴某某 1 均表示同意，于是三被告人驾车到七都镇派出所旁边的商店买了 10 元的猪饲料，再折返回黄河村河口组。被告人吴某某将猪饲料撒入河中两处位置，看到鱼聚集成群时，从车上拿出两根"开门炮"，点燃后分别扔到两处鱼群聚集的位置，等到鱼被炸漂浮在水面后三被告人开始捞鱼，在捞鱼过程中被石台县公安局七都派出所民警现场查获，共查获"鳖鲦""花鸡公"等各类小河鱼约 10 斤。

《安徽省农业委员会关于对青阳等 3 县申请要求实施禁渔的批复》规定，清溪河石台县水域为禁渔水域，禁渔时间为每年的 4 月 1 日至 7 月 31 日。《石台县人民政府关于加强秋浦河等河流渔业资源管理的通告》第一条规定"4 月 1 日至 7 月 31 日为秋浦河等河流的禁渔期，在禁渔期内禁止一切捕捞活动"，第二条第一款规定"使用炸鱼、毒鱼、电鱼等破坏渔业资源方法，在本县水域内进行捕捞的，没收渔具、渔获物和违法所得……"

安徽省石台县人民法院认为：被告人吴某某、严某某、吴某某 1 违反保护水产资源法规，在禁渔区、禁渔期使用禁用的工具、方法捕捞水产品，情节严重，其行为均构成非法捕捞水产品罪。三被告人系共同犯罪，被告人吴某某在本案中起主要作用，是主犯，被告人严某某、吴某某 1 在本案中起次要作用，是从犯，应当从轻处罚。判决被告人吴

---

* 斤为非法定计量单位。1 斤＝500 克。——编者注
① 详见浙江省永嘉县人民法院（2018）浙 0324 刑初 840 号刑事判决书。

某某犯非法捕捞水产品罪，判处拘役二个月，缓刑三个月。被告人严某某犯非法捕捞水产品罪，判处拘役一个月，缓刑二个月。被告人吴某某1犯非法捕捞水产品罪，判处拘役一个月，缓刑二个月①。

（二）电鱼

〔关键词〕电鱼

使用炸鱼、毒鱼、电鱼等破坏渔业资源方法进行捕捞的，违反关于禁渔区、禁渔期的规定进行捕捞的，或者使用禁用的渔具、捕捞方法和小于最小网目尺寸的网具进行捕捞或者渔获物中幼鱼超过规定比例的，没收渔获物和违法所得，处五万元以下的罚款；情节严重的，没收渔具，吊销捕捞许可证；情节特别严重的，可以没收渔船；构成犯罪的，依法追究刑事责任。

——《中华人民共和国渔业法》（法律）第三十八条第一款

本法规定的行政处罚，由县级以上人民政府渔业行政主管部门或者其所属的渔政监督管理机构决定。但是，本法已对处罚机关作出规定的除外。

在海上执法时，对违反禁渔区、禁渔期的规定或者使用禁用的渔具、捕捞方法进行捕捞，以及未取得捕捞许可证进行捕捞的，事实清楚、证据充分，但是当场不能按照法定程序作出和执行行政处罚决定的，可以先暂时扣押捕捞许可证、渔具或者渔船，回港后依法作出和执行行政处罚决定。

——《中华人民共和国渔业法》（法律）第四十八条

依照《渔业法》第二十八条规定处以罚款的，按下列规定执行：

（四）未经批准使用电力捕鱼的，在内陆水域处二百元至一千元罚款，在海洋处五百元至三千元罚款。

——《中华人民共和国渔业法实施细则》（行政法规）第二十九条第四项

依照《渔业法》第二十八条和《实施细则》第二十九条规定，有下列行为之一的，没收渔获物和违法所得，处以罚款，并可以没收渔具、吊销捕捞许可证。罚款按以下标准执行：

（三）未经批准使用电力捕鱼的，在内陆水域处二百元至一千元罚款；在海洋处五百元至三千元罚款。

——《渔业行政处罚规定》（部门规章）第六条第三项

案例3

2020年4月5日，江西省赣州市上犹县农业农村局农业综合行政执法大队接群众举报后，协调公安部门开展联合执法，在上犹江查获钟某、陈某某等2人使用电鱼方法进行非法捕捞，现场查扣黄尾鲴等非法渔获物4.3千克，以及电鱼器具。根据《中华人民

---

① 详见安徽省石台县人民法院（2018）皖1722刑初4号刑事判决书。

共和国渔业法》等法律法规，上犹县农业农村局农业综合行政执法大队对当事人钟某、陈某某分别作出罚款五千元、责令整改的行政处罚。该案由公安机关进一步追究刑事责任。6月18日，上犹县人民法院做出判决，分别判处被告人钟某、陈某某一万元罚金，并没收作案工具。

（三）敲罟作业

〔关键词〕敲罟作业

依照《渔业法》第二十八条规定处以罚款的，按下列规定执行：

（二）敲罟作业的，处一千元至五万元罚款。

——《中华人民共和国渔业法实施细则》（行政法规）第二十九条第二项

依照《渔业法》第二十八条和《实施细则》第二十九条规定，有下列行为之一的，没收渔获物和违法所得，处以罚款，并可以没收渔具、吊销捕捞许可证。罚款按以下标准执行：

（二）敲罟作业的，从轻处罚的处以一千元至一万元罚款，从重处罚的处以一万元至五万元罚款。

——《渔业行政处罚规定》（部门规章）第六条第二项

（四）鱼鹰捕鱼

〔关键词〕鱼鹰捕鱼

依照《渔业法》第二十八条规定处以罚款的，按下列规定执行：

（三）未经批准使用鱼鹰捕鱼的，处五十元至二百元罚款。

——《中华人民共和国渔业法实施细则》（行政法规）第二十九条第三项

依照《渔业法》第二十八条和《实施细则》第二十九条规定，有下列行为之一的，没收渔获物和违法所得，处以罚款，并可以没收渔具、吊销捕捞许可证。罚款按以下标准执行：

（六）非法使用鱼鹰捕鱼的，处以五十元至二百元罚款。

——《渔业行政处罚规定》（部门规章）第六条第六项

案例 4

2018年3月25日上午10时许，被告人张某某、张某某1、胡某某、石某某明知新河水域在禁渔期内禁止使用鱼鹰捕鱼，仍相约四条船至淮安市淮安区林集镇林集大桥南侧新河水域内以鱼鹰捕鱼。至被查获时，四人捕捞渔获物共计27斤。经查，根据2018年2月22日淮安市农业委员会通告，淮安市辖区内的新河水域为禁渔区，禁渔期为2018年3月1日至5月31日，禁止使用鱼鹰等渔具、渔法进行捕捞。案发后四名被告人如实供述自己的犯罪事实。本案审理期间，四名被告人自愿缴纳人民币二千元用于购买鱼苗放生，修复生态。淮安市清江浦区人民法院认为，被告人张某某、张某某1、胡某某、石某某违反保护水产资源法规，在禁渔期、禁渔区使用禁用的工具捕捞水产品，情节严重，其行为均已构成非法捕捞水产品罪。判决被告人张某某犯非法捕捞水产品罪，判处拘役三个月，缓刑四个月。被告人张某某1犯非法捕捞水产品罪，判处拘役三个月，缓刑四个月。被告人胡某某犯非法捕捞水产品罪，判处拘役三个月，缓刑四个月。被告人石某某犯非法捕捞水产品罪，判处拘役三个月，缓刑四个月①。

二、使用禁用渔具进行捕捞

〔关键词〕禁用渔具 | 长江干流禁用渔具 | 黄渤海、东海、南海禁用渔具 | 南极禁用渔具 | 最小网目尺寸 | 携带禁用渔具

【禁用渔具】

禁止使用炸鱼、毒鱼、电鱼等破坏渔业资源的方法进行捕捞。禁止制造、销售、使用禁用的渔具。禁止在禁渔区、禁渔期进行捕捞。禁止使用小于最小网目尺寸的网具进行捕捞。捕捞的渔获物中幼鱼不得超过规定的比例。在禁渔区或者禁渔期内禁止销售非法捕捞的渔获物。

重点保护的渔业资源品种及其可捕捞标准，禁渔区和禁渔期，禁止使用或者限制使用的渔具和捕捞方法，最小网目尺寸以及其他保护渔业资源的措施，由国务院渔业行政主管部门或者省、自治区、直辖市人民政府渔业行政主管部门规定。

——《中华人民共和国渔业法》（法律）第三十条

各种主要渔具，应当按不同捕捞对象，分别规定最小网眼（箔眼）尺寸。其中机轮拖网、围网和机帆船拖网的最小网眼尺寸，由国家水产总局规定。

禁止制造或出售不合规定的渔具。

——《水产资源繁殖保护条例》（行政法规）第九条

现有危害资源的渔具、渔法，应当根据其危害资源的程度，区别对待。对危害资源较轻的，应当有计划、有步骤地予以改进。对严重危害资源的，应当加以禁止或限期淘汰，在没有完全淘汰之前，应当适当地限制其作业场所和时间。

捕捞小型成熟鱼、虾的小眼网具，只准在指定的水域和时间内作业。

——《水产资源繁殖保护条例》（行政法规）第十条

水产科研部门应当将资源调查、资源保护和改进渔具、渔法的研究工作列为一项重要任务，及时提出水产资源繁殖保护的建议，并为制定实施细则提供科学依据。

——《水产资源繁殖保护条例》（行政法规）第十七条第二款

① 详见淮安市清江浦区人民法院（2018）苏0812刑初203号刑事判决书。

【长江干流禁用渔具】

禁止炸鱼、毒鱼和使用电力、鱼鹰、水獭捕鱼，禁止使用拦河缯（网）、密眼网（布网、网络子、地笼网）、滚钩、迷魂阵、底拖网等有害渔具进行捕捞。沿江闸口禁止套网捕捞生产。

——《长江渔业资源管理规定》（部门规章）第六条

自 2017 年 7 月 1 日起，青海省曲麻莱县以下至长江河口（东经 122°）的长江干流江段全面禁止使用单船拖网等十四种渔具。

——《农业部关于长江干流禁止使用单船拖网等十四种
渔具的通告（试行）》（规范性文件）第一条

除继续执行国家现有规定外，长江干流全面禁止使用单船拖网、双船拖网、多船拖网、多桩有翼单囊张网、双锚框架张网、拦河撑架敷网、岸敷箕状敷网、岸敷撑架敷网、拦截插网陷阱、拦截箔筌陷阱、导陷插网陷阱、导陷箔筌陷阱、拖曳齿耙耙刺、定置延绳滚钩耙刺等十四种渔具，禁用渔具目录详见附件。

各省（自治区、直辖市）渔业行政主管部门，可在本通告规定的基础上，根据本辖区渔业资源保护和捕捞生产实际，制定更严格的本辖区禁用渔具目录，并适当扩展适用水域。

——《农业部关于长江干流禁止使用单船拖网等十四种渔具的通告
（试行）》（规范性文件）第二条

长江干流禁用渔具的所有者、使用者须在 2017 年 6 月 30 日之前自行对禁用渔具进行清理、更换和销毁。自 2017 年 7 月 1 日起，全面禁止制造、销售和使用单船拖网等十四种禁用渔具。长江干流各级渔业行政主管部门及其所属的渔政监督管理机构要对辖区水域内渔船携带和使用禁用渔具的情况进行专项执法检查。对制造、销售和使用禁用渔具的相关人员，依据《中华人民共和国渔业法》第三十八条予以处罚，并对使用禁用渔具的渔船，视情全部或者部分扣除当年的渔业油价补助资金。对携带禁用渔具的捕捞渔船，按使用禁用渔具予以处罚。

——《农业部关于长江干流禁止使用单船拖网等十四种渔具的通告（试行）》
（规范性文件）第三条

【黄渤海、东海、南海禁用渔具】

禁止使用小于规定的最小网目尺寸的网具进行捕捞。渤海捕捞作业网具的最小网目尺寸按照附件 2 执行。沿岸各省、直辖市人民政府渔业行政主管部门可以规定未列入附件 2 的其他网具的最小网目尺寸，但应报农业部和农业部黄渤海区渔政局备案。

——《渤海生物资源养护规定》（部门规章）第二十八条

禁止借改变渔具名称或以革新为名使用损害生物资源的渔具。

——《渤海生物资源养护规定》（部门规章）第二十九条

禁止使用下列严重损害生物资源的渔具、渔法：

（二）三重流网、底拖网、浮拖网及变水层拖网作业，但网口网衣拉直周长小于 30 米的桁杆、框架型拖网类渔具除外。

（三）规格不符合本规定附件 2 规定标准的网具；沿岸各省、直辖市人民政府渔业行政主管部门可以规定适用于本行政区域的其他禁止使用的渔具渔法，并报农业部和农业部黄渤海区渔政局备案。

——《渤海生物资源养护规定》（部门规章）第三十条第二项、第三项

自 2014 年 6 月 1 日起，黄渤海、东海、南海三个海区全面实施海洋捕捞准用渔具和过渡渔具最小网目尺寸制度，有关最小网目尺寸标准详见附件 1、2。

——《关于实施海洋捕捞准用渔具和过渡渔具最小网目尺寸制度
的通告》（规范性文件）第一条

（一）根据现有科研基础和捕捞生产实际，海洋捕捞渔具最小网目尺寸制度分为准用渔具和过渡渔具两大类。准用渔具是国家允许使用的海洋捕捞渔具，过渡渔具将根据保护海洋渔业资源的需要，今后分别转为准用或禁用渔具，并予以公告。

（二）主捕种类为颚针鱼、青鳞鱼、梅童鱼、凤尾鱼、多鳞鱚、少鳞鱚、银鱼、小公鱼等鱼种的刺网作业，由各省（自治区、直辖市）渔业行政主管部门根据此次确定的最小网目尺寸标准实行特许作业，限定具体作业时间、作业区域。拖网主捕种类为鳀，张网主捕种类为毛虾和鳗苗，围网主捕种类为青鳞鱼、前鳞骨鲻、斑鰶、金色小沙丁鱼、小公鱼等特定鱼种的，由各省（自治区、直辖市）渔业行政主管部门根据捕捞生产实际，单独制定最小网目尺寸，严格限定具体作业时间和作业区域。上述特许规定均须在 2014 年 4 月 1 日前报农业部渔业局备案同意后执行。各地特许规定将在农业部网站上公开，方便渔民查询、监督。

（三）各省（自治区、直辖市）渔业行政主管部门，可在本通告规定的最小网目尺寸标准基础上，根据本地区渔业资源状况和生产实际，制定更加严格的海洋捕捞渔具最小网目尺寸标准，并报农业部渔业局备案。

——《关于实施海洋捕捞准用渔具和过渡渔具最小网目尺寸制度
的通告》（规范性文件）第二条

自 2014 年 1 月 1 日起，黄渤海、东海、南海三个海区全面禁止使用双船单片多囊拖网等十三种渔具，浅海、滩涂等沿海开放式养殖水域也属禁止使用范围。

——《关于禁止使用双船单片多囊拖网等十三种渔具的通告》
（规范性文件）第一条

除继续执行国家现有规定外，黄渤海、东海、南海三个海区内禁止使用双船单片多囊拖网、拖曳泵吸耙刺、拖曳柄钩耙刺、拖曳水冲齿耙耙刺、拦截插网陷阱、导陷插网陷阱、导陷箔筌陷阱、拦截箔筌陷阱、漂流延绳束状敷网、船布有翼单囊地拉网、船布无囊地拉网、抛撒无囊地拉网、拖曳束网耙刺等十三种渔具。

——《关于禁止使用双船单片多囊拖网等十三种渔具的通告》
（规范性文件）第二条

禁用渔具的所有者、使用者须在 2013 年 12 月 31 日之前对上述渔具进行清理和更换。自 2014 年 1 月 1 日起，全面禁止制造、销售、使用双船单片多囊拖网等十三种禁用渔具。沿海各级渔业执法机构要对海上、滩涂、港口渔船携带、使用禁用渔具的情况进行执法检查。对制造、销售、使用禁用渔具的，依据《渔业法》第三十八条处理、处罚，并对使用禁用渔具的渔船，视情全部或部分扣除当年的渔业油价补助资金。对携带禁用渔具的捕捞渔

船，按使用禁用渔具处理、处罚。

——《关于禁止使用双船单片多囊拖网等十三种渔具的通告》
（规范性文件）第三条

【南极禁用渔具】

公约区所有南极磷虾渔船禁止使用刺网，禁止使用未得到委员会认可的渔具渔法。船身和渔具须清晰标有所属船名的标志。不得使用有线式网位仪。所有南极磷虾渔船不得以磷虾以外的种类为主捕对象。磷虾拖网须安装海洋哺乳类动物逃逸装置，消除或降低渔业过程中非捕捞对象的伴随性死亡。

——《关于严格遵守南极磷虾渔业国际管理措施的通知》
（规范性文件）第二条第二款

（一）使用小于最小网目尺寸的网具进行捕捞

〔关键词〕使用小于最小网目尺寸的网具进行捕捞

使用炸鱼、毒鱼、电鱼等破坏渔业资源方法进行捕捞的，违反关于禁渔区、禁渔期的规定进行捕捞的，或者使用禁用的渔具、捕捞方法和小于最小网目尺寸的网具进行捕捞或者渔获物中幼鱼超过规定比例的，没收渔获物和违法所得，处五万元以下的罚款；情节严重的，没收渔具，吊销捕捞许可证；情节特别严重的，可以没收渔船；构成犯罪的，依法追究刑事责任。

——《中华人民共和国渔业法》（法律）第三十八条第一款

本法规定的行政处罚，由县级以上人民政府渔业行政主管部门或者其所属的渔政监督管理机构决定。但是，本法已对处罚机关作出规定的除外。

在海上执法时，对违反禁渔区、禁渔期的规定或者使用禁用的渔具、捕捞方法进行捕捞，以及未取得捕捞许可证进行捕捞的，事实清楚、证据充分，但是当场不能按照法定程序作出和执行行政处罚决定的，可以先暂时扣押捕捞许可证、渔具或者渔船，回港后依法作出和执行行政处罚决定。

——《中华人民共和国渔业法》（法律）第四十八条

依照《渔业法》第二十八条规定处以罚款的，按下列规定执行：

（五）使用小于规定的最小网目尺寸的网具进行捕捞的，处五十元至一千元罚款。

——《中华人民共和国渔业法实施细则》（行政法规）第二十九条第五项

依照《渔业法》第三十条规定需处以罚款的，按下列规定执行：

（一）内陆渔业非机动渔船，处五十元至一百五十元罚款；

（二）内陆渔业机动渔船和海洋渔业非机动渔船，处一百元至五百元罚款；

（三）海洋渔业机动渔船，处二百元至二万元罚款。

——《中华人民共和国渔业法实施细则》（行政法规）第三十一条

依照《渔业法》第二十八条和《实施细则》第二十九条规定，有下列行为之一的，没收渔获物和违法所得，处以罚款，并可以没收渔具、吊销捕捞许可证。罚款按以下标准执行：

（五）使用小于规定的最小网目尺寸的网具进行捕捞的，不用船作业的处以五十元至五百元罚款；用船作业的处以五百元至一千元罚款。

——《渔业行政处罚规定》（部门规章）第六条第五项

（二）自 2014 年 6 月 1 日起，禁止使用小于最小网目尺寸的渔具进行捕捞。沿海各级渔业执法机构要根据本通告，对海上、滩涂、港口渔船携带、使用渔具的网目情况进行执法检查。对使用小于最小网目尺寸的渔具进行捕捞的，依据《渔业法》第三十八条予以处罚，并全部或部分扣除当年的渔业油价补助资金。对携带小于最小网目尺寸渔具的捕捞渔船，按使用小于最小网目尺寸渔具处理、处罚。

（三）严禁在拖网等具有网囊的渔具内加装衬网，一经发现，按违反最小网目尺寸规定处理、处罚。

——《关于实施海洋捕捞准用渔具和过渡渔具最小网目尺寸制度
的通告》（规范性文件）第四条第二项、第三项

（二）长江干流各级渔业行政主管部门及其所属渔政渔港监督管理机构要对辖区水域内渔船携带和使用渔具的网目情况进行专项执法检查。对使用小于最小网目尺寸的渔具进行渔业捕捞的，依据《渔业法》第三十八条予以处罚，并对使用小于最小网目尺寸渔具的渔船，视情全部或者部分扣除当年的渔业油价补助资金。对携带小于最小网目尺寸渔具的捕捞渔船，按使用小于最小网目尺寸渔具予以处罚。

（三）严禁在拖网等具有网囊的渔具内加装衬网，一经发现，按违反最小网目尺寸规定予以处罚。

——《农业部关于长江干流实施捕捞准用渔具和过渡渔具最小网目尺寸
制度的通告》（规范性文件）第四条第二项、第三项

链接：计罚单位

本规定中需要处以罚款的计罚单位如下：

（一）拖网、流刺网、钓钩等用船作业的，以单艘船计罚。

（二）围网作业，以一个作业单位计罚。

（三）定置作业，用船作业的以单艘船计罚，不用船作业的以一个作业单位计罚。

——《渔业行政处罚规定》（部门规章）第五条

案例 5

2019 年 9 月 6 日 19 时，北京市通州区渔政监督管理站执法人员在北京市通州区宋庄镇潮白河通州侧小杨各庄段水域巡查时发现张某某存在捕鱼行为，渔政执法人员向其出示证件，表明身份后，对捕捞现场进行了检查勘验，发现捕捞工具为粘网 1 块、长 60 米、网目大小为 7 厘米，橡皮筏 1 个、船桨 1 副、鱼护 1 个。渔获物品种为鲫，总重 2 千克。根据《北京市制造销售使用渔具管理办法》（京农发〔2008〕148 号）第五条第二款，当事人使用的粘网属于小于最小网目尺寸的网具，该行为违反了《中华人民共和国渔业法》第三十条第一款的规定。依据《中华人民共和国渔业法》第三十八条第一款、

《北京市农业行政处罚裁量基准（2016年版）》第三百五十一条、《北京市农业行业违法行为处罚裁量基准表（2016年版）》编号C21354B000裁量基准的规定，2019年9月11日，北京市通州区渔政监督管理站作出如下处罚决定：①没收粘网1块、长60米、网目大小为7厘米，橡皮筏1个，船桨1副，鱼护1个，渔获物鲫2千克；②罚款人民币伍佰元整。

（二）制造、销售、使用禁用的渔具

〔关键词〕制造、销售、使用禁用的渔具

制造、销售禁用的渔具的，没收非法制造、销售的渔具和违法所得，并处一万元以下的罚款。

——《中华人民共和国渔业法》（法律）第三十八条第三款

本法规定的行政处罚，由县级以上人民政府渔业行政主管部门或者其所属的渔政监督管理机构决定。但是，本法已对处罚机关作出规定的除外。

在海上执法时，对违反禁渔区、禁渔期的规定或者使用禁用的渔具、捕捞方法进行捕捞，以及未取得捕捞许可证进行捕捞的，事实清楚、证据充分，但是当场不能按照法定程序作出和执行行政处罚决定的，可以先暂时扣押捕捞许可证、渔具或者渔船，回港后依法作出和执行行政处罚决定。

——《中华人民共和国渔业法》（法律）第四十八条

依照《渔业法》第三十条规定需处以罚款的，按下列规定执行：

（一）内陆渔业非机动渔船，处五十元至一百五十元罚款；

（二）内陆渔业机动渔船和海洋渔业非机动渔船，处一百元至五百元罚款；

（三）海洋渔业机动渔船，处二百元至二万元罚款。

——《中华人民共和国渔业法实施细则》（行政法规）第三十一条

案例6

2019年4月2日，湖北省荆州市江陵县农业行政执法大队联合县市场监督管理局、长航公安江陵派出所执法人员对城区内五金电器门市部开展执法检查，在江陵县郝穴镇荆洪路（大市场）江陵县和平家电维修门市部检查时，发现当事人曾某门市部销售商品有电鱼设备："骆驼牌"捕天下锂电一体机3个，型号为DC12V-150AH；"浮力王"2个，功率为38 000瓦；"神宇能源"伸缩杆1套，长3.3米。经调查，当事人于2月18日从荆州市沙市区中山路一家用电器门市部购进一批电鱼设备。其中，"骆驼牌"捕天下锂电一体机3个，型号为DC12V-150AH，进货价为每个580元；"浮力王"2个，功率为38 000瓦，进货价为每个90元；"神宇能源"伸缩杆1套，长3.3米，进货价为29元。上述产品共计金额为1 949元。当事人对其购进电鱼设备拟定了销售价格。其中，"骆驼牌"捕天下锂电一体机每个700元；"浮力王"每个120元；"神宇能源"伸缩杆每套40元。

至查获时，当事人没有进行实际销售。根据《中华人民共和国渔业法》第三十条和第三十八条第二款的规定对曾某作出如下处罚决定：①罚款人民币1 000元。②没收禁用渔具："骆驼牌"捕天下锂电一体机3个，型号为DC12V-150AH；"浮力王"2个，功率为38 000瓦；"神宇能源"伸缩杆1套，长3.3米。

案例7

2019年3月12日，广西壮族自治区北海市铁山港区海洋与渔业综合执法大队会同铁山港区公安分局在铁山港辖区海域开展联合执法时，一举查获麦某某等16人在北海市沿海浅海滩涂禁渔区线内（该禁渔区域内禁止使用除刺、钓及传统人工采挖捕捞外的其他所有类型的作业方式）驾驶"三无"船舶使用拖拽泵吸耙刺进行抽螺作业，当场缴获并扣押抽螺船5艘、运输船3艘、快艇1艘及巴菲蛤苗1 560包（约44.44吨）。经调查，麦某某等16人使用禁用渔具进行非法捕捞的行为证据充分、事实清楚，且涉嫌构成非法捕捞水产品罪。4月5日，该案被移交北海市公安局铁山港区分局立案侦办。12月11日，北海市铁山港区人民法院对麦某某等16人分别判处10个月至11个月不等的有期徒刑，并没收全部禁用渔具。

（三）公海使用大型流网作业

〔关键词〕公海使用大型流网作业

今后凡在中华人民共和国注册登记的船舶在公海从事大型流网作业的，一经查实由国务院渔业行政主管部门及其所属的海区渔政管理机构或其责成的有关省、自治区、直辖市渔业行政主管部门追究下列一项或几项责任：

1. 对违规渔船所在单位的主要负责人给予通报批评或行政处分；
2. 对违规渔船处以没收渔获物、渔具、违法所得及罚款的处罚；
3. 扣留或吊销职务船员证书。

——《农业部关于禁止在公海使用大型流网作业的通知》（规范性文件）

链接：渔具损害赔偿规定

当事人因船舶碰撞、海洋污染等事故受到损害，请求侵权人赔偿渔船、渔具、渔货损失以及收入损失的，人民法院应予支持。

当事人违反《渔业法》第二十三条，未取得捕捞许可证从事海上捕捞作业，依照前款规定主张收入损失的，人民法院不予支持。

——《最高人民法院关于审理发生在我国管辖海域相关案件若干问题的规定（二）》（法释〔2016〕17号）（司法解释）第一条

案例 8

2018 年 3 月至 5 月，被告人陈某某雇佣被告人章某某、赵某某、姚某某及江某（另案处理）等人至福建省福安市甘棠镇建力船厂维修其购买的旧损渔船欲出海进行远洋捕捞。被告人章某某介绍被告人陈某、刘某、吴某等人陆续上船，被告人陈某、刘某介绍厨师陈某 1、阚某、刘某 1（均另案处理）等人陆续上船。船舶维修上排期间，被告人赵某某负责购买物资、发放工资，并根据陈某某指示安排船员将渔船漆上名号"润达"，被告人姚某某、杜某某负责维修机械设备，其他人员负责除锈、刷漆等杂活，陈某某另雇佣被告人李某某担任该船船长。

该船于 2018 年 5 月 11 日从甘棠镇出发，5 月 24 日左右行驶至北太平洋公海海域后使用禁用的大型流网进行捕捞作业至 6 月 9 日左右，被告人李某某、章某某、赵某某负责驾驶台轮流开船，被告人章某某负责船上总生产作业、管理船员，被告人赵某某负责船上物资发放、记账等，被告人杜某某、姚某某、吴某负责机舱轮流值班，操作、维修船上机械设备等，被告人陈某、刘某负责带领船员在甲板上起网、捡鱼、进冻、出冻等。其间，该船共捕捞大麻哈鱼、金枪鱼、小鲨鱼等渔获物共计约 80 吨（共价值人民币约 240 万元）。

2018 年 6 月 16 日，该船在海上抛锚避风浪时被美国海岸警卫队查获，后于 6 月 21 日移交中国海警。6 月 26 日，"润达"船被浙江省公安边防总队海警第二支队押解至该支队码头靠泊，涉案 29 名船员均到案接受调查。被告人陈某某于同年 7 月 17 日经电话传唤至该支队接受调查。该案发生后，中美海警联合执法的事件被中华网、搜狐网、新浪网、凤凰网等各大媒体报道及转载。

宁波市北仑区人民法院认为，被告人陈某某、李某某、章某某、赵某某、杜某某、姚某某、吴某、陈某、刘某违反保护水产资源法规，结伙在公海使用禁用渔具从事捕捞作业，情节严重，其行为均已构成非法捕捞水产品罪，且系共同犯罪，依法应予惩处。被告人陈某某等人犯非法捕捞水产品罪，分别被判处有期徒刑与缓刑。扣押在案的渔获物约 80 吨、供犯罪所用的渔船一艘及网具三张，予以没收①。

三、涉渔"三无"船舶非法捕捞

〔关键词〕海洋捕捞渔船｜涉渔"三无"船舶｜拖网渔船｜围网渔船｜带围渔船｜从事定置渔具捕捞的船舶｜漂流渔船｜船网工具指标｜涉渔"三无"船舶非法捕捞

---

① 详见宁波市北仑区人民法院（2018）浙 0206 刑初 608 号刑事判决书。

1. 关于海洋捕捞渔船的法律规定

【概念界定】

"渔船"一词是指正在使用拖网、围网、灯诱、流刺网、延绳钓渔具和定置渔具进行捕捞作业的船舶（但不包括曳绳钓和手钓渔具捕鱼的船舶）。

——《渔船作业避让规定》（部门规章）第五十二条

【按作业类型分类】

〔拖网渔船〕

"拖网渔船"一词是指一艘或一艘以上从事拖网或正在起放拖网作业的船舶。

——《渔船作业避让规定》（部门规章）第五十二条

拖网渔船应给下列渔船让路：

1. 从事定置渔具捕捞的渔船；

2. 漂流渔船；

3. 围网渔船。

追越渔船应给被追越渔船让路，并不得抢占被追越渔船网档的正前方而妨碍其作业。

——《渔船作业避让规定》（部门规章）第九条

机动拖网渔船应给非机动拖网渔船让路。

——《渔船作业避让规定》（部门规章）第二十二条

多对渔船在相对拖网作业相遇时，如一方或双方两侧都有同向平行拖网中的渔船，转向避让确有困难，双方应及时缩小网档或采取其他有效的措施，谨慎地从对方网档的外侧通过，直到双方的网具让清为止。

——《渔船作业避让规定》（部门规章）第二十三条

交叉相遇时：

1. 应给本船右舷的另一方船让路；

2. 当让路船不能按上款规定让路时，应预先用声号联系，以取得协调一致的避让行动；

3. 如被让路船是对拖网船，被让路船应适当考虑到让路船的困难，尽量做到协同避让，必要时尽可能缩小网档，加速通过让路船网档的前方海区。

——《渔船作业避让规定》（部门规章）第二十四条

采取大角度转向的拖网中渔船，不得妨碍附近渔船的正常作业。

——《渔船作业避让规定》（部门规章）第二十五条

不得在拖网渔船的网档正前方放网、抛锚或有其他妨碍该渔船正常作业的行动。

——《渔船作业避让规定》（部门规章）第二十六条

多艘单拖网渔船在同向并列拖网中，两船间应保持一定的安全距离。

——《渔船作业避让规定》（部门规章）第二十七条

放网中渔船，应给拖网中或起网中的渔船让路。

——《渔船作业避让规定》（部门规章）第二十八条

拖网中渔船，应给起网中渔船让路。同时起网船，应给正在从事卡包（分吊）起鱼的渔船让路。

　　——《渔船作业避让规定》（部门规章）第二十九条

　　准备起网的渔船，应在起网前 10 分钟显示起网信号，夜间应同时开亮甲板工作灯，以引起周围船舶的注意。

　　——《渔船作业避让规定》（部门规章）第三十条

〔围网渔船〕

　　"围网渔船"一词是指正在起、放围网或施放水下灯具或灯光诱集鱼群的船舶。

　　——《渔船作业避让规定》（部门规章）第五十二条

　　围网渔船和漂流渔船应避让从事定置渔具捕捞的渔船。

　　——《渔船作业避让规定》（部门规章）第十条

　　任何船舶在经过起网中的围网渔船附近时，严禁触及网具或从起网船与带围船之间通过。

　　——《渔船作业避让规定》（部门规章）第十六条

　　围网渔船在放网时，应不妨碍漂流渔船或拖网渔船的正常作业。

　　船组在灯诱鱼群时，后下灯的船组与先下灯的船组间的距离应不少于1 000米。

　　——《渔船作业避让规定》（部门规章）第十八条

　　围网渔船不得抢围他船用鱼群指示标（灯）所指示的、并准备围捕的鱼群。

　　——《渔船作业避让规定》（部门规章）第三十二条

　　在追捕同一的起水鱼群时，只要有一船已开始放网，他船不得有妨碍该放网船正常作业的行动。

　　——《渔船作业避让规定》（部门规章）第三十三条

　　围网渔船在起网过程中：

　　1. 底纲已绞起的船应尽可能避让底纲未绞起的船；

　　2. 同是底纲已绞起的船，有带围的船应避让无带围的船；

　　3. 起（捞）鱼的船应避让正在绞（吊）网的船。

　　——《渔船作业避让规定》（部门规章）第三十四条

　　船组在灯诱时，"拖灯诱鱼"的船应避让"漂灯诱鱼"和"锚泊灯诱"的船。

　　——《渔船作业避让规定》（部门规章）第三十五条

　　围网渔船在拖带灯船或舢板进行探测、搜索或追捕鱼群的过程中，应显示拖带船的号灯、号型；当开始放网时，应显示捕鱼作业中所规定的号灯和号型。

　　——《渔船作业避让规定》（部门规章）第四十五条

〔带围渔船〕

　　船组在起网过程中，当带围船拖带起网船时，应显示从事围网作业渔船的号灯、号型，当有他船临近时，可向拖缆方向照射探照灯。

　　——《渔船作业避让规定》（部门规章）第四十四条

　　"带围船"一词是指拖带围网渔船的船舶。

　　——《渔船作业避让规定》（部门规章）第五十二条

〔从事定置渔具捕捞的船舶〕

从事定置渔具作业的渔船在放置渔具时，应不妨碍其他从事捕捞船舶的正常作业。

——《渔船作业避让规定》（部门规章）第二十条

"从事定置渔具捕捞的船舶"是指在旋泊中设置渔具或正在起放定置渔具或系泊在定置渔具上等候潮水起网的船舶。

——《渔船作业避让规定》（部门规章）第五十二条

〔漂流渔船〕

漂流渔船在放出渔具时，应尽可能离开当时拖网渔船集中作业的渔场。

——《渔船作业避让规定》（部门规章）第十九条

漂流渔船在放出渔具时应与同类船保持一定的安全距离，并尽可能做到同向作业。

——《渔船作业避让规定》（部门规章）第三十六条

当双方的渔具有可能发生纠缠时，各应主动起网，或采取其他有效措施，互相避开。

——《渔船作业避让规定》（部门规章）第三十七条

"漂流渔船"一词是指系带渔具随风流漂移而从事捕捞作业的船舶（包括流刺网、延绳钓渔船，但不包括手钓、曳绳钓渔船）。

——《渔船作业避让规定》（部门规章）第五十二条

【按船长分类】

海洋渔船按船长分为以下三类：

（一）海洋大型渔船：船长大于或者等于 24 米；

（二）海洋中型渔船：船长大于或者等于 12 米且小于 24 米；

（三）海洋小型渔船：船长小于 12 米。

内陆渔船的分类标准由各省、自治区、直辖市人民政府渔业主管部门制定。

——《渔业捕捞许可管理规定》（部门规章）第八条

【行政管理】

〔作业避让规定〕

各类渔船在放网过程中，后放网的船应避让先放网的船，并不得妨碍其正常作业。

——《渔船作业避让规定》（部门规章）第十一条

正常作业的渔船，应避让作业中发生故障的渔船。

——《渔船作业避让规定》（部门规章）第十二条

各类渔船在起、放渔具过程中，应保持一定的安全距离。

——《渔船作业避让规定》（部门规章）第十三条

在按本规定采取避让措施时，应与被让路渔船及其渔具保持一定的安全距离。

——《渔船作业避让规定》（部门规章）第十四条

在决定安全距离时，应充分考虑到下列因素：

1. 船舶的操纵性能；

2. 渔具尺度及其作业状况；

3. 渔场的风、流、水深、障碍物及能见度等情况；

4. 周围船舶的动态及其密集程度。

——《渔船作业避让规定》（部门规章）第十五条

让路船舶应距光诱渔船 500 米以外通过，并不得在该距离之内锚泊或其他有碍于该船光诱效果的行动。

——《渔船作业避让规定》（部门规章）第十七条

〔制造、更新改造、购置、进口海洋捕捞渔船管理规定〕

制造、更新改造、购置、进口的从事捕捞作业的船舶必须经渔业船舶检验部门检验合格后，方可下水作业。具体管理办法由国务院规定。

——《中华人民共和国渔业法》（法律）第二十六条

渔业船舶由省、直辖市渔政渔港监督管理机构统一管理。凡建造或改造渔业船舶须按审批权限经所在省、直辖市渔业行政主管部门所属的渔政渔港监督管理机构批准。各省、直辖市应控制捕捞渔船的盲目增长。

——《长江渔业资源管理规定》（部门规章）第十四条

制造、更新改造、购置、进口海洋捕捞渔船，应当经有审批权的人民政府渔业主管部门在国家或者省、自治区、直辖市下达的船网工具控制指标内批准，并取得渔业船网工具指标批准书。

——《渔业捕捞许可管理规定》（部门规章）第十条

制造、更新改造国内海洋捕捞渔船的，应当在本省、自治区、直辖市渔业船网工具控制指标范围内，通过淘汰旧捕捞渔船解决，船数和功率数应当分别不超过淘汰渔船的船数和功率数。国内海洋大中型捕捞渔船和小型捕捞渔船的船网工具指标不得相互转换。

——《渔业捕捞许可管理规定》（部门规章）第十四条第一款

〔海洋捕捞渔船船网工具指标管理规定〕

国内海洋大中型捕捞渔船的船网工具控制指标由农业农村部确定并报国务院批准后，向有关省、自治区、直辖市下达。国内海洋小型捕捞渔船的船网工具控制指标由省、自治区、直辖市人民政府依据其渔业资源与环境承载能力、资源利用状况、渔民传统作业情况等确定，报农业农村部批准后下达。

县级以上地方人民政府渔业主管部门应当控制本行政区域内海洋捕捞渔船的数量、功率，不得超过国家或省、自治区、直辖市人民政府下达的船网工具控制指标，具体办法由省、自治区、直辖市人民政府规定。

内陆水域捕捞业的船网工具控制指标和管理，按照省、自治区、直辖市人民政府的规定执行。

——《渔业捕捞许可管理规定》（部门规章）第九条

申请海洋捕捞渔船船网工具指标，应当向户籍所在地、法人或非法人组织登记地县级以上人民政府渔业主管部门提出，提交渔业船网工具指标申请书、申请人户口簿或者营业执照，以及申请人所属渔业组织出具的意见，并按以下情况提供资料：

（一）制造海洋捕捞渔船的，提供经确认符合船机桨匹配要求的渔船建造设计图纸。

国内海洋捕捞渔船淘汰后申请制造渔船的，还应当提供渔船拆解所在地县级以上地方人民政府渔业主管部门出具的渔业船舶拆解、销毁或处理证明和现场监督管理的影像资料，以及原发证机关出具的渔业船舶证书注销证明。

国内海洋捕捞渔船因海损事故造成渔船灭失后申请制造渔船的，还应当提供船籍港登记机关出具的灭失证明和原发证机关出具的渔业船舶证书注销证明。

（二）购置海洋捕捞渔船的提供：

1. 被购置渔船的渔业船舶检验证书、渔业船舶国籍证书和所有权登记证书；

2. 被购置渔船的渔业捕捞许可证注销证明；

3. 渔业船网工具指标转移证明；

4. 渔船交易合同；

5. 出售方户口簿或者营业执照。

（三）更新改造海洋捕捞渔船的提供：

1. 渔业船舶检验证书、渔业船舶国籍证书和所有权登记证书；

2. 渔业捕捞许可证注销证明。

申请增加国内渔船主机功率的，还应当提供用于主机功率增加部分的被淘汰渔船的拆解、销毁或处理证明和现场监督管理的影像资料或者灭失证明，及其原发证机关出具的渔业船舶证书注销证明，并提供经确认符合船机桨匹配要求的渔船建造设计图纸。

（四）进口海洋捕捞渔船的，提供进口理由、旧渔业船舶进口技术评定书。

（五）申请制造、购置、更新改造、进口远洋渔船的，除分别按照第一项、第二项、第三项、第四项规定提供相应资料外，应当提供远洋渔业项目可行性研究报告；到他国管辖海域作业的远洋渔船，还应当提供与外方的合作协议或有关当局同意入渔的证明。但是，申请购置和更新改造的远洋渔船，不需提供渔业捕捞许可证注销证明。

（六）购置并制造、购置并更新改造、进口并更新改造海洋捕捞渔船的，同时按照制造、更新改造和进口海洋捕捞渔船的要求提供相关材料。

——《渔业捕捞许可管理规定》（部门规章）第十一条

制造、更新改造国内海洋捕捞渔船的，应当在本省、自治区、直辖市渔业船网工具控制指标范围内，通过淘汰旧捕捞渔船解决，船数和功率数应当分别不超过淘汰渔船的船数和功率数。国内海洋大中型捕捞渔船和小型捕捞渔船的船网工具指标不得相互转换。

购置国内海洋捕捞渔船的船网工具指标随船转移。国内海洋大中型捕捞渔船不得跨海区买卖，国内海洋小型和内陆捕捞渔船不得跨省、自治区、直辖市买卖。国内现有海洋捕捞渔船经审批转为远洋捕捞作业的，其船网工具指标予以保留。因渔船发生重大改造，导致渔船主尺度、主机功率和作业类型发生变更的除外。

专业远洋渔船不计入省、自治区、直辖市的船网工具控制指标，由农业农村部统一管理，不得在我国管辖水域作业。

——《渔业捕捞许可管理规定》（部门规章）第十四条

有下列情形之一的，不予受理海洋渔船的渔业船网工具指标申请；已经受理的，不予批准：

（一）渔船数量或功率数超过船网工具控制指标的；

（二）从国外或香港、澳门、台湾地区进口，或以合作、合资等方式引进捕捞渔船在我国管辖水域作业的；

（三）除他国政府许可或到特殊渔区作业有特别需求的专业远洋渔船外，制造拖网作业渔船的；

（四）制造单锚张纲张网、单船大型深水有囊围网（三角虎网）作业渔船的；

（五）户籍登记为一户的申请人已有两艘以上小型捕捞渔船，申请制造、购置的；

（六）除专业远洋渔船外，申请人户籍所在地、法人或非法人组织登记地为非沿海县（市）的，或者企业法定代表人户籍所在地与企业登记地不一致的；

（七）违反本规定第十四条第一款、第二款规定，以及不符合有关法律、法规、规章规定和产业发展政策的。

——《渔业捕捞许可管理规定》（部门规章）第十九条

2. 关于"三无"船舶的法律规定

【行政管理】

有下列情形之一的，不得发放捕捞许可证：

（一）使用破坏渔业资源、被明令禁止使用的渔具或者捕捞方法的；

（二）未按国家规定办理批准手续，制造、更新改造、购置或者进口捕捞渔船的；

（三）未按国家规定领取渔业船舶证书、航行签证簿、职务船员证书、船舶户口簿、渔民证等证件的。

——《中华人民共和国渔业法实施细则》（行政法规）第十七条

对拒绝、阻碍执法人员依法执行公务的，由公安机关依照《中华人民共和国治安管理处罚条例》处罚；构成犯罪的移送司法机关依法追究刑事责任。

——《关于清理、取缔"三无"船舶的通告》（国务院对清理、取缔"三无"
船舶通告的批复）（行政法规）第四条

公安边防、海关、港监和渔政渔监等部门没收的"三无"船舶，可就地拆解，拆解费用从船舶残料变价款中支付，余款按罚没款处理；也可经审批并办理必要的手续后，作为执法用船，但不得改作他用。

凡拥有"三无"船舶的单位和个人，必须在1994年11月30日前，到当地港监和渔政渔监部门登记，听候处理。逾期不登记的，查扣后从严处理。

凡利用"三无"船舶进行非法活动者，必须在1994年11月30日前主动到公安机关投案自首，否则，一经查获，依法从重惩处。

——《关于清理、取缔"三无"船舶的通告》（国务院对清理、取缔"三无"船舶
通告的批复）（行政法规）第五条

已办理渔业船舶登记手续，但未按规定持有船舶国籍证书、船舶登记证书、船舶检验证书、船舶航行签证簿的，予以警告，责令其改正，并可处200元以上1 000元以下罚款。

——《渔业港航监督行政处罚规定》（部门规章）第十五条

无有效的渔业船舶船名、船号、船舶登记证书（或船舶国籍证书）、检验证书的船舶，禁止其离港，并对船舶所有者或者经营者处船价2倍以下的罚款。有下列行为之一的，从重处罚：

（一）无有效的渔业船舶登记证书（或渔业船舶国籍证书）和检验证书，擅自刷写船名、船号、船籍港的；

（二）伪造渔业船舶登记证书（或国籍证书）、船舶所有权证书或船舶检验证书的；

（三）伪造事实骗取渔业船舶登记证书或渔业船舶国籍证书的；

（四）冒用他船船名、船号或船舶证书的。

——《渔业港航监督行政处罚规定》（部门规章）第十六条

凡无船名号、无船舶证书、无船籍港而从事渔业活动的船舶，可对船主处以船价两倍以下的罚款，并可予以没收。凡未履行审批手续非法建造、改装的渔船，一律予以没收。

——《渔业行政处罚规定》（部门规章）第十九条

链接："三无"船舶相关法律责任认定

中国籍船舶、在中华人民共和国管辖海域设置的海上设施、船运集装箱，以及国家海事管理机构确定的关系海上交通安全的重要船用设备、部件和材料，应当符合有关法律、行政法规、规章以及强制性标准和技术规范的要求，经船舶检验机构检验合格，取得相应证书、文书。证书、文书的清单由国家海事管理机构制定并公布。

设立船舶检验机构应当经国家海事管理机构许可。船舶检验机构设立条件、程序及其管理等依照有关船舶检验的法律、行政法规的规定执行。

持有相关证书、文书的单位应当按照规定的用途使用船舶、海上设施、船运集装箱以及重要船用设备、部件和材料，并应当依法定期进行安全技术检验。

——《中华人民共和国海上交通安全法》（法律）第九条

船舶依照有关船舶登记的法律、行政法规的规定向海事管理机构申请船舶国籍登记、取得国籍证书后，方可悬挂中华人民共和国国旗航行、停泊、作业。

中国籍船舶灭失或者报废的，船舶所有人应当在国务院交通运输主管部门规定的期限内申请办理注销国籍登记；船舶所有人逾期不申请注销国籍登记的，海事管理机构可以发布关于拟强制注销船舶国籍登记的公告。船舶所有人自公告发布之日起六十日内未提出异议的，海事管理机构可以注销该船舶的国籍登记。

——《中华人民共和国海上交通安全法》（法律）第十条

行政相对人未依法取得捕捞许可证擅自进行捕捞，行政机关认为该行为构成渔业法第四十一条规定的"情节严重"情形的，人民法院应当从以下方面综合审查，并作出认定：

（一）是否未依法取得渔业船舶检验证书或渔业船舶登记证书；

（二）是否故意遮挡、涂改船名、船籍港；

（三）是否标写伪造、变造的渔业船舶船名、船籍港，或者使用伪造、变造的渔业船舶证书；

（四）是否标写其他合法渔业船舶的船名、船籍港或者使用其他渔业船舶证书。

——《最高人民法院关于审理发生在我国管辖海域相关案件若干问题的规定（二）》（法释〔2016〕17号）（司法解释）第十条

行政机关对停靠在渔港，无船名、船籍港和船舶证书的船舶，采取禁止离港、指定地点停放等强制措施，行政相对人以行政机关超越法定职权为由提起诉讼的，人民法院不予支持。

> ——《最高人民法院关于审理发生在我国管辖海域相关案件若干问题的规定（二）》（法释〔2016〕17号）（司法解释）第十一条

> 无船名、无船籍港、无渔业船舶证书的船舶从事非法捕捞，行政机关经审慎调查，在无相反证据的情况下，将现场负责人或者实际负责人认定为违法行为人的，人民法院应予支持。

> ——《最高人民法院关于审理发生在我国管辖海域相关案件若干问题的规定（二）》（法释〔2016〕17号）（司法解释）第十二条

3. 关于"三无"船舶非法捕捞的法律责任

【"三无"船舶非法捕捞】

凡未履行审批手续，非法建造、改装的船舶，由公安、渔政渔监和港监部门等港口、海上执法部门予以没收；对未履行审批手续擅自建造、改装船舶的造船厂，由工商行政管理机关处船价2倍以下的罚款，情节严重的，可依法吊销其营业执照；未经核准登记注册非法建造、改装船舶的厂、点，由工商行政管理机关依法予以取缔，并没收销货款和非法建造、改装的船舶。

> ——《关于清理、取缔"三无"船舶的通告》（国务院对清理、取缔"三无"船舶通告的批复）（行政法规）第一条

港监和渔政渔监部门要在各自的职责范围内进一步加强对船舶进出港的签证管理。对停靠在港口的"三无"船舶，渔监和渔政渔监部门应禁止其离港，予以没收，并可对船主处以船价2倍以下的罚款。

> ——《关于清理、取缔"三无"船舶的通告》（国务院对清理、取缔"三无"船舶通告的批复）（行政法规）第二条

渔政渔监和港监部门应加强对海上生产、航行、治安秩序的管理，海关、公安边防部门应结合海上缉私工作，取缔"三无"船舶，对海上航行、停泊的"三无"船舶，一经查获，一律没收，并可对船主处船价2倍以下的罚款。

> ——《关于清理、取缔"三无"船舶的通告》（国务院对清理、取缔"三无"船舶通告的批复）（行政法规）第三条

案例 9

2020年5月4日，安徽省马鞍山市农业综合行政执法支队查获李某某、韩某某等2人各自驾驶1艘"三无"钢质船舶，在长江马鞍山段小黄洲锚地水域禁渔期使用三层刺网捕捞，当场缴获渔获物若干。根据《渔业法》等法律法规，马鞍山市农业综合行政执法支队依法对李某某、韩某某等2人作出没收2艘"三无"船舶以及2台柴油机、网具等作案工具，并罚款4 000元的行政处罚决定。

案例 10

2019 年 10 月 24 日，浙江省台州市港航口岸和渔业管理局海洋与渔业执法支队会同公安部门在该市路桥区金清渔港开展清剿涉渔"三无"船舶"猎狐"行动检查时，现场查获标称为"闽某渔 68651""闽某渔 04370"等 8 艘带有违禁网具的钢制涉渔船舶。经比对全国渔船动态数据库，未发现该批船舶相关信息，执法机构认定该批船舶涉嫌为涉渔"三无"船舶。2019 年 11 月 15 日，该海洋与渔业执法支队在《农民日报》发布信息查找涉案船舶所有人未果。2020 年 3 月，台州市港航口岸和渔业管理局根据《渔业船舶检验条例》《浙江省渔港渔业船舶管理条例》等相关法律法规，依法作出没收船舶、没收禁用渔具的行政处罚决定。

案例 11

2019 年 1 月 11 日，中国渔政厦门市支队直属三大队执法人员对何厝避风坞内的涉渔"三无"船舶进行例行检查时，发现一艘大功率玻璃钢质船舶。该船未标写船名号，也未见任何标示。该船船长约 9 米，宽 2.2 米，主机两台，均为功率 250 马力*的汽油发动机。船上携带 10 张三层流刺网。当天下午，蔡某某至大队认领该船，承认其为船舶所有人。蔡某某现场无法提供该船的《渔业船舶检验证书》等相关船舶证书，后经调查，证明该船无船名号、无船籍港、无渔业船舶证书，属涉渔"三无"船舶。根据《国务院对清理、取缔"三无"船舶通告的批复（国函〔1994〕111 号）》第二条之规定对当事人作出没收该涉渔"三无"船舶的行政处罚。

四、违法从事近海捕捞

〔关键词〕近海捕捞许可证 | 外海、远洋捕捞许可证 | 内陆水域捕捞许可证

【近海捕捞许可证】

国家在财政、信贷和税收等方面采取措施，鼓励、扶持远洋捕捞业的发展，并根据渔业资源的可捕捞量，安排内水和近海捕捞力量。

——《中华人民共和国渔业法》（法律）第二十一条

从事外海、远洋捕捞业的，由经营者提出申请，经省、自治区、直辖市人民政府渔业行政主管部门审核后，报国务院渔业行政主管部门批准。从事外海生产的渔船，必须按照批准的海域和渔期作业，不得擅自进入近海捕捞。

——《中华人民共和国渔业法实施细则》（行政法规）第十五条第二款

---

* 马力为非法定计量单位。1 马力＝735.499 瓦。——编者注

近海大型拖网、围网作业的捕捞许可证，由国务院渔业行政主管部门批准发放；近海其他作业的捕捞许可证，由省、自治区、直辖市人民政府渔业行政主管部门按照国家下达的船网工具控制指标批准发放。

——《中华人民共和国渔业法实施细则》（行政法规）第十五条第三款

【外海、远洋捕捞许可证】

从事外海、远洋捕捞业的，由经营者提出申请，经省、自治区、直辖市人民政府渔业行政主管部门审核后，报国务院渔业行政主管部门批准。从事外海生产的渔船，必须按照批准的海域和渔期作业，不得擅自进入近海捕捞。

——《中华人民共和国渔业法实施细则》（行政法规）第十五条第二款

依照《中华人民共和国渔业法》第三十一条规定需处以罚款的，按下列规定执行：

（四）外海渔船擅自进入近海捕捞的，处三千元至二万元罚款。

——《中华人民共和国渔业法实施细则》（行政法规）第三十二条第四项

依照《中华人民共和国渔业法》第三十一条和《实施细则》第三十二条规定，对有捕捞许可证的渔船违反许可证关于作业类型、场所、时限和渔具数量的规定进行捕捞的，没收渔获物和违法所得、可以并处罚款，情节严重的，并可以没收渔具，吊销捕捞许可证。罚款按以下标准执行：

（四）外海渔船擅自进入近海捕捞的，从轻处罚的处三千元至一万元罚款，从重处罚的处以一万元至二万元罚款。

——《渔业行政处罚规定》（部门规章）第九条第四项

链接：远洋渔业

国家在财政、信贷和税收等方面采取措施，鼓励、扶持远洋捕捞业的发展，并根据渔业资源的可捕捞量，安排内水和近海捕捞力量。

——《中华人民共和国渔业法》（法律）第二十一条

渔业资源费的具体征收标准，由省级人民政府渔业行政主管部门或者海区渔政监督管理机构，在本办法第五条确定的渔业资源费年征收金额幅度内，依照下列原则制定：

从事外海捕捞、有利于渔业资源保护或者国家鼓励开发的作业的，其渔业资源费征收标准应当低于平均征收标准，也可以在一定时期内免征渔业资源费。

——《渔业资源增殖保护费征收使用办法》（行政法规）第六条第一项

本暂行管理办法所称的贯彻执行国家制定的原产地规定是指，我国远洋渔业企业在公海或按照有关协议规定，在国外海域捕获并运回国内销售的自捕水产品（及其加工制品），视同国内产品不征收进口关税和进口环节增值税。

——《远洋渔业企业运回自捕水产品不征税的暂行管理办法》（规范性文件）第二条

【内陆水域捕捞许可证】

国家在财政、信贷和税收等方面采取措施，鼓励、扶持远洋捕捞业的发展，并根据渔业资源的可捕捞量，安排内水和近海捕捞力量。

——《中华人民共和国渔业法》（法律）第二十一条

内陆水域的捕捞许可证，由县级以上地方人民政府渔业行政主管部门批准发放。

——《中华人民共和国渔业法实施细则》（行政法规）第十五条第四款

（一）外海渔船擅自进入近海捕捞

〔关键词〕外海渔船擅自进入近海捕捞

依照《渔业法》第三十一条规定需处以罚款的，按下列规定执行：

（四）外海渔船擅自进入近海捕捞的，处三千元至二万元罚款。

——《中华人民共和国渔业法实施细则》（行政法规）第三十二条第四项

依照《渔业法》第三十一条和《渔业法实施细则》第三十二条规定，对有捕捞许可证的渔船违反许可证关于作业类型、场所、时限和渔具数量的规定进行捕捞的，没收渔获物和违法所得、可以并处罚款，情节严重的，并可以没收渔具，吊销捕捞许可证。罚款按以下标准执行：

（四）外海渔船擅自进入近海捕捞的，从轻处罚的处三千元至一万元罚款，从重处罚的处以一万元至二万元罚款。

——《渔业行政处罚规定》（部门规章）第九条

（二）外商投资经营的渔业企业违法从事近海捕捞

〔关键词〕外商投资经营的渔业企业违法从事近海捕捞

1. 关于外商投资经营的渔业企业近海捕捞的法律规定

【行政管理】

在中华人民共和国管辖水域，外商投资经营的渔业企业，未经国务院有关主管部门批准，不得从事近海捕捞业。

——《中华人民共和国渔业法实施细则》（行政法规）第十六条

2. 关于外商投资经营的渔业企业近海捕捞的法律责任

【外商投资经营的渔业企业违法从事近海捕捞】

外商投资经营的渔业企业，违反本实施细则第十六条规定，没收渔获物和违法所得，可以并处三千元至五万元罚款。

——《中华人民共和国渔业法实施细则》（行政法规）第三十六条

中外合资、合作经营渔业企业的渔船，违反《实施细则》第十六条的规定，未经国务院有关主管部门批准，擅自从事近海捕捞的，依照《实施细则》第三十六条的规定，没收渔获物和违法所得，并可处以三千元至五万元罚款。

——《渔业行政处罚规定》（部门规章）第十四条

五、违反捕捞许可证规定进行捕捞

〔关键词〕捕捞许可制度｜捕捞许可证｜核定作业类型｜作业场所｜海洋渔业捕捞许可证｜公海渔业捕捞许可证｜内陆渔业捕捞许可证｜专项（特许）渔业捕捞许可证｜临时渔业捕捞许可证｜休闲渔业捕捞许可证｜外国渔业捕捞许可证｜捕捞辅助船许可证｜港澳流动渔船捕捞许可证｜A类渔区｜B类渔区｜C类渔区｜D类渔区

【捕捞许可制度】

国家对捕捞业实行捕捞许可证制度。到中华人民共和国与有关国家缔结的协定确定的共同管理的渔区或者公海从事捕捞作业的捕捞许可证，由国务院渔业行政主管部门批准发放。海洋大型拖网、围网作业的捕捞许可证，由省、自治区、直辖市人民政府渔业行政主管部门批准发放。其他作业的捕捞许可证，由县级以上地方人民政府渔业行政主管部门批准发放；但是，批准发放海洋作业的捕捞许可证不得超过国家下达的船网工具控制指标，具体办法由省、自治区、直辖市人民政府规定。捕捞许可证不得买卖、出租和以其他形式转让，不得涂改、伪造、变造。到他国管辖海域从事捕捞作业的，应当经国务院渔业行政主管部门批准，并遵守中华人民共和国缔结的或者参加的有关条约、协定和有关国家的法律。

——《中华人民共和国渔业法》（法律）第二十三条

国家对捕捞业，实行捕捞许可制度。

捕捞许可证的格式，由国务院渔业行政主管部门制定。

——《中华人民共和国渔业法实施细则》（行政法规）第十五条第一款、第五款

【捕捞许可证】

〔基本分类〕

渔业捕捞许可证分为下列八类：

（一）海洋渔业捕捞许可证，适用于许可中国籍渔船在我国管辖海域的捕捞作业；

（二）公海渔业捕捞许可证，适用于许可中国籍渔船在公海的捕捞作业。国际或区域渔业管理组织有特别规定的，应当同时遵守有关规定；

（三）内陆渔业捕捞许可证，适用于许可在内陆水域的捕捞作业；

（四）专项（特许）渔业捕捞许可证，适用于许可在特定水域、特定时间或对特定品种的捕捞作业，或者使用特定渔具或捕捞方法的捕捞作业；

（五）临时渔业捕捞许可证，适用于许可临时从事捕捞作业和非专业渔船临时从事捕捞作业；

（六）休闲渔业捕捞许可证，适用于许可从事休闲渔业的捕捞活动；

（七）外国渔业捕捞许可证，适用于许可外国船舶、外国人在我国管辖水域的捕捞作业；

（八）捕捞辅助船许可证，适用于许可为渔业捕捞生产提供服务的渔业捕捞辅助船，从

事捕捞辅助活动。

——《渔业捕捞许可管理规定》（部门规章）第二十一条

〔核定作业类型〕

渔业捕捞许可证核定的作业类型分为刺网、围网、拖网、张网、钓具、耙刺、陷阱、笼壶、地拉网、敷网、抄网、掩罩等共12种。核定作业类型最多不得超过两种，并应当符合渔具准用目录和技术标准，明确每种作业类型中的具体作业方式。拖网、张网不得互换且不得与其他作业类型兼作，其他作业类型不得改为拖网、张网作业。

捕捞辅助船不得从事捕捞生产作业，其携带的渔具应当捆绑、覆盖。

——《渔业捕捞许可管理规定》（部门规章）第二十二条

〔作业场所〕

渔业捕捞许可证核定的海洋捕捞作业场所分为以下四类：

A类渔区：黄海、渤海、东海和南海等海域机动渔船底拖网禁渔区线向陆地一侧海域。

B类渔区：我国与有关国家缔结的协定确定的共同管理渔区、南沙海域、黄岩岛海域及其他特定渔业资源渔场和水产种质资源保护区。

C类渔区：渤海、黄海、东海、南海及其他我国管辖海域中除A类、B类渔区之外的海域。其中，黄渤海区为C1、东海区为C2、南海区为C3。

D类渔区：公海。

内陆水域捕捞作业场所按具体水域核定，跨行政区域的按该水域在不同行政区域的范围进行核定。

海洋捕捞作业场所要明确核定渔区的类别和范围，其中B类渔区要明确核定渔区、渔场或保护区的具体名称。公海要明确海域的名称。内陆水域作业场所要明确具体的水域名称及其范围。

——《渔业捕捞许可管理规定》（部门规章）第二十三条

国内海洋大中型渔船捕捞许可证的作业场所应当核定在海洋B类、C类渔区，国内海洋小型渔船捕捞许可证的作业场所应当核定在海洋A类渔区。因传统作业习惯需要，经作业水域所在地审批机关批准，海洋大中型渔船捕捞许可证的作业场所可核定在海洋A类渔区。

作业场所核定在B类、C类渔区的渔船，不得跨海区界限作业，但我国与有关国家缔结的协定确定的共同管理渔区跨越海区界限的除外。作业场所核定在A类渔区或内陆水域的渔船，不得跨省、自治区、直辖市管辖水域界限作业。

——《渔业捕捞许可管理规定》（部门规章）第二十五条

【捕捞许可证行政管理规定】

〔申请与发放〕

具备下列条件的，方可发给捕捞许可证：

（一）有渔业船舶检验证书；

（二）有渔业船舶登记证书；

（三）符合国务院渔业行政主管部门规定的其他条件。

县级以上地方人民政府渔业行政主管部门批准发放的捕捞许可证，应当与上级人民政府渔业行政主管部门下达的捕捞限额指标相适应。

——《中华人民共和国渔业法》（法律）第二十四条

从事捕捞作业的单位和个人，必须按照捕捞许可证关于作业类型、场所、时限、渔具数量和捕捞限额的规定进行作业，并遵守国家有关保护渔业资源的规定，大中型渔船应当填写渔捞日志。

——《中华人民共和国渔业法》（法律）第二十五条

有下列情形之一的，不得发放捕捞许可证：

（一）使用破坏渔业资源、被明令禁止使用的渔具或者捕捞方法的；

（二）未按国家规定办理批准手续，制造、更新改造、购置或者进口捕捞渔船的；

（三）未按国家规定领取渔业船舶证书、航行签证簿、职务船员证书、船舶户口簿、渔民证等证件的。

——《中华人民共和国渔业法实施细则》（行政法规）第十七条

娱乐性游钓和在尚未养殖、管理的滩涂手工采集零星水产品的，不必申请捕捞许可证，但应当加强管理，防止破坏渔业资源。具体管理办法由县级以上人民政府制定。

——《中华人民共和国渔业法实施细则》（行政法规）第十八条

申请到暂定措施水域从事渔业活动的申请人或渔船，必须具备以下条件：

（一）持有有效的渔业捕捞许可证。

——《中日渔业协定暂定措施水域管理暂行办法》（部门规章）第五条第一项

申请进入中日渔业协定暂定措施水域作业的渔业捕捞许可证，应当于每年4月10日前向所在地省、自治区、直辖市人民政府渔业行政主管部门提出。省、自治区、直辖市人民政府渔业行政主管部门应当自受理申请之日起20个工作日内完成审核，并报农业部审批。

农业部自收到省、自治区、直辖市人民政府渔业行政主管部门报送的材料之日起20日内作出是否发放捕捞许可证的决定。申请表由农业部统一印制。

——《中日渔业协定暂定措施水域管理暂行办法》（部门规章）第六条

申请进入暂定措施水域和过渡水域从事渔业活动的渔船必须具备下列条件：

1. 持有有效的渔业捕捞许可证书、船舶检验证书、船舶登记证书（或船舶国籍证书）、电台执照及其他必备证书。

——《中韩渔业协定暂定措施水域和过渡水域管理办法》（部门规章）第六条第一项

在渤海从事捕捞活动，应当依法申领捕捞许可证，按照捕捞许可证确定的作业场所、时限、作业类型等内容开展捕捞活动，并遵守国家有关资源保护规定。

——《渤海生物资源养护规定》（部门规章）第十三条

沿岸县级以上地方人民政府渔业行政主管部门应当按照规定的权限和管辖范围发放捕捞许可证，不得超过上级下达的船网工具控制指标。禁止向非渔业生产者以及江河、湖泊、水库等内陆渔船发放渤海捕捞许可证。

——《渤海生物资源养护规定》（部门规章）第十四条

有下列情形之一的，为无效渔业捕捞许可证：

（一）逾期未年审或年审不合格的；

（二）证书载明的渔船主机功率与实际功率不符的；

（三）以欺骗或者涂改、伪造、变造、买卖、出租、出借等非法方式取得的；

（四）被撤销、注销的。

使用无效的渔业捕捞许可证或者在检查时不能提供渔业捕捞许可证，从事渔业捕捞活动的，视为无证捕捞。

——《渔业捕捞许可管理规定》（部门规章）第四十七条第一项、第二项

链接：捕捞许可证产生的渔业资源费

渔业资源费由县级以上人民政府渔业行政主管部门及其授权单位依照批准发放捕捞许可证的权限征收。由国务院渔业行政主管部门批准发放捕捞许可证的，渔业资源费由国务院渔业行政主管部门所属的海区渔政监督管理机构（以下称"海区渔政监督管理机构"）征收。

——《渔业资源增殖保护费征收使用办法》（行政法规）第四条

渔业资源费的具体征收标准，由省级人民政府渔业行政主管部门或者海区渔政监督管理机构，在本办法第五条确定的渔业资源费年征收金额幅度内，依照下列原则制定：

从事应当淘汰、不利于渔业资源保护或者国家限制发展的作业的，或者持临时捕捞许可证进行采捕作业的，其渔业资源费征收标准应当高于平均征收标准，但最高不得超过平均征收标准金额的三倍。

——《渔业资源增殖保护费征收使用办法》（行政法规）第六条

县级以上地方人民政府渔业行政主管部门或者海区渔政监督管理机构，在批准发放捕捞许可证的同时征收渔业资源费，并在捕捞许可证上注明缴纳金额，加盖印章。

——《渔业资源增殖保护费征收使用办法》（行政法规）第九条

国家根据渔业资源变化与环境状况，确定船网工具控制指标，控制捕捞能力总量和渔业捕捞许可证数量。渔业捕捞许可证的批准发放，应当遵循公开公平公正原则，数量不得超过船网工具控制指标范围。

——《渔业捕捞许可管理规定》（部门规章）第三条第二款

渔业捕捞许可证、船网工具指标等证书文件的审批实行签发人负责制，相关证书文件经签发人签字并加盖公章后方为有效。

签发人对其审批签发证书文件的真实性及合法性负责。

——《渔业捕捞许可管理规定》（部门规章）第四条

〔专项（特许）渔业捕捞许可证〕

渔业捕捞许可证分为下列八类：

（四）专项（特许）渔业捕捞许可证，适用于许可在特定水域、特定时间或对特定品种的捕捞作业，或者使用特定渔具或捕捞方法的捕捞作业。

——《渔业捕捞许可管理规定》（部门规章）第二十一条第四项

专项（特许）渔业捕捞许可证应当与海洋渔业捕捞许可证或内陆渔业捕捞许可证同时使用，但因教学、科研等特殊需要，可单独使用专项（特许）渔业捕捞许可证。在Ｂ类渔区

捕捞作业的，应当申请核发专项（特许）渔业捕捞许可证。

——《渔业捕捞许可管理规定》（部门规章）第二十六条

经审查符合条件的渔船，黄渤海区、东海区渔政渔港监督管理局发给有效期为1年的专项（特许）渔业捕捞许可证（以下称《专项证》）。《专项证》由受理申请的县级渔业行政主管部门向申请人转交。转交《专项证》时，须同时发给申请人空白《中华人民共和国渔捞日志》（以下称《渔捞日志》，格式见附件二），并就《渔捞日志》的填写、收集、管理等对申请人进行必要的培训和指导。

——《中韩渔业协定暂定措施水域和过渡水域管理办法》（部门规章）第七条

国家鼓励发展休闲渔业。沿岸县级以上地方人民政府渔业行政主管部门应加强对休闲渔业活动的监督和管理。休闲渔业活动采捕天然渔业资源的，应领取专项（特许）捕捞许可证。具体管理办法由省、直辖市渔业行政主管部门规定。

——《渤海生物资源养护规定》（部门规章）第十六条

自2019年2月1日起，停止发放刀鲚（长江刀鱼）、凤鲚（凤尾鱼）、中华绒螯蟹（河蟹）专项捕捞许可证，禁止上述三种天然资源的生产性捕捞。

——《农业农村部关于调整长江流域专项捕捞管理制度的通告》（规范性文件）

链接：专项（特许）渔业捕捞许可证的常见品种

禁止捕捞对虾春季亲虾和本规定附件1所列重点保护品种的天然苗种。因特殊需要捕捞本规定附件1已定可捕标准的重点保护品种天然苗种的，向农业部申请；捕捞本规定附件1未定可捕标准的或地方自定重点保护品种天然苗种的，向省、直辖市人民政府渔业行政主管部门申请。经批准后，发放专项（特许）捕捞许可证。领取专项（特许）捕捞许可证后，应当按照指定的区域、时限和限额捕捞。

——《渤海生物资源养护规定》（部门规章）第二十六条

禁止在潮间带外侧水域采捕兰蛤。在潮间带和其向陆一侧采捕兰蛤、沙蚕、卤虫，应当报经省、直辖市渔业行政主管部门批准，发放专项（特许）捕捞许可证。取得专项（特许）捕捞许可证的，应当按照指定的区域、时限，凭证限量采捕。

——《渤海生物资源养护规定》（部门规章）第二十七条

〔捕捞辅助船许可证〕

渔业捕捞许可证分为下列八类：

（八）捕捞辅助船许可证，适用于许可为渔业捕捞生产提供服务的渔业捕捞辅助船，从事捕捞辅助活动。

——《渔业捕捞许可管理规定》（部门规章）第二十一条第八项

捕捞辅助船不得从事捕捞生产作业，其携带的渔具应当捆绑、覆盖。

——《渔业捕捞许可管理规定》（部门规章）第二十二条第二款

从事海上渔获物运销、冷藏加工、渔用物资和燃料补给等为渔业捕捞生产提供服务的渔业辅助船舶，必须依法领取捕捞辅助船许可证。禁止捕捞辅助船直接从事捕捞生产。

——《渤海生物资源养护规定》（部门规章）第十五条

〔港澳流动渔船捕捞许可证〕

流动渔船进入港澳水域以外的我国管辖海域从事渔业捕捞活动，需经有权审批的渔业行政主管部门批准，依法取得渔业捕捞许可证后，根据规定的作业类型、场所、时限、渔具规格和数量及捕捞限额作业。

——《港澳流动渔船管理规定》（规范性文件）第十二条

下列流动渔船的渔业捕捞许可证，向广东省渔业行政主管部门提出申请，提供《渔业捕捞许可管理规定》规定的有关材料。广东省渔业行政主管部门应当自受理申请之日起 20 个工作日内完成审核，报农业部批准：

（一）海洋大型捕捞渔船；

（二）到南沙、黄岩岛海域等 B 类渔区作业的渔船。

农业部应当自接到广东省渔业行政主管部门报送的材料之日起 20 个工作日内作出决定。准予行政许可的，应当自作出决定之日起 10 日内向申请人送达《渔业捕捞许可证》；不予行政许可的，应当依法作出不予行政许可的书面决定，说明理由，告知申请人享有依法申请行政复议或者提起行政诉讼的权利，并应当自作出决定之日起 10 日内送达申请人。

——《港澳流动渔船管理规定》（规范性文件）第十三条

到广东省毗邻的 A 类渔区、C3 类（不含北部湾）作业的海洋中、小型流动渔船的渔业捕捞许可证，由广东省渔业行政主管部门按规定审批发放。

到海南省毗邻的 A 类、C3 类渔区（不含北部湾）作业的海洋中、小型流动渔船，还应按规定向海南省渔业行政主管部门申请临时渔业捕捞许可证。

——《港澳流动渔船管理规定》（规范性文件）第十四条

流动渔船渔业捕捞许可证审批、发放情况，应抄送农业部港澳流动渔民工作协调小组办公室、拟进入作业海域所属省级渔业行政主管部门、广东省港澳流动渔民工作办公室备案。

——《港澳流动渔船管理规定》（规范性文件）第十五条

（一）无证捕捞

〔关键词〕渔业捕捞许可证｜未依法取得捕捞许可证擅自进行捕捞

未依法取得捕捞许可证擅自进行捕捞的，没收渔获物和违法所得，并处十万元以下的罚款；情节严重的，并可以没收渔具和渔船。

——《中华人民共和国渔业法》（法律）第四十一条

本法规定的行政处罚，由县级以上人民政府渔业行政主管部门或者其所属的渔政监督管理机构决定。但是，本法已对处罚机关作出规定的除外。

在海上执法时，对违反禁渔区、禁渔期的规定或者使用禁用的渔具、捕捞方法进行捕捞，以及未取得捕捞许可证进行捕捞的，事实清楚、证据充分，但是当场不能按照法定程序作出和执行行政处罚决定的，可以先暂时扣押捕捞许可证、渔具或者渔船，回港后依法作出和执行行政处罚决定。

——《中华人民共和国渔业法》（法律）第四十八条

依照《渔业法》第三十条和《实施细则》第三十一条的规定，对未取得捕捞许可证擅自进行捕捞的，没收渔获物和违法所得，可以并处罚款，情节严重的，并可以没收渔具。罚款按下列标准执行：

（一）内陆水域非机动渔船处以 50～150 元罚款。

（二）内陆水域机动渔船和海洋非机动渔船处以 100～500 元罚款。

（三）海洋机动渔船，按主机功率处罚：

主机功率（千瓦）	从轻处罚（元）	从重处罚（元）不足
14.7（20 马力）	200～3 000	3 000～10 000
14.7～不足 147.1（200 马力）	500～10 000	10 000～15 000
147.1 以上	1 000～15 000	15 000～20 000

许可证未经年审、未携带许可证、未按规定悬挂标志进行捕捞的，按本条前款规定处罚。

——《渔业行政处罚规定》（部门规章）第八条

使用无效的渔业捕捞许可证或者在检查时不能提供渔业捕捞许可证，从事渔业捕捞活动的，视为无证捕捞。

——《渔业捕捞许可管理规定》（部门规章）第四十七条第二款

链接：无证捕捞的法律责任认定

渔业行政主管部门或其所属的渔政监督管理机构进行处罚时，应当填发处罚决定书；处以罚款及没收渔具、渔获物和违法所得的，应当开具凭证，并在捕捞许可证上载明。

——《中华人民共和国渔业法实施细则》（行政法规）第三十八条

当事人因船舶碰撞、海洋污染等事故受到损害，请求侵权人赔偿渔船、渔具、渔货损失以及收入损失的，人民法院应予支持。

当事人违反渔业法第二十三条，未取得捕捞许可证从事海上捕捞作业，依照前款规定主张收入损失的，人民法院不予支持。

——《最高人民法院关于审理发生在我国管辖海域相关案件若干问题的
规定（二）》（法释〔2016〕17 号）（司法解释）第一条

行政相对人未依法取得捕捞许可证擅自进行捕捞，行政机关认为该行为构成渔业法第四十一条规定的"情节严重"情形的，人民法院应当从以下方面综合审查，并作出认定：

（一）是否未依法取得渔业船舶检验证书或渔业船舶登记证书；

（二）是否故意遮挡、涂改船名、船籍港；

（三）是否标写伪造、变造的渔业船舶船名、船籍港，或者使用伪造、变造的渔业船舶证书；

（四）是否标写其他合法渔业船舶的船名、船籍港或者使用其他渔业船舶证书；

（五）是否非法安装挖捕珊瑚等国家重点保护水生野生动物设施；

（六）是否使用相关法律、法规、规章禁用的方法实施捕捞；

（七）是否非法捕捞水产品、非法捕捞有重要经济价值的水生动物苗种、怀卵亲体或者在水产种质资源保护区内捕捞水产品，数量或价值较大；

（八）是否于禁渔区、禁渔期实施捕捞；

（九）是否存在其他严重违法捕捞行为的情形。

——《最高人民法院关于审理发生在我国管辖海域相关案件若干问题的

规定（二）》（法释〔2016〕17号）（司法解释）第十条

无船名、无船籍港、无渔业船舶证书的船舶从事非法捕捞，行政机关经审慎调查，在无相反证据的情况下，将现场负责人或者实际负责人认定为违法行为人的，人民法院应予支持。

——《最高人民法院关于审理发生在我国管辖海域相关案件若干问题的

规定（二）》（法释〔2016〕17号）（司法解释）第十二条

案例 12

2019年7月1日，河北省沧州市渔政渔港管理站联合黄骅市农业农村局渔政执法大队在沧州海域开展执法行动，一次性查获"鲁某渔70234""鲁某某渔61419"等7艘渔船以及1艘涉渔"三无"船舶等共计8艘船舶，违反伏季休渔规定并使用禁用渔具从事捕捞作业，且均未持有效捕捞许可证。黄骅市农业农村局对8艘涉案船舶作出39.92万元罚款、没收28副禁用渔具以及非法捕捞渔获物的行政处罚决定，并移交沧州市海警局立案处理。

案例 13

2019年3月15日上午9时7分，上海市奉贤区渔政管理检查站执法人员发现殷某某在奉贤区金汇港出海口海域驾驶小船使用张网50顶进行鳗苗捕捞，现场未发现渔获物。执法人员要求当事人当场出示鳗苗捕捞许可证，但当事人无法提供。殷某某的行为违反了《中华人民共和国渔业法》第二十三条第一款之规定，根据《中华人民共和国渔业法》第四十一条"未依法取得捕捞许可证擅自进行捕捞的，没收渔获物和违法所得，并处十万元以下的罚款；情节严重的，并可以没收渔具和渔船"之规定并结合《上海市农业委员会渔业行政处罚裁量基准（试行）细则》之规定，当事人属于海洋小型捕捞渔船且无渔获物，处3000元以下的罚款，执法人员认为3000元适当，足以起到惩罚作用，体现行政处罚与教育相结合原则，作出如下处理：（1）没收渔具张网50顶；（2）罚款人民币3000元整。

（二）渔政部门违法发证

〔关键词〕渔政部门玩忽职守不履行法定义务、滥用职权、徇私舞弊｜渔政部门越权、违规发证

渔业行政主管部门和其所属的渔政监督管理机构及其工作人员违反本法规定核发许可

证、分配捕捞限额或者从事渔业生产经营活动的，或者有其他玩忽职守不履行法定义务、滥用职权、徇私舞弊的行为的，依法给予行政处分；构成犯罪的，依法追究刑事责任。

——《中华人民共和国渔业法》（法律）第四十九条

签发人越权、违规签发，或擅自更改渔业船网工具指标和渔业捕捞许可证书证件，或有其他玩忽职守、徇私舞弊等行为的，视情节对有关签发人给予警告、通报批评、暂停或取消签发人资格等处分；签发人及其所在单位应依法承担相应责任。

越权、违规签发或擅自更改的证书证件由其签发人所在单位的上级机关撤销，由原发证机关注销。

——《渔业捕捞许可管理规定》（部门规章）第四十五条

链接：渔政部门发证规范

沿岸县级以上地方人民政府渔业行政主管部门应当按照规定的权限和管辖范围发放捕捞许可证，不得超过上级下达的船网工具控制指标。禁止向非渔业生产者以及江河、湖泊、水库等内陆渔船发放渤海捕捞许可证。

——《渤海生物资源养护规定》（部门规章）第十四条

（三）违反捕捞许可证关于作业类型、场所、时限和渔具数量规定进行捕捞

〔关键词〕违反捕捞许可证关于作业类型、场所、时限和渔具数量规定进行捕捞

违反捕捞许可证关于作业类型、场所、时限和渔具数量的规定进行捕捞的，没收渔获物和违法所得，可以并处五万元以下的罚款；情节严重的，并可以没收渔具，吊销捕捞许可证。

——《中华人民共和国渔业法》（法律）第四十二条

本法规定的行政处罚，由县级以上人民政府渔业行政主管部门或者其所属的渔政监督管理机构决定。但是，本法已对处罚机关作出规定的除外。

在海上执法时，对违反禁渔区、禁渔期的规定或者使用禁用的渔具、捕捞方法进行捕捞，以及未取得捕捞许可证进行捕捞的，事实清楚、证据充分，但是当场不能按照法定程序作出和执行行政处罚决定的，可以先暂时扣押捕捞许可证、渔具或者渔船，回港后依法作出和执行行政处罚决定。

——《中华人民共和国渔业法》（法律）第四十八条

依照《渔业法》第三十一条和《实施细则》第三十二条规定，对有捕捞许可证的渔船违反许可证关于作业类型、场所、时限和渔具数量的规定进行捕捞的，没收渔获物和违法所得、可以并处罚款，情节严重的，并可以没收渔具，吊销捕捞许可证。罚款按以下标准执行：

（一）内陆水域非机动渔船处以二十五元至五十元罚款；

（二）内陆水域机动渔船和海洋非机动渔船处以五十元至一百元罚款；

（三）近海机动渔船处五十元至三千元罚款；

（四）外海渔船擅自进入近海捕捞的，从轻处罚的处三千元至一万元罚款，从重处罚的处以一万元至二万元罚款。

——《渔业行政处罚规定》（部门规章）第九条

案例 14

2019 年 6 月 27 日，广东省渔政总队直属一支队中国渔政 44601 船在粤东海域执法巡航时，于东经 117°33.211′，北纬 22°39.021′处（广东南澳岛对开海域）发现一艘船名号为"闽狮渔 01438"钢质渔船正在进行鱿钓作业，经检查，该船携带有《渔业捕捞许可证》《渔业船舶国籍证书》和《渔业船舶检验证书》，所属渔船与"闽狮渔 01438"一致；船上有徒手钓鱿鱼作业工具和卷线滚筒若干，未发现刺网等其他网具；甲板等作业区域及鱼舱均无渔获物，鱼舱内有少量冰块。该船《渔业捕捞许可证》核定作业场所为福建省 A 类渔区及向东延伸的 C2 类渔区，6 月 27 日该船在东经 117°33.211′，北纬 22°39.021′处（属于粤东海域）作业违反了捕捞许可证关于作业场所的规定。依据《中华人民共和国渔业法》第四十二条"违反捕捞许可证关于作业类型、场所、时限和渔具数量的规定进行捕捞的，没收渔获物和违法所得，可以并处五万元以下的罚款；情节严重的，并可以没收渔具，吊销捕捞许可证"的规定以及《广东省海洋与渔业行政处罚自由裁量权标准（渔业类）（2015 年修订版）》"违反捕捞许可证关于场所的规定进行捕捞的，海洋中型捕捞渔船且违法程度一般的，应予以没收渔获物和违法所得，处三千元至三万元罚款"，该船主机功率 312 千瓦，属海洋中型捕捞渔船，鉴于该船案发时无渔获物和违法所得，且当事人积极配合调查取证等情节，决定给予当事人罚款人民币一万元整的处理。

（四）涂改、买卖、出租或者以其他形式转让捕捞许可证

〔关键词〕涂改、买卖、出租或者以其他形式转让捕捞许可证

涂改、买卖、出租或者以其他形式转让捕捞许可证的，没收违法所得，吊销捕捞许可证，可以并处一万元以下的罚款；伪造、变造、买卖捕捞许可证，构成犯罪的，依法追究刑事责任。

——《中华人民共和国渔业法》（法律）第四十三条

本法规定的行政处罚，由县级以上人民政府渔业行政主管部门或者其所属的渔政监督管理机构决定。但是，本法已对处罚机关作出规定的除外。

在海上执法时，对违反禁渔区、禁渔期的规定或者使用禁用的渔具、捕捞方法进行捕捞，以及未取得捕捞许可证进行捕捞的，事实清楚、证据充分，但是当场不能按照法定程序作出和执行行政处罚决定的，可以先暂时扣押捕捞许可证、渔具或者渔船，回港后依法作出

和执行行政处罚决定。

——《中华人民共和国渔业法》（法律）第四十八条

买卖、出租或者以其他形式非法转让以及涂改捕捞许可证的，没收违法所得，吊销捕捞许可证，可以并处一百元至一千元罚款。

——《中华人民共和国渔业法实施细则》（行政法规）第三十三条

依照《渔业法》第三十二条和《实施细则》第三十三条规定，对买卖、出租或以其他形式非法转让以及涂改捕捞许可证的，没收违法所得，吊销捕捞许可证，可以并处罚款。罚款按以下标准执行：

（一）买卖、出租或以其他形式非法转让捕捞许可证的，对违法双方各处一百元至一千元罚款；

（二）涂改捕捞许可证的，处一百元至一千元罚款。

——《渔业行政处罚规定》（部门规章）第十条

禁止涂改、伪造、变造、买卖、出租、出借或以其他形式转让渔业船网工具指标批准书和渔业捕捞许可证。

——《渔业捕捞许可管理规定》（部门规章）第四十六条

六、违反捕捞限额制度进行捕捞

〔关键词〕捕捞限额制度

【捕捞限额制度】

国家根据捕捞量低于渔业资源增长量的原则，确定渔业资源的总可捕捞量，实行捕捞限额制度。国务院渔业行政主管部门负责组织渔业资源的调查和评估，为实行捕捞限额制度提供科学依据。中华人民共和国内海、领海、专属经济区和其他管辖海域的捕捞限额总量由国务院渔业行政主管部门确定，报国务院批准后逐级分解下达；国家确定的重要江河、湖泊的捕捞限额总量由有关省、自治区、直辖市人民政府确定或者协商确定，逐级分解下达。捕捞限额总量的分配应当体现公平、公正的原则，分配办法和分配结果必须向社会公开，并接受监督。国务院渔业行政主管部门和省、自治区、直辖市人民政府渔业行政主管部门应当加强对捕捞限额制度实施情况的监督检查，对超过上级下达的捕捞限额指标的，应当在其次年捕捞限额指标中予以核减。

——《中华人民共和国渔业法》（法律）第二十三条

禁止捕捞有重要经济价值的水生动物苗种。因养殖或者其他特殊需要，捕捞有重要经济价值的苗种或者禁捕的怀卵亲体的，必须经国务院渔业行政主管部门或者省、自治区、直辖市人民政府渔业行政主管部门批准，在指定的区域和时间内，按照限额捕捞。在水生动物苗种重点产区引水用水时，应当采取措施，保护苗种。

——《中华人民共和国渔业法》（法律）第三十一条

各级人民政府应当采取措施，依法执行捕捞限额和禁渔、休渔制度，增殖渔业资源，保护渔业水域生态环境。国家引导、支持从事捕捞业的农（渔）民和农（渔）业生产经营组织从事水产养殖业或者其他职业，对根据当地人民政府统一规划转产转业的农（渔）民，应当按照国家规定予以补助。

——《中华人民共和国农业法》（法律）第六十三条

（一）渔政部门违法分配捕捞限额

〔关键词〕渔政部门违法分配捕捞限额

渔业行政主管部门和其所属的渔政监督管理机构及其工作人员违反本法规定核发许可证、分配捕捞限额或者从事渔业生产经营活动的，或者有其他玩忽职守不履行法定义务、滥用职权、徇私舞弊的行为的，依法给予行政处分；构成犯罪的，依法追究刑事责任。

——《中华人民共和国渔业法》（法律）第四十九条

（二）超过核定捕捞配额进行捕捞

〔关键词〕超过核定捕捞配额进行捕捞

外国人、外国船舶经批准在中华人民共和国专属经济区和大陆架从事渔业生产、生物资源调查活动，有下列行为之一的，可处以没收渔获物、没收渔具和 30 万元以下罚款的处罚：

1. 未按许可的作业区域、时间、类型、船舶功率或吨位作业的；
2. 超过核定捕捞配额的。

——《中华人民共和国管辖海域外国人、外国船舶渔业活动
管理暂行规定》（部门规章）第十四条

七、未经批准在水产种质资源保护区内从事捕捞活动

〔关键词〕水产种质资源保护区 | 未经批准在水产种质资源保护区内从事捕捞活动

1. 关于水产种质资源保护区的法律规定

【概念界定】

本办法所称水产种质资源保护区，是指为保护水产种质资源及其生存环境，在具有较高经济价值和遗传育种价值的水产种质资源的主要生长繁育区域，依法划定并予以特殊保护和管理的水域、滩涂及其毗邻的岛礁、陆域。

——《水产种质资源保护区管理暂行办法》（部门规章）第二条

【水产种质资源保护区的设立】

下列区域应当设立水产种质资源保护区：

（一）国家和地方规定的重点保护水生生物物种的主要生长繁育区域；

（二）我国特有或者地方特有水产种质资源的主要生长繁育区域；

（三）重要水产养殖对象的原种、苗种的主要天然生长繁育区域；

（四）其他具有较高经济价值和遗传育种价值的水产种质资源的主要生长繁育区域。

——《水产种质资源保护区管理暂行办法》（部门规章）第七条

根据保护对象资源状况、自然环境及保护需要，水产种质资源保护区可以划分为核心区和实验区。

农业部设立国家级水产种质资源保护区评审委员会，对申报的水产种质资源保护区进行评审。水产种质资源保护区评审委员会应当由渔业、环保、水利、交通、海洋、生物保护等方面的专家组成。

——《水产种质资源保护区管理暂行办法》（部门规章）第八条

农业部可以根据需要直接设立国家级水产种质资源保护区。

——《水产种质资源保护区管理暂行办法》（部门规章）第九条第二款

【禁止性规定】

单位和个人在水产种质资源保护区内从事水生生物资源调查、科学研究、教学实习、参观游览、影视拍摄等活动，应当遵守有关法律法规和保护区管理制度，不得损害水产种质资源及其生存环境。

——《水产种质资源保护区管理暂行办法》（部门规章）第十八条

禁止在水产种质资源保护区内从事围湖造田、围海造地或围填海工程。

——《水产种质资源保护区管理暂行办法》（部门规章）第十九条

禁止在水产种质资源保护区内新建排污口。

在水产种质资源保护区附近新建、改建、扩建排污口，应当保证保护区水体不受污染。

——《水产种质资源保护区管理暂行办法》（部门规章）第二十条

国家保护水产种质资源及其生存环境，并在具有较高经济价值和遗传育种价值的水产种质资源的主要生长繁殖区域建立水产种质资源保护区。未经农业部批准，任何单位或者个人不得在水产种质资源保护区从事捕捞活动。

建设项目对水产种质资源产生不利影响的，依照《中华人民共和国渔业法》第三十五条的规定处理。

——《水产苗种管理办法》（部门规章）第六条

【行政管理】

国家保护水产种质资源及其生存环境，并在具有较高经济价值和遗传育种价值的水产种质资源的主要生长繁育区域建立水产种质资源保护区。未经国务院渔业行政主管部门批准，任何单位或者个人不得在水产种质资源保护区内从事捕捞活动。

——《中华人民共和国渔业法》（法律）第二十九条

太湖流域县级以上地方人民政府林业、水行政、环境保护、农业等部门应当开展综合治理，保护湿地，促进生态恢复。

两省一市人民政府渔业行政主管部门应当根据太湖流域水生生物资源状况、重要渔业资源繁殖规律和水产种质资源保护需要，开展水生生物资源增殖放流，实行禁渔区和禁渔期制度，并划定水产种质资源保护区。

——《太湖流域管理条例》（行政法规）第四十八条

国家保护水产种质资源及其生存环境，并在具有较高经济价值和遗传育种价值的水产种质资源的主要生长繁殖区域建立水产种质资源保护区。未经农业部批准，任何单位或者个人不得在水产种质资源保护区从事捕捞活动。

建设项目对水产种质资源产生不利影响的，依照《中华人民共和国渔业法》第三十五条的规定处理。

——《水产苗种管理办法》（部门规章）第六条

农业部主管全国水产种质资源保护区工作。

县级以上地方人民政府渔业行政主管部门负责辖区内水产种质资源保护区工作。

——《水产种质资源保护区管理暂行办法》（部门规章）第四条

农业部应当针对国家级水产种质资源保护区主要保护对象的繁殖期、幼体生长期等生长繁育关键阶段设定特别保护期。特别保护期内不得从事捕捞、爆破作业以及其他可能对保护区内生物资源和生态环境造成损害的活动。

特别保护期外从事捕捞活动，应当遵守《渔业法》及有关法律法规的规定。

——《水产种质资源保护区管理暂行办法》（部门规章）第十五条

在种质资源保护区和重要经济鱼、虾、蟹类的产卵场等敏感水域进行放流，应当遵守国家有关规定。

——《渤海生物资源养护规定》（部门规章）第二十一条

2. 关于未经批准在水产种质资源保护区内从事捕捞活动的法律责任

【未经批准在水产种质资源保护区内从事捕捞活动】

未经批准在水产种质资源保护区内从事捕捞活动的，责令立即停止捕捞，没收渔获物和渔具，可以并处一万元以下的罚款。

——《中华人民共和国渔业法》（法律）第四十五条

本法规定的行政处罚，由县级以上人民政府渔业行政主管部门或者其所属的渔政监督管理机构决定。但是，本法已对处罚机关作出规定的除外。

——《中华人民共和国渔业法》（法律）第四十八条第一款

【非法捕捞水产品案（刑法第三百四十条）】 违反保护水产资源法规，在禁渔区、禁渔期或者使用禁用的工具、方法捕捞水产品，涉嫌下列情形之一的，应予立案追诉：

（二）非法捕捞有重要经济价值的水生动物苗种、怀卵亲体或者在水产种质资源保护区内捕捞水产品，在内陆水域五十公斤以上或者价值五百元以上，或者在海洋水域二百公斤以上或者价值二千元以上的。

——《最高人民检察院 公安部关于公安机关管辖的刑事案件立案追诉标准的规定（一）》（公通字〔2008〕36号）（司法解释）第六十三条第二项

链接：在水产种质资源保护区内捕捞水产品相关司法解释规定

违反保护水产资源法规，在海洋水域，在禁渔区、禁渔期或者使用禁用的工具、方法捕捞水产品，具有下列情形之一的，应当认定为刑法第三百四十条规定的"情节严重"：

（三）在水产种质资源保护区内捕捞水产品二千公斤以上或者价值二万元以上的。

——《最高人民法院关于审理发生在我国管辖海域相关案件若干问题的规定（二）》（法释〔2016〕17号）（司法解释）第四条第三项

行政相对人未依法取得捕捞许可证擅自进行捕捞，行政机关认为该行为构成渔业法第四十一条规定的"情节严重"情形的，人民法院应当从以下方面综合审查，并作出认定：

（一）是否未依法取得渔业船舶检验证书或渔业船舶登记证书；

（二）是否故意遮挡、涂改船名、船籍港；

（三）是否标写伪造、变造的渔业船舶船名、船籍港，或者使用伪造、变造的渔业船舶证书；

（四）是否标写其他合法渔业船舶的船名、船籍港或者使用其他渔业船舶证书；

（五）是否非法安装挖捕珊瑚等国家重点保护水生野生动物设施；

（六）是否使用相关法律、法规、规章禁用的方法实施捕捞；

（七）是否非法捕捞水产品、非法捕捞有重要经济价值的水生动物苗种、怀卵亲体或者在水产种质资源保护区内捕捞水产品，数量或价值较大；

（八）是否于禁渔区、禁渔期实施捕捞；

（九）是否存在其他严重违法捕捞行为的情形。

——《最高人民法院关于审理发生在我国管辖海域相关案件若干问题的规定（二）》（法释〔2016〕17号）（司法解释）第十条

案例15

2018年12月19日中午13时许，被告人张某、方某某驾驶小木船在九江市长江段江州水域长江八里江段长吻国家级水产种质资源保护区内，使用电瓶、升压逆电器、带电的网捞等禁用渔具电鱼时，被渔政执法人员当场抓获，并当场扣押电瓶、升压逆电器等捕鱼工具及捕获的鳜、鲤、白鱼、鳊等鱼类共计19.5斤。九江市浔阳区人民法院认为，被告人张某、被告人方某某无视国家法律，违反保护水产资源法规，共同在禁渔区内使用禁用的工具捕捞水产品，情节严重，二人行为均已构成非法捕捞水产品罪。鉴于被告人归案后，如实供述犯罪事实，属坦白，依法可从轻处罚，二被告人自愿承担修复义务，并在长江增殖放流，可酌情从轻处罚。判决被告人张某、方某某非法捕捞水产品罪，分别判处罚金10 000元，扣押的捕鱼工具予以没收，上缴国库。①

---

① 详见九江市浔阳区人民法院（2019）赣0403刑初201号刑事判决书。

八、违反禁渔区、禁渔期规定非法捕捞、销售水产品

〔关键词〕水产品 | 捕捞、销售水产品

【水产品禁止性规定】

禁止在有毒有害物质超过规定标准的区域生产、捕捞、采集食用农产品和建立农产品生产基地。

——《中华人民共和国农产品质量安全法》（法律）第十七条

链接：水产品保护性规定

水生动物的可捕标准，应当以达到性成熟为原则。对各种捕捞对象应当规定具体的可捕标准（长度或重量）和渔获物中小于可捕标准部分的最大比重。捕捞时应当保留足够数量的亲体，使资源能够稳定增长。

各种经济藻类和淡水食用水生植物，应当待其长成后方得采收，并注意留种、留株，合理轮采。

——《水产资源繁殖保护条例》（行政法规）第五条

海洋渔业资源经济价值较高的捕捞品种确定为：大黄鱼、小黄鱼、石斑鱼、真鲷、对虾、龙虾、鹰爪虾、管鞭虾。今后，随着资源变动和市场需求情况可适时增减。

——《农业部关于确定经济价值较高的渔业资源品种名录的通知》

（规范性文件）第二条

本暂行管理办法所称的贯彻执行国家制定的原产地规定是指，我国远洋渔业企业在公海或按照有关协议规定，在国外海域捕获并运回国内销售的自捕水产品（及其加工制品），视同国内产品不征收进口关税和进口环节增值税。

——《远洋渔业企业运回自捕水产品不征税的暂行管理办法》（规范性文件）第二条

（一）非法捕捞水产品罪

〔关键词〕非法捕捞水产品罪

【非法捕捞水产品罪】 违反保护水产资源法规，在禁渔区、禁渔期或者使用禁用的工具、方法捕捞水产品，情节严重的，处三年以下有期徒刑、拘役、管制或者罚金。

——《中华人民共和国刑法》（法律）第三百四十条

实施破坏海洋资源犯罪行为，同时构成非法捕捞罪、非法猎捕、杀害珍贵、濒危野生动物罪、组织他人偷越国（边）境罪、偷越国（边）境罪等犯罪的，依照处罚较重的规定定罪处罚。

有破坏海洋资源犯罪行为，又实施走私、妨害公务等犯罪的，依照数罪并罚的规定处理。

　　——《最高人民法院关于审理发生在我国管辖海域相关案件若干问题的规定（二）》（法释〔2016〕17号）（司法解释）第八条

中国公民或者外国人在我国管辖海域实施非法猎捕、杀害珍贵濒危野生动物或者非法捕捞水产品等犯罪的，依照我国刑法追究刑事责任。

　　——《最高人民法院关于审理发生在我国管辖海域相关案件若干问题的规定（一）》（法释〔2016〕16号）（司法解释）第三条

链接：相关解释规定

【非法捕捞水产品案（刑法第三百四十条）】违反保护水产资源法规，在禁渔区、禁渔期或者使用禁用的工具、方法捕捞水产品，涉嫌下列情形之一的，应予立案追诉：

（一）在内陆水域非法捕捞水产品五百公斤以上或者价值五千元以上的，或者在海洋水域非法捕捞水产品二千公斤以上或者价值二万元以上的；

（二）非法捕捞有重要经济价值的水生动物苗种、怀卵亲体或者在水产种质资源保护区内捕捞水产品，在内陆水域五十公斤以上或者价值五百元以上，或者在海洋水域二百公斤以上或者价值二千元以上的；

（三）在禁渔区内使用禁用的工具或者禁用的方法捕捞的；

（四）在禁渔期内使用禁用的工具或者禁用的方法捕捞的；

（五）在公海使用禁用渔具从事捕捞作业，造成严重影响的；

（六）其他情节严重的情形。

　　——《最高人民检察院　公安部关于公安机关管辖的刑事案件立案追诉标准的规定（一）》（公通字〔2008〕36号）（司法解释）第六十三条

违反我国国（边）境管理法规，非法进入我国领海，具有下列情形之一的，应当认定为刑法第三百二十二条规定的"情节严重"：

（一）经驱赶拒不离开的；

（二）被驱离后又非法进入我国领海的；

（三）因非法进入我国领海被行政处罚或者被刑事处罚后，一年内又非法进入我国领海的；

（四）非法进入我国领海从事捕捞水产品等活动，尚不构成非法捕捞水产品等犯罪的；

（五）其他情节严重的情形。

　　——《最高人民法院关于审理发生在我国管辖海域相关案件若干问题的规定（二）》（法释〔2016〕17号）（司法解释）第三条

违反保护水产资源法规，在海洋水域，在禁渔区、禁渔期或者使用禁用的工具、方法捕捞水产品，具有下列情形之一的，应当认定为刑法第三百四十条规定的"情节严重"：

（一）非法捕捞水产品一万公斤以上或者价值十万元以上的。

——《最高人民法院关于审理发生在我国管辖海域相关案件若干问题的规定（二）》（法释〔2016〕17号）（司法解释）第四条第一项

行政相对人未依法取得捕捞许可证擅自进行捕捞，行政机关认为该行为构成渔业法第四十一条规定的"情节严重"情形的，人民法院应当从以下方面综合审查，并作出认定：

（一）是否未依法取得渔业船舶检验证书或渔业船舶登记证书；

（二）是否故意遮挡、涂改船名、船籍港；

（三）是否标写伪造、变造的渔业船舶船名、船籍港，或者使用伪造、变造的渔业船舶证书；

（四）是否标写其他合法渔业船舶的船名、船籍港或者使用其他渔业船舶证书；

（五）是否非法安装挖捕珊瑚等国家重点保护水生野生动物设施；

（六）是否使用相关法律、法规、规章禁用的方法实施捕捞；

（七）是否非法捕捞水产品、非法捕捞有重要经济价值的水生动物苗种、怀卵亲体或者在水产种质资源保护区内捕捞水产品，数量或价值较大；

（八）是否于禁渔区、禁渔期实施捕捞；

（九）是否存在其他严重违法捕捞行为的情形。

——《最高人民法院关于审理发生在我国管辖海域相关案件若干问题的规定（二）》（法释〔2016〕17号）（司法解释）第十条

案例 16

2018年6月8日18时许，被告人廖某某提议去电鱼，被告人杨某某应允，后二被告人携带在网上购买的电鱼工具至贵阳市乌当区阿栗村南门河（又称鱼梁河、头堡河）边，被告人杨某某背负电鱼工具电鱼，被告人廖某某用口袋装鱼，二被告人在河道中电鱼10余分钟，非法捕捞鲫56尾，重3.2千克，后被公安人员当场抓获。

贵阳市2018年禁渔期为3月1日至6月30日，禁渔区域为长江流域和珠江流域贵阳段，禁渔期间，禁止一切形式的捕捞活动等。被告人杨某某、廖某某实施非法捕捞的南门河为南明河一级支流，属长江流域乌江水系；查获的渔获物已死亡，作掩埋处理。案发后，二被告人已自愿出资4000元购买泥鳅15000尾投放于南明河支流普渡河中。贵州省清镇市人民法院认为，水产资源是国家的一项宝贵财富，任何单位和个人对水产资源的捕捞，都应遵守国家相关法律对作业类型、场所、时限和渔具数量的规定进行作业。不得在禁渔区和禁渔期进行捕捞，不得使用禁用的渔具、捕捞方法和小于规定网目尺寸的渔具进行捕捞。电捕鱼是一种用高压电捕捉鱼类的非法捕鱼方式，毁灭性强，无论对鱼、对人，还是对渔业生态环境都有着巨大的危害，国家早已明令禁止。急功近利，竭泽而渔，非法捕捞水产品，不仅违反了国家对水产资源的管理制度，还危害了水产资源的存留和发展。被告人杨某某、廖某某违反水产资源保护法规，于禁渔期在贵阳市禁渔区使用禁用的电鱼方式非法捕捞水产品，情节严重，破坏了贵阳市的生态环境，其行为已构成非法捕捞水产品罪，论罪应予处罚。判决被告人杨某某犯非法捕捞水产品罪，判处管制 6 个月。被告人廖某某犯非法捕捞水产品罪，判处管制 3 个月。作案工具电瓶 1 个、网兜 2 个、电鱼杆 2 根依法没收，予以销毁①。

（二）违反禁渔区、禁渔期规定非法捕捞、销售水产品

〔关键词〕禁渔区｜禁渔期｜渤海、黄海及东海机轮拖网渔业禁渔区｜南海区机动渔船底拖网禁渔区线｜黄河禁渔区｜长江禁渔区｜珠江、闽江及海南省内陆水域禁渔区｜南极地区禁渔区｜海洋伏季休渔制度｜渤海禁渔期｜黄河禁渔期｜长江禁渔期｜珠江、闽江及海南省内陆水域禁渔期｜违反禁渔区、禁渔期规定非法捕捞水产品｜在禁渔区或者禁渔期内销售非法捕捞的渔获物

1. 关于禁渔区的法律规定

【渤海、黄海及东海机轮拖网渔业禁渔区】

〔范围界定〕

为了保护我国沿海水产资源，维持人民的长远利益，并免除机轮拖网渔业与群众帆船渔业的纠纷，特划定渤海、黄海及东海机轮拖网渔业禁渔区，并作如下的规定：

（一）按照下列 17 个基点，作成连接线，在此线以西的我国沿海，规定为禁渔区：

第一基点 北纬 39 度 33 分 东经 124 度 0 分

第二基点 北纬 38 度 56 分 东经 123 度 20 分

第三基点 北纬 38 度 40 分 东经 121 度 0 分

第四基点 北纬 39 度 30 分 东经 121 度 0 分

第五基点 北纬 40 度 0 分 东经 121 度 20 分

第六基点 北纬 40 度 0 分 东经 120 度 30 分

第七基点 北纬 38 度 56 分 东经 119 度 0 分

第八基点 北纬 38 度 12 分 东经 119 度 0 分

第九基点 北纬 37 度 50 分 东经 120 度 0 分

第十基点 北纬 38 度 5 分 东经 120 度 30 分

第十一基点 北纬 38 度 5 分 东经 121 度 0 分

第十二基点 北纬 38 度 0 分 东经 121 度 0 分

第十三基点 北纬 37 度 20 分 东经 123 度 3 分

---

① 详见贵州省清镇市人民法院（2019）黔 0181 刑初 201 号刑事判决书。

第十四基点 北纬 36 度 48 分 10 秒 东经 122 度 44 分 30 秒

第十五基点 北纬 35 度 11 分 东经 120 度 38 分

第十六基点 北纬 30 度 44 分 东经 123 度 25 分

第十七基点 北纬 29 度 0 分 东经 122 度 45 分

——《国务院关于渤海、黄海及东海机轮拖网渔业禁渔区的命令》（行政法规）第一条

按照下列三个基点作成连接线，在此线以西的我国沿海，为拖网渔轮禁渔区。

第十七基点：北纬 29 度 东经 122 度 45 分（即原令的第十七基点）。

第十八基点：北纬 27 度 30 分 东经 121 度 30 分。

第十九基点：北纬 27 度 东经 121 度 10 分。

——《国务院关于渤海、黄海及东海机轮拖网渔业禁渔区的命令的补充规定》（行政法规）第一条

〔行政管理〕

凡机轮拖网渔业，即备有螺旋推进器的渔轮，拖曳网具以捕捞底层水产动物的渔业（不包括机帆船渔业），都不得在禁渔区内作业。但经农业部批准，进行以调查、试验研究为目的的作业，不在此限。

——《国务院关于渤海、黄海及东海机轮拖网渔业禁渔区的命令》（行政法规）第二条

对违反上述规定的我国机轮，应由公安司令机关会同水产管理机关视具体情况予以警告和没收渔获物等处分，情节严重者得依法没收船只，并给船长或执行船长职务的人员及公司负责人以适当处分。

对违反上述规定的外国机轮，应由公安司令机关视具体情况和情节轻重，予以驱逐或暂时扣留。对暂时扣留的船只，应会同水产管理部门及时上报国务院听候处理。

——《国务院关于渤海、黄海及东海机轮拖网渔业禁渔区的命令》（行政法规）第三条

必要时，由农业部提出，报经国务院批准后，得临时开放禁渔区的一部分。

——《国务院关于渤海、黄海及东海机轮拖网渔业禁渔区的命令》（行政法规）第四条

【南海区机动渔船底拖网禁渔区线】

禁渔区线由下列 17 个基点的连接线构成：

	北纬	东经
第一基点	23°10′	117°40′
第二基点	23°00′	117°25′
第三基点	22°05′	115°10′
第四基点	22°05′	114°50′
第五基点	21°30′	114°00′
第六基点	21°00′	111°20′

第七基点	20°00′	111°35′
第八基点	18°30′	110°40′
第九基点	17°50′	109°50′
第十基点	18°00′	109°00′
第十一基点	18°20′	108°30′
第十二基点	18°45′	108°20′
第十三基点	19°20′	108°20′
第十四基点	20°00′	109°00′
第十五基点	20°50′	108°50′
第十六基点	21°00′	108°30′
第十七基点	21°31′	108°04′

作业规定：除经有关渔政部门特许并持证进入线内水域作业者外，禁止底拖网机动渔船进入禁渔区线内水域生产。

南海区禁渔区线线内水域休渔期：广东 6～8 月；广西 6～7 月；海南 6～8 月。

——《国务院、中央军委批转国家水产总局关于划定南海区和福建省
沿海机动渔船底拖网禁渔区线的意见》（规范性文件）

【黄河禁渔区】

〔范围界定〕

禁渔区：黄河干流；扎陵湖、鄂陵湖、东平湖等 3 个主要通江湖泊；白河、黑河、洮河、湟水、大黑河、窟野河、无定河、汾河、渭河、洛河、沁河、金堤河、大汶河等 13 条主要支流的干流河段。

——《农业部关于实行黄河禁渔期制度的通告》（规范性文件）第一条

【长江禁渔区】

〔范围界定〕

《农业部关于公布率先全面禁捕长江流域水生生物保护区名录的通告》（农业部通告〔2017〕6 号）公布的长江上游珍稀特有鱼类国家级自然保护区等 332 个自然保护区和水产种质资源保护区，自 2020 年 1 月 1 日 0 时起，全面禁止生产性捕捞。有关地方政府或渔业主管部门宣布在此之前实行禁捕的，禁捕起始时间从其规定。

今后长江流域范围内新建立的以水生生物为主要保护对象的自然保护区和水产种质资源保护区，自建立之日起纳入全面禁捕范围。

——《农业农村部关于长江流域重点水域禁捕范围和时间的
通告》（规范性文件）第一条

【珠江、闽江及海南省内陆水域禁渔区】

〔范围界定〕

禁渔区：云南省曲靖市沾益区珠江源以下至广东省珠江口（上川岛-北尖岛联线以北）

的珠江干流、支流、通江湖泊、珠江三角洲河网及重要独立入海河流。珠江干流包括南盘江、红水河、黔江、浔江和西江；支流包括东江、北江及西江水系的北盘江、柳江、融江、郁江、左江、右江、邕江、濛江、桂江、漓江、北流河、罗定江和新兴江等；珠三角河网包括流溪河、潭江等；通江湖泊包括抚仙湖、星云湖、异龙湖、杞麓湖和阳宗海等；重要独立入海河流包括广东省、广西壮族自治区境内的韩江、北仑河、茅岭江、钦江、南流江、榕江、漠阳江、鉴江、九洲江的干流江（河）段。福建闽江及海南省南渡江、万泉河、昌化江的干流江（河）段。各省（区）可根据本地实际，将其他相关河流、湖泊纳入禁渔范围。

——《关于发布珠江、闽江及海南省内陆水域禁渔期制度的通告》
（规范性文件）第一条

【南极地区禁渔区】

〔行政管理〕

所有南极磷虾渔船应在 CCAMLR 养护措施和我部所发入渔许可证核准的渔区和捕捞期限内从事南极磷虾捕捞活动。禁止渔船在禁渔期或委员会设立的禁渔区、海洋保护区以及南极特别保护区和南极特别管理区从事渔业活动。

——《关于严格遵守南极磷虾渔业国际管理措施
的通知》（规范性文件）第二条第一款

2. 关于禁渔期的法律规定

【海洋伏季休渔制度】

（一）北纬 35 度以北的渤海和黄海海域为 5 月 1 日 12 时至 9 月 1 日 12 时。

（二）北纬 35 度至 26 度 30 分之间的黄海和东海海域为 5 月 1 日 12 时至 9 月 16 日 12 时；桁杆拖虾、笼壶类、刺网和灯光围（敷）网休渔时间为 5 月 1 日 12 时至 8 月 1 日 12 时。

（三）北纬 26 度 30 分至北纬 12 度的东海和南海海域为 5 月 1 日 12 时至 8 月 16 日 12 时。

（四）小型张网渔船从 5 月 1 日 12 时起休渔，时间不少于三个月，休渔结束时间由沿海各省、自治区、直辖市渔业主管部门确定，报农业农村部备案。

（五）特殊经济品种可执行专项捕捞许可制度，具体品种、作业时间、作业类型、作业海域由沿海各省、自治区、直辖市渔业主管部门报农业农村部批准后执行。

（六）捕捞辅助船原则上执行所在海域的最长休渔时间规定，确需在最长休渔时间结束前为一些对资源破坏程度小的作业方式渔船提供配套服务的，由沿海各省、自治区、直辖市渔业主管部门制定配套管理方案报农业农村部批准后执行。

（七）钓具渔船应当严格执行渔船进出港报告制度，严禁违反捕捞许可证关于作业类型、场所、时限和渔具数量的规定进行捕捞，实行渔获物定点上岸制度，建立上岸渔获物监督检查机制。

（八）休渔渔船原则上应当回所属船籍港休渔，因特殊情况确实不能回船籍港休渔的，须经船籍港所在地省级渔业主管部门确认，统一安排在本省、自治区、直辖市范围内船籍港临近码头停靠。确因本省渔港容量限制、无法容纳休渔渔船的，由该省渔业主管部门与相关省级渔业主管部门协商安排。

（九）根据《渔业捕捞许可管理规定》，禁止渔船跨海区界限作业。

（十）沿海各省、自治区、直辖市渔业主管部门可以根据本地实际，在国家规定基础上制定更加严格的资源保护措施。

——《农业农村部关于调整海洋伏季休渔制度的通告（2021）》（规范性文件）第三条

【渤海禁渔期】

渤海实行伏季休渔等禁渔期制度，并应当执行附件 3 的规定。沿岸各省、直辖市人民政府渔业行政主管部门可以对毛虾和海蜇规定适用于本行政区域的禁渔期，并报农业部和农业部黄渤海区渔政局备案。

附件 3：渤海禁渔期

一、渤海伏季休渔时间为 6 月 1 日 12 时至 9 月 1 日 12 时。除使用网目尺寸 90 毫米以上的单层流刺网和钓钩从事捕捞作业外，禁止在伏季休渔期间从事一切捕捞作业。

二、在"机动渔船底拖网禁渔区"内专捕海蜇、毛虾的网具可在伏季休渔截止日期之前开捕，具体开捕日期由沿岸省、直辖市渔业行政主管部门规定，报农业部和农业部黄渤海区渔政渔港监督管理局备案。但毛虾的开捕日期不得早于 8 月 15 日。

三、下列网具同时实行如下禁渔期：

（一）5 月 1 日 12 时至 5 月 16 日 12 时，禁止张网类渔具和桁杆、框架型拖曳渔具以及网目尺寸 60～70 毫米的单层流刺网作业；

（二）5 月 10 日 12 时至 6 月 16 日 12 时，禁止围网和网目尺寸 90 毫米以上的单层流刺网作业；

（三）12 月 10 日 12 时至翌年 4 月 1 日 12 时，禁止耙刺类渔具在"机动渔船底拖网禁渔区"外侧作业；"机动渔船底拖网禁渔区"内全年禁止魁蚶耙子作业。

——《渤海生物资源养护规定》（部门规章）第三十一条

（一）北纬 35 度以北的渤海和黄海海域为 5 月 1 日 12 时至 9 月 1 日 12 时。

——《农业农村部关于调整海洋伏季休渔制度的通告（2021）》（规范性文件）第三条第一项

【黄河禁渔期】

禁渔期：每年 4 月 1 日 12 时至 6 月 30 日 12 时。

——《农业部关于实行黄河禁渔期制度的通告》（规范性文件）第二条

【长江禁渔期】

二、干流和重要支流

长江干流和重要支流是指《农业部关于调整长江流域禁渔期制度的通告》（农业部通

告〔2015〕1号）公布的有关禁渔区域，即青海省曲麻莱县以下至长江河口（东经122°、北纬31°36′30″、北纬30°54′之间的区域）的长江干流江段；岷江、沱江、赤水河、嘉陵江、乌江、汉江等重要通江河流在甘肃省、陕西省、云南省、贵州省、四川省、重庆市、湖北省境内的干流江段；大渡河在青海省和四川省境内的干流河段；以及各省确定的其他重要支流。

长江干流和重要支流除水生生物自然保护区和水产种质资源保护区以外的天然水域，最迟自2021年1月1日0时起实行暂定为期10年的常年禁捕，禁捕期间禁止天然渔业资源的生产性捕捞。鼓励有条件的地方在此之前实施禁捕。有关地方政府或渔业主管部门宣布在此之前实行禁捕的，禁捕起始时间从其规定。

三、大型通江湖泊

鄱阳湖、洞庭湖等大型通江湖泊除水生生物自然保护区和水产种质资源保护区以外的天然水域，由有关省级渔业主管部门划定禁捕范围，最迟自2021年1月1日0时起，实行暂定为期10年的常年禁捕，禁捕期间禁止天然渔业资源的生产性捕捞。鼓励有条件的地方在此之前实施禁捕。有关地方政府或渔业主管部门宣布在此之前实行禁捕的，禁捕起始时间从其规定。

四、其他重点水域

与长江干流、重要支流、大型通江湖泊连通的其他天然水域，由省级渔业行政主管部门确定禁捕范围和时间。

——《农业农村部关于长江流域重点水域禁捕范围和时间的通告》（规范性文件）第二条、第三条、第四条

【珠江、闽江及海南省内陆水域禁渔期】

每年3月1日0时至6月30日24时。各省（区）可根据本地实际，在执行统一禁渔规定的基础上，适当延长禁渔时间和扩大禁渔范围。

除休闲渔业、娱乐性垂钓外，在规定的禁渔区和禁渔期内，禁止所有捕捞作业。因养殖生产或科研调查需要采捕天然渔业资源的，应当按照《中华人民共和国渔业法》的规定，经省级以上渔业行政主管部门批准。

——《关于发布珠江、闽江及海南省内陆水域禁渔期制度的通告》（规范性文件）第一条

【淮河干流河段禁渔期】

本通告自2020年1月1日0时起实施。原《农业部关于调整长江流域禁渔期制度的通告》（农业部通告〔2015〕1号）自2021年1月1日0时起废止，原通告规定的淮河干流河段禁渔期制度，在我部另行规定前继续按照每年3月1日0时至6月30日24时执行。

——《农业农村部关于长江流域重点水域禁捕范围和时间的通告》（规范性文件）第七条

> **链接：关于禁渔期的其他规定**
>
> 省级以上人民政府依法划定相关自然保护区域，保护野生动物及其重要栖息地，保护、恢复和改善野生动物生存环境。对不具备划定相关自然保护区域条件的，县级以上人民政府可以采取划定禁猎（渔）区、规定禁猎（渔）期等其他形式予以保护。
>
> ——《中华人民共和国野生动物保护法》（法律）第十二条第二款
>
> 各级人民政府应当采取措施，依法执行捕捞限额和禁渔、休渔制度，增殖渔业资源，保护渔业水域生态环境。国家引导、支持从事捕捞业的农（渔）民和农（渔）业生产经营组织从事水产养殖业或者其他职业，对根据当地人民政府统一规划转产转业的农（渔）民，应当按照国家规定予以补助。
>
> ——《中华人民共和国农业法》（法律）第六十三条
>
> 对某些重要鱼虾贝类产卵场、越冬场和幼体索饵场，应当合理规定禁渔区、禁渔期，分别不同情况，禁止全部作业，或限制作业的种类和某些作业的渔具数量。
>
> ——《水产资源繁殖保护条例》（行政法规）第七条
>
> 凡是鱼、蟹等产卵洄游通道的江河，不得遮断河面拦捕，应当留出一定宽度的通道，以保证足够数量的亲体上溯或降河产卵繁殖。更不准在闸口拦捕鱼、蟹幼体和产卵洄游的亲体，必要时应当规定禁渔期。因养殖生产需要而捕捞鱼苗、蟹苗者，应当经省、自治区、直辖市水产部门批准，在指定水域和时间内作业。
>
> ——《水产资源繁殖保护条例》（行政法规）第八条

3. 关于禁渔区、禁渔期非法捕捞、销售水产品的法律规定

【行政管理】

禁止使用炸鱼、毒鱼、电鱼等破坏渔业资源的方法进行捕捞。禁止制造、销售、使用禁用的渔具。禁止在禁渔区、禁渔期进行捕捞。禁止使用小于最小网目尺寸的网具进行捕捞。捕捞的渔获物中幼鱼不得超过规定的比例。在禁渔区或者禁渔期内禁止销售非法捕捞的渔获物。重点保护的渔业资源品种及其可捕捞标准，禁渔区和禁渔期，禁止使用或者限制使用的渔具和捕捞方法，最小网目尺寸以及其他保护渔业资源的措施，由国务院渔业行政主管部门或者省、自治区、直辖市人民政府渔业行政主管部门规定。

　　　　　　——《中华人民共和国渔业法》（法律）第三十条

对某些重要鱼虾贝类产卵场、越冬场和幼体索饵场，应当合理规定禁渔区、禁渔期，分别不同情况，禁止全部作业，或限制作业的种类和某些作业的渔具数量。

　　　　　　——《水产资源繁殖保护条例》（行政法规）第七条

凡是鱼、蟹等产卵洄游通道的江河，不得遮断河面拦捕，应当留出一定宽度的通道，以保证足够数量的亲体上溯或降河产卵繁殖。更不准在闸口拦捕鱼、蟹幼体和产卵洄游的亲体，必要时应当规定禁渔期。因养殖生产需要而捕捞鱼苗、蟹苗者，应当经省、自治区、直辖市水产部门批准，在指定水域和时间内作业。

　　　　　　——《水产资源繁殖保护条例》（行政法规）第八条

因科学研究等特殊需要，在禁渔区、禁渔期捕捞，或者使用禁用的渔具、捕捞方法，或者捕捞重点保护的渔业资源品种，必须经省级以上人民政府渔业行政主管部门批准。

——《中华人民共和国渔业法实施细则》（行政法规）第十九条

禁止在禁渔区、禁渔期、保护区从事渔业捕捞活动。

——《渔业捕捞许可管理规定》（部门规章）第二十条第二款

下列作业的捕捞许可证，由省级人民政府渔业主管部门批准发放：

（一）海洋大型拖网、围网渔船作业的；

（二）因养殖或者其他特殊需要，捕捞农业农村部颁布的有重要经济价值的苗种或者禁捕的怀卵亲体的；

（三）因教学、科研等特殊需要，在禁渔区、禁渔期从事捕捞作业的。

——《渔业捕捞许可管理规定》（部门规章）第三十条

因科学研究需要在禁渔区、禁渔期捕捞和捕捞禁捕对象的，向农业部申请，由农业部核发捕捞许可证。捕捞作业时应当悬挂统一规定的标志。

——《渤海生物资源养护规定》（部门规章）第三十四条

链接：相关保护性规定

省级以上人民政府依法划定相关自然保护区域，保护野生动物及其重要栖息地，保护、恢复和改善野生动物生存环境。对不具备划定相关自然保护区域条件的，县级以上人民政府可以采取划定禁猎（渔）区、规定禁猎（渔）期等其他形式予以保护。

——《中华人民共和国野生动物保护法》（法律）第十二条第二款

县级以上人民政府渔业行政主管部门，应当依照本实施细则第三条规定的管理权限，确定重点保护的渔业资源品种及采捕标准。在重要鱼、虾、蟹、贝、藻类，以及其他重要水生生物的产卵场、索饵场、越冬场和洄游通道，规定禁渔区和禁渔期，禁止使用或者限制使用的渔具和捕捞方法，最小网目尺寸，以及制定其他保护渔业资源的措施。

——《中华人民共和国渔业法实施细则》（行政法规）第二十一条

太湖流域县级以上地方人民政府林业、水行政、环境保护、农业等部门应当开展综合治理，保护湿地，促进生态恢复。

两省一市人民政府渔业行政主管部门应当根据太湖流域水生生物资源状况、重要渔业资源繁殖规律和水产种质资源保护需要，开展水生生物资源增殖放流，实行禁渔区和禁渔期制度，并划定水产种质资源保护区。

——《太湖流域管理条例》（行政法规）第四十八条

---

4. 关于禁渔区、禁渔期非法捕捞、销售水产品的法律责任

【违反禁渔区、禁渔期规定非法捕捞水产品】

使用炸鱼、毒鱼、电鱼等破坏渔业资源方法进行捕捞的，违反关于禁渔区、禁渔期的规

定进行捕捞的，或者使用禁用的渔具、捕捞方法和小于最小网目尺寸的网具进行捕捞或者渔获物中幼鱼超过规定比例的，没收渔获物和违法所得，处五万元以下的罚款；情节严重的，没收渔具，吊销捕捞许可证；情节特别严重的，可以没收渔船；构成犯罪的，依法追究刑事责任。

在禁渔区或者禁渔期内销售非法捕捞的渔获物的，县级以上地方人民政府渔业行政主管部门应当及时进行调查处理。

制造、销售禁用的渔具的，没收非法制造、销售的渔具和违法所得，并处一万元以下的罚款。

——《中华人民共和国渔业法》（法律）第三十八条

本法规定的行政处罚，由县级以上人民政府渔业行政主管部门或者其所属的渔政监督管理机构决定。但是，本法已对处罚机关作出规定的除外。

在海上执法时，对违反禁渔区、禁渔期的规定或者使用禁用的渔具、捕捞方法进行捕捞，以及未取得捕捞许可证进行捕捞的，事实清楚、证据充分，但是当场不能按照法定程序作出和执行行政处罚决定的，可以先暂时扣押捕捞许可证、渔具或者渔船，回港后依法作出和执行行政处罚决定。

——《中华人民共和国渔业法》（法律）第四十八条

【非法捕捞水产品罪】违反保护水产资源法规，在禁渔区、禁渔期或者使用禁用的工具、方法捕捞水产品，情节严重的，处三年以下有期徒刑、拘役、管制或者罚金。

——《中华人民共和国刑法》（法律）第三百四十条

【非法捕捞水产品案（刑法第三百四十条）】违反保护水产资源法规，在禁渔区、禁渔期或者使用禁用的工具、方法捕捞水产品，涉嫌下列情形之一的，应予立案追诉：

（三）在禁渔区内使用禁用的工具或者禁用的方法捕捞的；

（四）在禁渔期内使用禁用的工具或者禁用的方法捕捞的；

——《最高人民检察院 公安部关于公安机关管辖的刑事案件立案追诉标准的规定（一）》（公通字〔2008〕36号）（司法解释）第六十三条第三项、第四项

依照《渔业法》第二十八条和《实施细则》第二十九条规定，有下列行为之一的，没收渔获物和违法所得，处以罚款，并可以没收渔具、吊销捕捞许可证。罚款按以下标准执行：

（七）违反禁渔期（休渔期、保护期），禁渔区（休渔区、保护区）的规定进行捕捞的：

1. 在内陆水域，从轻处罚的处以50～3 000元罚款，从重处罚的处以3 000～5 000元罚款；

2. 在海洋，不用船作业的按内陆水域的规定处罚；用船作业的，按渔船主机功率处罚：

主机功率（千瓦）	从轻处罚（元）	从重处罚（元）
不足14.7及非机动船	500～3 000	3 000～10 000
14.7～不足147.1	800～10 000	10 000～20 000
147.1以上	1 000～20 000	20 000～50 000

（14.7千瓦=20马力，147.1千瓦=200马力）

——《渔业行政处罚规定》（部门规章）第六条第七项

链接：相关解释规定

违反保护水产资源法规，在海洋水域，在禁渔区、禁渔期或者使用禁用的工具、方法捕捞水产品，具有下列情形之一的，应当认定为刑法第三百四十条规定的"情节严重"：

（四）在禁渔区内使用禁用的工具或者方法捕捞的；

（五）在禁渔期内使用禁用的工具或者方法捕捞的；

——《最高人民法院关于审理发生在我国管辖海域相关案件若干问题的规定（二）》（法释〔2016〕17号）（司法解释）第四条第四项、第五项

行政相对人未依法取得捕捞许可证擅自进行捕捞，行政机关认为该行为构成渔业法第四十一条规定的"情节严重"情形的，人民法院应当从以下方面综合审查，并作出认定：

（一）是否未依法取得渔业船舶检验证书或渔业船舶登记证书；

（二）是否故意遮挡、涂改船名、船籍港；

（三）是否标写伪造、变造的渔业船舶船名、船籍港，或者使用伪造、变造的渔业船舶证书；

（四）是否标写其他合法渔业船舶的船名、船籍港或者使用其他渔业船舶证书；

（五）是否非法安装挖捕珊瑚等国家重点保护水生野生动物设施；

（六）是否使用相关法律、法规、规章禁用的方法实施捕捞；

（七）是否非法捕捞水产品、非法捕捞有重要经济价值的水生动物苗种、怀卵亲体或者在水产种质资源保护区内捕捞水产品，数量或价值较大；

（八）是否于禁渔区、禁渔期实施捕捞；

（九）是否存在其他严重违法捕捞行为的情形。

——《最高人民法院关于审理发生在我国管辖海域相关案件若干问题的规定（二）》（法释〔2016〕17号）（司法解释）第十条

湖北省人大常委会法规工作室：

你室来函（鄂常法文〔2004〕01号）收悉。经研究，答复意见如下：

渔业法第三十八条第一款规定，违反关于禁渔区、禁渔期的规定进行捕捞的，没收渔获物和违法所得，处五万元以下的罚款；情节严重的，没收渔具，吊销捕捞许可证；情节特别严重的，可以没收渔船；构成犯罪的，依法追究刑事责任。第二款规定，在禁渔区或者禁渔期内销售非法捕捞的渔获物的，县级以上人民政府渔业行政主管部门应当及时进行调查处理。第二款中规定的"调查处理"，是指县级以上人民政府渔业行政主管部门在国务院规定的职权范围内，对在禁渔区或者禁渔期内销售渔获物的行为进行调查，经查证确属在禁渔区或者禁渔期内非法捕捞的，应当依照该条第一款的规定给予相应处罚。

——《全国人大常委会法工委办公室关于渔业法有关条款适用问题请示的答复意见》（法工办复字〔2004〕7号）

案例 17

2019 年 3 月 16 日 20 时许，被告人赵某某携带自制电鱼设备在广安市前锋区广兴镇永胜村境内的水田内捕捞黄鳝未果后，便决定到渠江流域内使用电鱼设备捕捞一些鱼类回家熬汤喝。21 时许，赵某某行至广安市前锋区广兴镇凉滩电站下游，使用自制电鱼设备在渠江内电鱼。22 时许，赵某某在电完鱼回家的途中被民警当场抓获，电鱼工具及非法捕捞的 106 尾鱼被民警当场查获。2019 年 2 月 11 日广安市前锋区人民政府发布 2019 年春季禁渔期通告，禁渔期为 2019 年 3 月 1 日零时至 2019 年 6 月 30 日 24 时。四川省广安市前锋区人民法院认为被告人赵某某违反保护水产资源法规，在禁渔期使用禁用的工具、方法捕捞水产品，情节严重，其行为触犯了《中华人民共和国刑法》第三百四十条之规定，构成非法捕捞水产品罪。判决被告人赵某某犯非法捕捞水产品罪，判处罚金人民币 2 000 元；对公安机关扣押在案的犯罪工具电瓶、变压器等捕鱼工具予以没收，并由扣押机关依法予以处理[①]。

【在禁渔区或者禁渔期内销售非法捕捞的渔获物】

使用炸鱼、毒鱼、电鱼等破坏渔业资源方法进行捕捞的，违反关于禁渔区、禁渔期的规定进行捕捞的，或者使用禁用的渔具、捕捞方法和小于最小网目尺寸的网具进行捕捞或者渔获物中幼鱼超过规定比例的，没收渔获物和违法所得，处五万元以下的罚款；情节严重的，没收渔具，吊销捕捞许可证；情节特别严重的，可以没收渔船；构成犯罪的，依法追究刑事责任。

在禁渔区或者禁渔期内销售非法捕捞的渔获物的，县级以上地方人民政府渔业行政主管部门应当及时进行调查处理。

制造、销售禁用的渔具的，没收非法制造、销售的渔具和违法所得，并处一万元以下的罚款。

——《中华人民共和国渔业法》（法律）第三十八条

本法规定的行政处罚，由县级以上人民政府渔业行政主管部门或者其所属的渔政监督管理机构决定。但是，本法已对处罚机关作出规定的除外。

在海上执法时，对违反禁渔区、禁渔期的规定或者使用禁用的渔具、捕捞方法进行捕捞，以及未取得捕捞许可证进行捕捞的，事实清楚、证据充分，但是当场不能按照法定程序作出和执行行政处罚决定的，可以先暂时扣押捕捞许可证、渔具或者渔船，回港后依法作出和执行行政处罚决定。

——《中华人民共和国渔业法》（法律）第四十八条

依照《渔业法》第三十条规定需处以罚款的，按下列规定执行：

---

① 详见四川省广安市前锋区人民法院（2019）川 1603 刑初 41 号刑事判决书。

（一）内陆渔业非机动渔船，处五十元至一百五十元罚款；

（二）内陆渔业机动渔船和海洋渔业非机动渔船，处一百元至五百元罚款；

（三）海洋渔业机动渔船，处二百元至二万元罚款。

——《中华人民共和国渔业法实施细则》（行政法规）第三十一条

禁止在禁渔区、禁渔期内收购、加工和销售非法捕捞的渔获物。在禁渔区或者禁渔期内收购、加工和销售非法捕捞的渔获物的，沿岸县级以上地方人民政府渔业行政主管部门及其所属的渔政渔港监督管理机构应当及时调查处理。

——《渤海生物资源养护规定》（部门规章）第三十二条

第二章　非法养殖

一、违反养殖证规定从事养殖生产

〔关键词〕养殖使用证｜养殖证核发与申领

【养殖使用证核发与申领】

国家对水域利用进行统一规划，确定可以用于养殖业的水域和滩涂。单位和个人使用国家规划确定用于养殖业的全民所有的水域、滩涂的，使用者应当向县级以上地方人民政府渔业行政主管部门提出申请，由本级人民政府核发养殖证，许可其使用该水域、滩涂从事养殖生产。核发养殖证的具体办法由国务院规定。集体所有的或者全民所有由农业集体经济组织使用的水域、滩涂，可以由个人或者集体承包，从事养殖生产。

——《中华人民共和国渔业法》（法律）第十一条

县级以上地方人民政府在核发养殖证时，应当优先安排当地的渔业生产者。

——《中华人民共和国渔业法》（法律）第十二条

使用全民所有的水面、滩涂，从事养殖生产的全民所有制单位和集体所有制单位，应当向县级以上地方人民政府申请养殖使用证。

全民所有的水面、滩涂在一县行政区域内的，由该县人民政府核发养殖使用证；跨县的，由有关县协商核发养殖使用证，必要时由上级人民政府决定核发养殖使用证。

——《中华人民共和国渔业法实施细则》（行政法规）第十条

在渤海使用全民所有的水域、滩涂从事养殖生产的，应当向沿岸县级以上地方人民政府渔业行政主管部门提出申请，由本级人民政府核发养殖证。因结构调整转产转业的当地渔民享有取得养殖证的优先权。

——《渤海生物资源养护规定》（部门规章）第九条

沿岸县级以上地方人民政府渔业行政主管部门受理养殖证申请时，应当根据养殖发展布局和养殖水域的容量，明确养殖证的水域滩涂范围、使用期限、用途等事项。新建、扩建和改建养殖场的，应当进行环境影响评价。

——《渤海生物资源养护规定》（部门规章）第十条

取得养殖证的单位和个人应当按照养殖证确定的水域滩涂范围和规定的用途从事养殖生产，遵守有关养殖技术规范。养殖废水排放应符合国家有关排放标准，池塘清淤应进行合理处理，防止水域污染。

——《渤海生物资源养护规定》（部门规章）第十一条

使用水域、滩涂从事水产养殖的单位和个人应当按有关规定申领养殖证，并按核准的区域、规模从事养殖生产。

——《水产养殖质量安全管理规定》（部门规章）第九条

（一）无证养殖生产

〔关键词〕无证养殖生产

使用全民所有的水域、滩涂从事养殖生产，无正当理由使水域、滩涂荒芜满一年的，由发放养殖证的机关责令限期开发利用；逾期未开发利用的，吊销养殖证，可以并处一万元以下的罚款。

未依法取得养殖证擅自在全民所有的水域从事养殖生产的，责令改正，补办养殖证或者限期拆除养殖设施。

未依法取得养殖证或者超越养殖证许可范围在全民所有的水域从事养殖生产，妨碍航运、行洪的，责令限期拆除养殖设施，可以并处一万元以下的罚款。

——《中华人民共和国渔业法》（法律）第四十条

本法规定的行政处罚，由县级以上人民政府渔业行政主管部门或者其所属的渔政监督管理机构决定。但是，本法已对处罚机关作出规定的除外。

——《中华人民共和国渔业法》（法律）第四十八条第一款

（二）有证荒芜生产

〔关键词〕有证荒芜生产

使用全民所有的水域、滩涂从事养殖生产，无正当理由使水域、滩涂荒芜满一年的，由发放养殖证的机关责令限期开发利用；逾期未开发利用的，吊销养殖证，可以并处一万元以下的罚款。

——《中华人民共和国渔业法》（法律）第四十条第一款

本法规定的行政处罚，由县级以上人民政府渔业行政主管部门或者其所属的渔政监督管理机构决定。但是，本法已对处罚机关作出规定的除外。

——《中华人民共和国渔业法》（法律）第四十八条第一款

领取养殖使用证的单位，无正当理由未从事养殖生产，或者放养量低于当地同类养殖水域平均放养量 60％ 的，应当视为荒芜。

——《中华人民共和国渔业法实施细则》（行政法规）第十一条

（三）超越许可范围养殖生产

〔关键词〕超越许可范围养殖生产

未依法取得养殖证或者超越养殖证许可范围在全民所有的水域从事养殖生产，妨碍航运、行洪的，责令限期拆除养殖设施，可以并处一万元以下的罚款。

——《中华人民共和国渔业法》（法律）第四十条第三款

本法规定的行政处罚，由县级以上人民政府渔业行政主管部门或者其所属的渔政监督管理机构决定。但是，本法已对处罚机关作出规定的除外。

——《中华人民共和国渔业法》（法律）第四十八条第一款

（四）水域滩涂养殖权人拒绝交回养殖证

〔关键词〕水域滩涂养殖权｜拒绝交回养殖证

1. 关于水域滩涂养殖权的法律规定

【概念界定】

本办法所称水域滩涂养殖权，是指依法取得的使用水域、滩涂从事水产养殖的权利。

——《水域滩涂养殖发证登记办法》
（部门规章）第二条第二款

【权利与义务】

使用水域、滩涂从事养殖生产，由县级以上地方人民政府核发养殖证，确认水域滩涂养殖权。

县级以上地方人民政府渔业行政主管部门负责水域、滩涂养殖发证登记具体工作，并建立登记簿，记载养殖证载明的事项。

——《水域滩涂养殖发证登记办法》
（部门规章）第三条

水域滩涂养殖权人可以凭养殖证享受国家水产养殖扶持政策。

——《水域滩涂养殖发证登记办法》
（部门规章）第四条

国家所有的水域、滩涂，应当优先用于下列当地渔业生产者从事养殖生产：

（一）以水域、滩涂养殖生产为主要生活来源的；

（二）因渔业产业结构调整，由捕捞业转产从事养殖业的；

（三）因养殖水域滩涂规划调整，需要另行安排养殖水域、滩涂从事养殖生产的。

——《水域滩涂养殖发证登记办法》
（部门规章）第八条

依法转让国家所有水域、滩涂的养殖权的，应当持原养殖证，依照本章规定重新办理发证登记。

——《水域滩涂养殖发证登记办法》
（部门规章）第九条

水域滩涂养殖权人、利害关系人有权查阅、复制登记簿，县级以上地方人民政府渔业行政主管部门应当提供，不得限制和拒绝。

水域滩涂养殖权人、利害关系人认为登记簿记载的事项错误的，可以申请更正登记。登记簿记载的权利人书面同意更正或者有证据证明登记确有错误的，县级以上地方人民政府渔业行政主管部门应当予以更正。

——《水域滩涂养殖发证登记办法》
（部门规章）第十四条

养殖权人姓名或名称、住所等事项发生变化的，当事人应当持原养殖证及相关证明材料，向原发证登记机关申请变更。

——《水域滩涂养殖发证登记办法》
（部门规章）第十五条

因被依法收回、征收等原因造成水域滩涂养殖权灭失的，应当由发证机关依法收回、注销养殖证。

实行家庭承包的农民集体所有或者国家所有依法由农民集体使用的水域、滩涂，在承包期内出现下列情形之一，发包方依法收回承包的水域、滩涂的，应当由发证机关收回、注销养殖证：

（一）承包方全家迁入设区的市，转为非农业户口的；

（二）承包方提出书面申请，自愿放弃全部承包水域、滩涂的；

（三）其他依法应当收回养殖证的情形。

——《水域滩涂养殖发证登记办法》（部门规章）第十六条

水域滩涂养殖权期限届满，水域滩涂养殖权人依法继续使用国家所有的水域、滩涂从事养殖生产的，应当在期限届满 60 日前，持养殖证向原发证登记机关办理延展手续，并按本办法第五条规定提交相关材料。

因养殖水域滩涂规划调整不得从事养殖的，期限届满后不再办理延展手续。

——《水域滩涂养殖发证登记办法》
（部门规章）第十八条

链接：海域使用权

海域使用权最高期限，按照下列用途确定：

（一）养殖用海十五年。

——《中华人民共和国海域使用管理法》（法律）第二十五条第一项

---

2. 关于水域滩涂养殖权的法律责任

【水域滩涂养殖权人拒绝交回养殖证】

符合本办法第十六条规定，水域滩涂养殖权人拒绝交回养殖证的，县级以上地方人民政府渔业行政主管部门调查核实后，报请发证机关依法注销养殖证，并予以公告。

——《水域滩涂养殖发证登记办法》
（部门规章）第十七条

案例 1

2010 年 8 月 20 日武宁县人民政府向郑某某核发了武府（淡）养证〔2010〕第 S0037 号水域滩涂养殖使用证，该证的核准使用期限至 2013 年 8 月 19 日。期限届满后，武宁县渔业办公室于 2014 年 10 月 8 日向郑某某发出通知，限其于收到该通知之日起三个工作日内，将武府（淡）养证〔2010〕第 S0037 号水域滩涂养殖使用证交回武宁县渔业办公室办理注销手续，未按时交回将依法注销。郑某某收到该通知后并未主动交回上述水域滩涂养殖使用证。2014 年 11 月 6 日，武宁县政府向郑某某作出《注销国有水域滩涂养殖使用证决定书》并于 2014 年 11 月 17 日送达郑某某。郑某某对该《注销国有水域滩涂养殖使用证决定书》不服，于 2015 年 1 月 3 日向九江市人民政府申请行政复议，九江市政府于 2015 年 1 月 4 日依法受理该申请，于 2015 年 1 月 30 日作出九府复决字〔2015〕05 号《行政复议决定书》，维持了武宁县政府 2014 年 11 月 6 日向郑某某作出的《注销国有水域滩涂养殖使用证决定书》。江西省高级人民法院认为，《中华人民共和国行政许可法》第七十条规定："有下列情形之一的，行政机关应当依法办理有关行政许可的注销手续：（一）行政许可有效期届满未延续的……"农业农村部《水域滩涂养殖发证登记办法》第十六条第一款规定："因被依法收回、征收等原因造成水域滩涂养殖权灭失的，应当由发证机关依法收回、注销养殖证。"第十七条规定："符合本办法第十六条规定，水域滩涂养殖权人拒绝交回养殖证的，县级以上地方人民政府渔业行政主管部门调查核实后，报请发证机关依法注销养殖证，并予以公告。"郑某某持有的水域滩涂养殖使用证使用期限至 2013 年 8 月 19 日，郑某某未提出办理延展手续的申请。2014 年 10 月 8 日，武宁县渔业办公室依法送达了要求郑某某限期交回养殖使用证的通知，这一事实有武宁县渔业办公室的书面送达回证及在场见证人签字证实，郑某某提出其未收到此通知理由不充分。武宁县政府作出被诉注销决定符合上述法律以及规章的规定。因此驳回上诉，维持原判①。

二、偷捕、抢夺他人养殖的水产品或者破坏
他人养殖水体、养殖设施

（一）偷捕、抢夺他人养殖的水产品

〔关键词〕养殖品种及水产品｜偷捕、抢夺他人养殖的水产品

1. 关于养殖水产品的法律规定

禁止在渤海养殖未经全国水产原种和良种审定委员会审定、农业部批准推广的杂交种、

---

① 详见江西省高级人民法院（2016）赣行终 150 号行政判决书。

转基因种和其他非渤海原有品种。养殖经全国水产原种和良种审定委员会审定、农业部批准推广的上述品种的，应当严格采取防逃等防护措施，防止其进入天然水域。

——《渤海生物资源养护规定》（部门规章）第十二条

销售的养殖水产品应当符合国家或地方的有关标准。不符合标准的产品应当进行净化处理，净化处理后仍不符合标准的产品禁止销售。

——《水产养殖质量安全管理规定》（部门规章）第十三条

水产养殖单位销售自养水产品应当附具《产品标签》，注明单位名称、地址，产品种类、规格，出池日期等。

——《水产养殖质量安全管理规定》（部门规章）第十四条

2. 关于养殖水产品的法律责任

【偷捕、抢夺他人养殖的水产品】

偷捕、抢夺他人养殖的水产品的，或者破坏他人养殖水体、养殖设施的，责令改正，可以处二万元以下的罚款；造成他人损失的，依法承担赔偿责任；构成犯罪的，依法追究刑事责任。

——《中华人民共和国渔业法》（法律）第三十九条

本法规定的行政处罚，由县级以上人民政府渔业行政主管部门或者其所属的渔政监督管理机构决定。但是，本法已对处罚机关作出规定的除外。

——《中华人民共和国渔业法》（法律）第四十八条第一款

依照《渔业法》第二十九条和《实施细则》第三十条规定，对偷捕、抢夺他人养殖的水产品，破坏他人养殖水体、养殖设施的，除责令当事人赔偿损失外，并处 1 000 元以下罚款。

——《渔业行政处罚规定》（部门规章）第七条

案例 2

2017 年 12 月至 2018 年 6 月，被告人史某某伙同郭某（已判决）到榆社县双峰水库，划橡皮船进入水库撒网偷捕鱼 6 次，所盗窃鱼的价值共计 904.6 元。捕鱼是由郭某提议的，在捕鱼的过程中，郭某将渔网和橡皮船放到水库中，郭某一人划橡皮船下水库撒网，史某某在岸上帮助偷捕鱼，盗窃所得大部分由郭某占有。山西省榆社县人民法院认为，被告人史某某以非法占有为目的，多次伙同他人秘密窃取财物的行为已构成盗窃罪，依法应予惩处。被告人史某某犯盗窃罪，判处拘役四个月，缓刑六个月，并处罚金人民币一千元。扣押在案的一个白蓝相间的橡皮船、一张渔网、一双塑料桨发还所有人[1]。

---

[1] 详见山西省榆社县人民法院（2019）晋 0721 刑初 26 号刑事判决书。

（二）破坏他人养殖水体、养殖设施

〔关键词〕养殖水体｜养殖设施｜破坏他人养殖水体、养殖设施

1. 关于养殖水体的法律规定

水产养殖用水应当符合农业部《无公害食品海水养殖用水水质》（NY 5052—2001）或《无公害食品淡水养殖用水水质》（NY 5051—2001）等标准，禁止将不符合水质标准的水源用于水产养殖。

——《水产养殖质量安全管理规定》（部门规章）第五条

水产养殖单位和个人应当定期监测养殖用水水质。

养殖用水水源受到污染时，应当立即停止使用；确需使用的，应当经过净化处理达到养殖用水水质标准。

养殖水体水质不符合养殖用水水质标准时，应当立即采取措施进行处理。经处理后仍达不到要求的，应当停止养殖活动，并向当地渔业行政主管部门报告，其养殖水产品按本规定第十三条处理。

——《水产养殖质量安全管理规定》（部门规章）第六条

养殖场或池塘的进排水系统应当分开。水产养殖废水排放应当达到国家规定的排放标准。

——《水产养殖质量安全管理规定》（部门规章）第七条

2. 关于养殖设施的法律规定

水产养殖生产应当符合国家有关养殖技术规范操作要求。水产养殖单位和个人应当配置与养殖水体和生产能力相适应的水处理设施和相应的水质、水生生物检测等基础性仪器设备。

水产养殖使用的苗种应当符合国家或地方质量标准。

——《水产养殖质量安全管理规定》（部门规章）第十条

3. 关于养殖水体、养殖设施的法律责任

【破坏他人养殖水体、养殖设施】

偷捕、抢夺他人养殖的水产品的，或者破坏他人养殖水体、养殖设施的，责令改正，可以处二万元以下的罚款；造成他人损失的，依法承担赔偿责任；构成犯罪的，依法追究刑事责任。

——《中华人民共和国渔业法》（法律）第三十九条

本法规定的行政处罚，由县级以上人民政府渔业行政主管部门或者其所属的渔政监督管理机构决定。但是，本法已对处罚机关作出规定的除外。

——《中华人民共和国渔业法》（法律）第四十八条第一款

依照《渔业法》第二十九条和《实施细则》第三十条规定，对偷捕、抢夺他人养殖的水产品，破坏他人养殖水体、养殖设施的，除责令当事人赔偿损失外，并处 1000 元以下罚款。

——《渔业行政处罚规定》（部门规章）第七条

链接："破坏"一词的法律解释

对《渔业法》第二十九条中的"破坏"应如何理解？（现变更为《渔业法》第39条）

问：《渔业法》第二十九条规定："偷捕、抢夺他人养殖的水产品的，破坏他人养殖水体、养殖设施的，由渔业行政主管部门或者其所属的渔政监督管理机构责令赔偿损失，并处罚款；数额较大，情节严重的，依照刑法第一百五十一条或者第一百五十六条的规定对个人或者单位直接责任人员追究刑事责任。"对其中"破坏"一词应如何理解？（山东省人大常委会1989年8月11日）

答：这一规定中的"破坏"一词，是指故意的行为，不包括过失的行为（1989年9月16日）。

——《全国人民代表大会常务委员会法制工作委员会关于如何理解和
执行法律若干问题的解答（一）》第十五条

三、违法从事网箱养殖活动

〔关键词〕网箱养殖 | 在饮用水水源一级保护区内从事网箱养殖活动

1. 关于网箱养殖活动的法律规定

禁止在饮用水水源一级保护区内从事网箱养殖、旅游、游泳、垂钓或者其他可能污染饮用水水体的活动。

——《中华人民共和国水污染防治法》（法律）第六十五条第二款

在饮用水水源二级保护区内从事网箱养殖、旅游等活动的，应当按照规定采取措施，防止污染饮用水水体。

——《中华人民共和国水污染防治法》（法律）第六十六条第二款

国家逐步淘汰太湖围网养殖。江苏省、浙江省人民政府渔业行政主管部门应当按照统一规划、分步实施、合理补偿的原则，组织清理在太湖设置的围网养殖设施。

——《太湖流域管理条例》（行政法规）第三十二条第二款

2. 关于网箱养殖活动的法律责任

【在饮用水水源一级保护区内从事网箱养殖活动】

在饮用水水源一级保护区内从事网箱养殖或者组织进行旅游、垂钓或者其他可能污染饮用水水体的活动的，由县级以上地方人民政府环境保护主管部门责令停止违法行为，处二万元以上十万元以下的罚款。个人在饮用水水源一级保护区内游泳、垂钓或者从事其他可能污染饮用水水体的活动的，由县级以上地方人民政府环境保护主管部门责令停止违法行为，可以处五百元以下的罚款。

——《中华人民共和国水污染防治法》（法律）第九十一条第二款

四、违反养殖场所规定进行养殖

（一）未取得动物防疫条件合格证兴办养殖场所

〔关键词〕养殖场所｜畜禽养殖场（养殖小区）｜未取得动物防疫条件合格证兴办养殖场所

1. 关于养殖场所的法律规定

【禁止性规定】

全民所有的水面、滩涂中的鱼、虾、蟹、贝、藻类的自然产卵场、繁殖场、索饵场及重要的洄游通道必须予以保护，不得划作养殖场所。

——《中华人民共和国渔业法实施细则》（行政法规）第十二条

新孟河、望虞河以外的其他主要入太湖河道，自河口 1 万米上溯至 5 万米河道岸线内及其岸线两侧各 1 000 米范围内，禁止下列行为：

（一）新建、扩建化工、医药生产项目；

（二）新建、扩建污水集中处理设施排污口以外的排污口；

（三）扩大水产养殖规模。

——《太湖流域管理条例》（行政法规）第二十九条

太湖岸线内和岸线周边 5 000 米范围内，淀山湖岸线内和岸线周边 2 000 米范围内，太浦河、新孟河、望虞河岸线内和岸线两侧各 1 000 米范围内，其他主要入太湖河道自河口上溯至 1 万米河道岸线内及其岸线两侧各 1 000 米范围内，禁止下列行为：

（一）设置剧毒物质、危险化学品的贮存、输送设施和废物回收场、垃圾场；

（二）设置水上餐饮经营设施；

（三）新建、扩建高尔夫球场；

（四）新建、扩建畜禽养殖场；

（五）新建、扩建向水体排放污染物的建设项目；

（六）本条例第二十九条规定的行为。

已经设置前款第一项、第二项规定设施的，当地县级人民政府应当责令拆除或者关闭。

——《太湖流域管理条例》（行政法规）第三十条

【行政管理】

动物饲养场和隔离场所、动物屠宰加工场所以及动物和动物产品无害化处理场所，应当符合下列动物防疫条件：

（一）场所的位置与居民生活区、生活饮用水水源地、学校、医院等公共场所的距离符合国务院农业农村主管部门的规定；

（二）生产经营区域封闭隔离，工程设计和有关流程符合动物防疫要求；

（三）有与其规模相适应的污水、污物处理设施，病死动物、病害动物产品无害化处理设施设备或者冷藏冷冻设施设备，以及清洗消毒设施设备；

（四）有与其规模相适应的执业兽医或者动物防疫技术人员；

（五）有完善的隔离消毒、购销台账、日常巡查等动物防疫制度；

（六）具备国务院农业农村主管部门规定的其他动物防疫条件。动物和动物产品无害化处理场所除应当符合前款规定的条件外，还应当具有病原检测设备、检测能力和符合动物防疫要求的专用运输车辆。

——《中华人民共和国动物防疫法》第二十四条

开办动物饲养场和隔离场所、动物屠宰加工场所以及动物和动物产品无害化处理场所，应当向县级以上地方人民政府农业农村主管部门提出申请，并附具相关材料。受理申请的农业农村主管部门应当依照本法和《中华人民共和国行政许可法》的规定进行审查。经审查合格的，发给动物防疫条件合格证；不合格的，应当通知申请人并说明理由。

动物防疫条件合格证应当载明申请人的名称（姓名）、场（厂）址、动物（动物产品）种类等事项。

——《中华人民共和国动物防疫法》第二十五条

经营动物、动物产品的集贸市场应当具备国务院农业农村主管部门规定的动物防疫条件，并接受农业农村主管部门的监督检查。具体办法由国务院农业农村主管部门制定。

县级以上地方人民政府应当根据本地情况，决定在城市特定区域禁止家畜家禽活体交易。

——《中华人民共和国动物防疫法》第二十六条

口岸动植物检疫机关在实施检疫时可以行使下列职权：

（一）依照本法规定登船、登车、登机实施检疫；

（二）进入港口、机场、车站、邮局以及检疫物的存放、加工、养殖、种植场所实施检疫，并依照规定采样。

——《中华人民共和国进出境动植物检疫法》（法律）第四条第一项、第二项

【养殖场所的保护】

畜禽养殖场、养殖小区应当及时对污水、畜禽粪便和尸体等进行收集、贮存、清运和无害化处理，防止排放恶臭气体。

——《中华人民共和国大气污染防治法》（法律）第七十五条

两省一市人民政府应当加强对太湖流域水产养殖的管理，合理确定水产养殖规模和布局，推广循环水养殖、不投饵料养殖等生态养殖技术，减少水产养殖污染。

——《太湖流域管理条例》（行政法规）第三十二条第一款

太湖流域的畜禽养殖场、养殖专业合作社、养殖小区应当对畜禽粪便、废水进行无害化处理，实现污水达标排放；达到两省一市人民政府规定规模的，应当配套建设沼气池、发酵池等畜禽粪便、废水综合利用或者无害化处理设施，并保证其正常运转。

——《太湖流域管理条例》（行政法规）第三十三条

国家审定通过的水产原、良种，可在农业部公告的适宜养殖区域内推广养殖。审定通过的水产原、良种在生产利用过程中，如发现有不可克服的弱点，审委会应提出停止推广建议，报农业部公布。

——《水产原、良种审定办法》（部门规章）第十条

2. 关于养殖场所的法律责任

【未取得动物防疫条件合格证兴办养殖场所】

违反本法规定，有下列行为之一的，由县级以上地方人民政府农业农村主管部门责令改正，处三千元以上三万元以下罚款；情节严重的，责令停业整顿，并处三万元以上十万元以下罚款：

（一）开办动物饲养场和隔离场所、动物屠宰加工场所以及动物和动物产品无害化处理场所，未取得动物防疫条件合格证的。

——《中华人民共和国动物防疫法》（法律）第九十八条第一项

案例 3

原告王某某的养殖场位于福清市三山镇坑边村西郭自然村洋边，原告自 2010 年起承包福清市三山镇坑边村西郭自然村洋边约 20 亩集体土地进行养殖经营活动。2013 年 5 月 22 日，被告福清市三山镇人民政府向原告作出《通知》，以原告的养猪场属于畜禽养殖禁养区范围，属省环保厅督办限期拆除的猪场为由，责令原告于 2013 年 6 月 20 日前自行拆除。其后，被告又先后于 2016 年 3 月 22 日、2016 年 5 月 3 日、2016 年 10 月 9 日向原告作出《关于畜禽养殖场拆除的通知书》。2016 年 10 月 28 日，被告对原告的养殖场进行了强制拆除。2016 年 10 月 29 日，原告将养猪场的 962 头猪共计 81 031.50 千克，以每千克 13.6 元出售他人。鉴于原告养猪场未经用地审批，亦未依法申领《动物防疫条件合格证》，更无向工商行政管理部门申请办理登记注册手续领取营业执照，属于违法建造行为，原告认为养猪场位于规划可养猪的区域内，用地属农业用地，不需要经过审批，法律也没有强制规定应经过审批。法律没有强制规定养猪应当向工商行政管理部门办理登记注册手续领取营业执照。申领《动物防疫条件合格证》只是为了预防动物发生疫情的需要，与本案养猪场的建造物无关，不能作为认定养猪场属于违法建造的依据。福建省福州市中级人民法院二审认为，养猪场属于无证照畜禽养殖场，依法必须予以拆除。上诉人养猪场未经用地审批，未申领《动物防疫条件合格证》，更无到工商行政管理部门申请办理登记注册手续领取营业执照，且养猪场位置与居民生活区仅有约 50 米距离，与生活饮用水源地仅有数百米距离，且无配置化粪池等污水、污物处理设备，无病死动物、感染动物的无害化处理设施设备，亦无相关清洗、消毒设施设备和专业动物防疫技术人员，养猪场任意排放污水、污物，任意丢弃病死猪，导致周边生态环境遭到严重破坏，村民怨声载道。原审法院对其要求恢复养猪场原状的主张不予支持并无不当。因此，驳回上诉，维持原判[①]。

---

① 详见福建省福州市中级人民法院（2019）闽 01 行赔终 23 号行政判决书。

（二）渔港内违法养殖妨碍海上交通安全

〔关键词〕养殖水域｜港口水域养殖｜渔港内违法养殖、种植、捕捞

1. 关于港口水域养殖的法律规定

【禁止性规定】

禁止在港口水域内从事养殖、种植活动。

——《中华人民共和国港口法》（法律）第三十七条第一款

禁止下列影响航标工作效能的行为：

（六）在航标周围抛锚、拖锚、捕鱼或者养殖水生物。

——《中华人民共和国航标条例》（行政法规）第十七条第六项

在渔港内的航道、港池、锚地和停泊区，禁止从事有碍海上交通安全的捕捞、养殖等生产活动。

——《中华人民共和国渔港水域交通安全管理条例》（行政法规）第十条

【养殖水域的保护】

国家鼓励全民所有制单位、集体所有制单位和个人充分利用适于养殖的水域、滩涂，发展养殖业。

——《中华人民共和国渔业法》（法律）第十条

县级以上地方人民政府应当采取措施，加强对商品鱼生产基地和城市郊区重要养殖水域的保护。

——《中华人民共和国渔业法》（法律）第十五条

养殖、盐业、交通、旅游等行业规划涉及海域使用的，应当符合海洋功能区划。

沿海土地利用总体规划、城市规划、港口规划涉及海域使用的，应当与海洋功能区划相衔接。

——《中华人民共和国海域使用管理法》（法律）第十五条

国务院和省、自治区、直辖市人民政府根据水环境保护的需要，可以规定在饮用水水源保护区内，采取禁止或者限制使用含磷洗涤剂、化肥、农药以及限制种植养殖等措施。

——《中华人民共和国水污染防治法》（法律）第七十三条

集体所有制单位或者个人在全民所有的水域、海涂，建设构不成基本建设项目的养殖工程的，应当在县级以上地方人民政府规划的区域内进行。

集体所有制单位或者个人零星经营性采挖砂石，应当在县级以上地方人民政府指定的区域内采挖。

——《中华人民共和国防治海岸工程建设项目污染损害海洋环境管理条例》（行政法规）第二十二条

2. 关于港口水域养殖的法律责任

【渔港内从事养殖、种植、捕捞活动妨碍海上交通安全】

在港口水域内从事养殖、种植活动的，由海事管理机构责令限期改正；逾期不改正的，强制拆除养殖、种植设施，拆除费用由违法行为人承担；可以处一万元以下罚款。

——《中华人民共和国港口法》（法律）第五十五条

违反本条例规定，有下列行为之一的，由渔政渔港监督管理机关责令停止违法行为，可以并处警告、罚款；造成损失的，应当承担赔偿责任；对直接责任人员由其所在单位或者上级主管机关给予行政处分：

（三）在渔港内的航道、港池、锚地和停泊区从事有碍海上交通安全的捕捞、养殖等生产活动的。

——《中华人民共和国渔港水域交通安全管理条例》（行政法规）第二十一条第三项

五、非法生产、进口、出口、捕捞水产苗种

（一）非法生产、进口、出口水产苗种

〔关键词〕水产苗种｜水产苗种的进出口｜非法生产、进口、出口水产苗种

1. 关于水产苗种的法律规定

【概念界定】

本办法所称的水产苗种包括用于繁育、增养殖（栽培）生产和科研试验、观赏的水产动植物的亲本、稚体、幼体、受精卵、孢子及其遗传育种材料。

——《水产苗种管理办法》（部门规章）第二条

【行政管理】

农业部负责全国水产种质资源和水产苗种管理工作。

县级以上地方人民政府渔业行政主管部门负责本行政区域内的水产种质资源和水产苗种管理工作。

——《水产苗种管理办法》（部门规章）第四条

县级以上地方人民政府渔业行政主管部门应当加强对水产苗种的产地检疫。国内异地引进水产苗种的，应当先到当地渔业行政主管部门办理检疫手续，经检疫合格后方可运输和销售。

检疫人员应当按照检疫规程实施检疫，对检疫合格的水产苗种出具检疫合格证明。

——《水产苗种管理办法》（部门规章）第八条

县级以上人民政府渔业行政主管部门应当组织有关质量检验机构对辖区内苗种场的亲本和稚、幼体质量进行检验，检验不合格的，给予警告，限期整改；到期仍不合格的，由发证机关收回并注销水产苗种生产许可证。

——《水产苗种管理办法》（部门规章）第十七条

禁止在水产苗种繁殖、栖息地从事采矿、挖沙、爆破、排放污水等破坏水域生态环境的活动。对水域环境造成污染的，依照《中华人民共和国水污染防治法》和《中华人民共和国海洋环境保护法》的有关规定处理。

在水生动物苗种主产区引水时，应当采取措施，保护苗种。

——《水产苗种管理办法》（部门规章）第十八条

【水产苗种的进出口管理】

国家鼓励和支持水产优良品种的选育、培育和推广。水产新品种必须经全国水产原种和良种审定委员会审定，由国务院渔业行政主管部门公告后推广。

水产苗种的进口、出口由国务院渔业行政主管部门或者省、自治区、直辖市人民政府渔业行政主管部门审批。

水产苗种的生产由县级以上地方人民政府渔业行政主管部门审批。但是，渔业生产者自育、自用水产苗种的除外。

——《中华人民共和国渔业法》（法律）第十六条

水产苗种的进口、出口必须实施检疫，防止病害传入境内和传出境外，具体检疫工作

按照有关动植物进出境检疫法律、行政法规的规定执行。引进转基因水产苗种必须进行安全性评价，具体管理工作按照国务院有关规定执行。

——《中华人民共和国渔业法》（法律）第十七条

单位和个人从事水产苗种进口和出口，应当经农业部或省级人民政府渔业行政主管部门批准。

——《水产苗种管理办法》（部门规章）第二十条

农业部会同国务院有关部门制定水产苗种进口名录和出口名录，并定期公布。水产苗种进口名录和出口名录分为Ⅰ、Ⅱ、Ⅲ类。列入进口名录Ⅰ类的水产苗种不得进口，列入出口名录Ⅰ类的水产苗种不得出口；列入名录Ⅱ类的水产苗种以及未列入名录的水产苗种的进口、出口由农业部审批，列入名录Ⅲ类的水产苗种的进口、出口由省级人民政府渔业行政主管部门审批。

——《水产苗种管理办法》（部门规章）第二十一条

进出口水产苗种的单位和个人应当向省级人民政府渔业行政主管部门提出申请。省级人民政府渔业行政主管部门应当自申请受理之日起15日内对进出口水产苗种的申报材料进行审查核实，按审批权限直接审批或初步审查后将审查意见和全部材料报农业部审批。

省级人民政府渔业行政主管部门应当将其审批的水产苗种进出口情况，在每年年底前报农业部备案。

——《水产苗种管理办法》（部门规章）第二十五条

进口、出口水产苗种应当实施检疫，防止病害传入境内和传出境外，具体检疫工作按照《中华人民共和国进出境动植物检疫法》等法律法规的规定执行。

——《水产苗种管理办法》（部门规章）第二十八条

水产苗种进口实行属地监管。

进口单位和个人在进口水产苗种经出入境检验检疫机构检疫合格后，应当立即向所在地省级人民政府渔业行政主管部门报告，由所在地省级人民政府渔业行政主管部门或其委托的县级以上地方人民政府渔业行政主管部门具体负责入境后的监督检查。

——《水产苗种管理办法》（部门规章）第二十九条

进口未列入水产苗种进口名录的水产苗种的，进口单位和个人应当在该水产苗种经出入境检验检疫机构检疫合格后，设置专门场所进行试养，特殊情况下应在农业部指定的场所进行。

试养期间一般为进口水产苗种的一个繁殖周期。试养期间，农业部不再批准该水产苗种的进口，进口单位不得向试养场所外扩散该试养苗种。

试养期满后的水产苗种应当经过全国水产原种和良种审定委员会审定，农业部公告后方可推广。

——《水产苗种管理办法》（部门规章）第三十条

链接：水产苗种进出口科学论证

引进海洋动植物物种，应当进行科学论证，避免对海洋生态系统造成危害。

——《中华人民共和国海洋环境保护法》（法律）第二十五条

境外公司向中华人民共和国出口转基因植物种子、种畜禽、水产苗种和利用农业转基因生物生产的或者含有农业转基因生物成分的植物种子、种畜禽、水产苗种、农药、兽药、肥料和添加剂的，应当向国务院农业行政主管部门提出申请；符合下列条件的，国务院农业行政主管部门方可批准试验材料入境并依照本条例的规定进行中间试验、环境释放和生产性试验：

（一）输出国家或者地区已经允许作为相应用途并投放市场；

（二）输出国家或者地区经过科学试验证明对人类、动植物、微生物和生态环境无害；

（三）有相应的安全管理、防范措施。

生产性试验结束后，经安全评价合格，并取得农业转基因生物安全证书后，方可依照有关法律、行政法规的规定办理审定、登记或者评价、审批手续。

——《农业转基因生物安全管理条例》（行政法规）第三十一条

---

2. 关于水产苗种的法律责任

【非法生产、进口、出口水产苗种】

非法生产、进口、出口水产苗种的，没收苗种和违法所得，并处五万元以下的罚款。

——《中华人民共和国渔业法》（法律）第四十四条第一款

本法规定的行政处罚，由县级以上人民政府渔业行政主管部门或者其所属的渔政监督管理机构决定。但是，本法已对处罚机关作出规定的除外。

——《中华人民共和国渔业法》（法律）第四十八条第一款

案例 4

2019 年 1 月 10 日，中国渔政厦门市支队四大队执法人员在大嶝阳塘外侧海域巡查时，登临两艘正在渔业生产的船舶进行检查。经查，两艘船舶正在进行花蛤苗种底播作业，两艘船均为乡镇船舶，船上的驾驶员、工作人员均供述受雇于张某某，船上人员无法出具水产苗种生产许可文件。调查阶段，张某某承认两艘船及工作人员受雇于其从事花蛤苗种生产，苗种生产后对外销售，其生产水产苗种行为未经主管部门审批。当事人非法生产水产苗种的行为，违反了《中华人民共和国渔业法》第十六条第三款的规定，依照《中华人民共和国渔业法》第四十四条第一款之规定，2019 年 2 月 11 日，对当事人作出责令立即改正，并处罚款人民币 12 000 元整的行政处罚，当事人于当日缴纳了罚款，履行了处罚决定。

（二）经营未经审定的水产苗种

〔关键词〕经营未经审定的水产苗种

经营未经审定的水产苗种的，责令立即停止经营，没收违法所得，可以并处五万元以下的罚款。

——《中华人民共和国渔业法》（法律）第四十四条

本法规定的行政处罚，由县级以上人民政府渔业行政主管部门或者其所属的渔政监督管理机构决定。但是，本法已对处罚机关作出规定的除外。

——《中华人民共和国渔业法》（法律）第四十八条第一款

案例 5

2019 年 5 月 27 日上午，常熟市渔政监督大队执法人员在常熟市古里联泾村某苗场检查时，发现邹某正在生产巴鱼鱼苗，但不能出示水产苗种生产许可证。经调查，邹某于 2019 年 4 月初挑选了 30 条亲本按照 2 公 1 母的比例，采用催产、受精、孵化等一系列手段进行苗种生产；5 月 8 日以每尾 0.18 元的价格销售给朱某某 5 000 尾，得款 900元，5 月 9 日以每尾 0.18 元的价格销售给朱某 5 000 尾，得款 900 元，累计无证经营水产苗种 1 万尾，违法所得 1 800 元。根据《江苏省渔业管理条例》第三十七条第一项"违反本条例规定，无证经营水产苗种的，由县级以上地方人民政府渔业行政主管部门责令停止经营，没收苗种和违法所得，并可以处以一千元以上五万元以下的罚款"之规定，常熟市渔政监督大队责令当事人立即停止经营水产苗种，并对当事人作出了没收非法销售水产苗种（10 000 尾因已投放养殖池塘无法追回）、没收违法所得人民币 1 800 元整的行政处罚决定。

（三）跨区域引进水产苗种到达目的地后未向所在地动物卫生监督机构报告

〔关键词〕水产苗种｜产地检疫｜跨区域引进水产苗种到达目的地后未向所在地动物卫生监督机构报告

1. 关于水产苗种产地检疫的法律规定

【产地检疫管理规定】

出售或者运输水生动物的亲本、稚体、幼体、受精卵、发眼卵及其他遗传育种材料等水产苗种的，货主应当提前20天向所在地县级动物卫生监督机构申报检疫；经检疫合格，并取得《动物检疫合格证明》后，方可离开产地。

——《动物检疫管理办法》（部门规章）第二十八条

养殖、出售或者运输合法捕获的野生水产苗种的，货主应当在捕获野生水产苗种后2天内向所在地县级动物卫生监督机构申报检疫；经检疫合格，并取得《动物检疫合格证明》后，方可投放养殖场所、出售或者运输。

合法捕获的野生水产苗种实施检疫前，货主应当将其隔离在符合下列条件的临时检疫场地：

（一）与其他养殖场所有物理隔离设施；

（二）具有独立的进排水和废水无害化处理设施以及专用渔具；

（三）农业部规定的其他防疫条件。

——《动物检疫管理办法》（部门规章）第二十九条

水产苗种经检疫符合下列条件的，由官方兽医出具《动物检疫合格证明》：

（一）该苗种生产场近期未发生相关水生动物疫情；

（二）临床健康检查合格；

（三）农业部规定需要经水生动物疫病诊断实验室检验的，检验结果符合要求。

检疫不合格的，动物卫生监督机构应当监督货主按照农业部规定的技术规范处理。

——《动物检疫管理办法》（部门规章）第三十条

跨省、自治区、直辖市引进水产苗种到达目的地后，货主或承运人应当在24小时内按照有关规定报告，并接受当地动物卫生监督机构的监督检查。

——《动物检疫管理办法》（部门规章）第三十一条

2. 关于水产苗种产地检疫的法律责任

【跨区域引进水产苗种到达目的地后未向所在地动物卫生监督机构报告】

违反本办法第十九条、第三十一条规定，跨省、自治区、直辖市引进用于饲养的非乳用、非种用动物和水产苗种到达目的地后，未向所在地动物卫生监督机构报告的，由动物卫生监督机构处五百元以上二千元以下罚款。

——《动物检疫管理办法》（部门规章）第四十八条

（四）非法捕捞有重要经济价值的水生动物苗种

〔关键词〕水生动物苗种｜具有重要经济价值的水生动物苗种｜非法捕捞有重要经济价值的水生动物苗种

1. 关于具有重要经济价值的水生动物苗种的法律规定

【禁止性规定】

禁止捕捞有重要经济价值的水生动物苗种。因养殖或者其他特殊需要，捕捞有重要经济价值的苗种或者禁捕的怀卵亲体的，必须经国务院渔业行政主管部门或者省、自治区、直辖市人民政府渔业行政主管部门批准，在指定的区域和时间内，按照限额捕捞。在水生动物苗种重点产区引水用水时，应当采取措施，保护苗种。

——《中华人民共和国渔业法》（法律）第三十一条

因养殖或者其他特殊需要，捕捞鳗鲡、鲥鱼、中华绒螯蟹、真鲷、石斑鱼等有重要经济价值的水生动物苗种或者禁捕的怀卵亲体的，必须经国务院渔业行政主管部门或者省、自治区、直辖市人民政府渔业行政主管部门批准，并领取专项许可证件，方可在指定区域和时间内，按照批准限额捕捞。捕捞其他有重要经济价值的水生动物苗种的批准权，由省、自治区、直辖市人民政府渔业行政主管部门规定。

——《中华人民共和国渔业法实施细则》（行政法规）第二十四条

禁止捕捞对虾春季亲虾和本规定附件1所列重点保护品种的天然苗种。因特殊需要捕捞本规定附件1已定可捕标准的重点保护品种天然苗种的，向农业部申请；捕捞本规定附件1未定可捕标准的或地方自定重点保护品种天然苗种的，向省、直辖市人民政府渔业行政主管部门申请。经批准后，发放专项（特许）捕捞许可证。领取专项（特许）捕捞许可证后，应当按照指定的区域、时限和限额捕捞。

——《渤海生物资源养护规定》（部门规章）第二十六条

禁止在潮间带外侧水域采捕兰蛤。在潮间带和其向陆一侧采捕兰蛤、沙蚕、卤虫，应当报经省、直辖市渔业行政主管部门批准，发放专项（特许）捕捞许可证。取得专项（特许）捕捞许可证的，应当按照指定的区域、时限，凭证限量采捕。

——《渤海生物资源养护规定》（部门规章）第二十七条

链接：转基因生物安全管理

转基因植物种子、种畜禽、水产苗种，利用农业转基因生物生产的或者含有农业转基因生物成分的种子、种畜禽、水产苗种、农药、兽药、肥料和添加剂等，在依照有关法律、行政法规的规定进行审定、登记或者评价、审批前，应当依照本条例第十六条的规定取得农业转基因生物安全证书。

——《农业转基因生物安全管理条例》（行政法规）第十七条

生产转基因植物种子、种畜禽、水产苗种，应当取得国务院农业行政主管部门颁发的种子、种畜禽、水产苗种生产许可证。

生产单位和个人申请转基因植物种子、种畜禽、水产苗种生产许可证，除应当符合有关法律、行政法规规定的条件外，还应当符合下列条件：

（一）取得农业转基因生物安全证书并通过品种审定；

（二）在指定的区域种植或者养殖；

（三）有相应的安全管理、防范措施；

（四）国务院农业行政主管部门规定的其他条件。

——《农业转基因生物安全管理条例》（行政法规）第十九条

生产转基因植物种子、种畜禽、水产苗种的单位和个人，应当建立生产档案，载明生产地点、基因及其来源、转基因的方法以及种子、种畜禽、水产苗种流向等内容。

——《农业转基因生物安全管理条例》（行政法规）第二十条

经营转基因植物种子、种畜禽、水产苗种的单位和个人，应当取得国务院农业行政主管部门颁发的种子、种畜禽、水产苗种经营许可证。

经营单位和个人申请转基因植物种子、种畜禽、水产苗种经营许可证，除应当符合有关法律、行政法规规定的条件外，还应当符合下列条件：

（一）有专门的管理人员和经营档案；

（二）有相应的安全管理、防范措施；

（三）国务院农业行政主管部门规定的其他条件。

——《农业转基因生物安全管理条例》（行政法规）第二十五条

经营转基因植物种子、种畜禽、水产苗种的单位和个人，应当建立经营档案，载明种子、种畜禽、水产苗种的来源、贮存、运输和销售去向等内容。

——《农业转基因生物安全管理条例》（行政法规）第二十六条

违反本条例规定，转基因植物种子、种畜禽、水产苗种的生产、经营单位和个人，未按照规定制作、保存生产、经营档案的，由县级以上人民政府农业行政主管部门依据职权，责令改正，处1 000元以上1万元以下的罚款。

——《农业转基因生物安全管理条例》（行政法规）第四十七条

2. 关于非法捕捞具有重要经济价值的水生动物苗种的法律责任

【非法捕捞有重要经济价值的水生动物苗种】

依照《渔业法》第三十一条规定需处以罚款的，按下列规定执行：

（一）内陆渔业非机动渔船，处二十五元至五十元罚款；

（二）内陆渔业机动渔船和海洋渔业非机动渔船，处五十元至一百元罚款；

（三）海洋渔业机动渔船，处五十元至三千元罚款；

（四）外海渔船擅自进入近海捕捞的，处三千元至二万元罚款。

——《中华人民共和国渔业法实施细则》（行政法规）第三十二条

违反《实施细则》第二十四条、第二十五条规定的，擅自捕捞、收购有重要经济价值的水生动物苗种、怀卵亲体的，没收其苗种或怀卵亲体及违法所得，并可处以30 000元以下罚款。

——《渔业行政处罚规定》（部门规章）第十三条

【非法捕捞水产品案（刑法第三百四十条）】违反保护水产资源法规，在禁渔区、禁渔期或者使用禁用的工具、方法捕捞水产品，涉嫌下列情形之一的，应予立案追诉：

（二）非法捕捞有重要经济价值的水生动物苗种、怀卵亲体或者在水产种质资源保护区内捕捞水产品，在内陆水域五十公斤以上或者价值五百元以上，或者在海洋水域二百公斤以上或者价值二千元以上的。

——《最高人民检察院 公安部关于公安机关管辖的刑事案件立案追诉标准的规定（一）》（公通字〔2008〕36号）（司法解释）第六十三条第二项

链接：非法捕捞具有重要经济价值的水生动物苗种情节严重的认定

违反保护水产资源法规，在海洋水域，在禁渔区、禁渔期或者使用禁用的工具、方法捕捞水产品，具有下列情形之一的，应当认定为刑法第三百四十条规定的"情节严重"：

（二）非法捕捞有重要经济价值的水生动物苗种、怀卵亲体二千公斤以上或者价值二万元以上的。

——《最高人民法院关于审理发生在我国管辖海域相关案件若干问题的规定（二）》（法释〔2016〕17号）（司法解释）第四条第二项

行政相对人未依法取得捕捞许可证擅自进行捕捞，行政机关认为该行为构成渔业法第四十一条规定的"情节严重"情形的，人民法院应当从以下方面综合审查，并作出认定：

（一）是否未依法取得渔业船舶检验证书或渔业船舶登记证书；

（二）是否故意遮挡、涂改船名、船籍港；

（三）是否标写伪造、变造的渔业船舶船名、船籍港，或者使用伪造、变造的渔业船舶证书；

（四）是否标写其他合法渔业船舶的船名、船籍港或者使用其他渔业船舶证书；

（五）是否非法安装挖捕珊瑚等国家重点保护水生野生动物设施；

（六）是否使用相关法律、法规、规章禁用的方法实施捕捞；

（七）是否非法捕捞水产品、非法捕捞有重要经济价值的水生动物苗种、怀卵亲体或者在水产种质资源保护区内捕捞水产品，数量或价值较大；

（八）是否于禁渔区、禁渔期实施捕捞；

（九）是否存在其他严重违法捕捞行为的情形。

——《最高人民法院关于审理发生在我国管辖海域相关案件若干问题的规定（二）》（法释〔2016〕17号）（司法解释）第十条

案例6

2020年3月31日，上海市浦东新区农业农村委员会执法人员在长江口巡航执法检查时，发现当事人陈某驾驶"浙某渔00642"船在九段沙湿地自然保护区非法捕捞鳗苗，当场查获鳗苗网6顶、鳗苗58尾。经追溯，陈某供认今年以来已销售所捕捞鳗苗1万余尾，收入10多万元，并曾于3月9日因违反捕捞许可证关于作业场所的规定进行捕捞受过行政处罚。陈某在禁渔区、禁渔期未经批准捕捞具有重要经济价值的水生动物苗种，涉嫌构成非法捕捞水产品罪，已移送长江航运公安局上海分局追究其刑事责任。

六、水产养殖中违法用药

（一）违法获取、使用、自配养殖饵料、饲料及其添加剂

〔关键词〕养殖饵料｜养殖饲料｜饲料添加剂｜自配养殖饵料｜违法获取、使用、自配养殖饵料、饲料及其添加剂

1. 关于养殖饵料、饲料的法律规定

【禁止性规定】

从事养殖生产不得使用含有毒有害物质的饵料、饲料。

——《中华人民共和国渔业法》（法律）第十九条

饲料、饲料添加剂在使用过程中被证实对养殖动物、人体健康或者环境有害的，由国务院农业行政主管部门决定禁用并予以公布。

——《饲料和饲料添加剂管理条例》（行政法规）第二十七条

禁止捕捞幼鱼及苗种作为饵料。

——《长江渔业资源管理规定》（部门规章）第十条第五款

禁止使用无产品质量标准、无质量检验合格证、无生产许可证和产品批准文号的饲料、饲料添加剂。禁止使用变质和过期饲料。

——《水产养殖质量安全管理规定》（部门规章）第十五条第二款

【行政管理】

使用渔用饲料应当符合《饲料和饲料添加剂管理条例》和农业部《无公害食品渔用饲料安全限量》（NY 5072—2002）。鼓励使用配合饲料。限制直接投喂冰鲜（冻）饵料，防止残饵污染水质。

——《水产养殖质量安全管理规定》（部门规章）第十五条第一款

链接：养殖饵料、饲料的合理使用

从事养殖生产应当保护水域生态环境，科学确定养殖密度，合理投饵、施肥、使用药物，不得造成水域的环境污染。

——《中华人民共和国渔业法》（法律）第二十条

从事水产养殖应当保护水域生态环境，科学确定养殖密度，合理投饵和使用药物，防止污染水环境。

——《中华人民共和国水污染防治法》（法律）第五十七条

从事海水养殖的养殖者，应当采取科学的养殖方式，减少养殖饵料对海洋环境的污染。因养殖污染海域或者严重破坏海洋景观的，养殖者应当予以恢复和整治。

——《防治海洋工程建设项目污染损害海洋环境管理
条例》（行政法规）第二十三条

2. 关于饲料添加剂的法律规定

【行政管理】

全国饲料评审委员会由养殖、饲料加工、动物营养、毒理、药理、代谢、卫生、化工合成、生物技术、质量标准、环境保护、食品安全风险评估等方面的专家组成。全国饲料评审委员会对新饲料、新饲料添加剂的评审采取评审会议的形式，评审会议应当有9名以上全国饲料评审委员会专家参加，根据需要也可以邀请1至2名全国饲料评审委员会专家以外的专家参加，参加评审的专家对评审事项具有表决权。评审会议应当形成评审意见和会议纪要，并由参加评审的专家审核签字；有不同意见的，应当注明。参加评审的专家应当依法公平、公正履行职责，对评审资料保密，存在回避事由的，应当主动回避。

——《饲料和饲料添加剂管理条例》（行政法规）第九条第二款

出厂销售的饲料、饲料添加剂应当包装，包装应当符合国家有关安全、卫生的规定。

饲料生产企业直接销售给养殖者的饲料可以使用罐装车运输。罐装车应当符合国家有关安全、卫生的规定，并随罐装车附具符合本条例第二十一条规定的标签。

易燃或者其他特殊的饲料、饲料添加剂的包装应当有警示标志或者说明，并注明储运注意事项。

——《饲料和饲料添加剂管理条例》（行政法规）第二十条

养殖者应当按照产品使用说明和注意事项使用饲料。在饲料或者动物饮用水中添加饲料添加剂的，应当符合饲料添加剂使用说明和注意事项的要求，遵守国务院农业行政主管部门制定的饲料添加剂安全使用规范。

养殖者使用自行配制的饲料的，应当遵守国务院农业行政主管部门制定的自行配制饲料使用规范，并不得对外提供自行配制的饲料。

使用限制使用的物质养殖动物的，应当遵守国务院农业行政主管部门的限制性规定。禁止在饲料、动物饮用水中添加国务院农业行政主管部门公布禁用的物质以及对人体具有直接或者潜在危害的其他物质，或者直接使用上述物质养殖动物。禁止在反刍动物饲料中添加乳和乳制品以外的动物源性成分。

——《饲料和饲料添加剂管理条例》（行政法规）第二十五条

国务院农业行政主管部门和县级以上地方人民政府饲料管理部门应当加强饲料、饲料添加剂质量安全知识的宣传，提高养殖者的质量安全意识，指导养殖者安全、合理使用饲料、饲料添加剂。

——《饲料和饲料添加剂管理条例》（行政法规）第二十六条

饲料、饲料添加剂生产企业发现其生产的饲料、饲料添加剂对养殖动物、人体健康有害或者存在其他安全隐患的，应当立即停止生产，通知经营者、使用者，向饲料管理部门报告，主动召回产品，并记录召回和通知情况。召回的产品应当在饲料管理部门监督下予以无害化处理或者销毁。

饲料、饲料添加剂经营者发现其销售的饲料、饲料添加剂具有前款规定情形的，应当立即停止销售，通知生产企业、供货者和使用者，向饲料管理部门报告，并记录通知情况。

养殖者发现其使用的饲料、饲料添加剂具有本条第一款规定情形的，应当立即停止使用，通知供货者，并向饲料管理部门报告。

——《饲料和饲料添加剂管理条例》（行政法规）第二十八条

3. 关于饲料添加剂的法律责任

【违法获取、使用、自配养殖饵料、饲料及其添加剂】

养殖者有下列行为之一的，由县级人民政府饲料管理部门没收违法使用的产品和非法添加物质，对单位处 1 万元以上 5 万元以下罚款，对个人处 5 000 元以下罚款；构成犯罪的，依法追究刑事责任：

（一）使用未取得新饲料、新饲料添加剂证书的新饲料、新饲料添加剂或者未取得饲料、饲料添加剂进口登记证的进口饲料、进口饲料添加剂的；

（二）使用无产品标签、无生产许可证、无产品质量标准、无产品质量检验合格证的饲料、饲料添加剂的；

（三）使用无产品批准文号的饲料添加剂、添加剂预混合饲料的；

（四）在饲料或者动物饮用水中添加饲料添加剂，不遵守国务院农业行政主管部门制定的饲料添加剂安全使用规范的；

（五）使用自行配制的饲料，不遵守国务院农业行政主管部门制定的自行配制饲料使用规范的；

（六）使用限制使用的物质养殖动物，不遵守国务院农业行政主管部门的限制性规定的；

（七）在反刍动物饲料中添加乳和乳制品以外的动物源性成分的。

——《饲料和饲料添加剂管理条例》（行政法规）第四十七条第一款

（二）在饲料或者动物饮用水中添加禁用物质或直接用禁用物质养殖动物

〔关键词〕禁用物质 | 在饲料或者动物饮用水中添加禁用物质或直接用禁用物质养殖动物

在饲料或者动物饮用水中添加国务院农业行政主管部门公布禁用的物质以及对人体具有直接或者潜在危害的其他物质，或者直接使用上述物质养殖动物的，由县级以上地方人民政府饲料管理部门责令其对饲喂了违禁物质的动物进行无害化处理，处 3 万元以上 10 万元以下罚款；构成犯罪的，依法追究刑事责任。

——《饲料和饲料添加剂管理条例》（行政法规）第四十七条第二款

案例 7

2016 年 1 月开始，被告人汪某某为促成自己及冀某等人的贩牛、运牛生意，明知所贩卖、运输的活牛无动物检疫合格证，且从事动物运输应当进行动物检疫的情况下，从官方兽医处非法开具动物检疫合格证。汪某某、冀某等人利用这些动物检疫合格证，将未经检疫的活牛从吉林省长春市皓月牛市运输至宁波市鄞州区、余姚市等地牛市贩卖。经查，2016 年 1 月至 3 月，被告人汪某某通过不正当手段获取 116 张动物检疫合格证，非法从长春市皓月牛市运输 5 000 余头未经检疫的活牛到鄞州、余姚等地牛市。经检验，其中 30 头牛（价值约 30 万元）检出盐酸克仑特罗（瘦肉精）。案发后，被告人汪某某主动联系民警并约定于 2016 年 5 月 23 日来宁波市公安局鄞州分局投案。浙江省宁波市中级人民法院认为，被告人汪某某销售明知使用禁用物质养殖的供人食用的活牛，情节严重，其行为已构成销售有毒、有害食品罪。案发后，汪某某具有自首情节，依法予以减轻处罚。原审法院判处其有期徒刑二年，并处罚金人民币三十万元的判决事实清楚，证据确实充分，定性准确，量刑适当，审判程序合法。故驳回上诉，维持原判①。

（三）养殖者对外提供自行配制的饲料

〔关键词〕养殖者对外提供自行配制的饲料

养殖者对外提供自行配制的饲料的，由县级人民政府饲料管理部门责令改正，处 2 000元以上 2 万元以下罚款。

——《饲料和饲料添加剂管理条例》（行政法规）第四十八条

（四）在水产养殖中违法用药

〔关键词〕水产养殖用药

【禁止性规定】

使用水产养殖用药应当符合《兽药管理条例》和农业部《无公害食品渔药使用准则》（NY 5071—2002）。使用药物的养殖水产品在休药期内不得用于人类食品消费。

禁止使用假、劣兽药及农业部规定禁止使用的药品、其他化合物和生物制剂。原料药不得直接用于水产养殖。

——《水产养殖质量安全管理规定》（部门规章）第十六条

---

① 详见浙江省宁波市中级人民法院（2017）浙 02 刑终 195 号刑事判决书。

【行政管理】

水产养殖中的兽药使用、兽药残留检测和监督管理以及水产养殖过程中违法用药的行政处罚，由县级以上人民政府渔业主管部门及其所属的渔政监督管理机构负责。

——《兽药管理条例》（行政法规）第七十四条

水产养殖单位和个人应当按照水产养殖用药使用说明书的要求或在水生生物病害防治员的指导下科学用药。

水生生物病害防治员应当按照有关就业准入的要求，经过职业技能培训并获得职业资格证书后，方能上岗。

——《水产养殖质量安全管理规定》（部门规章）第十七条

各级渔业行政主管部门和技术推广机构应当加强水产养殖用药安全使用的宣传、培训和技术指导工作。

——《水产养殖质量安全管理规定》（部门规章）第十九条

农业部负责制定全国养殖水产品药物残留监控计划，并组织实施。

县级以上地方各级人民政府渔业行政主管部门负责本行政区域内养殖水产品药物残留的监控工作。

——《水产养殖质量安全管理规定》（部门规章）第二十条

水产养殖单位和个人应当接受县级以上人民政府渔业行政主管部门组织的养殖水产品药物残留抽样检测。

——《水产养殖质量安全管理规定》（部门规章）第二十一条

案例 8

2019 年 9 月 4 日，重庆市渔政渔港监督管理处对武隆区开展水产养殖执法检查时，发现某溪淡水渔业有限公司仓库存有土霉素粉剂（人用药品）2 桶，遂将线索通报武隆区农业农村委员会。经武隆区农业综合行政执法支队调查发现，该公司先后 2 次共购进 50 千克土霉素粉剂，由其聘请的负责人冷某某将其以泼洒的方式用于鲟养殖活动，违法事实清楚、证据确凿。9 月 26 日，武隆区农业农村委员会依法对某溪淡水渔业有限公司作出立即改正违法行为、罚款 12 000 元的行政处罚，对鲟作无害化处理，并要求该单位立即封存剩余的土霉素粉剂，退回供货单位。

七、非法破坏幼苗密集区或捕捞禁捕的怀卵亲体

（一）爆破等损害作业未避开主要经济类鱼虾产卵期、幼苗密集区

〔关键词〕爆破｜产卵期｜幼苗密集区｜幼鱼保护区｜

爆破等损害作业未避开主要经济类鱼虾产卵期、幼苗密集区。

【幼鱼保护区】

大黄鱼幼鱼保护区位置。以下列各点顺次连接的直线所围的海域：

1. 北纬 29 度、东经 122 度 45 分之点；
2. 北纬 29 度、东经 123 度 15 分之点；
3. 北纬 27 度 30 分、东经 122 度之点；
4. 北纬 27 度、东经 121 度 40 分之点；
5. 北纬 27 度、东经 121 度 10 分之点；
6. 北纬 27 度 30 分、东经 121 度 10 分之点；
7. 北纬 29 度、东经 122 度 45 分之点。

——《国务院关于设立幼鱼保护区的决定》（规范性文件）第一条

带鱼幼鱼保护区位置。以下列各点顺次连接的直线所围的海域：

1. 北纬 34 度、东经 121 度 23 分之点；
2. 北纬 34 度、东经 121 度 53 分之点；
3. 北纬 31 度 30 分、东经 123 度 27 分之点；
4. 北纬 31 度 30 分、东经 122 度 57 分之点；
5. 北纬 34 度、东经 121 度 23 分之点。

时间：每年八、九、十月份禁止机动底拖网渔船进入生产。

——《国务院关于设立幼鱼保护区的决定》（规范性文件）第二条

【卵体保护禁止性规定】

禁止捕捞有重要经济价值的水生动物苗种。因养殖或者其他特殊需要，捕捞有重要经济价值的苗种或者禁捕的怀卵亲体的，必须经国务院渔业行政主管部门或者省、自治区、直辖市人民政府渔业行政主管部门批准，在指定的区域和时间内，按照限额捕捞。在水生动物苗种重点产区引水用水时，应当采取措施，保护苗种。

——《中华人民共和国渔业法》（法律）第三十一条

全民所有的水面、滩涂中的鱼、虾、蟹、贝、藻类的自然产卵场、繁殖场、索饵场及重要的洄游通道必须予以保护，不得划作养殖场所。

——《中华人民共和国渔业法实施细则》（行政法规）第十二条

禁止捕捞中国对虾苗种和春季亲虾。因养殖需要中国对虾怀卵亲体的，应当限期由养殖单位自行培育，期限及管理办法由国务院渔业行政主管部门制定。

——《中华人民共和国渔业法实施细则》（行政法规）第二十五条

禁止在天然港湾有航运价值的区域、重要苗种基地和养殖场所及水面、滩涂中的鱼、虾、蟹、贝、藻类的自然产卵场、繁殖场、索饵场及重要的洄游通道围海造地。

——《防治海岸工程建设项目污染损害海洋环境管理
条例》（行政法规）第七条第三款

严格控制围填海工程。禁止在经济生物的自然产卵场、繁殖场、索饵场和鸟类栖息地进行围填海活动。

围填海工程使用的填充材料应当符合有关环境保护标准。

——《防治海洋工程建设项目污染损害海洋环境管理
条例》（行政法规）第二十条

【卵体保护性规定】

在鱼、虾、蟹洄游通道建闸、筑坝，对渔业资源有严重影响的，建设单位应当建造过鱼设施或者采取其他补救措施。

——《中华人民共和国渔业法》（法律）第三十二条

任何单位和个人，在鱼、虾、蟹、贝幼苗的重点产区直接引水、用水的，应当采取避开幼苗的密集期、密集区，或者设置网栅等保护措施。

——《中华人民共和国渔业法实施细则》（行政法规）第二十六条

各地应当因地制宜采取各种措施，如改良水域条件、人工投放苗种、投放鱼巢、灌江纳苗、营救幼鱼、移植驯化、消除敌害、引种栽植等，增殖水产资源。

——《水产资源繁殖保护条例》（行政法规）第六条

凡在鱼虾蟹洄游通道上建闸的，要适时开闸纳苗。

——《长江渔业资源管理规定》（部门规章）第十七条第二款

沿岸的盐场、电厂、养殖场和其他利用海水的单位或个人，在纳水时应当采取防护或有效规避措施，保护幼鱼、幼虾资源。在伏季休渔期间引水用水时应设置凸面向外且网目不超过7毫米的V形防护网。未采取防护措施，对天然生物资源造成损害的，沿岸县级以上地方人民政府渔业行政主管部门应当责令限期消除危害。

——《渤海生物资源养护规定》（部门规章）第三十三条

【卵体保护行政管理规定】

中华人民共和国主管机关有权对专属经济区的跨界种群、高度洄游鱼种、海洋哺乳动物，源自中华人民共和国河流的溯河产卵种群、在中华人民共和国水域内度过大部分生命周期的降河产卵鱼种，进行养护和管理。

中华人民共和国对源自本国河流的溯河产卵种群，享有主要利益。

——《中华人民共和国专属经济区和大陆架法》（法律）第六条

县级以上人民政府渔业行政主管部门，应当依照本实施细则第三条规定的管理权限，确定重点保护的渔业资源品种及采捕标准。在重要鱼、虾、蟹、贝、藻类，以及其他重要水生生物的产卵场、索饵场、越冬场和洄游通道，规定禁渔区和禁渔期，禁止使用或者限制使用的渔具和捕捞方法，最小网目尺寸，以及制定其他保护渔业资源的措施。

——《中华人民共和国渔业法实施细则》（行政法规）第二十一条

因养殖或者其他特殊需要，捕捞鳗鲡、鲥鱼、中华绒螯蟹、真鲷、石斑鱼等有重要经济价值的水生动物苗种或者禁捕的怀卵亲体的，必须经国务院渔业行政主管部门或者省、自治区、直辖市人民政府渔业行政主管部门批准，并领取专项许可证件，方可在指定区域和时间内，按照批准限额捕捞。捕捞其他有重要经济价值的水生动物苗种的批准权，由省、自治区、直辖市人民政府渔业行政主管部门规定。

——《中华人民共和国渔业法实施细则》（行政法规）第二十四条

凡是有经济价值的水生动物和植物的亲体、幼体、卵子、孢子等，以及赖以繁殖成长的水域环境，都按本条例的规定加以保护。

——《水产资源繁殖保护条例》（行政法规）第二条

【爆破等损害作业未避开主要经济类鱼虾产卵期、幼苗密集区】

建设单位违反本条例规定，在重要渔业水域进行炸药爆破或者进行其他可能对渔业资源造成损害的作业，未避开主要经济类鱼虾产卵期的，由县级以上人民政府海洋主管部门予以警告、责令停止作业，并处 5 万元以上 20 万元以下的罚款。

——《防治海洋工程建设项目污染损害海洋环境
管理条例》（行政法规）第五十一条第二款

违反《实施细则》第二十六条，在鱼、虾、贝、蟹幼苗的重点产区直接引水、用水的，未采取避开幼苗密集区、密集期或设置网栅等保护措施的，可处以 10 000 元以下罚款。

——《渔业行政处罚规定》（部门规章）第十七条

案例 9

何某某与何某系叔侄关系。2018 年 4 月 1 日晚上，何某某电话邀约何某帮忙开船打鱼，但未告知打鱼方式及渔获物分配方案，何某表示同意。当晚 11 时许，何某某要求何某将停放在白庙子处的船只开到嘉陵江码头，嗣后何某某携带电瓶、升压器、电鱼舀等工具与何某在黄桷码头汇合，将前述工具搬运上船并组装。2018 年 4 月 2 日凌晨，在何某某安排下，由何某划船、何某某操作前述电捕鱼工具，在嘉陵江码头至朱家沱之间水域捕捞水产品。当日 4 时许，何某某准备返回时被捉获。经称重，二被告人非法捕捞鲤、鲫、翘壳、中华倒刺鲃等渔获物 17 条共计 23.7 千克。涉案船只因未固定而漂流丢失。2018 年 7 月 17 日，被告人何某主动投案。中国水产科学研究院长江水产研究所对何某某、何某非法捕捞水产品导致的生态损失进行鉴定，认为二人使用电击方式捕捞造成成鱼直接损失量大约为 94.8 千克，幼鱼直接损失量约为 7.7 万尾，鲤、鲫、中华倒刺鲃的幼鱼间接损失量分别为 1.5 万尾、0.09 万尾、0.03 万尾，导致浮游生物、无脊椎动物、软体动物等损失量难以估算。经公告，没有符合法律规定的机关和有关组织提起民事公益诉讼，被何某某、何某破坏的社会公共利益仍处于受侵害状态。重庆市渝北区人民检察院遂提起附带民事公益诉讼。重庆市渝北区人民法院认为，被告人何某某、何某违反保护水产资源法律法规，在禁渔区、禁渔期使用禁用的方法捕捞水产品，情节严重，其行为均已构成非法捕捞水产品罪。被告人何某某犯非法捕捞水产品罪，判处有期徒刑 8 个月，被告人何某犯非法捕捞水产品罪，判处有期徒刑 6 个月，缓刑 1 年。对被告人何某某、何某使用的作案工具电瓶、升压器、头灯、电鱼杆、鱼舀、雨衣、雨布、胶桶予以没收。被告人何某某、何某于本判决生效之日起 3 个月内在嘉陵江北碚黄桷码头至朱家沱之间水域放流成鱼 100 千克（其中鲤 50 千克，规格＞500 克；鲫 50 千克，规格＞150 克）、幼鱼 80 000 尾（其中鲤 30 000 尾，规格为 3～5cm；鲫 30 000 尾，规格为 2～3cm；中华倒刺鲃 10 000 尾、鲢 10 000 尾，规格均为 5～8cm）①。

案例 10

2019 年 5 月 20 日 22 时许，被告人李某、白某某共同在武汉市东西湖区汉江大桥桥墩附近的汉江水域，使用国家明令禁止的电打鱼方法捕捞长江野生鱼时被公安机关当场抓获，其二人非法捕捞水产品的锂电一体机、电捞网、电极杆、头灯、鱼桶和非法捕捞的渔获物等物品被扣押。经称量，被告人李某、白某某非法捕捞的水产品净重 0.32 千克。非法捕捞的渔获物已在汉江放生。经武汉市江汉区人民检察院委托，中国水产科学研究院长江水产研究所专家刘某、朱某出具专家意见，认为电捕鱼对渔获物没有选择性，电极产生的扩散电流会导致所波及的各类水生动物死亡或受损，危害面广，侥幸逃脱电击的鱼类组织生理功能会遭受不同程度的损伤，运动、捕食、抗病、识别各项能力都显著降低，并极容易导致不育，影响种群繁衍和补充；在鱼类繁殖期，强大的电流会直接干扰鱼类的繁殖行为，性腺功能会遭受损伤而不能繁殖，过电水体中的鱼卵直接死亡或者不能孵化为正常的仔鱼；电捕同时对鱼类饵料类的生物资源也造成致命伤害，导致饵料类的生物资源量显著降低，造成过电水域局部"荒漠化"。同时，被电击致死的部分生物沉入水底逐渐腐烂变质，从而污染水体，改变生态系统食物网的底层结构并进一步影响原生态系统的结构和功能；电捕鱼主要对水体中上层鱼类产生更大伤害，将显著改变水域原有鱼类群落结构，破坏水生生物群落的稳定；此外，电捕鱼造成土著鱼类数量减少，产生生态位空缺，危害水体生态安全，增加外来物种暴发、生物入侵的风险。认定被告人李某、白某某非法捕捞行为造成鱼资源总损失量约为 0.96 千克，幼鱼损失量合计为 8 785 尾，对浮游生物、无脊椎动物、软体动物等损失量难以估算，建议在电捕鱼水域放流成鱼 0.96 千克（其中蒙古鲌 0.5 千克、泥鳅 0.46 千克）、幼鱼 8 785 尾（其中蒙古鲌 1 000 尾、泥鳅 3 000 尾、鲫 3 500 尾、乌鳢 700 尾、鳜 585 尾）。武汉市江汉区人民法院认为，被告人李某、白某某违反保护水产资源法规，在禁渔期、禁渔区使用禁用的工具、方法捕捞水产品，情节严重，其行为均已构成非法捕捞水产品罪。被告人李某、白某某犯非法捕捞水产品罪，分别判处罚金人民币五千元，公安机关依法扣押的锂电一体机、电捞网、电极杆、头灯、鱼桶等犯罪工具依法予以没收。责令附带民事公益诉讼被告人李某、白某某于本判决生效之日起十日向本市东西湖区汉江大桥桥墩附近汉江水域放流成鱼 0.96 千克（其中蒙古鲌 0.5 千克、泥鳅 0.46 千克）、幼鱼 8 785 尾（其中蒙古鲌 1 000 尾、泥鳅 3 000 尾、鲫 3 500 尾、乌鳢 700 尾、鳜 585 尾）②。

---

① 详见重庆市渝北区人民法院（2018）渝 0112 刑初 1504 号刑事附带民事判决书。
② 详见武汉市江汉区人民法院（2019）鄂 0103 刑初 1012 号刑事判决书。

（二）在鱼、虾、贝、蟹幼苗的重点产区直接引水、用水，未采取避开幼苗密集区、密集期或设置网栅等保护措施

〔关键词〕在鱼、虾、贝、蟹幼苗的重点产区直接引水、用水，未采取避开幼苗密集区、密集期或设置网栅等保护措施

任何单位和个人，在鱼、虾、蟹、贝幼苗的重点产区直接引水、用水的，应当采取避开幼苗的密集期、密集区，或者设置网栅等保护措施。

——《中华人民共和国渔业法实施细则》第二十六条

违反《实施细则》第二十六条，在鱼、虾、贝、蟹幼苗的重点产区直接引水、用水的，未采取避开幼苗密集区、密集期或设置网栅等保护措施的，可处以 10 000 元以下罚款。

——《渔业行政处罚规定》（部门规章）第十七条

（三）非法捕捞禁捕的怀卵亲体

〔关键词〕怀卵亲体｜鱼苗｜水生动物苗种｜产卵场｜索饵场｜越冬场｜洄游通道｜非法捕捞禁捕的怀卵亲体｜捕捞未达标幼体超过规定比例

【怀卵亲体、鱼苗】

禁止捕捞有重要经济价值的水生动物苗种。因养殖或者其他特殊需要，捕捞有重要经济价值的苗种或者禁捕的怀卵亲体的，必须经国务院渔业行政主管部门或者省、自治区、直辖市人民政府渔业行政主管部门批准，在指定的区域和时间内，按照限额捕捞。在水生动物苗种重点产区引水用水时，应当采取措施，保护苗种。

——《中华人民共和国渔业法》（法律）第三十一条

对某些重要鱼虾贝类产卵场、越冬场和幼体索饵场，应当合理规定禁渔区、禁渔期，分别不同情况，禁止全部作业，或限制作业的种类和某些作业的渔具数量。

——《水产资源繁殖保护条例》（行政法规）第七条

凡是鱼、蟹等产卵洄游通道的江河，不得遮断河面拦捕，应当留出一定宽度的通道，以保证足够数量的亲体上溯或降河产卵繁殖。更不准在闸口拦捕鱼、蟹幼体和产卵洄游的亲体，必要时应当规定禁渔期。因养殖生产需要而捕捞鱼苗、蟹苗者，应当经省、自治区、直辖市水产部门批准，在指定水域和时间内作业。

——《水产资源繁殖保护条例》（行政法规）第八条

县级以上人民政府渔业行政主管部门，应当依照本实施细则第三条规定的管理权限，确定重点保护的渔业资源品种及采捕标准。在重要鱼、虾、蟹、贝、藻类，以及其他重要水生生物的产卵场、索饵场、越冬场和洄游通道，规定禁渔区和禁渔期，禁止使用或者限制使用的渔具和捕捞方法，最小网目尺寸，以及制定其他保护渔业资源的措施。

——《中华人民共和国渔业法实施细则》（行政法规）第二十一条

　　因养殖或者其他特殊需要，捕捞鳗鲡、鲚鱼、中华绒螯蟹、真鲷、石斑鱼等有重要经济价值的水生动物苗种或者禁捕的怀卵亲体的，必须经国务院渔业行政主管部门或者省、自治区、直辖市人民政府渔业行政主管部门批准，并领取专项许可证件，方可在指定区域和时间内，按照批准限额捕捞。捕捞其他有重要经济价值的水生动物苗种的批准权，由省、自治区、直辖市人民政府渔业行政主管部门规定。

　　　　　　　　　——《中华人民共和国渔业法实施细则》（行政法规）第二十四条

　　禁止捕捞中国对虾苗种和春季亲虾。因养殖需要中国对虾怀卵亲体的，应当限期由养殖单位自行培育，期限及管理办法由国务院渔业行政主管部门制定。

　　　　　　　　　——《中华人民共和国渔业法实施细则》（行政法规）第二十五条

　　严禁捕捞入江上溯的鲥鱼亲体和降河入海的鳗鱼幼体。

　　每年五月十五日至八月三十一日从长江口至九江江段，禁止使用双层和三层刺网作业。

　　每年六月一日至七月三十一日从赣江新干到吉安江段的鲥鱼主要产卵场实行禁捕。

　　江西省鄱阳湖口幼鱼出湖入江高峰期内，实行禁捕；禁捕时间不得少于十天；具体禁捕时间由长江渔业资源管理委员会商江西省渔政局、长江渔业资源监测站确定，由江西省渔政局实施。

　　因科研需要捕捉鲥鱼的，应当向农业部申请，由农业部核发专项（特许）捕捞许可证，实行限额捕捞。

　　农业部应当自申请受理之日起 20 日内作出是否发放专项（特许）捕捞许可证的决定。

　　　　　　　　　——《长江渔业资源管理规定》（部门规章）第七条

　　禁捕长江口中华绒螯蟹产卵场的抱卵春蟹，限制捕捞长江干流江段的中华绒螯蟹亲蟹、幼蟹及蟹苗。因人工育苗、养殖和增殖放流等原因确需捕捞亲蟹、幼蟹、蟹苗的单位和个人，应当向农业部申请，由农业部核发专项（特许）捕捞许可证，限定捕捞网具、捕捞时间及捕捞江段。

　　农业部应当自受理之日起 20 日内作出是否发放专项（特许）捕捞许可证的决定。

　　长江幼蟹和蟹苗的收购、运输由省、直辖市渔政渔港监督管理机构核发准购证和准运证。

　　　　　　　　　——《长江渔业资源管理规定》（部门规章）第八条

　　禁止捕捞进入江、河水域的鳗苗。

　　鳗苗汛期，沿江省、直辖市各级渔业行政主管部门及其所属的渔政渔港监督管理机构应严格控制捕捞许可证的发放，并在省、直辖市人民政府统一领导下，与水利、航政、公安、工商、外贸等有关部门密切配合，组织检查，加强管理。

　　　　　　　　　——《长江渔业资源管理规定》（部门规章）第九条

　　每年家鱼苗繁殖季节，对青、草、鲢、鳙四大家鱼产卵场实行禁捕，具体禁渔期、禁渔区由长江渔业资源管理委员会商有关省、直辖市确定，由有关省、直辖市渔政渔港监督管理机构监督管理。

　　禁止捕捞经济鱼类天然鱼苗。

　　因养殖、科研需要采捕四大家鱼和需要采捕其他经济鱼类的鱼苗培育原种进行人工繁殖的单位和个人，应当向所在省、直辖市渔业行政主管部门申请，由所在省、直辖市渔业行主管部门核发专项（特许）捕捞许可证，在指定区域和时间，限额捕捞。

省、直辖市渔业行政主管部门应当自受理之日起 20 日内作出决定。

禁止捕捞幼鱼及苗种作为饵料。

——《长江渔业资源管理规定》（部门规章）第十条

链接：怀卵亲体、鱼苗保护性规定

水生动物的可捕标准，应当以达到性成熟为原则。对各种捕捞对象应当规定具体的可捕标准（长度或重量）和渔获物中小于可捕标准部分的最大比重。捕捞时应当保留足够数量的亲体，使资源能够稳定增长。

各种经济藻类和淡水食用水生植物，应当待其长成后方得采收，并注意留种、留株，合理轮采。

——《水产资源繁殖保护条例》（行政法规）第五条

全民所有的水面、滩涂中的鱼、虾、蟹、贝、藻类的自然产卵场、繁殖场、索饵场及重要的洄游通道必须予以保护，不得划作养殖场所。

——《中华人民共和国渔业法实施细则》（行政法规）第十二条

任何单位和个人，在鱼、虾、蟹、贝幼苗的重点产区直接引水、用水的，应当采取避开幼苗的密集期、密集区，或者设置网栅等保护措施。

——《中华人民共和国渔业法实施细则》（行政法规）第二十六条

禁止在天然港湾有航运价值的区域、重要苗种基地和养殖场所及水面、滩涂中的鱼、虾、蟹、贝、藻类的自然产卵场、繁殖场、索饵场及重要的洄游通道围海造地。

——《中华人民共和国防治海岸工程建设项目污染损害海洋环境管理条例》（行政法规）第七条第三款

下列作业的捕捞许可证，由省级人民政府渔业主管部门批准发放：

（一）海洋大型拖网、围网渔船作业的；

（二）因养殖或者其他特殊需要，捕捞农业农村部颁布的有重要经济价值的苗种或者禁捕的怀卵亲体的；

（三）因教学、科研等特殊需要，在禁渔区、禁渔期从事捕捞作业的。

——《渔业捕捞许可管理规定》（部门规章）第三十条

【非法捕捞禁捕的怀卵亲体】

违反《实施细则》第二十四条、第二十五条规定的，擅自捕捞、收购有重要经济价值的水生动物苗种、怀卵亲体的，没收其苗种或怀卵亲体及违法所得，并可处以 30 000 元以下罚款。

——《渔业行政处罚规定》（部门规章）第十三条

【非法捕捞水产品案（刑法第三百四十条）】违反保护水产资源法规，在禁渔区、禁渔期或者使用禁用的工具、方法捕捞水产品，涉嫌下列情形之一的，应予立案追诉：

（二）非法捕捞有重要经济价值的水生动物苗种、怀卵亲体或者在水产种质资源保护区内捕捞水产品，在内陆水域五十公斤以上或者价值五百元以上，或者在海洋水域二百公斤以上或者价值二千元以上的。

  ——《最高人民检察院 公安部关于公安机关管辖的刑事案件立案追诉标准的规定（一）》（公通字〔2008〕36 号）（司法解释）第六十三条第二项

链接：非法捕捞怀卵亲体司法解释规定

违反保护水产资源法规，在海洋水域，在禁渔区、禁渔期或者使用禁用的工具、方法捕捞水产品，具有下列情形之一的，应当认定为刑法第三百四十条规定的"情节严重"：

（二）非法捕捞有重要经济价值的水生动物苗种、怀卵亲体二千公斤以上或者价值二万元以上的。

  ——《最高人民法院关于审理发生在我国管辖海域相关案件若干问题的规定（二）》（法释〔2016〕17 号）（司法解释）第四条第二项

行政相对人未依法取得捕捞许可证擅自进行捕捞，行政机关认为该行为为构成渔业法第四十一条规定的"情节严重"情形的，人民法院应当从以下方面综合审查，并作出认定：

（一）是否未依法取得渔业船舶检验证书或渔业船舶登记证书；

（二）是否故意遮挡、涂改船名、船籍港；

（三）是否标写伪造、变造的渔业船舶船名、船籍港，或者使用伪造、变造的渔业船舶证书；

（四）是否标写其他合法渔业船舶的船名、船籍港或者使用其他渔业船舶证书；

（五）是否非法安装挖捕珊瑚等国家重点保护水生野生动物设施；

（六）是否使用相关法律、法规、规章禁用的方法实施捕捞；

（七）是否非法捕捞水产品、非法捕捞有重要经济价值的水生动物苗种、怀卵亲体或者在水产种质资源保护区内捕捞水产品，数量或价值较大；

（八）是否于禁渔区、禁渔期实施捕捞；

（九）是否存在其他严重违法捕捞行为的情形。

  ——《最高人民法院关于审理发生在我国管辖海域相关案件若干问题的规定（二）》（法释〔2016〕17 号）（司法解释）第十条

案例 11

2017 年 5 月 1 日凌晨（2017 年春季禁渔期间），陈某某在某水域（属禁渔区）驾驶铁皮船并使用之前购买的发电机、升压器等禁用的捕鱼工具采用电鱼的方式，非法捕捞鲤 30 千克（怀卵亲体 25 千克）、鲫 4 千克（怀卵亲体 3 千克）、桑鱼 2 千克、白鲢 1 千克、桂鱼 1 千克，合计捕捞渔获物 38 千克（怀卵亲体 28 千克），被三台县农业局执法人员现场查获。后三台县农业局执法人员将陈某某非法捕捞的 38 千克鱼现场放归涪江。四川省三台县人民法院认为，被告人陈某某违反保护水产资源法规，在禁渔期间使用禁用的电鱼的方式捕捞水产品，属情节严重，其行为已构成非法捕捞水产品罪。判决被告人陈某某犯非法捕捞水产品罪，判处拘役 6 个月，缓刑 1 年。被告人陈某某使用的作案工具迪亮发电机（规格 9500 型、AC230V，生产单位：重庆迪亮）一台、输出脉冲调节器一台、红色捕捞渔船（铁）6 米×1.2 米一艘，予以没收①。

（四）捕捞未达标幼体超过规定比例

〔关键词〕捕捞未达标幼体超过规定比例

使用炸鱼、毒鱼、电鱼等破坏渔业资源方法进行捕捞的，违反关于禁渔区、禁渔期的规定进行捕捞的，或者使用禁用的渔具、捕捞方法和小于最小网目尺寸的网具进行捕捞或者渔获物中幼鱼超过规定比例的，没收渔获物和违法所得，处五万元以下的罚款；情节严重的，没收渔具，吊销捕捞许可证；情节特别严重的，可以没收渔船；构成犯罪的，依法追究刑事责任。

——《中华人民共和国渔业法》（法律）第三十八条第一款

捕捞国家重点保护的渔业资源品种中未达到采捕标准的幼体超过规定比例的，没收超比例部分幼体，并可处以三万元以下罚款；从重处罚的，可以没收渔获物。

——《渔业行政处罚规定》（部门规章）第十二条

---

① 详见四川省三台县人民法院（2017）川 0722 刑初 364 号刑事判决书。

第三章　非法猎捕水生野生动物

一、非法猎捕、杀害国家重点保护野生动物

〔关键词〕水生野生动物｜国家重点保护野生动物｜珍贵水生野生动物

【水生野生动物】

〔概念界定〕

本条例所称水生野生动物，是指珍贵、濒危的水生野生动物；所称水生野生动物产品，是指珍贵、濒危的水生野生动物的任何部分及其衍生物。

——《中华人民共和国水生野生动物保护实施条例》（行政法规）第二条

除第三十八条、第四十条外，本办法所称水生野生动物，是指珍贵、濒危的水生野生动物；所称水生野生动物产品，是指珍贵、濒危水生野生动物的任何部门及其衍生物。

——《水生野生动物利用特许办法》（部门规章）第二条第二款

在中华人民共和国领域及管辖的其他海域，从事野生动物保护及相关活动，适用本法。

本法规定保护的野生动物，是指珍贵、濒危的陆生、水生野生动物和有重要生态、科学、社会价值的陆生野生动物。

本法规定的野生动物及其制品，是指野生动物的整体（含卵、蛋）、部分及其衍生物。

珍贵、濒危的水生野生动物以外的其他水生野生动物的保护，适用《中华人民共和国渔业法》等有关法律的规定。

——《中华人民共和国野生动物保护法》（法律）第二条

〔行政管理〕

法律规定属于国家所有的野生动植物资源，属于国家所有。

——《中华人民共和国民法典》（法律）第二百五十一条

国务院林业草原、渔业主管部门分别主管全国陆生、水生野生动物保护工作。

县级以上地方人民政府林业草原、渔业主管部门分别主管本行政区域内陆生、水生野生动物保护工作。

——《中华人民共和国野生动物保护法》（法律）第七条

省级以上人民政府依法划定相关自然保护区域，保护野生动物及其重要栖息地，保护、恢复和改善野生动物生存环境。对不具备划定相关自然保护区域条件的，县级以上人民政府可以采取划定禁猎（渔）区、规定禁猎（渔）期等其他形式予以保护。

——《中华人民共和国野生动物保护法》（法律）第十二条第二款

国务院渔业行政主管部门主管全国水生野生动物管理工作。

县级以上地方人民政府渔业行政主管部门主管本行政区域内水生野生动物管理工作。

《野生动物保护法》和本条例规定的渔业行政主管部门的行政处罚权，可以由其所属的渔政监督管理机构行使。

——《中华人民共和国水生野生动物保护实施条例》（行政法规）第三条

国务院渔业行政主管部门和省、自治区、直辖市人民政府渔业行政主管部门，应当定期组织水生野生动物资源调查，建立资源档案，为制定水生野生动物资源保护发展规划、制定和调整国家和地方重点保护水生野生动物名录提供依据。

——《中华人民共和国水生野生动物保护实施条例》（行政法规）第六条

渔业行政主管部门应当组织社会各方面力量，采取有效措施，维护和改善水生野生动物的生存环境，保护和增殖水生野生动物资源。

——《中华人民共和国水生野生动物保护实施条例》（行政法规）第七条第一款

【国家重点保护野生动物】

〔行政管理〕

国家对野生动物实行分类分级保护。

国家对珍贵、濒危的野生动物实行重点保护。国家重点保护的野生动物分为一级保护野生动物和二级保护野生动物。国家重点保护野生动物名录，由国务院野生动物保护主管部门组织科学评估后制定，并每五年根据评估情况确定对名录进行调整。国家重点保护野生动物名录报国务院批准公布。

地方重点保护野生动物，是指国家重点保护野生动物以外，由省、自治区、直辖市重点保护的野生动物。地方重点保护野生动物名录，由省、自治区、直辖市人民政府组织科学评估后制定、调整并公布。

有重要生态、科学、社会价值的陆生野生动物名录，由国务院野生动物保护主管部门组织科学评估后制定、调整并公布。

——《中华人民共和国野生动物保护法》（法律）第十条

禁止任何单位和个人破坏国家重点保护的和地方重点保护的水生野生动物生息繁衍的水域、场所和生存条件。

——《中华人民共和国水生野生动物保护实施条例》（行政法规）第七条第二款

因保护国家重点保护的和地方重点保护的水生野生动物受到损失的，可以向当地人民政府渔业行政主管部门提出补偿要求。经调查属实并确实需要补偿的，由当地人民政府按照省、自治区、直辖市人民政府有关规定给予补偿。

——《中华人民共和国水生野生动物保护实施条例》（行政法规）第十条

国务院渔业行政主管部门和省、自治区、直辖市人民政府，应当在国家重点保护的和地方重点保护的水生野生动物的主要生息繁衍的地区和水域，划定水生野生动物自然保护区，加强对国家和地方重点保护水生野生动物及其生存环境的保护管理，具体办法由国务院另行规定。

——《中华人民共和国水生野生动物保护实施条例》（行政法规）第十一条

〔国家重点保护水生野生动物保护名录〕

对下列重要或名贵的水生动物和植物应当重点加以保护。

（一）鱼类

海水鱼：带鱼、大黄鱼、小黄鱼、蓝圆鲹、沙丁鱼、太平洋鲱、鳓、真鲷、黑鲷、二长棘鲷、红笛鲷、梭鱼、鲆、鲽、鳎、石斑鱼、鳕、狗母鱼、金线鱼、鲳、鲵、白姑鱼、黄姑鱼、鲐、马鲛、海鳗。

淡水鱼：鲤、青鱼、草鱼、鲢、鳙、红鳍鲌、鲅、鲫、鲥、鳜、鲂、鳊、鲑、长江鲟、中华鲟、白鲟、青海湖裸鲤、鲚、银鱼、河鳗、黄鳝、鲖。

（二）虾蟹类

对虾、毛虾、青虾、鹰爪虾、中华绒螯蟹、梭子蟹、青蟹。

（三）贝类

鲍鱼、蛏、蚶、牡蛎、西施舌、扇贝、江瑶、文蛤、杂色蛤、翡翠贻贝、紫贻贝、厚壳贻贝、珍珠贝、河蚌。

（四）海藻类

紫菜、裙带菜、石花菜、江蓠、海带、麒麟菜。

（五）淡水食用水生植物类

莲藕、菱角、芡实。

（六）其他

白鱀豚、鲸、大鲵、海龟、玳瑁、海参、乌贼、鱿鱼、乌龟、鳖。

各省、自治区、直辖市革命委员会可以根据本地的水产资源情况，对重点保护对象，作必要的增减。

——《水产资源繁殖保护条例》（行政法规）第四条

长江渔业资源保护对象：

（一）国家一、二级保护水生野生动物：白鱀豚、中华鲟、达氏鲟、白鲟、胭脂鱼、松江鲈、江豚、大鲵、细痣疣螈、川陕哲罗鲑等。

（二）鱼类：鲥、鳗、鲤、青鱼、草鱼、鳙、鲫、团头鲂、三角鲂、鳊、鲌、鲴、梭鱼、凤鲚、刀鲚、河鲀、黄颡鱼、黄鳝、银鱼、铜鱼、鳡、鳤、鲸、中华倒刺鲃、裂腹鱼、白甲鱼、鳜、岩原鲤、南方大口鲶、长薄鳅、鲌等。

（三）虾蟹类：中华绒螯蟹、秀丽白虾（白虾）、日本沼虾（青虾）。

（四）贝类：三角帆蚌、褶文冠蚌、丽蚌。

（五）其他：乌龟、鳖。

——《长江渔业资源管理规定》（部门规章）第四条

第四条（一）项的长江中的国家一、二级保护水生野生动物，各级渔业行政主管部门须按照《中华人民共和国野生动物保护法》《中华人民共和国水生野生动物保护实施条例》及其他有关法规进行保护。

第四条第（二）、（三）、（四）、（五）项的保护对象的最低可捕标准由各省、直辖市渔业行政主管部门制定。

——《长江渔业资源管理规定》（部门规章）第五条

【珍贵水生野生动物保护性规定】

国家对白鳍豚等珍贵、濒危水生野生动物实行重点保护，防止其灭绝。禁止捕杀、伤害国家重点保护的水生野生动物。因科学研究、驯养繁殖、展览或者其他特殊情况，需要捕捞国家重点保护的水生野生动物的，依照《中华人民共和国野生动物保护法》的规定执行。

——《中华人民共和国渔业法》（法律）第三十七条

任何组织和个人都有保护野生动物及其栖息地的义务。禁止违法猎捕野生动物、破坏野生动物栖息地。

任何组织和个人都有权向有关部门和机关举报或者控告违反本法的行为。野生动物保护主管部门和其他有关部门、机关对举报或者控告，应当及时依法处理。

——《中华人民共和国野生动物保护法》（法律）第六条

在相关自然保护区域和禁猎（渔）区、禁猎（渔）期内，禁止猎捕以及其他妨碍野生动物生息繁衍的活动，但法律法规另有规定的除外。

野生动物迁徙洄游期间，在前款规定区域外的迁徙洄游通道内，禁止猎捕并严格限制其他妨碍野生动物生息繁衍的活动。迁徙洄游通道的范围以及妨碍野生动物生息繁衍活动的内容，由县级以上人民政府或者其野生动物保护主管部门规定并公布。

——《中华人民共和国野生动物保护法》（法律）第二十条

禁止使用毒药、爆炸物、电击或者电子诱捕装置以及猎套、猎夹、地枪、排铳等工具进行猎捕，禁止使用夜间照明行猎、歼灭性围猎、捣毁巢穴、火攻、烟熏、网捕等方法进行猎捕，但因科学研究确需网捕、电子诱捕的除外。

前款规定以外的禁止使用的猎捕工具和方法，由县级以上地方人民政府规定并公布。

——《中华人民共和国野生动物保护法》（法律）第二十四条

捕捞作业时误捕水生野生动物的，应当立即无条件放生。

——《中华人民共和国水生野生动物保护实施条例》（行政法规）第九条第二款

禁止捕捉、杀害国家重点保护的水生野生动物。

——《中华人民共和国水生野生动物保护实施条例》
（行政法规）第十二条第一款

禁止捕捉、杀害水生野生动物。因科研、教学、人工繁育、展览、捐赠等特殊情况需要捕捉水生野生动物的，必须办理《猎捕证》。

——《水生野生动物利用特许办法》（部门规章）第八条

链接：野生动物保护性规定

县级以上人民政府野生动物保护主管部门，应当定期组织或者委托有关科学研究机构对野生动物及其栖息地状况进行调查、监测和评估，建立健全野生动物及其栖息地档案。

对野生动物及其栖息地状况的调查、监测和评估应当包括下列内容：

（一）野生动物野外分布区域、种群数量及结构；

（二）野生动物栖息地的面积、生态状况；

（三）野生动物及其栖息地的主要威胁因素；

（四）野生动物人工繁育情况等其他需要调查、监测和评估的内容。

——《中华人民共和国野生动物保护法》（法律）第十一条

国务院野生动物保护主管部门应当会同国务院有关部门，根据野生动物及其栖息地状况的调查、监测和评估结果，确定并发布野生动物重要栖息地名录。

省级以上人民政府依法划定相关自然保护区域，保护野生动物及其重要栖息地，保护、恢复和改善野生动物生存环境。对不具备划定相关自然保护区域条件的，县级以上人民政府可以采取划定禁猎（渔）区、规定禁猎（渔）期等其他形式予以保护。

禁止或者限制在相关自然保护区域内引入外来物种、营造单一纯林、过量施洒农药等人为干扰、威胁野生动物生息繁衍的行为。

相关自然保护区域，依照有关法律法规的规定划定和管理。

——《中华人民共和国野生动物保护法》（法律）第十二条

建设项目可能对相关自然保护区域、野生动物迁徙洄游通道产生影响的，环境影响评价文件的审批部门在审批环境影响评价文件时，涉及国家重点保护野生动物的，应当征求国务院野生动物保护主管部门意见；涉及地方重点保护野生动物的，应当征求省、自治区、直辖市人民政府野生动物保护主管部门意见。

——《中华人民共和国野生动物保护法》（法律）第十三条第三款

法律规定属于国家所有的野生动植物资源，属于国家所有。

——《中华人民共和国民法典》（法律）第二百五十一条

水生动物的可捕标准，应当以达到性成熟为原则。对各种捕捞对象应当规定具体的可捕标准（长度或重量）和渔获物中小于可捕标准部分的最大比重。捕捞时应当保留足够数量的亲体，使资源能够稳定增长。

各种经济藻类和淡水食用水生植物，应当待其长成后方得采收，并注意留种、留株，合理轮采。

——《水产资源繁殖保护条例》（行政法规）第五条

凡申请捕捉水生野生动物的，应当如实填写《申请表》，并随表附报有关证明材料：

（一）因科研、调查、监测、医药生产需要捕捉的，必须附上省级以上有关部门下达的科研、调查、监测、医药生产计划或任务书复印件1份，原件备查；

（二）因人工繁育需要捕捉的，必须附上《人工繁育证》复印件1份；

（三）因人工繁育、展览、表演、医药生产需捕捉的，必须附上单位营业执照或其他有效证件复印件1份；

（四）因国际交往捐赠、交换需要捕捉的，必须附上当地县级以上渔业行政主管部门或外事部门出具的公函证明原件1份、复印件1份。

——《水生野生动物利用特许办法》（部门规章）第九条

（一）非法猎捕、杀害国家重点保护的珍贵、濒危野生动物

〔关键词〕非法猎捕、杀害国家重点保护的珍贵、濒危野生动物｜非法猎捕、杀害珍贵、濒危野生动物罪｜非法狩猎罪

【非法猎捕、杀害珍贵、濒危野生动物罪】【非法收购、运输、出售珍贵、濒危野生动物、珍贵、濒危野生动物制品罪】非法猎捕、杀害国家重点保护的珍贵、濒危野生动物的，或者非法收购、运输、出售国家重点保护的珍贵、濒危野生动物及其制品的，处五年以下有期徒刑或者拘役，并处罚金；情节严重的，处五年以上十年以下有期徒刑，并处罚金；情节特别严重的，处十年以上有期徒刑，并处罚金或者没收财产。

【非法狩猎罪】违反狩猎法规，在禁猎区、禁猎期或者使用禁用的工具、方法进行狩猎，破坏野生动物资源，情节严重的，处三年以下有期徒刑、拘役、管制或者罚金。

——《中华人民共和国刑法》（法律）第三百四十一条

非法捕杀国家重点保护的水生野生动物的，依照刑法有关规定追究刑事责任；情节显著轻微危害不大的，或者犯罪情节轻微不需要判处刑罚的，由渔业行政主管部门没收捕获物、捕捉工具和违法所得，吊销特许捕捉证，并处以相当于捕获物价值 10 倍以下的罚款，没有捕获物的处以 1 万元以下的罚款。

——《中华人民共和国水生野生动物保护实施条例》（行政法规）第二十六条

实施破坏海洋资源犯罪行为，同时构成非法捕捞罪、非法猎捕、杀害珍贵、濒危野生动物罪、组织他人偷越国（边）境罪、偷越国（边）境罪等犯罪的，依照处罚较重的规定定罪处罚。

有破坏海洋资源犯罪行为，又实施走私、妨害公务等犯罪的，依照数罪并罚的规定处理。

——《最高人民法院关于审理发生在我国管辖海域相关案件若干问题的
规定（二）》（法释〔2016〕17 号）（司法解释）第八条

中国公民或者外国人在我国管辖海域实施非法猎捕、杀害珍贵濒危野生动物或者非法捕捞水产品等犯罪的，依照我国刑法追究刑事责任。

——《最高人民法院关于审理发生在我国管辖海域相关案件若干问题的
规定（一）》（法释〔2016〕16 号）（司法解释）第三条

【非法猎捕、杀害珍贵、濒危野生动物案（刑法第三百四十一条第一款）】非法猎捕、杀害国家重点保护的珍贵、濒危野生动物的，应予立案追诉。

本条和本规定第六十五条规定的"珍贵、濒危野生动物"，包括列入《国家重点保护野生动物名录》的国家一、二级保护野生动物、列入《濒危野生动植物种国际贸易公约》附录一、附录二的野生动物以及驯养繁殖的上述物种。

——《最高人民检察院 公安部关于公安机关管辖的刑事案件立案追诉标准
的规定（一）》（公通字〔2008〕36 号）（司法解释）第六十四条

链接：相关法律责任认定

非法采捕珊瑚、砗磲或者其他珍贵、濒危水生野生动物，具有下列情形之一的，应当认定为刑法第三百四十一条第一款规定的"情节严重"：

（一）价值在五十万元以上的；

（二）非法获利二十万元以上的；

（三）造成海域生态环境严重破坏的；

（四）造成严重国际影响的；

（五）其他情节严重的情形。

实施前款规定的行为，具有下列情形之一的，应当认定为刑法第三百四十一条第一款规定的"情节特别严重"：

（一）价值或者非法获利达到本条第一款规定标准五倍以上的；

（二）价值或者非法获利达到本条第一款规定的标准，造成海域生态环境严重破坏的；

（三）造成海域生态环境特别严重破坏的；

（四）造成特别严重国际影响的；

（五）其他情节特别严重的情形。

——《最高人民法院关于审理发生在我国管辖海域相关案件若干问题
的规定（二）》（法释〔2016〕17号）（司法解释）第五条

对案件涉及的珍贵、濒危水生野生动物的种属难以确定的，由司法鉴定机构出具鉴定意见，或者由国务院渔业行政主管部门指定的机构出具报告。

珍贵、濒危水生野生动物或者其制品的价值，依照国务院渔业行政主管部门的规定核定。核定价值低于实际交易价格的，以实际交易价格认定。

本解释所称珊瑚、砗磲，是指列入《国家重点保护野生动物名录》中国家一、二级保护的，以及列入《濒危野生动植物种国际贸易公约》附录一、附录二中的珊瑚、砗磲的所有种，包括活体和死体。

——《最高人民法院关于审理发生在我国管辖海域相关案件若干问题
的规定（二）》（法释〔2016〕17号）（司法解释）第七条

刑法第三百四十一条第一款规定的"珍贵、濒危野生动物"，包括列入国家重点保护野生动物名录的国家一、二级保护野生动物、列入《濒危野生动植物种国际贸易公约》附录一、附录二的野生动物以及驯养繁殖的上述物种。

——《最高人民法院关于审理破坏野生动物资源刑事案件具体应用法律
若干问题的解释》（法释〔2000〕37号）（司法解释）第一条

非法猎捕、杀害、收购、运输、出售珍贵、濒危野生动物具有下列情形之一的，属于"情节严重"：

（一）达到本解释附表所列相应数量标准的；

（二）非法猎捕、杀害、收购、运输、出售不同种类的珍贵、濒危野生动物，其中两种以上分别达到附表所列"情节严重"数量标准一半以上的。

非法猎捕、杀害、收购、运输、出售珍贵、濒危野生动物具有下列情形之一的，属于"情节特别严重"：

（一）达到本解释附表所列相应数量标准的；

（二）非法猎捕、杀害、收购、运输、出售不同种类的珍贵、濒危野生动物。

其中两种以上分别达到附表所列"情节特别严重"数量标准一半以上的。

——《最高人民法院关于审理破坏野生动物资源刑事案件具体应用法律
若干问题的解释》（法释〔2000〕37号）（司法解释）第三条

非法猎捕、杀害、收购、运输、出售珍贵、濒危野生动物构成犯罪，具有下列情形之一的，可以认定为"情节严重"；非法猎捕、杀害、收购、运输、出售珍贵、濒危野生动物符合本解释第三条第一款的规定，并具有下列情形之一的，可以认定为"情节特别严重"：

（一）犯罪集团的首要分子；

（二）严重影响对野生动物的科研、养殖等工作顺利进行的；

（三）以武装掩护方法实施犯罪的；

（四）使用特种车、军用车等交通工具实施犯罪的；

（五）造成其他重大损失的。

——《最高人民法院关于审理破坏野生动物资源刑事案件具体应用法律
若干问题的解释》（法释〔2000〕37号）（司法解释）第四条

使用爆炸、投毒、设置电网等危险方法破坏野生动物资源，构成非法猎捕、杀害珍贵、濒危野生动物罪或者非法狩猎罪，同时构成刑法第一百一十四条或者第一百一十五条规定之罪的，依照处罚较重的规定定罪处罚。

——《最高人民法院关于审理破坏野生动物资源刑事案件具体应用法律
若干问题的解释》（法释〔2000〕37号）（司法解释）第七条

实施刑法第三百四十一条规定的犯罪，又以暴力、威胁方法抗拒查处，构成其他犯罪的，依照数罪并罚的规定处罚。

——《最高人民法院关于审理破坏野生动物资源刑事案件具体应用法律
若干问题的解释》（法释〔2000〕37号）（司法解释）第八条

非法猎捕、杀害、收购、运输、出售《濒危野生动植物种国际贸易公约》附录一、附录二所列的非原产于我国的野生动物"情节严重""情节特别严重"的认定标准，参照本解释第三条、第四条以及附表所列与其同属的国家一、二级保护野生动物的认定标准执行；没有与其同属的国家一、二级保护野生动物的，参照与其同科的国家一、二级保护野生动物的认定标准执行。

——《最高人民法院关于审理破坏野生动物资源刑事案件具体应用法律
若干问题的解释》（法释〔2000〕37号）（司法解释）第十条

单位犯刑法第三百四十一条规定之罪，定罪量刑标准依照本解释的有关规定执行。

——《最高人民法院关于审理破坏野生动物资源刑事案件具体应用法律
若干问题的解释》（法释〔2000〕37号）（司法解释）第十二条

案例 1

2017 年 8 月 10 日 18 时许，被告人周某某邀约被告人王某某、周某某 1、蒋某用电击的方式去捕鱼，被告人王某某、周某某 1、蒋某表示同意。被告人周某某便驾驶鄂 Q×××××五菱牌轻型普通货车载王某某、周某某 1、蒋某以及周某某携带的自制电鱼设备欲前往马河电鱼，途中，四被告人商议后决定到咸丰县忠堡镇庙梁子村展马河上游河道电鱼。当车行至展马河上游道路时，四被告人见河道两旁均安装有防护网，便将车停在展马河上游河道一水泥桥头处，被告人蒋某因看见路边的"核心区"标志牌，便找借口待在车上，被告人周某某背负自制电鱼设备、周某某 1 持手电和网兜、王某某持手电和口袋从此处下河电鱼。随后，三被告人在湖北咸丰忠建河大鲵国家级自然保护区核心区 8 号界牌至 12 号界牌之间的河道内电鱼约 1 小时，捕获"娃娃鱼"（大鲵）2 尾及其他野生鱼若干。电鱼结束后，四被告人在驾车返回途中被咸丰县公安局忠堡派出所民警查获。

经称量，四被告人捕获的 2 尾"娃娃鱼"，其中 1 尾长 45 厘米、重 0.7 千克（已死亡），另 1 尾长 38 厘米、重 0.4 千克；其他野生鱼类重 1.75 千克（已死亡）。后经农业部淡水鱼类种质监督检验测试中心检验，四被告人捕获的 2 尾"娃娃鱼"为大鲵，属国家 Ⅱ 级重点保护野生动物。

2018 年 1 月 24 日，湖北晟明科技司法鉴定所对湖北咸丰忠建河大鲵国家级自然保护区核心区展马河电鱼现场区段大鲵及其生态资源损害和修复费用给出鉴定意见，认为修复该区段生态资源，需放流子二代大鲵苗 142 尾，价值 14 200 元；放流饵料鱼苗种 6.3 万尾，价值 3 780 元；需子二代大鲵苗检验检疫费用 5 000 元；大鲵苗和饵料鱼苗种放流交通运输费 500 元；共计人民币 23 480 元。

湖北省咸丰县人民法院认为，被告人周某某、周某某 1、王某某、蒋某明知大鲵是国家重点保护的珍贵野生动物，而在湖北咸丰忠建河大鲵国家级自然保护区核心区采取电击的方式非法猎捕国家二级重点保护野生动物大鲵 2 尾，并致 1 尾死亡，四被告人的行为均构成非法猎捕、杀害珍贵、濒危野生动物罪。判决被告人周某某犯非法猎捕、杀害珍贵、濒危野生动物罪，判处拘役 6 个月，宣告缓刑 1 年，并处罚金人民币 2 000 元。被告人周某某 1 犯非法猎捕、杀害珍贵、濒危野生动物罪，判处拘役六个月，宣告缓刑一年，并处罚金人民币 2 000 元。被告人王某某犯非法猎捕、杀害珍贵、濒危野生动物罪，判处拘役 5 个月，宣告缓刑 9 个月，并处罚金人民币 1 000 元。被告人蒋某犯非法猎捕、杀害珍贵、濒危野生动物罪，判处拘役 3 个月，宣告缓刑 6 个月，并处罚金人民币 1 000 元。被告人周某某、周某某 1、王某某、蒋某连带赔偿生态资源环境损害修复费用人民币 23 480 元，用于放流大鲵苗和饵料鱼苗种。责令被告人周某某、周某某 1、王某某、蒋某在咸丰县县级新闻媒体上公开赔礼道歉。扣押在案的大鲵 2 尾、野生鱼 1.75 千克，予以没收，由扣押机关依法作出处理。作案工具自制电鱼设备 1 套、网兜 1 个，予以没收①。

①　详见咸丰县人民法院（2018）鄂 2826 刑初 33 号刑事判决书。

（二）在相关自然保护区域、禁猎（渔）区、禁猎（渔）期猎捕、杀害国家重点保护野生动物

〔关键词〕禁猎（渔）区｜禁猎（渔）期｜在相关自然保护区域、禁猎（渔）区、禁猎（渔）期猎捕、杀害国家重点保护野生动物

1. 关于自然保护区域、禁猎（渔）区、禁猎（渔）期国家重点保护野生动物的法律规定

【保护性规定】

县级以上地方人民政府林业草原、渔业主管部门分别主管本行政区域内陆生、水生野生动物保护工作。

——《中华人民共和国野生动物保护法》（法律）第七条第二款

省级以上人民政府依法划定相关自然保护区域，保护野生动物及其重要栖息地，保护、恢复和改善野生动物生存环境。对不具备划定相关自然保护区域条件的，县级以上人民政府可以采取划定禁猎（渔）区、规定禁猎（渔）期等其他形式予以保护。

——《中华人民共和国野生动物保护法》（法律）第十二条第二款

在相关自然保护区域和禁猎（渔）区、禁猎（渔）期内，禁止猎捕以及其他妨碍野生动物生息繁衍的活动，但法律法规另有规定的除外。

野生动物迁徙洄游期间，在前款规定区域外的迁徙洄游通道内，禁止猎捕并严格限制其他妨碍野生动物生息繁衍的活动。迁徙洄游通道的范围以及妨碍野生动物生息繁衍活动的内容，由县级以上人民政府或者其野生动物保护主管部门规定并公布。

——《中华人民共和国野生动物保护法》（法律）第二十条

太湖流域县级以上地方人民政府林业、水行政、环境保护、农业等部门应当开展综合治理，保护湿地，促进生态恢复。

两省一市人民政府渔业行政主管部门应当根据太湖流域水生生物资源状况、重要渔业资源繁殖规律和水产种质资源保护需要，开展水生生物资源增殖放流，实行禁渔区和禁渔期制度，并划定水产种质资源保护区。

——《太湖流域管理条例》（行政法规）第四十八条

链接：水生野生动物幼体保护性规定

对某些重要鱼虾贝类产卵场、越冬场和幼体索饵场，应当合理规定禁渔区、禁渔期，分别不同情况，禁止全部作业，或限制作业的种类和某些作业的渔具数量。

——《水产资源繁殖保护条例》（行政法规）第七条

凡是鱼、蟹等产卵洄游通道的江河，不得遮断河面拦捕，应当留出一定宽度的通道，以保证足够数量的亲体上溯或降河产卵繁殖。更不准在闸口拦捕鱼、蟹幼体和产

卵洄游的亲体，必要时应当规定禁渔期。因养殖生产需要而捕捞鱼苗、蟹苗者，应当经省、自治区、直辖市水产部门批准，在指定水域和时间内作业。

——《水产资源繁殖保护条例》（行政法规）第八条

2. 关于自然保护区域、禁猎（渔）区、禁猎（渔）期猎捕、杀害国家重点保护野生动物的法律责任

【在相关自然保护区域、禁猎（渔）区、禁猎（渔）期猎捕、杀害国家重点保护野生动物】

违反本法第二十条、第二十一条、第二十三条第一款、第二十四条第一款规定，在相关自然保护区域、禁猎（渔）区、禁猎（渔）期猎捕国家重点保护野生动物，未取得特许猎捕证、未按照特许猎捕证规定猎捕、杀害国家重点保护野生动物，或者使用禁用的工具、方法猎捕国家重点保护野生动物的，由县级以上人民政府野生动物保护主管部门、海洋执法部门或者有关保护区域管理机构按照职责分工没收猎获物、猎捕工具和违法所得，吊销特许猎捕证，并处猎获物价值二倍以上十倍以下的罚款；没有猎获物的，并处一万元以上五万元以下的罚款；构成犯罪的，依法追究刑事责任。

——《中华人民共和国野生动物保护法》（法律）第四十五条

【非法狩猎罪】违反狩猎法规，在禁猎区、禁猎期或者使用禁用的工具、方法进行狩猎，破坏野生动物资源，情节严重的，处三年以下有期徒刑、拘役、管制或者罚金。

——《中华人民共和国刑法》（法律）第三百四十一条第二款

链接："情节严重"的法律责任认定

违反狩猎法规，在禁猎区、禁猎期或者使用禁用的工具、方法狩猎，具有下列情形之一的，属于非法狩猎"情节严重"：

（一）非法狩猎野生动物二十只以上的；

（二）违反狩猎法规，在禁猎区或者禁猎期使用禁用的工具、方法狩猎的；

（三）具有其他严重情节的。

——《最高人民法院关于审理破坏野生动物资源刑事案件具体应用法律若干问题的解释》（法释〔2000〕37号）（司法解释）第六条

案例2

2017年6月7日2时许，被告人李某某、唐某某在泸州市江阳区滨江路三段长江水域，由被告人李某某用蓄电池、升压器等工具电击捕鱼，被告人唐某某在旁捡拾，进行非法捕捞，当日4时许二被告人被巡逻民警当场抓获。现场扣押蓄电池、升压器、背篓

各 1 个、舀子两根及渔获物 6.94 千克（已放生），内有胭脂鱼（已死亡）1 条，重 0.055 千克。四川省境内天然水域 3 月 1 日至 6 月 30 日为禁渔期，严禁进行任何作业捕捞行为。查获胭脂鱼为国家二级重点保护野生动物，且胭脂鱼科被《濒危野生动植物种国际贸易公约》（2013 年）列入附录 I。泸州市龙马潭区人民法院认为，被告人李某某、唐某某在禁渔期、禁渔区使用禁用的工具、方法捕捞水产品，其对在长江天然水域可能猎捕到珍贵、濒危野生动物持放任态度，被捕获胭脂鱼经鉴定为国家二级重点保护野生动物，二被告人的行为已构成非法猎捕、杀害珍贵、濒危野生动物罪，被告人李某某犯非法猎捕、杀害珍贵、濒危野生动物罪，判处有期徒刑 10 个月，并处罚金 2 000 元，被告人唐某某犯非法猎捕、杀害珍贵、濒危野生动物罪，判处有期徒刑 7 个月，并处罚金 2 000 元，在案扣押作案工具蓄电池、升压器、背篓、舀子等予以没收，由扣押机关依法处置①。

（三）非法捕捞珍贵水生野生动物

〔关键词〕珍贵水生野生动物｜非法捕捞珍贵水生野生动物

1. 关于捕捞珍贵水生野生动物的法律规定

【行政管理】

国家对白鳍豚等珍贵、濒危水生野生动物实行重点保护，防止其灭绝。禁止捕杀、伤害国家重点保护的水生野生动物。因科学研究、驯养繁殖、展览或者其他特殊情况，需要捕捞国家重点保护的水生野生动物的，依照《中华人民共和国野生动物保护法》的规定执行。

——《中华人民共和国渔业法》（法律）第三十七条

捕捞作业时误捕水生野生动物的，应当立即无条件放生。

——《中华人民共和国水生野生动物保护实施条例》（行政法规）第九条第二款

渔业资源费的具体征收标准，由省级人民政府渔业行政主管部门或者海区渔政监督管理机构，在本办法第五条确定的渔业资源费年征收金额幅度内，依照下列原则制定：

（三）依法经批准采捕珍稀水生动植物的，依照专项采捕经济价值较高的渔业资源品种适用的征收标准，加倍征收渔业资源费，但最高不得超过上述征收标准金额的三倍。因从事科研活动的需要，依据有关规定经批准采捕珍稀水生动植物的除外。

——《渔业资源增殖保护费征收使用办法》（行政法规）第六条第三项

---

① 详见泸州市龙马潭区人民法院（2017）川 0504 刑初 271 号刑事判决书。

2. 关于非法捕捞珍贵水生野生动物的法律责任

【非法捕捞珍贵水生野生动物】

依照《渔业法》第二十八条规定处以罚款的，按下列规定执行：

（一）炸鱼、毒鱼的，违反关于禁渔区、禁渔期的规定进行捕捞的，擅自捕捞国家规定禁止捕捞的珍贵水生动物的，在内陆水域处五十元至五千元罚款，在海洋处五百元至五万元罚款。

——《中华人民共和国渔业法实施细则》（行政法规）第二十九条第一项

依照《渔业法》第二十八条和《实施细则》第二十九条规定，有下列行为之一的，没收渔获物和违法所得，处以罚款，并可以没收渔具、吊销捕捞许可证。罚款按以下标准执行：

（四）擅自捕捞国家规定禁止捕捞的珍贵、濒危水生动物，按《中华人民共和国水生野生动物保护实施条例》执行。

——《渔业行政处罚规定》（部门规章）第六条第四项

（四）违反特许猎捕证规定非法猎捕、杀害国家重点保护水生野生动物

〔关键词〕特许猎捕证 ｜ 狩猎证

【特许猎捕证、狩猎证行政管理】

禁止猎捕、杀害国家重点保护野生动物。

因科学研究、种群调控、疫源疫病监测或者其他特殊情况，需要猎捕国家一级保护野生动物的，应当向国务院野生动物保护主管部门申请特许猎捕证；需要猎捕国家二级保护野生动物的，应当向省、自治区、直辖市人民政府野生动物保护主管部门申请特许猎捕证。

——《中华人民共和国野生动物保护法》（法律）第二十一条

猎捕者应当按照特许猎捕证、狩猎证规定的种类、数量、地点、工具、方法和期限进行猎捕。

持枪猎捕的，应当依法取得公安机关核发的持枪证。

——《中华人民共和国野生动物保护法》（法律）第二十三条

禁止伪造、变造、买卖、转让、租借特许猎捕证、狩猎证、人工繁育许可证及专用标识，出售、购买、利用国家重点保护野生动物及其制品的批准文件，或者允许进出口证明书、进出口等批准文件。

前款规定的有关许可证书、专用标识、批准文件的发放情况，应当依法公开。

——《中华人民共和国野生动物保护法》（法律）第三十九条

取得《猎捕证》的单位和个人，在捕捉作业以前，必须向捕捉地县级渔业行政主管部门报告，并由其所属的渔政监督管理机构监督进行。

捕捉作业必须按照《猎捕证》规定的种类、数量、地点、期限、工具和方法进行，防止误伤水生野生动物或破坏其生存环境。

——《水生野生动物利用特许办法》（部门规章）第十三条

捕捉作业完成后，捕捉者应当立即向捕捉地县级渔业行政主管部门或其所属的渔政监督管理机构申请查验。捕捉地县级渔业行政主管部门或渔政监督管理机构应及时对捕捉情况进行查验，收回《猎捕证》，并及时向发证机关报告查验结果、交回《猎捕证》。

——《水生野生动物利用特许办法》（部门规章）第十四条

【特许猎捕证、狩猎证申请与发放】

1. 无证猎捕、杀害国家重点保护野生动物

〔关键词〕无证猎捕、杀害国家重点保护野生动物

违反本法第二十条、第二十一条、第二十三条第一款、第二十四条第一款规定，在相关自然保护区域、禁猎（渔）区、禁猎（渔）期猎捕国家重点保护野生动物，未取得特许猎捕证、未按照特许猎捕证规定猎捕、杀害国家重点保护野生动物，或者使用禁用的工具、方法猎捕国家重点保护野生动物的，由县级以上人民政府野生动物保护主管部门、海洋执法部门或者有关保护区域管理机构按照职责分工没收猎获物、猎捕工具和违法所得，吊销特许猎捕证，并处猎获物价值二倍以上十倍以下的罚款；没有猎获物的，并处一万元以上五万元以下的罚款；构成犯罪的，依法追究刑事责任。

——《中华人民共和国野生动物保护法》（法律）第四十五条

违反本法第二十三条第二款规定，未取得持枪证持枪猎捕野生动物，构成违反治安管理行为的，由公安机关依法给予治安管理处罚；构成犯罪的，依法追究刑事责任。

——《中华人民共和国野生动物保护法》（法律）第四十六条第二款

案例 3

2016 年 6 月至 2018 年 6 月 19 日，被告人李某某未办理特许猎捕证，即以掏鸟窝及捕捉的方式，在自家门口柳树洞中、"永进塘"鱼塘边等处，共计捕获鸟类 8 只，其中有 3 只幼鸟。经鉴定，李某某猎捕的 8 只鸟类，分别是 2 只红嘴蓝鹊、1 只噪鹃、1 只领角鸮、2 只蓝翡翠和 2 只领鸺鹠。其中 1 只领角鸮和 2 只领鸺鹠为国家二级重点保护野生动物，1 只领角鸮价值人民币 3 000 元，2 只领鸺鹠价值人民币 6 000 元，共计价值人民币 9 000 元。2018 年 6 月 29 日，被告人李某某经电话传唤到案。案发后，涉案鸟类已全部退还。绩溪县人民法院认为，被告人李某某非法猎捕国家重点保护的珍贵、濒危野生动物领角鸮 1 只、领鸺鹠 2 只，其行为已构成非法猎捕珍贵、濒危野生动物罪。被告人经电话传唤到案后，能如实供述自己的全部犯罪事实，系自首，依法可以从轻或减轻处罚；被告人在犯罪时已年满 75 周岁；猎捕鸟类系出于爱好，主观恶性较小；捕获的 8 只鸟类已被放生，且系初犯、偶犯，可酌情予以从轻处罚。被告人李某某犯非法猎捕珍贵、濒危野生动物罪，判处有期徒刑一年，缓刑一年，并处罚金人民币五千元[①]。

---

① 详见绩溪县人民法院（2018）皖 1824 刑初 72 号刑事判决书。

2. 未按照特许猎捕证规定猎捕、杀害国家重点保护水生野生动物

〔关键词〕未按照特许猎捕证规定猎捕、杀害国家重点保护水生野生动物

违反本法第二十条、第二十一条、第二十三条第一款、第二十四条第一款规定，在相关自然保护区域、禁猎（渔）区、禁猎（渔）期猎捕国家重点保护野生动物，未取得特许猎捕证、未按照特许猎捕证规定猎捕、杀害国家重点保护野生动物，或者使用禁用的工具、方法猎捕国家重点保护野生动物的，由县级以上人民政府野生动物保护主管部门、海洋执法部门或者有关保护区域管理机构按照职责分工没收猎获物、猎捕工具和违法所得，吊销特许猎捕证，并处猎获物价值二倍以上十倍以下的罚款；没有猎获物的，并处一万元以上五万元以下的罚款；构成犯罪的，依法追究刑事责任。

——《中华人民共和国野生动物保护法》（法律）第四十五条

违反本法第二十三条第二款规定，未取得持枪证持枪猎捕野生动物，构成违反治安管理行为的，由公安机关依法给予治安管理处罚；构成犯罪的，依法追究刑事责任。

——《中华人民共和国野生动物保护法》（法律）第四十六条第二款

3. 伪造、变造、买卖、转让、租借水生野生动物有关证件、专用标识或者有关批准文件

〔关键词〕伪造、变造、买卖、转让、租借水生野生动物有关证件、专用标识或者有关批准文件

违反本法第三十九条第一款规定，伪造、变造、买卖、转让、租借有关证件、专用标识或者有关批准文件的，由县级以上人民政府野生动物保护主管部门没收违法证件、专用标识、有关批准文件和违法所得，并处五万元以上二十五万元以下的罚款；构成违反治安管理行为的，由公安机关依法给予治安管理处罚；构成犯罪的，依法追究刑事责任。

——《中华人民共和国野生动物保护法》（法律）第五十五条

二、非法猎捕、杀害非国家重点保护水生野生动物

〔关键词〕非国家重点保护水生野生动物

【非国家重点保护水生野生动物保护性规定】

县级以上地方人民政府林业草原、渔业主管部门分别主管本行政区域内陆生、水生野生动物保护工作。

——《中华人民共和国野生动物保护法》（法律）第七条第二款

在相关自然保护区域和禁猎（渔）区、禁猎（渔）期内，禁止猎捕以及其他妨碍野生动物生息繁衍的活动，但法律法规另有规定的除外。

野生动物迁徙洄游期间，在前款规定区域外的迁徙洄游通道内，禁止猎捕并严格限制其

他妨碍野生动物生息繁衍的活动。迁徙洄游通道的范围以及妨碍野生动物生息繁衍活动的内容，由县级以上人民政府或者其野生动物保护主管部门规定并公布。

——《中华人民共和国野生动物保护法》（法律）第二十条

禁止使用毒药、爆炸物、电击或者电子诱捕装置以及猎套、猎夹、地枪、排铳等工具进行猎捕，禁止使用夜间照明行猎、歼灭性围猎、捣毁巢穴、火攻、烟熏、网捕等方法进行猎捕，但因科学研究确需网捕、电子诱捕的除外。

——《中华人民共和国野生动物保护法》（法律）第二十四条第一款

（一）在相关自然保护区域、禁猎（渔）区、禁猎（渔）期猎捕非国家重点保护野生动物

〔关键词〕在相关自然保护区域、禁猎（渔）区、禁猎（渔）期猎捕非国家重点保护野生动物

违反本法第二十条、第二十二条、第二十三条第一款、第二十四条第一款规定，在相关自然保护区域、禁猎（渔）区、禁猎（渔）期猎捕非国家重点保护野生动物，未取得狩猎证、未按照狩猎证规定猎捕非国家重点保护野生动物，或者使用禁用的工具、方法猎捕非国家重点保护野生动物的，由县级以上地方人民政府野生动物保护主管部门或者有关保护区域管理机构按照职责分工没收猎获物、猎捕工具和违法所得，吊销狩猎证，并处猎获物价值一倍以上五倍以下的罚款；没有猎获物的，并处二千元以上一万元以下的罚款；构成犯罪的，依法追究刑事责任。

——《中华人民共和国野生动物保护法》（法律）第四十六条第一款

案例 4

2019 年 6 月 4 日，钟祥市渔政监督管理站接到群众举报，胡集关山有人电鱼，该站迅速联合当地公安机关展开巡查。经巡江检查，发现当事人关某父子两人在汉江钟祥段鳡鳊鲸国家级水产种质资源保护区涉嫌使用电鱼方法进行捕捞，被渔政、公安联合执法人员现场查获。经渔政执法人员现场勘验，当事人使用的电捕鱼工具有：渔船 1 艘、逆变器 2 部、电容 1 个、动力机 1 台、发电机 1 台、电极杆 1 根、电舀网 1 根，以及鳘鲦、鲫等渔获物 16 千克。该捕捞方法是利用电瓶连接逆变器增压，再从逆变器上各接一根电线连接电极杆、电舀网，然后将连接好的电舀网与电极杆伸到江中进行电鱼。汉江钟祥段鳡鳊鲸国家级水产种质资源保护区全面禁捕，且正值鱼类产卵、洄游、繁殖的旺盛季节，电鱼作业不仅破坏了鱼类栖息和生存环境，也对渔业资源和自然生态环境造成严重影响和破坏。关某父子的行为违反《中华人民共和国渔业法》第四章第三十条第一款："禁止使用炸鱼、毒鱼、电鱼等破坏渔业资源的方法进行捕捞。禁止制造、销售、使用禁用的渔具"之规定。6 月 19 日，钟祥市渔政监督管理站对关某父子各处予罚款人民币壹万元，并依法移送公安机关，追究当事人的刑事责任。

（二）未取得狩猎证、未按照狩猎证规定猎捕非国家重点保护野生动物

〔关键词〕未取得狩猎证、未按照狩猎证规定猎捕非国家重点保护野生动物

【行政管理规定】

猎捕非国家重点保护野生动物的，应当依法取得县级以上地方人民政府野生动物保护主管部门核发的狩猎证，并且服从猎捕量限额管理。

——《中华人民共和国野生动物保护法》（法律）第二十二条

猎捕者应当按照特许猎捕证、狩猎证规定的种类、数量、地点、工具、方法和期限进行猎捕。

——《中华人民共和国野生动物保护法》（法律）第二十三条第一款

【未取得狩猎证、未按照狩猎证规定猎捕非国家重点保护野生动物】

违反本法第二十条、第二十二条、第二十三条第一款、第二十四条第一款规定，在相关自然保护区域、禁猎（渔）区、禁猎（渔）期猎捕非国家重点保护野生动物，未取得狩猎证、未按照狩猎证规定猎捕非国家重点保护野生动物，或者使用禁用的工具、方法猎捕非国家重点保护野生动物的，由县级以上地方人民政府野生动物保护主管部门或者有关保护区域管理机构按照职责分工没收猎获物、猎捕工具和违法所得，吊销狩猎证，并处猎获物价值一倍以上五倍以下的罚款；没有猎获物的，并处二千元以上一万元以下的罚款；构成犯罪的，依法追究刑事责任。

——《中华人民共和国野生动物保护法》（法律）第四十六条第一款

（三）未持有合法来源证明出售、利用、运输、生产、经营使用、食用非国家重点保护野生动物及其制品

〔关键词〕未持有合法来源证明出售、利用、运输、生产、经营使用、食用非国家重点保护野生动物及其制品

违反本法第二十七条第四款、第三十三条第二款规定，未持有合法来源证明出售、利用、运输非国家重点保护野生动物的，由县级以上地方人民政府野生动物保护主管部门或者市场监督管理部门按照职责分工没收野生动物，并处野生动物价值一倍以上五倍以下的罚款。

——《中华人民共和国野生动物保护法》（法律）第四十八条第二款

违反本法第三十条规定，生产、经营使用国家重点保护野生动物及其制品或者没有合法来源证明的非国家重点保护野生动物及其制品制作食品，或者为食用非法购买国家重点保护的野生动物及其制品的，由县级以上人民政府野生动物保护主管部门或者市场监督管理部门按照职责分工责令停止违法行为，没收野生动物及其制品和违法所得，并处野生动物及其制品价值二倍以上十倍以下的罚款；构成犯罪的，依法追究刑事责任。

——《中华人民共和国野生动物保护法》（法律）第四十九条

案例 5

2014 年 12 月至 2017 年 8 月，被告人丁某某在未取得《中华人民共和国水生野生动物经营利用许可证》的情况下，先后从陕西省城固县明鸿大鲵养殖基地刘某（另案处理）处以 55～70 元/斤的价格收购没有专用标识的大鲵（"娃娃鱼"）共计 1 000 余条，再通过银行或微信转账的方式支付大鲵款共计 27 万元给刘某；然后在衡阳市珠晖区衡州农批大市场水产街其经营的"丁某某水产经营部"以 75～120 元/斤的价格将大鲵出售给范某、周某、曾某、廖某等人，销售金额总计 35 万元，从中获利 8 余万元。经鉴定，从"丁某某水产经营部"查获的 11 条活体大鲵，种源为人工驯养繁殖，属国家二级保护野生动物。

2014 年 1 月至 2017 年 8 月间，被告人丁某某在未取得《湖南省野生动物及其产品经营许可证》、未到工商行政管理部门登记的情况下，先后从浙江省淳安县徐某、江西省乐平市吴某、江西省瑞昌市陈某、江西省抚州市邱某、贵州省铜仁市刘某 1、江西省井冈山市周某 1 等处（均另案处理）多次购买黄麂、野猪、猪獾、王锦蛇等无合法来源的野生"三有"动物约 710 万元。后在衡阳市珠晖区衡州农批大市场水产街其经营的"丁某某水产经营部"将购买来的上述野生动物通过客车、火车托运以批发或零散售卖的方式销售给周某 2、黄某、谭某、范某、周某 3、董某等下线及牡丹花酒楼、部分零散顾客，最终流向餐桌，销售野生"三有"动物的金额 742 万元，从中非法获利 26 万余元。

2017 年 8 月 10 日抓获丁某某时，从"丁某某水产经营部"查获活体王锦蛇 15 箱、猪獾 1 只，并被依法扣押。经鉴定被扣押的猪獾 1 只、王锦蛇 140 条（250.4 斤），种源为野生，属"三有"野生动物。被查扣的王锦蛇全部放生野外。被告人丁某某已退缴违法所得人民币 15 万元。2015 年 11 月 30 日、2016 年 6 月 30 日因出售无合法来源手续的野猪和黄麂，分别被衡阳市林业局、衡东县林业局处行政罚款 2 000 元、146 000 元。

资兴市人民法院认为，被告人丁某某违反国家法规规定，无证经营销售非国家重点保护野生动物，扰乱市场秩序，情节严重，其行为已构成非法经营罪，判处有期徒刑二年，缓刑二年，并处罚金人民币 34 万元（被告在衡阳市林业局、衡东县林业局因贩卖无合法来源的野生动物罚款的 148 000 元可折抵罚金，实际缴纳罚金 192 000 元）；所得赃款人民币 34 万元予以没收，上缴国库①。

三、非法人工繁育水生野生动物

〔关键词〕人工繁育许可证｜人工繁育水生野生动物

【人工繁育许可证申请与核发】

人工繁育国家一级保护水生野生动物的，应当持有国务院渔业行政主管部门核发的人工

---

① 详见资兴市人民法院（2018）湘 1081 刑初 150 号刑事判决书。

繁育许可证；人工繁育国家二级保护水生野生动物的，应当持有省、自治区、直辖市人民政府渔业行政主管部门核发的人工繁育许可证。

动物园人工繁育国家重点保护的水生野生动物的，渔业行政主管部门可以委托同级建设行政主管部门核发人工繁育许可证。

　　——《中华人民共和国水生野生动物保护实施条例》（行政法规）第十七条

国家支持有关科学研究机构因物种保护目的人工繁育国家重点保护水生野生动物。

前款规定以外的人工繁育国家重点保护水生野生动物实行许可制度。人工繁育国家重点保护水生野生动物的，应当经省级人民政府渔业主管部门批准，取得《人工繁育许可证》，但国务院对批准机关另有规定的除外。

　　——《水生野生动物利用特许办法》（部门规章）第十五条

申请《人工繁育证》，应当具备以下条件：

（一）有适宜人工繁育水生野生动物的固定场所和必要的设施；

（二）具备与人工繁育水生野生动物种类、数量相适应的资金、技术和人员；

（三）具有充足的人工繁育水生野生动物的饲料来源。

　　——《水生野生动物利用特许办法》（部门规章）第十六条

国务院规定由农业部批准的国家重点保护水生野生动物的人工繁育许可，向省级人民政府渔业行政主管部门提出申请。省级人民政府渔业行政主管部门应当自申请受理之日起 20 日内完成初步审查，并将审查意见和申请人的全部申请材料报农业部审批。

农业部应当自收到省级人民政府渔业行政主管部门报送的材料之日起 15 日内作出是否发放人工繁育许可证的决定。

除国务院规定由农业部批准以外的国家重点保护水生野生动物的人工繁育许可，应当向省级人民政府渔业主管部门申请。

省级人民政府渔业行政主管部门应当自申请受理之日起 20 日内作出是否发放人工繁育证的决定。

　　——《水生野生动物利用特许办法》（部门规章）第十七条

人工繁育水生野生动物的单位和个人，必须按照《人工繁育证》的规定进行人工繁育活动。

需要变更人工繁育种类的，应当按照本办法第十七条规定的程序申请变更手续。经批准后，由审批机关在《人工繁育证》上作变更登记。

　　——《水生野生动物利用特许办法》（部门规章）第十八条

（一）无证人工繁育水生野生动物

〔关键词〕无证人工繁育水生野生动物

违反本法第二十五条第二款规定，未取得人工繁育许可证繁育国家重点保护野生动物或者本法第二十八条第二款规定的野生动物的，由县级以上人民政府野生动物保护主管部门没收野生动物及其制品，并处野生动物及其制品价值一倍以上五倍以下的罚款。

　　——《中华人民共和国野生动物保护法》（法律）第四十七条

违反野生动物保护法规，未取得人工繁育许可证或者超越人工繁育许可证规定范围，人工繁育国家重点保护的水生野生动物的，由渔业行政主管部门没收违法所得，处3 000元下的罚款，可以并处没收水生野生动物、吊销人工繁育许可证。

——《中华人民共和国水生野生动物保护实施条例》（行政法规）第三十条

案例6

2019年3月12日，深圳市海洋综合执法支队根据市民投诉，在深圳市大鹏新区陈某某所属渔排网箱里查获3只幼体绿海龟，属国家二级重点保护水生野生动物。经调查，陈某某未取得水生野生动物《人工繁育许可证》，擅自在渔排网箱里繁育国家重点保护水生野生动物绿海龟的行为，违反了《中华人民共和国野生动物保护法》相关规定。深圳市海洋综合执法支队对陈某某作出罚款14 400元、没收3只幼体绿海龟的行政处罚决定。3只绿海龟已作放生处理。

（二）超越人工繁育许可证规定范围驯养繁殖水生野生动物

〔关键词〕超越人工繁育许可证规定范围人工繁育水生野生动物

违反野生动物保护法规，未取得人工繁育许可证或者超越人工繁育许可证规定范围，人工繁育国家重点保护的水生野生动物的，由渔业行政主管部门没收违法所得，处3 000元下的罚款，可以并处没收水生野生动物、吊销人工繁育许可证。

——《中华人民共和国水生野生动物保护实施条例》（行政法规）第三十条

（三）伪造、倒卖、转让人工繁育许可证

〔关键词〕伪造、倒卖、转让人工繁育许可证

伪造、倒卖、转让人工繁育许可证，依照《野生动物保护法》第三十七条的规定处以罚款的，罚款幅度为50 000元以下。

——《中华人民共和国水生野生动物保护实施条例》
（行政法规）第二十九条

伪造、变造、买卖国家机关颁发的野生动物允许进出口证明书、特许猎捕证、狩猎证、人工繁育许可证等公文、证件构成犯罪的，依照刑法第二百八十条第一款的规定以伪造、变造、买卖国家机关公文、证件罪定罪处罚。

实施上述行为构成犯罪，同时构成刑法第二百二十五条第二项规定的非法经营罪的，依照处罚较重的规定定罪处罚。

——《最高人民法院关于审理破坏野生动物资源刑事案件具体应用法律
若干问题的解释》（法释〔2000〕37号）（司法解释）第九条

四、非法出售、收购、运输、携带、寄递、引进、出口国家重点保护水生野生动物及其制品

（一）违法出售、收购、运输、携带、寄递国家重点保护水生野生动物及其制品

〔关键词〕水生野生动物及其制品 | 非法出售、购买、利用、运输、携带、寄递国家重点保护野生动物及其制品 | 以收容救护为名买卖野生动物及其制品 | 为出售、购买、利用野生动物及其制品或者禁止使用的猎捕工具发布广告、提供交易服务

1. 关于出售、收购、运输、携带、寄递国家重点保护水生野生动物及其制品的法律规定

【禁止性规定】

禁止以野生动物收容救护为名买卖野生动物及其制品。
——《中华人民共和国野生动物保护法》（法律）第十五条第三款
禁止出售、购买、利用国家重点保护野生动物及其制品。

因科学研究、人工繁育、公众展示展演、文物保护或者其他特殊情况，需要出售、购买、利用国家重点保护野生动物及其制品的，应当经省、自治区、直辖市人民政府野生动物保护主管部门批准，并按照规定取得和使用专用标识，保证可追溯，但国务院对批准机关另有规定的除外。

实行国家重点保护野生动物及其制品专用标识的范围和管理办法，由国务院野生动物保护主管部门规定。

出售、利用非国家重点保护野生动物的，应当提供狩猎、进出口等合法来源证明。

出售本条第二款、第四款规定的野生动物的，还应当依法附有检疫证明。
——《中华人民共和国野生动物保护法》（法律）第二十七条
禁止生产、经营使用国家重点保护野生动物及其制品制作的食品，或者使用没有合法来源证明的非国家重点保护野生动物及其制品制作的食品。

禁止为食用非法购买国家重点保护的野生动物及其制品。
——《中华人民共和国野生动物保护法》（法律）第三十条
禁止为出售、购买、利用野生动物或者禁止使用的猎捕工具发布广告。禁止为违法出售、购买、利用野生动物制品发布广告。
——《中华人民共和国野生动物保护法》（法律）第三十一条
禁止网络交易平台、商品交易市场等交易场所，为违法出售、购买、利用野生动物及其制品或者禁止使用的猎捕工具提供交易服务。
——《中华人民共和国野生动物保护法》（法律）第三十二条
禁止伪造、变造、买卖、转让、租借特许猎捕证、狩猎证、人工繁育许可证及专用标识，出售、购买、利用国家重点保护野生动物及其制品的批准文件，或者允许进出口证明

书、进出口等批准文件。

前款规定的有关许可证书、专用标识、批准文件的发放情况，应当依法公开。

——《中华人民共和国野生动物保护法》（法律）第三十九条

禁止出售、收购国家重点保护的水生野生动物或者其产品。因科学研究、驯养繁殖、展览等特殊情况，需要出售、收购、利用国家一级保护水生野生动物或者其产品的，必须向省、自治区、直辖市人民政府渔业行政主管部门提出申请，经其签署意见后，报国务院渔业行政主管部门批准；需要出售、收购、利用国家二级保护水生野生动物或者其产品的，必须向省、自治区、直辖市人民政府渔业行政主管部门提出申请，并经其批准。

——《中华人民共和国水生野生动物保护实施条例》（行政法规）第十八条

运输、携带国家重点保护的水生野生动物或者其产品出县境的，应当凭特许捕捉证或者驯养繁殖许可证，向县级人民政府渔业行政主管部门提出申请，报省、自治区、直辖市人民政府渔业行政主管部门或者其授权的单位批准。动物园之间因繁殖动物，需要运输国家重点保护的水生野生动物的，可以由省、自治区、直辖市人民政府渔业行政主管部门授权同级建设行政主管部门审批。

——《中华人民共和国水生野生动物保护实施条例》（行政法规）第二十条

交通、铁路、民航和邮政企业对没有合法运输证明的水生野生动物或者其产品，应当及时通知有关主管部门处理，不得承运、收寄。

——《中华人民共和国水生野生动物保护实施条例》（行政法规）第二十一条

禁止出售、购买、利用国家重点保护水生野生动物及其制品。因科学研究、人工繁育、公众展示展演、文物保护或者其他特殊情况，需要出售、购买、利用水生野生动物及其制品的，应当经省级人民政府渔业主管部门或其授权的渔业主管部门审核批准，并按照规定取得和使用专用标识，保证可追溯。

——《水生野生动物利用特许办法》（部门规章）第二十二条

自本通知发布之日起，除经批准的科学研究外，禁止捕捉、捕捞、伤害、出售、收购国家重点保护的水生野生动物及其产品。严格禁止食用国家重点保护的水生野生动物。暂停审批发放国家重点保护水生野生动物的《捕捉证》《驯养繁殖许可证》《运输证》《经营利用许可证》。开禁时间由农业部另行通知。

——《农业部、国家工商行政管理总局、海关总署、公安部关于严厉打击非法捕捉
和经营利用水生野生动物行为的紧急通知》（规范性文件）第二条

【行政管理】

利用野生动物及其制品的，应当以人工繁育种群为主，有利于野外种群养护，符合生态文明建设的要求，尊重社会公德，遵守法律法规和国家有关规定。

野生动物及其制品作为药品经营和利用的，还应当遵守有关药品管理的法律法规。

——《中华人民共和国野生动物保护法》（法律）第二十九条

运输、携带、寄递国家重点保护野生动物及其制品、本法第二十八条第二款规定的野生动物及其制品出县境的，应当持有或者附有本法第二十一条、第二十五条、第二十七条或者第二十八条规定的许可证、批准文件的副本或者专用标识，以及检疫证明。

运输非国家重点保护野生动物出县境的，应当持有狩猎、进出口等合法来源证明，以及检疫证明。

——《中华人民共和国野生动物保护法》（法律）第三十三条

县级以上人民政府野生动物保护主管部门应当对科学研究、人工繁育、公众展示展演等利用野生动物及其制品的活动进行监督管理。

县级以上人民政府其他有关部门，应当按照职责分工对野生动物及其制品出售、购买、利用、运输、寄递等活动进行监督检查。

——《中华人民共和国野生动物保护法》（法律）第三十四条

中华人民共和国缔结或者参加的国际公约禁止或者限制贸易的野生动物或者其制品名录，由国家濒危物种进出口管理机构制定、调整并公布。

进出口列入前款名录的野生动物或者其制品的，出口国家重点保护野生动物或者其制品的，应当经国务院野生动物保护主管部门或者国务院批准，并取得国家濒危物种进出口管理机构核发的允许进出口证明书。海关依法实施进出境检疫，凭允许进出口证明书、检疫证明按照规定办理通关手续。

涉及科学技术保密的野生动物物种的出口，按照国务院有关规定办理。

列入本条第一款名录的野生动物，经国务院野生动物保护主管部门核准，在本法适用范围内可以按照国家重点保护的野生动物管理。

——《中华人民共和国野生动物保护法》（法律）第三十五条

国家组织开展野生动物保护及相关执法活动的国际合作与交流；建立防范、打击野生动物及其制品的走私和非法贸易的部门协调机制，开展防范、打击走私和非法贸易行动。

——《中华人民共和国野生动物保护法》（法律）第三十六条

县级以上各级人民政府渔业行政主管部门和工商行政管理部门，应当对水生野生动物或者其产品的经营利用建立监督检查制度，加强对经营利用水生野生动物或者其产品的监督管理。

对进入集贸市场的水生野生动物或者其产品，由工商行政管理部门进行监督管理，渔业行政主管部门给予协助；在集贸市场以外经营水生野生动物或者其产品，由渔业行政主管部门、工商行政主管部门或者其授权的单位进行监督管理。

——《中华人民共和国水生野生动物保护实施条例》（行政法规）第十九条

利用水生野生动物或者其产品举办展览等活动的经济收益，主要用于水生野生动物保护事业。

——《中华人民共和国水生野生动物保护实施条例》（行政法规）第二十四条

国务院规定由农业部批准的国家重点保护水生野生动物或者其制品的出售、购买、利用许可，申请人应当将《申请表》和证明材料报所在地省级人民政府渔业行政主管部门签署意见。所在地省级人民政府渔业行政主管部门应当在 20 日内签署意见，并报农业部审批。

农业部应当自接到省级人民政府渔业行政主管部门报送的材料之日起 20 日内作出是否发放经营利用证的决定。

除国务院规定由农业部批准以外的国家重点保护水生野生动物或者其制品的出售、购买、利用许可，应当向省级人民政府渔业主管部门申请。

• 111 •

省级人民政府渔业行政主管部门应当自受理之日起 20 日内作出是否发放经营利用证的决定。

——《水生野生动物利用特许办法》（部门规章）第二十三条

地方各级渔业行政主管部门应当对水生野生动物或其制品的经营利用建立监督检查制度，加强对经营利用水生野生动物或其制品的监督管理。

——《水生野生动物利用特许办法》（部门规章）第二十八条

国家一级保护水生野生动物的价值标准，按照该种动物资源保护费的 8 倍执行。国家二级保护水生野生动物的价值标准，按照该种动物资源保护费的 6 倍执行。地方重点保护水生野生动物的价值标准，按照该种动物资源保护费的 4 倍执行。

——《农业部关于确定野生动物案件中水生野生动物及其产品价值有关
问题的通知》（规范性文件）第一条

水生野生动物产品的价值标准如下：

（一）水生野生动物标本的价值标准按照该种动物价值标准的 100％ 执行。

（二）水生野生动物的特殊利用部分和主要部分，其价值标准按照该种动物价值标准的 80％ 执行。

（三）第（一）、（二）款规定以外的其他水生野生动物产品的价值标准，有交易价格的，按照该产品的交易价格执行；没有交易价格的，按照该种动物价值标准的 5％～20％ 核定执行。

——《农业部关于确定野生动物案件中水生野生动物及其产品价值有关
问题的通知》（规范性文件）第二条

2. 关于违法出售、收购、运输、携带、寄递国家重点保护水生野生动物及其制品的法律责任

【非法出售、购买、利用、运输、携带、寄递国家重点保护水生野生动物及其制品】

违反本法第二十五条第二款规定，未取得人工繁育许可证繁育国家重点保护野生动物或者本法第二十八条第二款规定的野生动物的，由县级以上人民政府野生动物保护主管部门没收野生动物及其制品，并处野生动物及其制品价值一倍以上五倍以下的罚款。

——《中华人民共和国野生动物保护法》（法律）第四十七条

违反本法第二十七条第一款和第二款、第二十八条第一款、第三十三条第一款规定，未经批准、未取得或者未按照规定使用专用标识，或者未持有、未附有人工繁育许可证、批准文件的副本或者专用标识出售、购买、利用、运输、携带、寄递国家重点保护野生动物及其制品或者本法第二十八条第二款规定的野生动物及其制品的，由县级以上人民政府野生动物保护主管部门或者市场监督管理部门按照职责分工没收野生动物及其制品和违法所得，并处野生动物及其制品价值二倍以上十倍以下的罚款；情节严重的，吊销人工繁育许可证、撤销批准文件、收回专用标识；构成犯罪的，依法追究刑事责任。

——《中华人民共和国野生动物保护法》（法律）第四十八条第一款

违反本法第二十七条第五款、第三十三条规定，出售、运输、携带、寄递有关野生动物及其制品未持有或者未附有检疫证明的，依照《中华人民共和国动物防疫法》的规定处罚。

——《中华人民共和国野生动物保护法》（法律）第四十八条第三款

【非法猎捕、杀害珍贵、濒危野生动物罪】【非法收购、运输、出售珍贵、濒危野生动物、珍贵、濒危野生动物制品罪】非法猎捕、杀害国家重点保护的珍贵、濒危野生动物的，或者非法收购、运输、出售国家重点保护的珍贵、濒危野生动物及其制品的，处五年以下有期徒刑或者拘役，并处罚金；情节严重的，处五年以上十年以下有期徒刑，并处罚金；情节特别严重的，处十年以上有期徒刑，并处罚金或者没收财产。

【非法狩猎罪】违反狩猎法规，在禁猎区、禁猎期或者使用禁用的工具、方法进行狩猎，破坏野生动物资源，情节严重的，处三年以下有期徒刑、拘役、管制或者罚金。

——《中华人民共和国刑法》（法律）第三百四十一条

违反野生动物保护法律、法规，出售、收购、运输、携带国家重点保护的或者地方重点保护的水生野生动物或者其产品的，由工商行政管理部门或者其授权的渔业行政主管部门没收实物和违法所得，可以并处相当于实物价值 10 倍以下的罚款。

——《中华人民共和国水生野生动物保护实施条例》

（行政法规）第二十八条

【非法收购、运输、出售珍贵、濒危野生动物、珍贵、濒危野生动物制品案（刑法第三百四十一条第一款）】非法收购、运输、出售国家重点保护的珍贵、濒危野生动物及其制品的，应予立案追诉。

本条规定的"收购"，包括以营利、自用等为目的的购买行为；"运输"，包括采用携带、邮寄、利用他人、使用交通工具等方法进行运送的行为；"出售"，包括出卖和以营利为目的的加工利用行为。

——《最高人民检察院 公安部关于公安机关管辖的刑事案件立案追诉标准的规定（一）》（公通字〔2008〕36 号）（司法解释）第六十五条

链接：相关司法解释规定

非法猎捕、杀害、收购、运输、出售珍贵、濒危野生动物构成犯罪，具有下列情形之一的，可以认定为"情节严重"；非法猎捕、杀害、收购、运输、出售珍贵、濒危野生动物符合本解释第三条第一款的规定，并具有下列情形之一的，可以认定为"情节特别严重"：

（一）犯罪集团的首要分子；

（二）严重影响对野生动物的科研、养殖等工作顺利进行的；

（三）以武装掩护方法实施犯罪的；

（四）使用特种车、军用车等交通工具实施犯罪的；

（五）造成其他重大损失的。

——《中华人民共和国水生野生动物保护实施条例》（行政法规）第四条

非法收购、运输、出售珍贵、濒危野生动物制品具有下列情形之一的，属于"情节严重"：

（一）价值在十万元以上的；

（二）非法获利五万元以上的；

（三）具有其他严重情节的。

非法收购、运输、出售珍贵、濒危野生动物制品具有下列情形之一的，属于"情节特别严重"：

（一）价值在二十万元以上的；

（二）非法获利十万元以上的；

（三）具有其他特别严重情节的。

——《中华人民共和国水生野生动物保护实施条例》（行政法规）第五条

实施刑法第三百四十一条规定的犯罪，又以暴力、威胁方法抗拒查处，构成其他犯罪的，依照数罪并罚的规定处罚。

——《中华人民共和国水生野生动物保护实施条例》（行政法规）第八条

非法猎捕、杀害、收购、运输、出售《濒危野生动植物种国际贸易公约》附录一、附录二所列的非原产于我国的野生动物"情节严重""情节特别严重"的认定标准，参照本解释第三条、第四条以及附表所列与其同属的国家一、二级保护野生动物的认定标准执行；没有与其同属的国家一、二级保护野生动物的，参照与其同科的国家一、二级保护野生动物的认定标准执行。

——《中华人民共和国水生野生动物保护实施条例》（行政法规）第十条

珍贵、濒危野生动物制品的价值，依照国家野生动物保护主管部门的规定核定；核定价值低于实际交易价格的，以实际交易价格认定。

——《中华人民共和国水生野生动物保护实施条例》（行政法规）第十一条

单位犯刑法第三百四十一条规定之罪，定罪量刑标准依照本解释的有关规定执行。

——《中华人民共和国水生野生动物保护实施条例》（行政法规）第十二条

非法收购、运输、出售珊瑚、砗磲或者其他珍贵、濒危水生野生动物及其制品，具有下列情形之一的，应当认定为刑法第三百四十一条第一款规定的"情节严重"：

（一）价值在五十万元以上的；

（二）非法获利在二十万元以上的；

（三）具有其他严重情节的。

非法收购、运输、出售珊瑚、砗磲或者其他珍贵、濒危水生野生动物及其制品，具有下列情形之一的，应当认定为刑法第三百四十一条第一款规定的"情节特别严重"：

（一）价值在二百五十万元以上的；

（二）非法获利在一百万元以上的；

（三）具有其他特别严重情节的。

——《最高人民法院关于审理发生在我国管辖海域相关案件若干问题
的规定（二）》（法释〔2016〕17号）（司法解释）第六条

对案件涉及的珍贵、濒危水生野生动物的种属难以确定的，由司法鉴定机构出具鉴定意见，或者由国务院渔业行政主管部门指定的机构出具报告。

珍贵、濒危水生野生动物或者其制品的价值，依照国务院渔业行政主管部门的规定核定。核定价值低于实际交易价格的，以实际交易价格认定。

本解释所称珊瑚、砗磲，是指列入《国家重点保护野生动物名录》中国家一、二级保护的，以及列入《濒危野生动植物种国际贸易公约》附录一、附录二中的珊瑚、砗磲的所有种，包括活体和死体。

——《最高人民法院关于审理发生在我国管辖海域相关案件若干问题的规定（二）》（法释〔2016〕17号）（司法解释）第七条

刑法第三百四十一条第一款规定的"珍贵、濒危野生动物"，包括列入国家重点保护野生动物名录的国家一、二级保护野生动物、列入《濒危野生动植物种国际贸易公约》附录一、附录二的野生动物以及驯养繁殖的上述物种。

——《最高人民法院关于审理破坏野生动物资源刑事案件具体应用法律若干问题的解释》（法释〔2000〕37号）（司法解释）第一条

刑法第三百四十一条第一款规定的"收购"，包括以营利、自用等为目的的购买行为；"运输"，包括采用携带、邮寄、利用他人、使用交通工具等方法进行运送的行为；"出售"，包括出卖和以营利为目的的加工利用行为。

——《最高人民法院关于审理破坏野生动物资源刑事案件具体应用法律若干问题的解释》（法释〔2000〕37号）（司法解释）第二条

非法猎捕、杀害、收购、运输、出售珍贵、濒危野生动物具有下列情形之一的，属于"情节严重"：

（一）达到本解释附表所列相应数量标准的；

（二）非法猎捕、杀害、收购、运输、出售不同种类的珍贵、濒危野生动物，其中两种以上分别达到附表所列"情节严重"数量标准一半以上的。

非法猎捕、杀害、收购、运输、出售珍贵、濒危野生动物具有下列情形之一的，属于"情节特别严重"：

（一）达到本解释附表所列相应数量标准的；

（二）非法猎捕、杀害、收购、运输、出售不同种类的珍贵、濒危野生动物，其中两种以上分别达到附表所列"情节特别严重"数量标准一半以上的。

——《最高人民法院关于审理破坏野生动物资源刑事案件具体应用法律若干问题的解释》（法释〔2000〕37号）（司法解释）第三条

案例7

2019年1月17日，被告人田某某驾驶车牌号鄂C×××××的小车将其收购的"羊子"（斑羚）12只、野猪6只、麂子77只、果子狸28只，从十堰市运至荆州市沙市区出售给被告人王某某。王某某通过手机银行给田某某转账3万元，另有4万元商定后期支付。次日，该批野生动物被公安机关查获。同时，在王某某仓库内间冷库查获疑似斑羚 14 只、斑羚头 31 个、熊头 1 个、熊肉 2 块，麂子、豹猫、猪獾、狗獾、豪猪、山斑鸠、雉鸡等动物 900 余只。经国家林业和草原局森林公安司法鉴定中心鉴定，所查获的野生动物及其制品有国家二级保护野生动物斑羚 26 只、熊头 1 个、熊肉 2 块。荆州市沙市区人民法院认为，被告人王某某未经省级林业部门批准，非法收购国家二级保护野生动物及其制品，情节特别严重，其行为构成非法收购珍贵、濒危野生动物、珍贵、濒危野生动物制品罪，被告人田某某为获取非法利益，明知是国家二级保护野生动物及其制品而非法运输、出售，情节特别严重，其行为构成非法运输、出售珍贵、濒危野生动物、珍贵、濒危野生动物制品罪。被告人王某某犯非法收购珍贵、濒危野生动物、珍贵、濒危野生动物制品罪，判处有期徒刑十年六个月，并处罚金5 000元。被告人田某某犯非法运输、出售珍贵、濒危野生动物、珍贵、濒危野生动物制品罪，判处有期徒刑八年六个月，并处罚金5 000元。被告人田某某非法所得 3 万元予以追缴，上缴国库。扣押的作案工具手机一部予以没收，上缴国库。扣押的野生动物1 154只，予以销毁①。

【以收容救护为名买卖野生动物及其制品】

违反本法第十五条第三款规定，以收容救护为名买卖野生动物及其制品的，由县级以上人民政府野生动物保护主管部门没收野生动物及其制品、违法所得，并处野生动物及其制品价值二倍以上十倍以下的罚款，将有关违法信息记入社会诚信档案，向社会公布；构成犯罪的，依法追究刑事责任。

——《中华人民共和国野生动物保护法》（法律）第四十四条

【为出售、购买、利用野生动物及其制品或者禁止使用的猎捕工具发布广告、提供交易服务】

违反本法第三十一条规定，为出售、购买、利用野生动物及其制品或者禁止使用的猎捕工具发布广告的，依照《中华人民共和国广告法》的规定处罚。

——《中华人民共和国野生动物保护法》（法律）第五十条

违反本法第三十二条规定，为违法出售、购买、利用野生动物及其制品或者禁止使用的猎捕工具提供交易服务的，由县级以上人民政府市场监督管理部门责令停止违法行为，限期改正，没收违法所得，并处违法所得二倍以上五倍以下的罚款；没有违法所得的，处一万元以上五万元以下的罚款；构成犯罪的，依法追究刑事责任。

——《中华人民共和国野生动物保护法》（法律）第五十一条

---

① 详见荆州市沙市区人民法院（2019）鄂 1002 刑初 343 号刑事判决书。

（二）违法引进、出口国家重点保护水生野生动物及其制品

〔关键词〕水生野生动物及其制品｜违法从境外引进水生野生动物物种｜非法进口、出口或者以其他方式走私濒危野生动植物及其产品｜伪造、变造、买卖国家机关颁发的野生动物允许进出口证明书、特许猎捕证、狩猎证、驯养繁殖许可证等公文、证件构成犯罪｜野生动植物主管部门、国家濒危物种进出口管理机构的工作人员，利用职务上的便利收取他人财物或者谋取其他利益｜将从境外引进的野生动物放归野外环境

1. 关于引进国家重点保护水生野生动物及其制品的法律规定

【行政管理】

从境外引进野生动物物种的，应当经国务院野生动物保护主管部门批准。从境外引进列入本法第三十五条第一款名录的野生动物，还应当依法取得允许进出口证明书。海关依法实施进境检疫，凭进口批准文件或者允许进出口证明书以及检疫证明按照规定办理通关手续。

从境外引进野生动物物种的，应当采取安全可靠的防范措施，防止其进入野外环境，避免对生态系统造成危害。确需将其放归野外的，按照国家有关规定执行。

——《中华人民共和国野生动物保护法》（法律）第三十七条

任何组织和个人将野生动物放生至野外环境，应当选择适合放生地野外生存的当地物种，不得干扰当地居民的正常生活、生产，避免对生态系统造成危害。随意放生野生动物，造成他人人身、财产损害或者危害生态系统的，依法承担法律责任。

——《中华人民共和国野生动物保护法》（法律）第三十八条

从国外引进水生野生动物的，应当向省、自治区、直辖市人民政府渔业行政主管部门提出申请，经省级以上人民政府渔业行政主管部门指定的科研机构进行科学论证后，报国务院渔业行政主管部门批准。

——《中华人民共和国水生野生动物保护实施条例》（行政法规）第二十二条

国家濒危物种进出口管理机构代表中国政府履行公约，依照本条例的规定对经国务院野生动植物主管部门批准出口的国家重点保护的野生动植物及其产品、批准进口或者出口的公约限制进出口的濒危野生动植物及其产品，核发允许进出口证明书。

——《中华人民共和国濒危野生动植物进出口管理条例》（行政法规）第四条

国家濒危物种进出口科学机构依照本条例，组织陆生野生动物、水生野生动物和野生植物等方面的专家，从事有关濒危野生动植物及其产品进出口的科学咨询工作。

——《中华人民共和国濒危野生动植物进出口管理条例》（行政法规）第五条

禁止进口或者出口公约禁止以商业贸易为目的进出口的濒危野生动植物及其产品，因科学研究、驯养繁殖、人工培育、文化交流等特殊情况，需要进口或者出口的，应当经国务院野生动植物主管部门批准；按照有关规定由国务院批准的，应当报经国务院批准。

——《中华人民共和国濒危野生动植物进出口管理条例》

（行政法规）第六条第一款

进口或者出口公约限制进出口的濒危野生动植物及其产品，出口国务院或者国务院野生动植物主管部门限制出口的野生动植物及其产品，应当经国务院野生动植物主管部门批准。

——《中华人民共和国濒危野生动植物进出口管理条例》（行政法规）第七条

进口濒危野生动植物及其产品的，必须具备下列条件：

（一）对濒危野生动植物及其产品的使用符合国家有关规定；

（二）具有有效控制措施并符合生态安全要求；

（三）申请人提供的材料真实有效；

（四）国务院野生动植物主管部门公示的其他条件。

——《中华人民共和国濒危野生动植物进出口管理条例》（行政法规）第八条

进口或者出口濒危野生动植物及其产品的，申请人应当按照管理权限，向其所在地的省、自治区、直辖市人民政府农业（渔业）主管部门提出申请，或者向国务院林业主管部门提出申请，并提交下列材料：

（一）进口或者出口合同；

（二）濒危野生动植物及其产品的名称、种类、数量和用途；

（三）活体濒危野生动物装运设施的说明资料；

（四）国务院野生动植物主管部门公示的其他应当提交的材料。

省、自治区、直辖市人民政府农业（渔业）主管部门应当自收到申请之日起 10 个工作日内签署意见，并将全部申请材料转报国务院农业（渔业）主管部门。

——《中华人民共和国濒危野生动植物进出口管理条例》（行政法规）第十条

国务院野生动植物主管部门应当自收到申请之日起 20 个工作日内，作出批准或者不予批准的决定，并书面通知申请人。在 20 个工作日内不能作出决定的，经本行政机关负责人批准，可以延长 10 个工作日，延长的期限和理由应当通知申请人。

——《中华人民共和国濒危野生动植物进出口管理条例》（行政法规）第十一条

申请人取得国务院野生动植物主管部门的进出口批准文件后，应当在批准文件规定的有效期内，向国家濒危物种进出口管理机构申请核发允许进出口证明书。

申请核发允许进出口证明书时应当提交下列材料：

（一）允许进出口证明书申请表；

（二）进出口批准文件；

（三）进口或者出口合同。

进口公约限制进出口的濒危野生动植物及其产品的，申请人还应当提交出口国（地区）濒危物种进出口管理机构核发的允许出口证明材料；出口公约禁止以商业贸易为目的的进出口的濒危野生动植物及其产品的，申请人还应当提交进口国（地区）濒危物种进出口管理机构核发的允许进口证明材料；进口的濒危野生动植物及其产品再出口时，申请人还应当提交海关进口货物报关单和海关签注的允许进口证明书。

——《中华人民共和国濒危野生动植物进出口管理条例》（行政法规）第十二条

国家濒危物种进出口管理机构应当自收到申请之日起 20 个工作日内，作出审核决定。对申请材料齐全、符合本条例规定和公约要求的，应当核发允许进出口证明书；对不予核发允许进出口证明书的，应当书面通知申请人和国务院野生动植物主管部门并说明理由。在 20 个工作日内不能作出决定的，经本机构负责人批准，可以延长 10 个工作日，延长的期限和理由应当通知申请人。

国家濒危物种进出口管理机构在审核时，对申请材料不符合要求的，应当在 5 个工作日内一次性通知申请人需要补正的全部内容。

——《中华人民共和国濒危野生动植物进出口管理条例》（行政法规）第十三条

国家濒危物种进出口管理机构在核发允许进出口证明书时，需要咨询国家濒危物种进出口科学机构的意见，或者需要向境外相关机构核实允许进出口证明材料等有关内容的，应当自收到申请之日起 5 个工作日内，将有关材料送国家濒危物种进出口科学机构咨询意见或者向境外相关机构核实有关内容。咨询意见、核实内容所需时间不计入核发允许进出口证明书工作日之内。

——《中华人民共和国濒危野生动植物进出口管理条例》（行政法规）第十四条

国务院野生动植物主管部门和省、自治区、直辖市人民政府野生动植物主管部门以及国家濒危物种进出口管理机构，在审批濒危野生动植物及其产品进出口时，除收取国家规定的费用外，不得收取其他费用。

——《中华人民共和国濒危野生动植物进出口管理条例》（行政法规）第十五条

因进口或者出口濒危野生动植物及其产品对野生动植物资源、生态安全造成或者可能造成严重危害和影响的，由国务院野生动植物主管部门提出临时禁止或者限制濒危野生动植物及其产品进出口的措施，报国务院批准后执行。

——《中华人民共和国濒危野生动植物进出口管理条例》（行政法规）第十六条

从不属于任何国家管辖的海域获得的濒危野生动植物及其产品，进入中国领域的，参照本条例有关进口的规定管理。

——《中华人民共和国濒危野生动植物进出口管理条例》（行政法规）第十七条

进口濒危野生动植物及其产品涉及外来物种管理的，出口濒危野生动植物及其产品涉及种质资源管理的，应当遵守国家有关规定。

——《中华人民共和国濒危野生动植物进出口管理条例》（行政法规）第十八条

进口或者出口濒危野生动植物及其产品的，应当在国务院野生动植物主管部门会同海关总署、国家质量监督检验检疫总局指定并经国务院批准的口岸进行。

——《中华人民共和国濒危野生动植物进出口管理条例》（行政法规）第十九条

进口或者出口濒危野生动植物及其产品的，应当按照允许进出口证明书规定的种类、数量、口岸、期限完成进出口活动。

——《中华人民共和国濒危野生动植物进出口管理条例》（行政法规）第二十条

进口或者出口濒危野生动植物及其产品的，应当向海关提交允许进出口证明书，接受海关监管，并自海关放行之日起 30 日内，将海关验讫的允许进出口证明书副本交国家濒危物种进出口管理机构备案。

过境、转运和通运的濒危野生动植物及其产品，自入境起至出境前由海关监管。

进出保税区、出口加工区等海关特定监管区域和保税场所的濒危野生动植物及其产品，应当接受海关监管，并按照海关总署和国家濒危物种进出口管理机构的规定办理进出口手续。

进口或者出口濒危野生动植物及其产品的，应当凭允许进出口证明书向出入境检验检疫机构报检，并接受检验检疫。

——《中华人民共和国濒危野生动植物进出口管理条例》（行政法规）第二十一条

国家濒危物种进出口管理机构应当将核发允许进出口证明书的有关资料和濒危野生动植物及其产品年度进出口情况，及时抄送国务院野生动植物主管部门及其他有关主管部门。

——《中华人民共和国濒危野生动植物进出口管理条例》（行政法规）第二十二条

进出口批准文件由国务院野生动植物主管部门组织统一印制；允许进出口证明书及申请表由国家濒危物种进出口管理机构组织统一印制。

——《中华人民共和国濒危野生动植物进出口管理条例》（行政法规）第二十三条

出口国家重点保护的水生野生动物或者其产品，进出口中国参加的国际公约所限制进出口的水生野生动物或者其产品的，应当向农业部申请，农业部应当自申请受理之日起 20 日内作出是否同意进出口的决定。

动物园因交换动物需要进口第一款规定的野生动物的，农业部在批准前，应当经国务院建设行政主管部门审核同意。

——《水生野生动物利用特许办法》（部门规章）第二十九条

属于贸易性进出口活动的，必须由具有商品进出口权的单位承担，并取得《经营利用证》后方可进行。没有商品进出口权和《经营利用证》的单位，审批机关不得受理其申请。

——《水生野生动物利用特许办法》（部门规章）第三十九条

从国外引进水生野生动物的，应当向农业部申请，农业部应当自申请受理之日起 20 日内作出是否同意引进的决定。

——《水生野生动物利用特许办法》（部门规章）第三十一条

进口水生野生动物或其制品的，应当具备下列条件：

（1）进口的目的符合我国法律法规和政策；

（2）具备所进口水生野生动物活体生存必需的养护设施和技术条件；

（3）引进的水生野生动物活体不会对我国生态平衡造成不利影响或产生破坏作用；

（4）不影响国家野生动物保护形象和对外经济交往。

——《水生野生动物利用特许办法》（部门规章）第三十三条

链接：引进海洋动植物物种

引进海洋动植物物种，应当进行科学论证，避免对海洋生态系统造成危害。

——《中华人民共和国海洋环境保护法》（法律）第二十五条

---

2. 关于出口国家重点保护水生野生动物及其制品的法律规定

【行政管理】

出口国家重点保护的水生野生动物或者其产品的，进出口中国参加的国际公约所限制进出口的水生野生动物或者其产品的，必须经进出口单位或者个人所在地的省、自治区、直辖市人民政府渔业行政主管部门审核，报国务院渔业行政主管部门批准；属于贸易性进出口活动的，必须由具有有关商品进出口权的单位承担。

动物园因交换动物需要进出口前款所称水生野生动物的，在国务院渔业行政主管部门批准前，应当经国务院建设行政主管部门审核同意。

——《中华人民共和国水生野生动物保护实施条例》（行政法规）第二十三条

禁止进口或者出口公约禁止以商业贸易为目的进出口的濒危野生动植物及其产品，因科学研究、驯养繁殖、人工培育、文化交流等特殊情况，需要进口或者出口的，应当经国务院野生动植物主管部门批准；按照有关规定由国务院批准的，应当报经国务院批准。

禁止出口未定名的或者新发现并有重要价值的野生动植物及其产品以及国务院或者国务院野生动植物主管部门禁止出口的濒危野生动植物及其产品。

——《中华人民共和国濒危野生动植物进出口管理条例》（行政法规）第六条

进口或者出口公约限制进出口的濒危野生动植物及其产品，出口国务院或者国务院野生动植物主管部门限制出口的野生动植物及其产品，应当经国务院野生动植物主管部门批准。

——《中华人民共和国濒危野生动植物进出口管理条例》（行政法规）第七条

出口濒危野生动植物及其产品的，必须具备下列条件：

（一）符合生态安全要求和公共利益；

（二）来源合法；

（三）申请人提供的材料真实有效；

（四）不属于国务院或者国务院野生动植物主管部门禁止出口的；

（五）国务院野生动植物主管部门公示的其他条件。

——《中华人民共和国濒危野生动植物进出口管理条例》（行政法规）第九条

进口或者出口濒危野生动植物及其产品的，申请人应当按照管理权限，向其所在地的省、自治区、直辖市人民政府农业（渔业）主管部门提出申请，或者向国务院林业主管部门提出申请，并提交下列材料：

（一）进口或者出口合同；

（二）濒危野生动植物及其产品的名称、种类、数量和用途；

（三）活体濒危野生动物装运设施的说明资料；

（四）国务院野生动植物主管部门公示的其他应当提交的材料。

省、自治区、直辖市人民政府农业（渔业）主管部门应当自收到申请之日起10个工作日内签署意见，并将全部申请材料转报国务院农业（渔业）主管部门。

——《中华人民共和国濒危野生动植物进出口管理条例》（行政法规）第十条

国务院野生动植物主管部门应当自收到申请之日起20个工作日内，作出批准或者不予批准的决定，并书面通知申请人。在20个工作日内不能作出决定的，经本行政机关负责人批准，可以延长 10 个工作日，延长的期限和理由应当通知申请人。

  ——《中华人民共和国濒危野生动植物进出口管理条例》（行政法规）第十一条

  申请人取得国务院野生动植物主管部门的进出口批准文件后，应当在批准文件规定的有效期内，向国家濒危物种进出口管理机构申请核发允许进出口证明书。

  申请核发允许进出口证明书时应当提交下列材料：

  （一）允许进出口证明书申请表；

  （二）进出口批准文件；

  （三）进口或者出口合同。

  进口公约限制进出口的濒危野生动植物及其产品的，申请人还应当提交出口国（地区）濒危物种进出口管理机构核发的允许出口证明材料；出口公约禁止以商业贸易为目的进出口的濒危野生动植物及其产品的，申请人还应当提交进口国（地区）濒危物种进出口管理机构核发的允许进口证明材料；进口的濒危野生动植物及其产品再出口时，申请人还应当提交海关进口货物报关单和海关签注的允许进口证明书。

  ——《中华人民共和国濒危野生动植物进出口管理条例》（行政法规）第十二条

  国家濒危物种进出口管理机构应当自收到申请之日起 20 个工作日内，作出审核决定。对申请材料齐全、符合本条例规定和公约要求的，应当核发允许进出口证明书；对不予核发允许进出口证明书的，应当书面通知申请人和国务院野生动植物主管部门并说明理由。在 20 个工作日内不能作出决定的，经本机构负责人批准，可以延长 10 个工作日，延长的期限和理由应当通知申请人。

  国家濒危物种进出口管理机构在审核时，对申请材料不符合要求的，应当在 5 个工作日内一次性通知申请人需要补正的全部内容。

  ——《中华人民共和国濒危野生动植物进出口管理条例》（行政法规）第十三条

  国家濒危物种进出口管理机构在核发允许进出口证明书时，需要咨询国家濒危物种进出口科学机构的意见，或者需要向境外相关机构核实允许进出口证明材料等有关内容的，应当自收到申请之日起 5 个工作日内，将有关材料送国家濒危物种进出口科学机构咨询意见或者向境外相关机构核实有关内容。咨询意见、核实内容所需时间不计入核发允许进出口证明书工作日之内。

  ——《中华人民共和国濒危野生动植物进出口管理条例》（行政法规）第十四条

  国务院野生动植物主管部门和省、自治区、直辖市人民政府野生动植物主管部门以及国家濒危物种进出口管理机构，在审批濒危野生动植物及其产品进出口时，除收取国家规定的费用外，不得收取其他费用。

  ——《中华人民共和国濒危野生动植物进出口管理条例》（行政法规）第十五条

  因进口或者出口濒危野生动植物及其产品对野生动植物资源、生态安全造成或者可能造成严重危害和影响的，由国务院野生动植物主管部门提出临时禁止或者限制濒危野生动植物及其产品进出口的措施，报国务院批准后执行。

  ——《中华人民共和国濒危野生动植物进出口管理条例》（行政法规）第十六条

  进口濒危野生动植物及其产品涉及外来物种管理的，出口濒危野生动植物及其产品涉及种质资源管理的，应当遵守国家有关规定。

——《中华人民共和国濒危野生动植物进出口管理条例》（行政法规）第十八条

进口或者出口濒危野生动植物及其产品的，应当在国务院野生动植物主管部门会同海关总署、国家质量监督检验检疫总局指定并经国务院批准的口岸进行。

——《中华人民共和国濒危野生动植物进出口管理条例》（行政法规）第十九条

进口或者出口濒危野生动植物及其产品的，应当按照允许进出口证明书规定的种类、数量、口岸、期限完成进出口活动。

——《中华人民共和国濒危野生动植物进出口管理条例》（行政法规）第二十条

进口或者出口濒危野生动植物及其产品的，应当向海关提交允许进出口证明书，接受海关监管，并自海关放行之日起 30 日内，将海关验讫的允许进出口证明书副本交国家濒危物种进出口管理机构备案。

过境、转运和通运的濒危野生动植物及其产品，自入境起至出境前由海关监管。

进出保税区、出口加工区等海关特定监管区域和保税场所的濒危野生动植物及其产品，应当接受海关监管，并按照海关总署和国家濒危物种进出口管理机构的规定办理进出口手续。

进口或者出口濒危野生动植物及其产品的，应当凭允许进出口证明书向出入境检验检疫机构报检，并接受检验检疫。

——《中华人民共和国濒危野生动植物进出口管理条例》（行政法规）第二十一条

国家濒危物种进出口管理机构应当将核发允许进出口证明书的有关资料和濒危野生动植物及其产品年度进出口情况，及时抄送国务院野生动植物主管部门及其他有关主管部门。

——《中华人民共和国濒危野生动植物进出口管理条例》（行政法规）第二十二条

进出口批准文件由国务院野生动植物主管部门组织统一印制；允许进出口证明书及申请表由国家濒危物种进出口管理机构组织统一印制。

——《中华人民共和国濒危野生动植物进出口管理条例》（行政法规）第二十三条

出口国家重点保护的水生野生动物或者其产品，进出口中国参加的国际公约所限制进出口的水生野生动物或者其产品的，应当向农业部申请，农业部应当自申请受理之日起 20 日内作出是否同意进出口的决定。

动物园因交换动物需要进口第一款规定的野生动物的，农业部在批准前，应当经国务院建设行政主管部门审核同意。

——《水生野生动物利用特许办法》（部门规章）第二十九条

属于贸易性进出口活动的，必须由具有商品进出口权的单位承担，并取得《经营利用证》后方可进行。没有商品进出口权和《经营利用证》的单位，审批机关不得受理其申请。

——《水生野生动物利用特许办法》（部门规章）第三十九条

出口水生野生动物或其制品的，应当具备下列条件：

（1）出口的水生野生动物物种和含水生野生动物成分产品中物种原料的来源清楚；

（2）出口的水生野生动物是合法取得；

（3）不会影响国家野生动物保护形象和对外经济交往；

（4）出口的水生野生动物资源量充足，适宜出口；

（5）符合我国水产种质资源保护规定。

————《水生野生动物利用特许办法》（部门规章）第三十二条

3. 关于违法引进、出口国家重点保护水生野生动物及其制品的法律责任

【违法从境外引进水生野生动物物种】

违反本法第三十七条第一款规定，从境外引进野生动物物种的，由县级以上人民政府野生动物保护主管部门没收所引进的野生动物，并处五万元以上二十五万元以下的罚款；未依法实施进境检疫的，依照《中华人民共和国进出境动植物检疫法》的规定处罚；构成犯罪的，依法追究刑事责任。

————《中华人民共和国野生动物保护法》（法律）第五十三条

【非法进口、出口或者以其他方式走私濒危野生动植物及其产品】

违反本法第三十五条规定，进出口野生动物或者其制品的，由海关、公安机关、海洋执法部门依照法律、行政法规和国家有关规定处罚；构成犯罪的，依法追究刑事责任。

————《中华人民共和国野生动物保护法》（法律）第五十二条

非法进口、出口或者以其他方式走私濒危野生动植物及其产品的，由海关依照海关法的有关规定予以处罚；情节严重，构成犯罪的，依法追究刑事责任。

罚没的实物移交野生动植物主管部门依法处理；罚没的实物依法需要实施检疫的，经检疫合格后，予以处理。罚没的实物需要返还原出口国（地区）的，应当由野生动植物主管部门移交国家濒危物种进出口管理机构依照公约规定处理。

————《中华人民共和国濒危野生动植物进出口管理条例》

（行政法规）第二十六条

案例 8

被告人陈某、高某某、易某某、孙某、杨某某、刁某某、李某某、任某某、宋某某、刘某某、郭某某、曾某、王某、李某系外籍瑞波轮船员。2014 年 11 月、12 月期间，该 14 名被告人在明知鹦鹉系国家禁止携带进境的保护动物情况下，仍在瑞波轮停靠巴布亚新几内亚期间用香烟、啤酒、方便面、笔记本电脑等物和当地人换得鹦鹉 17 只，并共同或分别携带进境。2015 年 1 月 8 日晚，在瑞波轮停靠太仓港口期间，由被告人宋某某事先和被告人周某某电话联系，被告人周某某在明知瑞波轮船员走私进口鹦鹉进境的情况下，仍在瑞波轮上用人民币 35 500 元向船员收购上述 17 只鹦鹉。其中：被告人陈某、高某某、易某某、孙某共同走私折衷鹦鹉 2 只，紫腹吸蜜鹦鹉 1 只；被告人杨某某走私蓝眼凤头鹦鹉 1 只；被告人刁某某走私折衷鹦鹉 1 只；被告人李某某走私折衷鹦鹉 2 只；被告人任某某走私折衷鹦鹉 1 只；被告人宋某某走私蓝眼凤头鹦鹉 1 只、折衷鹦鹉 1 只；被告人刘某某走私蓝眼凤头鹦鹉 1 只、折衷鹦鹉 1 只；被告人郭某某走私蓝眼凤头鹦鹉 1 只、折衷鹦鹉 1 只；被告人曾某走私折衷鹦鹉 1 只；被告人王某走私折衷鹦鹉 1 只；被

告人李某走私折衷鹦鹉1只。次日，被告人徐某在没有野生动物驯养许可证的前提下，仍以人民币58 000元从被告人周某某处收购上述17只鹦鹉。

经国家林业局森林公安司法鉴定中心鉴定，上述鹦鹉均属《CITES公约》附录Ⅱ中的鹦目科。被告人陈某、高某某、易某某、孙某、杨某某、刁某某、李某某、任某某、宋某某、刘某某、郭某某、曾某、王某、李某、周某某归案后如实供述了自己的犯罪事实，海关根据被告人周某某的供述，找到了本案17只鹦鹉，避免特别严重后果的发生。被告人徐某自动投案，如实供述了自己的犯罪事实。

被告人陈某、高某某、易某某、孙某、杨某某、刁某某、李某某、任某某、宋某某、刘某某、郭某某、曾某、王某、李某明知鹦鹉系国家禁止携带进境的保护动物，仍共同或分别走私进境，其行为均已构成走私珍贵动物罪。被告人周某某直接向走私人非法收购国家禁止进口的珍贵动物，以走私罪论处，其行为也构成走私珍贵动物罪，情节特别严重。被告人徐某明知是国家重点保护的珍贵、濒危野生动物而进行非法收购，其行为构成非法收购珍贵、濒危野生动物罪，情节特别严重。被告人陈某、高某某、易某某、孙某系共同犯罪，在共同犯罪中，被告人陈某起主要作用，系主犯；被告人高某某、易某某、孙某起次要作用，系从犯，应当从轻或者减轻处罚。被告人陈某、高某某、易某某、孙某、杨某某、刁某某、李某某、任某某、宋某某、刘某某、郭某某、曾某、王某、李某归案后如实供述自己的犯罪事实，可以从轻处罚。被告人周某某归案后，能如实供述自己的罪行，因其供述，避免了特别严重后果发生，可以减轻处罚。被告人徐某主动投案，如实供述自己的犯罪事实，系自首，可以减轻处罚。

最终，法院判决，对被告人陈某以走私珍贵动物罪判处有期徒刑二年，缓刑三年，并处罚金人民币六千元；对被告人高某某以走私珍贵动物罪判处有期徒刑一年三个月，缓刑二年，并处罚金人民币三千元；对被告人易某某以走私珍贵动物罪判处有期徒刑一年三个月，缓刑二年，并处罚金人民币三千元；对被告人孙某以走私珍贵动物罪判处有期徒刑一年三个月，缓刑二年，并处罚金人民币三千元；对被告人杨某某以走私珍贵动物罪判处有期徒刑一年，缓刑二年，并处罚金人民币二千元；对被告人刁某某以走私珍贵动物罪判处有期徒刑一年，缓刑二年，并处罚金人民币二千元；对被告人李某某以走私珍贵动物罪判处有期徒刑一年六个月，缓刑二年，并处罚金人民币四千元；对被告人任某某以走私珍贵动物罪判处有期徒刑一年，缓刑二年，并处罚金人民币二千元；对被告人宋某某以走私珍贵动物罪判处有期徒刑二年，缓刑三年，并处罚金人民币四千元；对被告人刘某某以走私珍贵动物罪判处有期徒刑一年六个月，缓刑二年，并处罚金人民币四千元；对被告人郭某某以走私珍贵动物罪判处有期徒刑一年六个月，缓刑二年，并处罚金人民币四千元；对被告人曾某以走私珍贵动物罪判处有期徒刑一年，缓刑二年，并处罚金人民币二千元；对被告人王某以走私珍贵动物罪判处有期徒刑一年，缓刑二年，并处罚金人民币二千元；对被告人李某以走私珍贵动物罪判处有期徒刑九个月，缓刑一年，并处罚金人民币一千元；对被告人周某某以走私珍贵动物罪判处有期徒刑五年六个月，并处罚金人民币三万元；对被告人徐某以非法收购珍贵、濒危野生动物罪判处有期徒刑五年，并处罚金人民币三万元[1]。

【伪造、变造、买卖国家机关颁发的野生动物允许进出口证明书、特许猎捕证、狩猎证、驯养繁殖许可证等公文、证件构成犯罪】

伪造、倒卖或者转让进出口批准文件或者允许进出口证明书的，由野生动植物主管部门或者工商行政管理部门按照职责分工依法予以处罚；情节严重，构成犯罪的，依法追究刑事责任。

——《中华人民共和国濒危野生动植物进出口管理条例》

（行政法规）第二十七条

伪造、变造、买卖国家机关颁发的野生动物允许进出口证明书、特许猎捕证、狩猎证、驯养繁殖许可证等公文、证件构成犯罪的，依照刑法第二百八十条第一款的规定以伪造、变造、买卖国家机关公文、证件罪定罪处罚。

实施上述行为构成犯罪，同时构成刑法第二百二十五条第二项规定的非法经营罪的，依照处罚较重的规定定罪处罚。

——《最高人民法院关于审理破坏野生动物资源刑事案件具体应用法律

若干问题的解释》（法释〔2000〕37号）（司法解释）第九条

案例 9

2013年10月开始至2014年8月，被告人屈某某先后以为被害人杨某某、周某某、朱某等12人办理《湖南省地方重点保护野生动物驯养繁殖许可证》的名义，共收取办证费56 200元，被告人屈某某收到申办资料和办证费用后，并未到株洲市林业局通过正常程序办理委托事项，而是以1 280元的价格通过被告人喻某某伪造了11套《湖南省地方重点保护野生动物驯养繁殖许可证》交付给被害人，被告人屈某某将委托人的办证费用全部挥霍。在伪造上述假证的同时，被告人喻某某还为被告人屈某某私刻了"株洲市林业局""株洲市野生动植物资源管理专用章"二枚公章，被告人喻某某共非法获利130元。2015年3月20日，被告人屈某某主动到株洲市森林公安局投案自首，并如实交代了其犯罪事实；2015年3月26日，被告人屈某某积极配合公安民警，协助公安机关抓获被告人喻某某。被告人喻某某到案后如实供述其犯罪事实。

株洲市天元区人民法院认为，被告人屈某某以非法占有为目的，隐瞒真相，骗取公民财物，数额巨大，其行为已构成诈骗罪；被告人喻某某伪造国家机关证件、印章，扰

---

① 详见江苏省高级人民法院（2016）苏刑终82号刑事裁定书。

乱社会管理秩序，其行为已构成伪造国家机关证件、印章罪。被告人屈某某犯诈骗罪，判处有期徒刑一年五个月，并处罚金五万元，被告人喻某某犯伪造国家机关证件、印章罪，判处有期徒刑六个月，并处罚金一万元，责令被告人屈某某退赔被害人杨某某、周某某、朱某等12人的损失，将被告人喻某某非法所得130元予以追缴，上缴国库[①]。

【野生动植物主管部门、国家濒危物种进出口管理机构的工作人员，利用职务上的便利收取他人财物或者谋取其他利益】

野生动植物主管部门、国家濒危物种进出口管理机构的工作人员，利用职务上的便利收取他人财物或者谋取其他利益，不依照本条例的规定批准进出口、核发允许进出口证明书，情节严重，构成犯罪的，依法追究刑事责任；尚不构成犯罪的，依法给予处分。

——《中华人民共和国濒危野生动植物进出口管理条例》（行政法规）第二十四条

国家濒危物种进出口科学机构的工作人员，利用职务上的便利收取他人财物或者谋取其他利益，出具虚假意见，情节严重，构成犯罪的，依法追究刑事责任；尚不构成犯罪的，依法给予处分。

——《中华人民共和国濒危野生动植物进出口管理条例》（行政法规）第二十五条

【将从境外引进的野生动物放归野外环境】

违反本法第三十七条第二款规定，将从境外引进的野生动物放归野外环境的，由县级以上人民政府野生动物保护主管部门责令限期捕回，处一万元以上五万元以下的罚款；逾期不捕回的，由有关野生动物保护主管部门代为捕回或者采取降低影响的措施，所需费用由被责令限期捕回者承担。

——《中华人民共和国野生动物保护法》（法律）第五十四条

链接：相关规定

县级以上地方人民政府林业草原、渔业主管部门分别主管本行政区域内陆生、水生野生动物保护工作。

——《中华人民共和国野生动物保护法》（法律）第七条第二款

从境外引进野生动物物种的，应当采取安全可靠的防范措施，防止其进入野外环境，避免对生态系统造成危害。确需将其放归野外的，按照国家有关规定执行。

——《中华人民共和国野生动物保护法》（法律）第三十七条第二款

---

① 详见株洲市天元区人民法院（2016）湘 0211 刑初 139 号刑事判决书。

五、破坏水生野生动物自然保护区

〔关键词〕水生野生动物自然保护区｜自然保护区

【自然保护区】

〔概念界定〕

本条例所称自然保护区，是指对有代表性的自然生态系统、珍稀濒危野生动植物物种的天然集中分布区、有特殊意义的自然遗迹等保护对象所在的陆地、陆地水体或者海域，依法划出一定面积予以特殊保护和管理的区域。

——《中华人民共和国自然保护区条例》（行政法规）第二条

〔自然保护区的建立〕

国务院有关部门和沿海省级人民政府应当根据保护海洋生态的需要，选划、建立海洋自然保护区。

国家级海洋自然保护区的建立，须经国务院批准。

——《中华人民共和国海洋环境保护法》（法律）第二十一条

凡具有下列条件之一的，应当建立海洋自然保护区：

（一）典型的海洋自然地理区域、有代表性的自然生态区域，以及遭受破坏但经保护能恢复的海洋自然生态区域；

（二）海洋生物物种高度丰富的区域，或者珍稀、濒危海洋生物物种的天然集中分布区域；

（三）具有特殊保护价值的海域、海岸、岛屿、滨海湿地、入海河口和海湾等；

（四）具有重大科学文化价值的海洋自然遗迹所在区域；

（五）其他需要予以特殊保护的区域。

——《中华人民共和国海洋环境保护法》（法律）第二十二条

凡具有下列条件之一的，应当建立自然保护区：

（一）典型的自然地理区域、有代表性的自然生态系统区域以及已经遭受破坏但经保护能够恢复的同类自然生态系统区域；

（二）珍稀、濒危野生动植物物种的天然集中分布区域；

（三）具有特殊保护价值的海域、海岸、岛屿、湿地、内陆水域、森林、草原和荒漠；

（四）具有重大科学文化价值的地质构造、著名溶洞、化石分布区、冰川、火山、温泉等自然遗迹；

（五）经国务院或者省、自治区、直辖市人民政府批准，需要予以特殊保护的其他自然区域。

——《中华人民共和国自然保护区条例》（行政法规）第十条

国家级自然保护区的建立，由自然保护区所在的省、自治区、直辖市人民政府或者国务院有关自然保护区行政主管部门提出申请，经国家级自然保护区评审委员会评审后，由国务院环境保护行政主管部门进行协调并提出审批建议，报国务院批准。

地方级自然保护区的建立，由自然保护区所在的县、自治县、市、自治州人民政府或者省、自治区、直辖市人民政府有关自然保护区行政主管部门提出申请，经地方级自然保护区评审委员会评审后，由省、自治区、直辖市人民政府环境保护行政主管部门进行协调并提出审批建议，报省、自治区、直辖市人民政府批准，并报国务院环境保护行政主管部门和国务院有关自然保护区行政主管部门备案。

跨两个以上行政区域的自然保护区的建立，由有关行政区域的人民政府协商一致后提出申请，并按照前两款规定的程序审批。

建立海上自然保护区，须经国务院批准。

——《中华人民共和国自然保护区条例》（行政法规）第十二条

〔自然保护区基本分类〕

自然保护区分为国家级自然保护区和地方级自然保护区。

在国内外有典型意义、在科学上有重大国际影响或者有特殊科学研究价值的自然保护区，列为国家级自然保护区。

除列为国家级自然保护区的外，其他具有典型意义或者重要科学研究价值的自然保护区列为地方级自然保护区。地方级自然保护区可以分级管理，具体办法由国务院有关自然保护区行政主管部门或者省、自治区、直辖市人民政府根据实际情况规定，报国务院环境保护行政主管部门备案。

——《中华人民共和国自然保护区条例》（行政法规）第十一条

自然保护区可以分为核心区、缓冲区和实验区。

自然保护区内保存完好的天然状态的生态系统以及珍稀、濒危动植物的集中分布地，应当划为核心区，禁止任何单位和个人进入；除依照本条例第二十七条的规定经批准外，也不允许进入从事科学研究活动。

核心区外围可以划定一定面积的缓冲区，只准进入从事科学研究观测活动。

缓冲区外围划为实验区，可以进入从事科学试验、教学实习、参观考察、旅游以及驯化、繁殖珍稀、濒危野生动植物等活动。

原批准建立自然保护区的人民政府认为必要时，可以在自然保护区的外围划定一定面积的外围保护地带。

——《中华人民共和国自然保护区条例》（行政法规）第十八条

【水生野生动物自然保护区】

〔禁止性规定〕

禁止在相关自然保护区域建设法律法规规定不得建设的项目。机场、铁路、公路、水利水电、围堰、围填海等建设项目的选址选线，应当避让相关自然保护区域、野生动物迁徙洄游通道；无法避让的，应当采取修建野生动物通道、过鱼设施等措施，消除或者减少对野生动物的不利影响。

——《中华人民共和国野生动物保护法》（法律）第十三条第二款

在海洋自然保护区、重要渔业水域、海滨风景名胜区和其他需要特别保护的区域，不得新建排污口。

——《中华人民共和国海洋环境保护法》（法律）第三十条第三款

在依法划定的海洋自然保护区、海滨风景名胜区、重要渔业水域及其他需要特别保护的区域，不得从事污染环境、破坏景观的海岸工程项目建设或者其他活动。

——《中华人民共和国海洋环境保护法》（法律）第四十二条第二款

国务院和沿海地方各级人民政府应当采取措施，保护海岛的自然资源、自然景观以及历史、人文遗迹。

禁止改变自然保护区内海岛的海岸线。禁止采挖、破坏珊瑚和珊瑚礁。禁止砍伐海岛周边海域的红树林。

——《中华人民共和国海岛保护法》（法律）第十六条

禁止在自然保护区内进行砍伐、放牧、狩猎、捕捞、采药、开垦、烧荒、开矿、采石、挖沙等活动；但是，法律、行政法规另有规定的除外。

——《中华人民共和国自然保护区条例》（行政法规）第二十六条

禁止任何人进入自然保护区的核心区。因科学研究的需要，必须进入核心区从事科学研究观测、调查活动的，应当事先向自然保护区管理机构提交申请和活动计划，并经自然保护区管理机构批准；其中，进入国家级自然保护区核心区的，应当经省、自治区、直辖市人民政府有关自然保护区行政主管部门批准。

自然保护区核心区内原有居民确有必要迁出的，由自然保护区所在地的地方人民政府予以妥善安置。

——《中华人民共和国自然保护区条例》（行政法规）第二十七条

禁止在自然保护区的缓冲区开展旅游和生产经营活动。因教学科研的目的，需要进入自然保护区的缓冲区从事非破坏性的科学研究、教学实习和标本采集活动的，应当事先向自然保护区管理机构提交申请和活动计划，经自然保护区管理机构批准。

从事前款活动的单位和个人，应当将其活动成果的副本提交自然保护区管理机构。

——《中华人民共和国自然保护区条例》（行政法规）第二十八条

严禁开设与自然保护区保护方向不一致的参观、旅游项目。

——《中华人民共和国自然保护区条例》（行政法规）第二十九条第三款

在自然保护区的核心区和缓冲区内，不得建设任何生产设施。在自然保护区的实验区内，不得建设污染环境、破坏资源或者景观的生产设施；建设其他项目，其污染物排放不得超过国家和地方规定的污染物排放标准。在自然保护区的实验区内已经建成的设施，其污染物排放超过国家和地方规定的排放标准的，应当限期治理；造成损害的，必须采取补救措施。

在自然保护区的外围保护地带建设的项目，不得损害自然保护区内的环境质量；已造成损害的，应当限期治理。

限期治理决定由法律、法规规定的机关作出，被限期治理的企业事业单位必须按期完成治理任务。

——《中华人民共和国自然保护区条例》（行政法规）第三十二条

任何单位和个人，不得在海洋特别保护区、海上自然保护区、海滨风景游览区、盐场保护区、海水浴场、重要渔业水域和其他需要特殊保护的区域内兴建排污口。

对在前款区域内已建的排污口，排放污染物超过国家和地方排放标准的，限期治理。

——《中华人民共和国防治陆源污染物污染损害海洋环境管理条例》

（行政法规）第八条

兴建海岸工程建设项目，不得改变、破坏国家和地方重点保护的野生动植物的生存环境。不得兴建可能导致重点保护的野生动植物生存环境污染和破坏的海岸工程建设项目；确需兴建的，应当征得野生动植物行政主管部门同意，并由建设单位负责组织采取易地繁育等措施，保证物种延续。

在鱼、虾、蟹、贝类的洄游通道建闸、筑坝，对渔业资源有严重影响的，建设单位应当建造过鱼设施或者采取其他补救措施。

——《中华人民共和国防治海岸工程建设项目污染损害海洋环境管理条例》

（行政法规）第二十一条

禁止在红树林和珊瑚礁生长的地区，建设毁坏红树林和珊瑚礁生态系统的海岸工程建设项目。

——《中华人民共和国防治海岸工程建设项目污染损害海洋环境管理条例》

（行政法规）第二十三条

严格控制围填海工程。禁止在经济生物的自然产卵场、繁殖场、索饵场和鸟类栖息地进行围填海活动。

围填海工程使用的填充材料应当符合有关环境保护标准。

——《防治海洋工程建设项目污染损害海洋环境管理条例》（行政法规）第二十条

〔保护性规定〕

国家在重点生态功能区、生态环境敏感区和脆弱区等区域划定生态保护红线，实行严格保护。

各级人民政府对具有代表性的各种类型的自然生态系统区域，珍稀、濒危的野生动植物自然分布区域，重要的水源涵养区域，具有重大科学文化价值的地质构造、著名溶洞和化石分布区、冰川、火山、温泉等自然遗迹，以及人文遗迹、古树名木，应当采取措施予以保护，严禁破坏。

——《中华人民共和国环境保护法》（法律）第二十九条

省级以上人民政府依法划定相关自然保护区域，保护野生动物及其重要栖息地，保护、恢复和改善野生动物生存环境。对不具备划定相关自然保护区域条件的，县级以上人民政府可以采取划定禁猎（渔）区、规定禁猎（渔）期等其他形式予以保护。

——《中华人民共和国野生动物保护法》（法律）第十二条第二款

县级以上人民政府及其有关部门在编制有关开发利用规划时，应当充分考虑野生动物及其栖息地保护的需要，分析、预测和评估规划实施可能对野生动物及其栖息地保护产生的整体影响，避免或者减少规划实施可能造成的不利后果。

禁止在相关自然保护区域建设法律法规规定不得建设的项目。机场、铁路、公路、水利水电、围堰、围填海等建设项目的选址选线，应当避让相关自然保护区域、野生动物迁徙洄游通道；无法避让的，应当采取修建野生动物通道、过鱼设施等措施，消除或者减少对野生动物的不利影响。

建设项目可能对相关自然保护区域、野生动物迁徙洄游通道产生影响的，环境影响评价文件的审批部门在审批环境影响评价文件时，涉及国家重点保护野生动物的，应当征求国务院野生动物保护主管部门意见；涉及地方重点保护野生动物的，应当征求省、自治区、直辖市人民政府野生动物保护主管部门意见。

——《中华人民共和国野生动物保护法》（法律）第十三条

国家鼓励开发、利用水运资源。在水生生物洄游通道、通航或者竹木流放的河流上修建永久性拦河闸坝，建设单位应当同时修建过鱼、过船、过木设施，或者经国务院授权的部门批准采取其他补救措施，并妥善安排施工和蓄水期间的水生生物保护、航运和竹木流放，所需费用由建设单位承担。

——《中华人民共和国水法》（法律）第二十七条第一款

国家在重点海洋生态功能区、生态环境敏感区和脆弱区等海域划定生态保护红线，实行严格保护。

——《中华人民共和国海洋环境保护法》（法律）第三条第一款

国务院和沿海地方各级人民政府应当采取有效措施，保护红树林、珊瑚礁、滨海湿地、海岛、海湾、入海河口、重要渔业水域等具有典型性、代表性的海洋生态系统，珍稀、濒危海洋生物的天然集中分布区，具有重要经济价值的海洋生物生存区域及有重大科学文化价值的海洋自然历史遗迹和自然景观。

对具有重要经济、社会价值的已遭到破坏的海洋生态，应当进行整治和恢复。

——《中华人民共和国海洋环境保护法》（法律）第二十条

凡具有特殊地理条件、生态系统、生物与非生物资源及海洋开发利用特殊需要的区域，可以建立海洋特别保护区，采取有效的保护措施和科学的开发方式进行特殊管理。

——《中华人民共和国海洋环境保护法》（法律）第二十三条

国务院和沿海地方各级人民政府应当采取有效措施，保护红树林、珊瑚礁、滨海湿地、海岛、海湾、入海河口、重要渔业水域等具有典型性、代表性的海洋生态系统，珍稀、濒危海洋生物的天然集中分布区，具有重要经济价值的海洋生物生存区域及有重大科学文化价值的海洋自然历史遗迹和自然景观。

对具有重要经济、社会价值的已遭到破坏的海洋生态，应当进行整治和恢复。

——《中华人民共和国海洋环境保护法》（法律）第二十条

县级以上人民政府可以对风景名胜区水体、重要渔业水体和其他具有特殊经济文化价值的水体划定保护区，并采取措施，保证保护区的水质符合规定用途的水环境质量标准。

——《中华人民共和国水污染防治法》（法律）第七十四条

国家对领海基点所在海岛、国防用途海岛、海洋自然保护区内的海岛等具有特殊用途或者特殊保护价值的海岛，实行特别保护。

——《中华人民共和国海岛保护法》（法律）第三十六条

国务院渔业行政主管部门和省、自治区、直辖市人民政府渔业行政主管部门，应当定期组织水生野生动物资源调查，建立资源档案，为制定水生野生动物资源保护发展规划、制定和调整国家和地方重点保护水生野生动物名录提供依据。

——《中华人民共和国水生野生动物保护实施条例》（行政法规）第六条

国务院渔业行政主管部门和省、自治区、直辖市人民政府，应当在国家重点保护的和地方重点保护的水生野生动物的主要生息繁衍的地区和水域，划定水生野生动物自然保护区，加强对国家和地方重点保护水生野生动物及其生存环境的保护管理，具体办法由国务院另行规定。

——《中华人民共和国水生野生动物保护实施条例》（行政法规）第十一条

县级以上人民政府应当加强对自然保护区工作的领导。

一切单位和个人都有保护自然保护区内自然环境和自然资源的义务，并有权对破坏、侵占自然保护区的单位和个人进行检举、控告。

——《中华人民共和国自然保护区条例》（行政法规）第七条

国家对自然保护区实行综合管理与分部门管理相结合的管理体制。

国务院环境保护行政主管部门负责全国自然保护区的综合管理。

国务院林业、农业、地质矿产、水利、海洋等有关行政主管部门在各自的职责范围内，主管有关的自然保护区。

县级以上地方人民政府负责自然保护区管理的部门的设置和职责，由省、自治区、直辖市人民政府根据当地具体情况确定。

——《中华人民共和国自然保护区条例》（行政法规）第八条

在自然保护区的实验区内开展参观、旅游活动的，由自然保护区管理机构编制方案，方案应当符合自然保护区管理目标。

在自然保护区组织参观、旅游活动的，应当严格按照前款规定的方案进行，并加强管理；进入自然保护区参观、旅游的单位和个人，应当服从自然保护区管理机构的管理。

严禁开设与自然保护区保护方向不一致的参观、旅游项目。

——《中华人民共和国自然保护区条例》（行政法规）第二十九条

链接：水生野生动物保护性规定

任何单位和个人对侵占或者破坏水生野生动物资源的行为，有权向当地渔业行政主管部门或者其所属的渔政监督管理机构检举和控告。

——《中华人民共和国水生野生动物保护实施条例》（行政法规）第八条

任何单位和个人发现受伤、搁浅和因误入港湾、河汊而被困的水生野生动物时，应当及时报告当地渔业行政主管部门或者其所属的渔政监督管理机构，由其采取紧急救护措施；也可以要求附近具备救护条件的单位采取紧急救护措施，并报告渔业行政主管部门。已经死亡的水生野生动物，由渔业行政主管部门妥善处理。

捕捞作业时误捕水生野生动物的，应当立即无条件放生。

——《中华人民共和国水生野生动物保护实施条例》（行政法规）第九条

因保护国家重点保护的和地方重点保护的水生野生动物受到损失的，可以向当地人民政府渔业行政主管部门提出补偿要求。经调查属实并确实需要补偿的，由当地人民政府按照省、自治区、直辖市人民政府有关规定给予补偿。

——《中华人民共和国水生野生动物保护实施条例》（行政法规）第十条

有下列事迹之一的单位和个人，由县级以上人民政府或者其渔业行政主管部门给予奖励：

（一）在水生野生动物资源调查、保护管理、宣传教育、开发利用方面有突出贡献的；

（二）严格执行野生动物保护法规，成绩显著的；

（三）拯救、保护和驯养繁殖水生野生动物取得显著成效的；

（四）发现违反水生野生动物保护法律、法规的行为，及时制止或者检举有功的；

（五）在查处破坏水生野生动物资源案件中作出重要贡献的；

（六）在水生野生动物科学研究中取得重大成果或者在应用推广有关的科研成果中取得显著效益的；

（七）在基层从事水生野生动物保护管理工作 5 年以上并取得显著成绩的；

（八）在水生野生动物保护管理工作中有其他特殊贡献的。

——《中华人民共和国水生野生动物保护实施条例》（行政法规）第二十五条

自然保护区管理机构或者其行政主管部门可以接受国内外组织和个人的捐赠，用于自然保护区的建设和管理。

——《中华人民共和国自然保护区条例》（行政法规）第六条

〔外国人进入自然保护区〕

外国人进入自然保护区，应当事先向自然保护区管理机构提交活动计划，并经自然保护区管理机构批准；其中，进入国家级自然保护区的，应当经省、自治区、直辖市环境保护、海洋、渔业等有关自然保护区行政主管部门按照各自职责批准。

进入自然保护区的外国人，应当遵守有关自然保护区的法律、法规和规定，未经批准，不得在自然保护区内从事采集标本等活动。

——《中华人民共和国自然保护区条例》（行政法规）第三十一条

（一）在相关自然保护区域违法猎捕、杀害国家重点保护野生动物

〔关键词〕在相关自然保护区域违法猎捕、杀害国家重点保护野生动物

违反本法第二十条、第二十一条、第二十三条第一款、第二十四条第一款规定，在相关自然保护区域、禁猎（渔）区、禁猎（渔）期猎捕国家重点保护野生动物，未取得特许猎捕证、未按照特许猎捕证规定猎捕、杀害国家重点保护野生动物，或者使用禁用的工具、方法猎捕国家重点保护野生动物的，由县级以上人民政府野生动物保护主管部门、海洋执法部门或者有关保护区域管理机构按照职责分工没收猎获物、猎捕工具和违法所得，吊销特许猎捕证，并处猎获物价值二倍以上十倍以下的罚款；没有猎获物的，并处一万元以上五万元以下的罚款；构成犯罪的，依法追究刑事责任。

——《中华人民共和国野生动物保护法》（法律）第四十五条

违反本法第二十条、第二十二条、第二十三条第一款、第二十四条第一款规定，在相关

自然保护区域、禁猎（渔）区、禁猎（渔）期猎捕非国家重点保护野生动物，未取得狩猎证、未按照狩猎证规定猎捕非国家重点保护野生动物，或者使用禁用的工具、方法猎捕非国家重点保护野生动物的，由县级以上地方人民政府野生动物保护主管部门或者有关保护区域管理机构按照职责分工没收猎获物、猎捕工具和违法所得，吊销狩猎证，并处猎获物价值一倍以上五倍以下的罚款；没有猎获物的，并处二千元以上一万元以下的罚款；构成犯罪的，依法追究刑事责任。

违反本法第二十三条第二款规定，未取得持枪证持枪猎捕野生动物，构成违反治安管理行为的，由公安机关依法给予治安管理处罚；构成犯罪的，依法追究刑事责任。

——《中华人民共和国野生动物保护法》（法律）第四十六条

案例 10

2017 年 5 月 31 日 20 时许，被告人马某某、韩某经事先预谋后，携带手电筒、编织袋等作案工具驾驶一辆牌号为桂 C×××××的黑色奇瑞 E5 轿车窜至猫儿山国家级自然保护区猎捕石蛙，次日（2017 年 6 月 1 日）凌晨 1 时许，被告人马某某、韩某携带捕获的 40 只石蛙从保护区内出来时被公安机关当场抓获。经鉴定，石蛙系《自治区重点保护野生动物名录》中无尾目（SALIENTIA/ANURA）蛙科（Ranidae）棘蛙属（Paa）棘胸蛙（Paa spinosa）。桂林市叠彩区人民法院认为，被告人马某某、韩某违反狩猎法规，在国家禁猎的猫儿山国家级自然保护区内狩猎，破坏野生动物资源，情节严重，其行为已触犯了《中华人民共和国刑法》第三百四十一条第二款之规定，构成非法狩猎罪。被告人到案后如实供述自己的罪行，系坦白，依法可以从轻处罚。被告人马某某、韩某犯非法狩猎罪，分别判处罚金人民币二千元[①]。

（二）在水生野生动物自然保护区破坏国家重点保护的或者地方重点保护的水生野生动物主要生息繁衍场所（采挖、破坏珊瑚、珊瑚礁，或者砍伐海岛周边海域红树林）

〔关键词〕在水生野生动物自然保护区破坏国家重点保护的或者地方重点保护的水生野生动物主要生息繁衍场所（采挖、破坏珊瑚、珊瑚礁，或者砍伐海岛周边海域红树林）

违反本法规定，采挖、破坏珊瑚、珊瑚礁，或者砍伐海岛周边海域红树林的，依照《中华人民共和国海洋环境保护法》的规定处罚。

——《中华人民共和国海岛保护法》（法律）第四十六条

违反本法规定，造成珊瑚礁、红树林等海洋生态系统及海洋水产资源、海洋保护区破坏的，由依照本法规定行使海洋环境监督管理权的部门责令限期改正和采取补救措施，并处一万元以上十万元以下的罚款；有违法所得的，没收其违法所得。

---

① 详见桂林市叠彩区人民法院（2017）桂 0303 刑初 257 号刑事判决书。

　　——《中华人民共和国海洋环境保护法》（法律）第七十六条

　　违反野生动物保护法律、法规，在水生野生动物自然保护区破坏国家重点保护的或者地方重点保护的水生野生动物主要生息繁衍场所，依照《野生动物保护法》第三十四条的规定处以罚款的，罚款幅度为恢复原状所需费用的 3 倍以下。

　　——《中华人民共和国水生野生动物保护实施条例》（行政法规）第二十七条

案例 11

　　2013 年 12 月，被告人林某某与他人共同商定出资人民币 180 万元购买船舶，用于猎捕红珊瑚。2014 年 1 月，被告人林某某与郑某某等人（均另案处理）共同出资从他人处购得船舶 1 艘，将该船放置在象山县鹤浦镇小网巾村的兴渔船厂并对船舱浇筑水泥、安装用于猎捕红珊瑚的网机及网具等进行改造。2014 年 2 月，郑某某等人驾驶该改造完毕的船舶前往太平洋"宫谷岛"附近海域（经纬度不详）非法猎捕红珊瑚。同年 4 月，郑某某等人将非法猎捕的红珊瑚藏匿在象山县鹤浦镇鹤进村的被告人林某某承包经营的万全塘养殖虾塘工棚内，并联系他人欲予以出售。

　　2014 年 7 月 17 日，象山县公安局在被告人林某某承包经营的万全塘养殖虾塘工棚内当场查获疑似红珊瑚的物品 12.55 千克。2014 年 7 月 18 日，象山县公安局从被告人林某某处查获供犯罪使用的工具网绳 2 堆、冰柜 2 台。经中国科学院南海海洋研究所鉴定，象山县公安局查获的疑似红珊瑚物品中的 12.20 千克的珊瑚为珊瑚虫纲柳珊瑚目红珊瑚科红珊瑚，是列入《国家重点保护野生动物名录》及《濒危野生动植物种国际贸易公约》附录Ⅲ的水生野生动物，属于国家一级保护水生野生动物，依照《农业部关于确定野生动物案件中水生野生动物及其产品价值有关问题的通知》和《捕捉国家重点保护水生野生动物资源保护费收费标准》的相关规定，估算红珊瑚的单价为人民币 40 万元/千克，共计价值人民币 488 万元。被告人林某某到案后，如实供述了自己的上述犯罪事实。象山县人民法院认为，被告人林某某结伙非法猎捕国家重点保护的珍贵、濒危野生动物，情节严重，其行为已构成非法猎捕珍贵、濒危野生动物罪。被告人林某某犯非法猎捕珍贵、濒危野生动物罪，判处有期徒刑 5 年 6 个月，并处罚金人民币100 000元。供犯罪使用的工具网绳 2 堆、冰柜 2 台、违禁品红珊瑚 12.20 千克予以没收，上缴国库[①]。

（三）改变自然保护区内海岛的海岸线，填海、围海改变海岛海岸线或者进行填海连岛

　　〔关键词〕改变自然保护区内海岛的海岸线，填海、围海改变海岛海岸线或者进行填海连岛

　　违反本法规定，改变自然保护区内海岛的海岸线，填海、围海改变海岛海岸线，或者进

---

　　① 详见象山县人民法院（2015）甬象刑初字第 143 号刑事判决书。

行填海连岛的，依照《中华人民共和国海域使用管理法》的规定处罚。

——《中华人民共和国海岛保护法》（法律）第四十五条

（四）擅自进入自然保护区、移动或者破坏自然保护区界标

〔关键词〕擅自进入自然保护区、移动或者破坏自然保护区界标

违反本条例规定，有下列行为之一的单位和个人，由自然保护区管理机构责令其改正，并可以根据不同情节处以 100 元以上 5 000 元以下的罚款：

（一）擅自移动或者破坏自然保护区界标的；

（二）未经批准进入自然保护区或者在自然保护区内不服从管理机构管理的；

（三）经批准在自然保护区的缓冲区内从事科学研究、教学实习和标本采集的单位和个人，不向自然保护区管理机构提交活动成果副本的。

——《中华人民共和国自然保护区条例》（行政法规）第三十四条

案例 12

2016 年 3 月 2 日至 12 月，被告人黄某某承包了大明山朝阳林区防火道路 K12＋800 米至 K13＋300 米和 K14＋300 米的道路建设项目。在建设施工期间，黄某某在没有采取任何防护措施的情况下，使用炸药爆破的方式施工，导致土石方滚落至下坡，在被害单位广西大明山国家级自然保护区管理局多次发出停工整改通知的情况下，黄某某仍然组织施工，其行为导致广西大明山国家级自然保护区国有公益林 14 林班 9.1 小班、9.2 小班、10.2 小班公益林；5 林班 9.1 小班、9.2 小班的公益林被土石方覆盖毁损。经南宁市兴绿科技开发有限公司对毁林现场进行调查，广西大明山国家级自然保护区内国有公益林 14 林班 9.1 小班被毁林面积为 0.925 公顷，蓄积量 31.73 米^3，9.2 小班被毁林面积为 1.061 公顷，蓄积量 36.39 米^3，10.2 小班被毁林面积为 0.195 7 公顷，蓄积量 12.06 米^3，广西大明山国家级自然保护区内武鸣区两江镇汉安村第 10 组的公益林 5 林班 9.1 小班、9.2 小班被毁林面积为 1.484 4 公顷，蓄积量 29 米^3；合计被毁林地面积 3.666 1 公顷，毁坏林木蓄积量 109.18 米^3。经南宁市武鸣区价格认证中心认证，被毁林木总价格为 16 377 元。案发后，黄某某主动到南宁市森林公安局大明山派出所投案自首。审理期间被告人黄某某自愿赔偿毁坏林木造成的损失，并把 16 377 元交到了武鸣区人民法院。武鸣区人民法院认为，被告人黄某某故意毁坏公私财物，数额较大，其行为已构成故意毁坏财物罪。其自动到公安机关投案，并如实交代犯罪事实，是自首，依法可以从轻或者减轻处罚，自愿赔偿毁坏财物造成的损失，酌情给予从轻处罚。判决被告人黄某某犯故意毁坏财物罪，判处罚金 8 000 元[①]。

---

① 详见武鸣区人民法院（2018）桂 0122 刑初 15 号刑事判决书。

（五）在自然保护区进行砍伐、放牧、狩猎、捕捞、采药、开垦、烧荒、开矿、采石、挖沙等活动

〔关键词〕在自然保护区进行砍伐、放牧、狩猎、捕捞、采药、开垦、烧荒、开矿、采石、挖沙等活动

违反本条例规定，在自然保护区进行砍伐、放牧、狩猎、捕捞、采药、开垦、烧荒、开矿、采石、挖沙等活动的单位和个人，除可以依照有关法律、行政法规规定给予处罚的以外，由县级以上人民政府有关自然保护区行政主管部门或者其授权的自然保护区管理机构没收违法所得，责令停止违法行为，限期恢复原状或者采取其他补救措施；对自然保护区造成破坏的，可以处以 300 元以上 10 000 元以下的罚款。

——《中华人民共和国自然保护区条例》（行政法规）第三十五条

案例 13

2015 年 1 月 30 日 12 时许，被告人伍某邀约被告人李某，共同驾驶木船从长江洪湖段燕窝镇翻身村码头出发，沿长江嘉鱼白沙洲洲尾水域，由被告人李某在船尾撑船，被告人伍某在船头使用电捞子、电瓶、柴油机等工具实施捕捞，共非法捕捞渔获物 5.5 千克。当天 13 时许，被告人伍某、李某在捕捞现场被公安机关抓获，公安机关当场扣押电瓶、柴油机、电捞子等作案工具。武汉市江汉区人民法院认为，被告人伍某、李某相互纠合，违反保护水产资源法规，采用国家明令禁止使用的捕捞工具在湖北长江白鱀豚自然保护区捕捞水产品，情节严重，其行为均已构成非法捕捞水产品罪。被告人伍某、李某犯非法捕捞水产品罪，判处有期徒刑 6 个月，缓刑 1 年，公安机关扣押的电捞子、电瓶、柴油机等作案工具依法予以没收[①]。

（六）自然保护区管理机构违法管理自然保护区

〔关键词〕自然保护区管理机构违法管理自然保护区

自然保护区管理机构违反本条例规定，拒绝环境保护行政主管部门或者有关自然保护区行政主管部门监督检查，或者在被检查时弄虚作假的，由县级以上人民政府环境保护行政主管部门或者有关自然保护区行政主管部门给予 300 元以上 3 000 元以下的罚款。

——《中华人民共和国自然保护区条例》（行政法规）第三十六条

自然保护区管理机构违反本条例规定，有下列行为之一的，由县级以上人民政府有关自然保护区行政主管部门责令限期改正；对直接责任人员，由其所在单位或者上级机关给予行政处分：

---

① 详见武汉市江汉区人民法院（2015）鄂江汉刑初字第 00763 号刑事判决书。

（一）开展参观、旅游活动未编制方案或者编制的方案不符合自然保护区管理目标的；

（二）开设与自然保护区保护方向不一致的参观、旅游项目的；

（三）不按照编制的方案开展参观、旅游活动的；

（四）违法批准人员进入自然保护区的核心区，或者违法批准外国人进入自然保护区的；

（五）有其他滥用职权、玩忽职守、徇私舞弊行为的。

——《中华人民共和国自然保护区条例》（行政法规）第三十七条

自然保护区管理人员滥用职权、玩忽职守、徇私舞弊，构成犯罪的，依法追究刑事责任；情节轻微，尚不构成犯罪的，由其所在单位或者上级机关给予行政处分。

——《中华人民共和国自然保护区条例》（行政法规）第四十一条

（七）妨碍自然保护区管理人员执行公务

〔关键词〕妨碍自然保护区管理人员执行公务

妨碍自然保护区管理人员执行公务的，由公安机关依照《中华人民共和国治安管理处罚法》的规定给予处罚；情节严重，构成犯罪的，依法追究刑事责任。

——《中华人民共和国自然保护区条例》（行政法规）第三十九条

（八）违法导致自然保护区重大污染、破坏事故、重大损失

〔关键词〕违法导致自然保护区重大污染、破坏事故、重大损失

违反本条例规定，给自然保护区造成损失的，由县级以上人民政府有关自然保护区行政主管部门责令赔偿损失。

——《中华人民共和国自然保护区条例》（行政法规）第三十八条

违反本条例规定，造成自然保护区重大污染或者破坏事故，导致公私财产重大损失或者人身伤亡的严重后果，构成犯罪的，对直接负责的主管人员和其他直接责任人员依法追究刑事责任。

——《中华人民共和国自然保护区条例》（行政法规）第四十条

案例 14

被告人左某某为多伦县林业局办公室主任、原绿化办副主任。2016 年，左某某为防火责任单位多伦县林业局负责国道 510 线两侧林地防火区的防火责任人。2016 年 11 月 3 日，被告人左某某在防火期内雇用多伦县神韵传媒有限责任公司李某对多伦县蔡木山乡砧子山村黄柳条组西侧林地、国道 510 线南侧的单立柱广告牌进行更换宣传内容画面，在签订协议时未同施工方签订防火协议书，也未向施工方明确防火期内禁止野外用火的要求，以至于李某雇用的施工工人王某、赵某、杨某在 11 月 4 日施工过程中使用电焊机进行焊接工作时，掉落的焊渣引发了森林火灾，造成 209 亩林地被烧毁，造成经济损失

1 201 481.20元。多伦县人民法院认为，被告人左某某身为国家机关工作人员，在担任防火责任单位多伦县林业局负责国道510线两侧林地防火区的防火责任人期间，严重不负责任，在同施工方签订施工协议时未签订防火协议书，也未向施工方明确防火期内禁止野外用火的要求，在防火期内实施野外用火需要向森林草原防火指挥部办公室申请审批的情况下，未按相关规定履行工作职责，致使李某等人（已判决）未经审批野外使用明火，酿成多伦县蔡木山乡砧子山村黄柳条组西侧国道510线南侧林地被烧毁的火灾事故。经鉴定，火灾事故造成经济损失1 201 481.20元。其行为已构成《中华人民共和国刑法》第三百九十七条规定的玩忽职守罪，考虑到被告人左某某系过失犯罪，其主观恶性小，社会危害性较小，确有悔罪表现，犯罪情节轻微不需要判处刑罚，根据《中华人民共和国刑法》第三十七条的规定，可以免予刑事处罚。

最终，根据《中华人民共和国刑法》第三百九十七条、第三十七条的规定，判决被告人左某某犯玩忽职守罪，免予刑事处罚①。

（九）建设单位违反规定在海洋自然保护区内进行海洋工程建设活动

〔关键词〕建设单位违反规定在海洋自然保护区内进行海洋工程建设活动

建设单位违反本条例规定，有下列行为之一的，由县级以上人民政府海洋主管部门责令停止建设、运行，限期恢复原状；逾期未恢复原状的，海洋主管部门可以指定具有相应资质的单位代为恢复原状，所需费用由建设单位承担，并处恢复原状所需费用1倍以上2倍以下的罚款：

（一）造成领海基点及其周围环境被侵蚀、淤积或者损害的；

（二）违反规定在海洋自然保护区内进行海洋工程建设活动的。

——《防治海洋工程建设项目污染损害海洋环境管理条例》
（行政法规）第四十八条

六、外国人违法考察国家重点保护水生野生动物

〔关键词〕外国人考察国家重点保护水生野生动物｜外国人未经批准在中国境内对国家重点保护的水生野生动物进行科学考察、标准采集、拍摄电影、录像

【外国人考察国家重点保护水生野生动物管理规定】

外国人在我国对国家重点保护野生动物进行野外考察或者在野外拍摄电影、录像，应当经省、自治区、直辖市人民政府野生动物保护主管部门或者其授权的单位批准，并遵守有关

---

① 详见多伦县人民法院（2018）内2531刑初5号刑事判决书。

法律法规规定。

——《中华人民共和国野生动物保护法》（法律）第四十条

外国人在中国境内进行有关水生野生动物科学考察、标本采集、拍摄电影、录像等活动的，必须经国家重点保护的水生野生动物所在地的省、自治区、直辖市人民政府渔业行政主管部门批准。

——《中华人民共和国水生野生动物保护实施条例》（行政法规）第十六条

任何外国人、外国船舶在中华人民共和国管辖海域内从事渔业生产、生物资源调查等活动的，必须经中华人民共和国渔政渔港监督管理局批准，并遵守中华人民共和国的法律、法规以及中华人民共和国缔结或参加的国际条约与协定。

——《中华人民共和国管辖海域外国人、外国船舶渔业活动管理暂行规定》
（部门规章）第三条

外国人在我国境内进行有关水生野生动物科学考察、标本采集、拍摄电影、录像等活动的，应当向水生野生动物所在地省级渔业行政主管部门提出申请。省级渔业行政主管部门应当自申请受理之日起 20 日内作出是否准予其活动的决定。

——《水生野生动物利用特许办法》（部门规章）第三十六条

链接：外国人进入我国进行生物资源调查规定

本规定适用于外国人、外国船舶在中华人民共和国管辖海域内从事渔业生产、生物资源调查等涉及渔业的有关活动。

——《中华人民共和国管辖海域外国人、外国船舶渔业活动管理暂行规定》
（部门规章）第二条

中华人民共和国内水、领海内禁止外国人、外国船舶从事渔业生产活动；经批准从事生物资源调查活动必须采用与中方合作的方式进行。

——《中华人民共和国管辖海域外国人、外国船舶渔业活动管理暂行规定》
（部门规章）第四条

外国人、外国渔业船舶申请在中华人民共和国管辖水域从事渔业资源调查活动的，应当向农业部提出。农业部应当自申请受理之日起 20 日内作出是否批准其从事渔业活动的决定。

——《中华人民共和国管辖海域外国人、外国船舶渔业活动管理暂行规定》
（部门规章）第六条第二款

外国人、外国船舶在中华人民共和国管辖海域内从事渔业生产、生物资源调查等活动以及进入中华人民共和国渔港的，应当接受中华人民共和国渔政渔港监督管理机构的监督检查和管理。

中华人民共和国渔政渔港监督管理机构及其检查人员在必要时，可以对外国船舶采取登临、检查、驱逐、扣留等必要措施，并可行使紧追权。

——《中华人民共和国管辖海域外国人、外国船舶渔业活动管理暂行规定》
（部门规章）第十一条

【法律责任】

〔**外国人未经批准在中国境内对国家重点保护的水生野生动物进行科学考察、标准采集、拍摄电影、录像**〕

外国人未经批准在中国境内对国家重点保护的水生野生动物进行科学考察、标准采集、拍摄电影、录像的，由渔业行政主管部门没收考察、拍摄的资料以及所获标本，可以并处50 000元以下的罚款。

——《中华人民共和国水生野生动物保护实施条例》（行政法规）第三十一条

第四章　其他渔业违法行为

一、违反渔业港口管理规定

〔关键词〕渔业港口

【渔业港口】

〔概念界定〕

本法所称港口，是指具有船舶进出、停泊、靠泊，旅客上下，货物装卸、驳运、储存等功能，具有相应的码头设施，由一定范围的水域和陆域组成的区域。

港口可以由一个或者多个港区组成。

——《中华人民共和国港口法》（法律）第三条

渔业港口的管理工作由县级以上人民政府渔业行政主管部门负责。具体管理办法由国务院规定。

前款所称渔业港口，是指专门为渔业生产服务、供渔业船舶停泊、避风、装卸渔获物、补充渔需物资的人工港口或者自然港湾，包括综合性港口中渔业专用的码头、渔业专用的水域和渔船专用的锚地。

——《中华人民共和国港口法》（法律）第六十条

渔港是指主要为渔业生产服务和供渔业船舶停泊、避风、装卸渔获物和补充渔需物资的人工港口或者自然港湾。

——《中华人民共和国渔港水域交通安全管理条例》（行政法规）第四条第一款

〔禁止性规定〕

禁止在港口水域内从事养殖、种植活动。

不得在港口进行可能危及港口安全的采掘、爆破等活动；因工程建设等确需进行的，必须采取相应的安全保护措施，并报经港口行政管理部门批准。港口行政管理部门应当将审批情况及时通报海事管理机构，海事管理机构不再依照有关水上交通安全的法律、行政法规的规定进行审批。

禁止向港口水域倾倒泥土、砂石以及违反有关环境保护的法律、法规的规定排放超过规定标准的有毒、有害物质。

——《中华人民共和国港口法》（法律）第三十七条

船舶在渔港内停泊、避风和装卸物资，不得损坏渔港的设施装备；造成损坏的应当向渔政渔港监督管理机关报告，并承担赔偿责任。

——《中华人民共和国渔港水域交通安全管理条例》（行政法规）第七条

在渔港内的航道、港池、锚地和停泊区，禁止从事有碍海上交通安全的捕捞、养殖等生产活动。

——《中华人民共和国渔港水域交通安全管理条例》（行政法规）第十条

〔行政管理〕

国务院和有关县级以上地方人民政府应当在国民经济和社会发展计划中体现港口的发展和规划要求，并依法保护和合理利用港口资源。

——《中华人民共和国港口法》（法律）第四条

国家鼓励国内外经济组织和个人依法投资建设、经营港口，保护投资者的合法权益。

——《中华人民共和国港口法》（法律）第五条

船舶进出港口，应当依照有关水上交通安全的法律、行政法规的规定向海事管理机构报告。海事管理机构接到报告后，应当及时通报港口行政管理部门。

船舶载运危险货物进出港口，应当按照国务院交通主管部门的规定将危险货物的名称、特性、包装和进出港口的时间报告海事管理机构。海事管理机构接到报告后，应当在国务院交通主管部门规定的时间内作出是否同意的决定，通知报告人，并通报港口行政管理部门。但是，定船舶、定航线、定货种的船舶可以定期报告。

——《中华人民共和国港口法》（法律）第六条

船舶进出渔港必须遵守渔港管理章程以及国际海上避碰规则，并依照规定办理签证，接受安全检查。

渔港内的船舶必须服从渔政渔港监督管理机关对水域交通安全秩序的管理。

——《中华人民共和国渔港水域交通安全管理条例》（行政法规）第六条

船舶在渔港内装卸易燃、易爆、有毒等危险货物，必须遵守国家关于危险货物管理的规定，并事先向渔政渔港监督管理机关提出申请，经批准后在指定的安全地点装卸。

——《中华人民共和国渔港水域交通安全管理条例》

（行政法规）第七条

在渔港内新建、改建、扩建各种设施，或者进行其他水上、水下施工作业，除依照国家规定履行审批手续外，应当报请渔政渔港监督管理机关批准。渔政渔港监督管理机关批准后，应当事先发布航行通告。

——《中华人民共和国渔港水域交通安全管理条例》

（行政法规）第九条

渔政渔港监督管理机关对渔港水域内的交通事故和其他沿海水域渔业船舶之间的交通事故，应当及时查明原因，判明责任，作出处理决定。

——《中华人民共和国渔港水域交通安全管理条例》

（行政法规）第十七条

流动渔船应按规定缴纳渔业资源增殖保护费、渔港费收等。

——《港澳流动渔船管理规定》（规范性文件）第二十二条

（一）渔港内违法装卸危险货物、过驳作业

〔关键词〕渔港内危险货物违法装卸、过驳作业

船舶进出港口，未依照本法第三十四条的规定向海事管理机构报告的，由海事管理机构依照有关水上交通安全的法律、行政法规的规定处罚。

——《中华人民共和国港口法》（法律）第五十三条

未依法向港口行政管理部门报告并经其同意，在港口内进行危险货物的装卸、过驳作业的，由港口行政管理部门责令停止作业，处五千元以上五万元以下罚款。

——《中华人民共和国港口法》（法律）第五十四条

违反本条例规定，有下列行为之一的，由渔政渔港监督管理机关责令停止违法行为，可以并处警告、罚款；造成损失的，应当承担赔偿责任；对直接责任人员由其所在单位或者上级主管机关给予行政处分：（一）未经渔政渔港监督管理机关批准或者未按照批准文件的规定，在渔港内装卸易燃、易爆、有毒等危险货物的；（二）未经渔政渔港监督管理机关批准，在渔港内新建、改建、扩建各种设施或者进行其他水上、水下施工作业的；（三）在渔港内的航道、港池、锚地和停泊区从事有碍海上交通安全的捕捞、养殖等生产活动的。

——《中华人民共和国渔港水域交通安全管理条例》（行政法规）第二十一条

有下列违反渔港管理规定行为之一的，渔政渔港监督管理机关应责令其停止作业，并对船长或直接责任人予以警告，并可处500元以上1 000元以下罚款：（一）未经渔政渔港监督管理机关批准或未按批准文件的规定，在渔港内装卸易燃、易爆、有毒等危险货物的；（二）未经渔政渔港监督管理机关批准，在渔港内新建、改建、扩建各种设施，或者进行其他水上、水下施工作业的；（三）在渔港内的航道、港池、锚地和停泊区从事有碍海上交通安全的捕捞、养殖等生产活动的。

——《渔业港航监督行政处罚规定》（部门规章）第十条

（二）渔港内违法种植、养殖

〔关键词〕渔港内违法种植、养殖

在港口水域内从事养殖、种植活动的，由海事管理机构责令限期改正；逾期不改正的，强制拆除养殖、种植设施，拆除费用由违法行为人承担；可以处一万元以下罚款。

——《中华人民共和国港口法》（法律）第五十五条

违反本条例规定，有下列行为之一的，由渔政渔港监督管理机关责令停止违法行为，可以并处警告、罚款；造成损失的，应当承担赔偿责任；对直接责任人员由其所在单位或者上级主管机关给予行政处分：

（三）在渔港内的航道、港池、锚地和停泊区从事有碍海上交通安全的捕捞、养殖等生产活动的。

——《中华人民共和国渔港水域交通安全管理条例》（行政法规）第二十一条第三项

有下列违反渔港管理规定行为之一的，渔政渔港监督管理机关应责令其停止作业，并对船长或直接责任人予以警告，并可处 500 元以上 1 000 元以下罚款：

（三）在渔港内的航道、港池、锚地和停泊区从事有碍海上交通安全的捕捞、养殖等生产活动的。

——《渔业港航监督行政处罚规定》（部门规章）第十条第三项

（三）渔港内违法采掘、爆破、明火作业、燃放烟花爆竹

〔关键词〕渔港内违法采掘、爆破、明火作业、燃放烟花爆竹

未经依法批准在港口进行可能危及港口安全的采掘、爆破等活动的，向港口水域倾倒泥土、砂石的，由港口行政管理部门责令停止违法行为，限期消除因此造成的安全隐患；逾期不消除的，强制消除，因此发生的费用由违法行为人承担；处五千元以上五万元以下罚款；依照有关水上交通安全的法律、行政法规的规定由海事管理机构处罚的，依照其规定；构成犯罪的，依法追究刑事责任。

——《中华人民共和国港口法》（法律）第五十六条

未经渔政渔港监督管理机关批准，有下列行为之一者，应责令当事责任人限期清除、纠正，并予以警告；情节严重的，处 100 元以上 1 000 元以下罚款：

（一）在渔港内进行明火作业；

（二）在渔港内燃放烟花爆竹。

——《渔业港航监督行政处罚规定》（部门规章）第十三条

（四）渔港内违法倾倒泥土、砂石、污染物、有害物质、油类或混合物

〔关键词〕渔港内违法倾倒泥土、砂石、污染物、有害物质、油类或混合物

未经依法批准在港口进行可能危及港口安全的采掘、爆破等活动的，向港口水域倾倒泥土、砂石的，由港口行政管理部门责令停止违法行为，限期消除因此造成的安全隐患；逾期不消除的，强制消除，因此发生的费用由违法行为人承担；处五千元以上五万元以下罚款；依照有关水上交通安全的法律、行政法规的规定由海事管理机构处罚的，依照其规定；构成犯罪的，依法追究刑事责任。

——《中华人民共和国港口法》（法律）第五十六条

停泊或进行装卸作业时，有下列行为之一的，应责令船舶所有者或经营者支付消除污染所需的费用，并可处 500 元以上 10 000 元以下罚款：

（一）造成腐蚀、有毒或放射性等有害物质散落或溢漏，污染渔港或渔港水域的；

（二）排放油类或油性混合物造成渔港或渔港水域污染的。

——《渔业港航监督行政处罚规定》（部门规章）第十一条

有下列行为之一的，对船长予以警告，情节严重的，并处 100 元以上 1 000 元以下罚款：

（一）未经批准，擅自使用化学消油剂；

（二）未按规定持有防止海洋环境污染的证书与文书，或不如实记录涉及污染物排放及操作。

——《渔业港航监督行政处罚规定》（部门规章）第十二条

向渔港港池内倾倒污染物、船舶垃圾及其他有害物质，应责令当事责任人立即清除，并予以警告。情节严重的，400 总吨（含 400 总吨）以下船舶，处 5 000 元以上 50 000 元以下罚款；400 总吨以上船舶处 50 000 元以上 100 000 元以下罚款。

——《渔业港航监督行政处罚规定》（部门规章）第十四条

（五）渔港内违法新建、改建、扩建各种设施或者进行其他水上、水下施工作业

〔关键词〕渔港内违法新建、改建、扩建各种设施或者进行其他水上、水下施工作业

违反本条例规定，有下列行为之一的，由渔政渔港监督管理机关责令停止违法行为，可以并处警告、罚款；造成损失的，应当承担赔偿责任；对直接责任人员由其所在单位或者上级主管机关给予行政处分：

未经渔政渔港监督管理机关批准，在渔港内新建、改建、扩建各种设施或者进行其他水上、水下施工作业的。

——《中华人民共和国渔港水域交通安全管理条例》（行政法规）第二十一条第二项

有下列违反渔港管理规定行为之一的，渔政渔港监督管理机关应责令其停止作业，并对船长或直接责任人予以警告，并可处 500 元以上 1 000 元以下罚款：

（二）未经渔政渔港监督管理机关批准，在渔港内新建、改建、扩建各种设施，或者进行其他水上、水下施工作业的。

——《渔业港航监督行政处罚规定》（部门规章）第十条第二项

（六）不执行、违反渔政渔港监督管理机关离港、停航、改航、停止作业的决定

〔关键词〕不执行、违反渔政渔港监督管理机关离港、停航、改航、停止作业的决定

渔港内的船舶、设施有下列情形之一的，渔政渔港监督管理机关有权禁止其离港，或者令其停航、改航、停止作业：

（一）违反中华人民共和国法律、法规或者规章的；

（二）处于不适航或者不适拖状态的；

（三）发生交通事故，手续未清的；

（四）未向渔政渔港监督管理机关或者有关部门交付应当承担的费用，也未提供担保的；

（五）渔政渔港监督管理机关认为有其他妨害或者可能妨害海上交通安全的。

——《中华人民共和国渔港水域交通安全管理条例》（行政法规）第十八条

违反本条例规定，不执行渔政渔港监督管理机关作出的离港、停航、改航、停止作业的决定，或者在执行中违反上述决定的，由渔政渔港监督管理机关责令改正，可以并处警告、罚款；情节严重的，扣留或者吊销船长职务证书。

——《中华人民共和国渔港水域交通安全管理条例》（行政法规）第二十三条

当事人对渔政渔港监督管理机关作出的行政处罚决定不服的，可以在接到处罚通知之日

起十五日内向人民法院起诉；期满不起诉又不履行的，由渔政渔港监督管理机关申请人民法院强制执行。

——《中华人民共和国渔港水域交通安全管理条例》（行政法规）第二十四条

对拒不执行渔政渔港监督管理机关作出的离港、禁止离港、停航、改航、停止作业等决定的船舶，可对船长或直接责任人并处1 000元以上10 000元以下罚款、扣留或吊销船长职务证书。

——《渔业港航监督行政处罚规定》（部门规章）第二十四条

案例1

2019年9月29日，浙江省舟山市发布防台指令，要求舟山市所有渔船于9月30日15时前到港避风。9月30日，嵊泗县海洋行政执法中队执法人员通过平台监控发现"浙某渔05228"所有人王某不服从渔业部门防台指挥调度，在9月29日多次收到回港避风通知的情况下仍在海上生产、航行，且距离返港尚有很长的航行距离。嵊泗县海洋行政执法中队依法对该船立案调查，依据《浙江省渔业管理条例》规定，对王某作出罚款5万元的行政处罚决定。

（七）进出港未报告或违反渔港交通安全管理秩序

〔关键词〕进出港未报告或违反渔港交通安全管理秩序

重点提示：签证制度已取消，改为进出港报告制度

船舶进出渔港依照规定应当向渔政渔港监督管理机关报告而未报告的，或者在渔港内不服从渔政渔港监督管理机关对水域交通安全秩序管理的，由渔政渔港监督管理机关责令改正，可以并处警告、罚款；情节严重的，扣留或者吊销船长职务证书（扣留职务证书时间最长不超过6个月，下同）。

——《中华人民共和国渔港水域交通安全管理条例》（行政法规）第二十条

因渔港水域内发生的交通事故或者其他沿海水域发生的渔业船舶之间的交通事故引起的民事纠纷，可以由渔政渔港监督管理机关调解处理；调解不成或者不愿意调解的，当事人可以向人民法院起诉。

——《中华人民共和国渔港水域交通安全管理条例》（行政法规）第二十五条

拒绝、阻碍渔政渔港监督管理工作人员依法执行公务，应当给予治安管理处罚的，由公安机关依照《中华人民共和国治安管理处罚法》有关规定处罚；构成犯罪的，由司法机关依法追究刑事责任。

——《中华人民共和国渔港水域交通安全管理条例》（行政法规）第二十六条

渔政渔港监督管理工作人员，在渔港和渔港水域交通安全监督管理工作中，玩忽职守、滥用职权、徇私舞弊的，由其所在单位或者上级主管机关给予行政处分；构成犯罪的，由司法机关依法追究刑事责任。

——《中华人民共和国渔港水域交通安全管理条例》（行政法规）第二十七条

渔政渔港监督管理机关对违反渔业港航法律、法规的行政处罚分为：

（一）警告；

（二）罚款；

（三）扣留或吊销船舶证书或船员证书；

（四）法律、法规规定的其他行政处罚。

——《渔业港航监督行政处罚规定》（部门规章）第四条

有下列行为之一的，可免予处罚：

（一）因不可抗力或以紧急避险为目的的行为；

（二）渔业港航违法行为显著轻微并及时纠正，没有造成危害性后果。

——《渔业港航监督行政处罚规定》（部门规章）第五条

有下列行为之一的，可从轻、减轻处罚：

（一）主动消除或减轻渔业港航违法行为后果；

（二）配合渔政渔港监督管理机关查处渔业港航违法行为；

（三）依法可以从轻、减轻的其他渔业港航违法行为。

——《渔业港航监督行政处罚规定》（部门规章）第六条

有下列行为之一的，可从重处罚：

（一）违法情节严重，影响较大；

（二）多次违法或违法行为造成重大损失；

（三）损失虽然不大，但事后既不向渔政渔港监督管理机关报告，又不采取措施，放任损失扩大；

（四）逃避、抗拒渔政渔港监督管理机关检查和管理；

（五）依法可以从重处罚的其他渔业港航违法行为。

——《渔业港航监督行政处罚规定》（部门规章）第七条

渔政渔港监督管理机关管辖本辖区发生的案件和上级渔政渔港监督管理机关指定管辖的渔业港航违法案件。

渔业港航违法行为有下列情况的，适用"谁查获谁处理"的原则：

（一）违法行为发生在共管区、叠区；

（二）违法行为发生在管辖权不明或有争议的区域；

（三）违法行为地与查获地不一致。

法律、法规或规章另有规定的，按规定管辖。

——《渔业港航监督行政处罚规定》（部门规章）第八条

有下列行为之一的，对船长予以警告，并可处50元以上500元以下罚款；情节严重的，扣留其职务船员证书3至6个月；情节特别严重的，吊销船长证书：

（一）船舶进出渔港应当按照有关规定到渔政渔港监督管理机关办理签证而未办理签证的；

（二）在渔港内不服从渔政渔港监督管理机关对渔港水域交通安全秩序管理的；

（三）在渔港内停泊期间，未留足值班人员的。

——《渔业港航监督行政处罚规定》（部门规章）第九条

（八）渔港水域内未按规定配备救生、消防设备

〔关键词〕渔港水域内未按规定配备救生、消防设备

未按规定配备救生、消防设备，责令其在离港前改正，逾期不改的，处200元以上1 000元以下罚款。

——《渔业港航监督行政处罚规定》（部门规章）第二十一条

（九）停泊或进行装卸作业时造成腐蚀、有毒或放射性等有害物质散落或溢漏，污染渔港或渔港水域

〔关键词〕停泊或进行装卸作业时造成腐蚀、有毒或放射性等有害物质散落或溢漏，污染渔港或渔港水域

停泊或进行装卸作业时，有下列行为之一的，应责令船舶所有者或经营者支付消除污染所需的费用，并可处500元以上10 000元以下罚款：

（一）造成腐蚀、有毒或放射性等有害物质散落或溢漏，污染渔港或渔港水域的；

（二）排放油类或油性混合物造成渔港或渔港水域污染的。

——《渔业港航监督行政处罚规定》第十一条

（十）在以渔业为主的渔港水域内违反港航法律、法规造成水上交通事故

〔关键词〕在以渔业为主的渔港水域内违反港航法律、法规造成水上交通事故

违反港航法律、法规造成水上交通事故的，对船长或直接责任人按以下规定处罚：

（一）造成特大事故的，处以3 000元以上5 000元以下罚款，吊销职务船员证书；

（二）造成重大事故的，予以警告，处以1 000元以上3 000元以下罚款，扣留其职务船员证书3至6个月；

（三）造成一般事故的，予以警告，处以100元以上1 000元以下罚款，扣留职务船员证书1至3个月。事故发生后，不向渔政渔港监督管理机关报告、拒绝接受渔政渔港监督管理机关调查或在接受调查时故意隐瞒事实、提供虚假证词或证明的，从重处罚。

——《渔业港航监督行政处罚规定》（部门规章）第三十一条

二、违反渔业船舶管理规定

〔关键词〕渔业船舶｜远洋渔业船舶｜港澳流动渔业船舶｜渔业捕捞许可

【渔业船舶】

〔概念界定〕

渔业船舶是指从事渔业生产的船舶以及属于水产系统为渔业生产服务的船舶，包括捕捞船、养殖船、水产运销船、冷藏加工船、油船、供应船、渔业指导船、科研调查船、教学实习船、渔港工程船、拖轮、交通船、驳船、渔政船和渔监船。

　　——《中华人民共和国渔港水域交通安全管理条例》（行政法规）第四条第三款

本条例下列用语的含义是：

"渔业船舶"系指从事渔业生产的船舶以及属于水产系统为渔业生产服务的船舶。

　　——《中华人民共和国船舶登记条例》（行政法规）第五十六条第二项

本规定下列用语的含义是：

"渔业船舶"是指从事渔业生产的船舶以及属于水产系统为渔业生产服务的船舶，包括捕捞船、养殖船、水产运销船、冷藏加工船、油船、供应船、渔业指导船、科研调查船、教学实习船、渔港工程船、拖轮、交通船、驳船、渔政船和渔监船。

　　——《渔业无线电管理规定》（部门规章）第四十一条第一款

链接："船舶"概念

船舶，是指各类排水或者非排水的船、艇、筏、水上飞行器、潜水器、移动式平台以及其他移动式装置。

　　——《中华人民共和国海上交通安全法》（法律）第一百一十七条第一项

本条例下列用语的含义：

（二）船舶，是指各类排水或者非排水的船、艇、筏、水上飞行器、潜水器、移动式平台以及其他水上移动装置。

　　——《中华人民共和国内河交通安全管理条例》（行政法规）第九十一条

本条例下列用语的含义是：

（一）"船舶"系指各类机动、非机动船舶以及其他水上移动装置，但是船舶上装备的救生艇筏和长度小于5米的艇筏除外。

（二）"渔业船舶"系指从事渔业生产的船舶以及属于水产系统为渔业生产服务的船舶。

（三）"公务船舶"系指用于政府行政管理目的的船舶。

　　——《中华人民共和国船舶登记条例》第五十六条

本条例下列用语的定义：

（一）船舶，是指各类排水或者非排水船、艇、水上飞机、潜水器和移动式平台。

　　——《中华人民共和国船舶和海上设施检验条例》（行政法规）第二十九条

船舶，是指非用于军事或者政府公务的海船和其他海上移动式装置，包括航行于国际航线和国内航线的油轮和非油轮。其中，油轮是指为运输散装持久性货油而建造或者改建的船舶，以及实际装载散装持久性货油的其他船舶。

　　——《最高人民法院关于审理船舶油污损害赔偿纠纷案件若干问题的规定》

（法释〔2011〕14号）（司法解释）第三十一条第一款

【按船长分类】

海洋渔船按船长分为以下三类：

（一）海洋大型渔船：船长大于或者等于 24 米；

（二）海洋中型渔船：船长大于或者等于 12 米且小于 24 米；

（三）海洋小型渔船：船长小于 12 米。

内陆渔船的分类标准由各省、自治区、直辖市人民政府渔业主管部门制定。

——《渔业捕捞许可管理规定》（部门规章）第八条

【按流动区域分类】

〔远洋渔业船舶〕

本规定所称远洋渔业，是指中华人民共和国公民、法人和其他组织到公海和他国管辖海域从事海洋捕捞以及与之配套的加工、补给和产品运输等渔业活动，但不包括到黄海、东海和南海从事的渔业活动。

——《远洋渔业管理规定》（部门规章）第二条

本规定所称远洋渔船是指中华人民共和国公民、法人或其他组织所有并从事远洋渔业活动的渔业船舶，包括捕捞渔船和渔业辅助船。远洋渔业船员是指在远洋渔船上工作的所有船员，包括职务船员。

——《远洋渔业管理规定》（部门规章）第四十三条第一款

远洋渔业安全生产：

远洋渔船应当经渔业船舶检验机构技术检验合格、渔港监督部门依法登记，取得相关证书，符合我国法律、法规和有关国际条约的管理规定。

不得使用未取得相关证书的渔船从事远洋渔业生产。

不得使用被有关区域渔业管理组织公布的从事非法、不报告和不受管制渔业活动的渔船从事远洋渔业生产。

——《远洋渔业管理规定》（部门规章）第二十条

制造、更新改造、购置、进口远洋渔船或更新改造非专业远洋渔船开展远洋渔业的，应当根据《渔业捕捞许可管理规定》事先报农业农村部审批。

淘汰的远洋渔船，应当实施报废处置。

根据他国法律规定，远洋渔船需要加入他国国籍方可在他国海域作业的，应当按《渔业船舶登记办法》有关规定，办理中止或注销中国国籍登记。

——《远洋渔业管理规定》（部门规章）第二十一条

各远洋渔业企业应要求其公海作业渔船，在生产作业时与邻近国家的专属经济区界限保持至少 3 海里的安全距离，避免因海流、天气等原因导致渔船、渔具漂流至邻近国家海域，引发涉外违规事件。严禁未经批准进入他国管辖水域违规生产。同时，加强海上指挥和值班瞭望，时刻注意检查渔船位置，一旦发现渔船靠近他国专属经济区界限，应当立即撤离。

——《农业部办公厅关于进一步加强远洋渔业安全生产管理工作的通知》

（规范性文件）第一条

远洋渔业企业应当加强企业管理人员和职务船员有关国际海事和航行规则以及渔业管理措施的培训，在渔船上配备必要的国际航行船舶导航助航设备，使用权威机构发布的最新的电子海图和纸质海图，保证船位监测设备正常工作。同时，密切关注本企业作业渔船的船位信息，发现问题及时纠正，并做好保存和记录工作。

——《农业部办公厅关于进一步加强远洋渔业安全生产管理工作的通知》
（规范性文件）第二条

远洋渔船船位监测：

经农业农村部批准从事远洋渔业生产的渔船（含渔业辅助船），应当安装船位监测设备并纳入农业农村部远洋渔船船位监测系统（以下简称"船位监测系统"），由农业农村部实施船位监测。

——《远洋渔船船位监测管理办法》（规范性文件）第二条

远洋渔船船位监测设备的使用、管理由船长直接负责。远洋渔船应及时、准确报告船位信息，不得以任何方式进行改动，不得人为干扰、破坏监测设备工作。

——《远洋渔船船位监测管理办法》（规范性文件）第十六条

远洋渔业项目管理：

企业赴印尼开展捕捞合作，应通过在印尼投资和设立合资企业方式开展，并取得印尼海洋渔业部颁发的经营许可。中方企业应取得合资企业绝对控股权和渔船经营管理权。合作期间，渔船归合资公司所有，悬挂印尼国旗。赴印尼生产渔船总吨位须在 100～500 总吨之间，可使用单船拖网、围网、流刺网及其他印尼允许的作业方式。

——《农业部办公厅关于加强印尼远洋渔业项目管理的通知》
（规范性文件）第二条

远洋渔业海外基地是指由我国企业或以我国企业为主，在远洋渔业重点入渔国或沿岸国建设，主要为我国远洋渔船生产配套服务的渔业综合服务基地。

远洋渔业海外基地主要是为满足入渔国需求以获得渔业权益，为远洋渔船提供后勤保障，为远洋渔业海上交通安全提供应急服务，为远洋渔业船员提供培训、休整服务等。

——《远洋渔业海外基地建设项目实施管理细则（试行）》
（规范性文件）第二条

项目建设单位在执行远洋渔业海外基地建设项目期间，存在隐瞒真相、弄虚作假骗取补助资金或重大违规违法行为的，农业部将会同有关部门依据有关规定予以处罚。构成犯罪的，移送司法机关，依法追究其法定代表人责任。

——《远洋渔业海外基地建设项目实施管理细则（试行）》
（规范性文件）第二十三条

远洋渔船国际性管理规定：

远洋渔船应当经渔业船舶检验机构技术检验合格、渔港监督部门依法登记，取得相关证书，符合我国法律、法规和有关国际条约的管理规定。

不得使用未取得相关证书的渔船从事远洋渔业生产。

不得使用被有关区域渔业管理组织公布的从事非法、不报告和不受管制渔业活动的渔船从事远洋渔业生产。

——《远洋渔业管理规定》（部门规章）第二十条

1. 船舶和飞机在行使过境通行权时应：

（a）毫不迟延地通过或飞越海峡；

（b）不对海峡沿岸国的主权、领土完整或政治独立进行任何武力威胁或使用武力，或以任何其他违反《联合国宪章》所体现的国际法原则的方式进行武力威胁或使用武力；

（c）除因不可抗力或遇难而有必要外，不从事其继续不停和迅速过境的通常方式所附带发生的活动以外的任何活动；

（d）遵守本部分的其他有关规定。

2. 过境通行的船舶应：

（a）遵守一般接受的关于海上安全的国际规章、程序和惯例，包括《国际海上避碰规则》；

（b）遵守一般接受的关于防止、减少和控制来自船舶污染的国际规章、程序和惯例。

——《联合国海洋法公约》（国际条约）第三十九条

〔港澳流动渔业船舶〕

概念界定：

本规定所称的港澳流动渔船（以下称流动渔船）是指持有香港特别行政区或澳门特别行政区船籍，并在广东省渔政渔港监督管理机构备案的渔船。

——《港澳流动渔船管理规定》（规范性文件）第二条

作业规模、范围：

流动渔船在港澳水域以外的我国管辖水域的作业场所为除北部湾以外的南海海域，不得跨南海区界限到东海、黄海、渤海作业。

——《港澳流动渔船管理规定》（规范性文件）第六条

流动渔船到南沙、黄岩岛等 B 类渔区作业的船数规模，由农业部在总作业船数规模内统筹安排。

——《港澳流动渔船管理规定》（规范性文件）第七条

流动渔船到海南省毗邻的 C3 类渔区（不含北部湾）作业的船数规模，由农业部南海区渔政渔港监督管理局根据资源状况、流动渔船传统作业习惯和特点等，商海南省人民政府渔业行政主管部门后统筹安排，并报农业部备案。

——《港澳流动渔船管理规定》（规范性文件）第八条

行政管理：

农业部主管流动渔船在港澳水域以外的我国管辖海域的渔业生产管理工作。

农业部港澳流动渔民工作协调小组按规定协调有关部门涉及的港澳流动渔船管理工作。

地方各级渔业行政主管部门及其渔政渔港监督管理机构负责本行政区域内流动渔船的渔业生产管理工作。

各级港澳事务部门、港澳流动渔民工作办公室（协会），依照职责负责涉及流动渔船管理的相关工作。

各级公安边防部门负责港澳流动渔船民的边防治安管理工作。

——《港澳流动渔船管理规定》（规范性文件）第五条

渔业捕捞许可：

流动渔船进入港澳水域以外的我国管辖海域从事渔业捕捞活动，需经有权审批的渔业行政主管部门批准，依法取得渔业捕捞许可证后，根据规定的作业类型、场所、时限、渔具规格和数量及捕捞限额作业。

——《港澳流动渔船管理规定》（规范性文件）第十二条

下列流动渔船的渔业捕捞许可证，向广东省渔业行政主管部门提出申请，提供《渔业捕捞许可管理规定》规定的有关材料。广东省渔业行政主管部门应当自受理申请之日起 20 个工作日内完成审核，报农业部批准：

（一）海洋大型捕捞渔船；

（二）到南沙、黄岩岛海域等 B 类渔区作业的渔船。

农业部应当自接到广东省渔业行政主管部门报送的材料之日起 20 个工作日内作出决定。准予行政许可的，应当自作出决定之日起 10 日内向申请人送达《渔业捕捞许可证》；不予行政许可的，应当依法作出不予行政许可的书面决定，说明理由，告知申请人享有依法申请行政复议或者提起行政诉讼的权利，并应当自作出决定之日起 10 日内送达申请人。

——《港澳流动渔船管理规定》（规范性文件）第十三条

到广东省毗邻的 A 类渔区、C3 类（不含北部湾）作业的海洋中、小型流动渔船的渔业捕捞许可证，由广东省渔业行政主管部门按规定审批发放。

到海南省毗邻的 A 类、C3 类渔区（不含北部湾）作业的海洋中、小型流动渔船，还应按规定向海南省渔业行政主管部门申请临时渔业捕捞许可证。

——《港澳流动渔船管理规定》（规范性文件）第十四条

流动渔船渔业捕捞许可证审批、发放情况，应抄送农业部港澳流动渔民工作协调小组办公室、拟进入作业海域所属省级渔业行政主管部门、广东省港澳流动渔民工作办公室备案。

——《港澳流动渔船管理规定》（规范性文件）第十五条

【船舶吨税】

〔船舶吨税税率〕

吨税设置优惠税率和普通税率。

中华人民共和国籍的应税船舶，船籍国（地区）与中华人民共和国签订含有相互给予船舶税费最惠国待遇条款的条约或者协定的应税船舶，适用优惠税率。

其他应税船舶，适用普通税率。

——《中华人民共和国船舶吨税法》（法律）第三条

吨税按照船舶净吨位和吨税执照期限征收。

应税船舶负责人在每次申报纳税时，可以按照《吨税税目税率表》选择申领一种期限的吨税执照。

——《中华人民共和国船舶吨税法》（法律）第四条

吨税的应纳税额按照船舶净吨位乘以适用税率计算。

——《中华人民共和国船舶吨税法》（法律）第五条

〔船舶吨税执照〕

吨税由海关负责征收。海关征收吨税应当制发缴款凭证。

应税船舶负责人缴纳吨税或者提供担保后，海关按照其申领的执照期限填发吨税执照。

——《中华人民共和国船舶吨税法》（法律）第六条

应税船舶在进入港口办理入境手续时，应当向海关申报纳税领取吨税执照，或者交验吨税执照（或者申请核验吨税执照电子信息）。应税船舶在离开港口办理出境手续时，应当交验吨税执照（或者申请核验吨税执照电子信息）。

应税船舶负责人申领吨税执照时，应当向海关提供下列文件：

（一）船舶国籍证书或者海事部门签发的船舶国籍证书收存证明；

（二）船舶吨位证明。

应税船舶因不可抗力在未设立海关地点停泊的，船舶负责人应当立即向附近海关报告，并在不可抗力原因消除后，依照本法规定向海关申报纳税。

——《中华人民共和国船舶吨税法》（法律）第七条

吨税纳税义务发生时间为应税船舶进入港口的当日。

应税船舶在吨税执照期满后尚未离开港口的，应当申领新的吨税执照，自上一次执照期满的次日起续缴吨税。

——《中华人民共和国船舶吨税法》（法律）第八条

在吨税执照期限内，应税船舶发生下列情形之一的，海关按照实际发生的天数批注延长吨税执照期限：

（一）避难、防疫隔离、修理、改造，并不上下客货；

（二）军队、武装警察部队征用。

——《中华人民共和国船舶吨税法》（法律）第十条

应税船舶在吨税执照期限内，因税目税率调整或者船籍改变而导致适用税率变化的，吨税执照继续有效。

因船籍改变而导致适用税率变化的，应税船舶在办理出入境手续时，应当提供船籍改变的证明文件。

——《中华人民共和国船舶吨税法》（法律）第十五条

吨税执照在期满前毁损或者遗失的，应当向原发照海关书面申请核发吨税执照副本，不再补税。

——《中华人民共和国船舶吨税法》（法律）第十六条

行政管理：

自中华人民共和国境外港口进入境内港口的船舶（以下称应税船舶），应当依照本法缴纳船舶吨税（以下简称吨税）。

——《中华人民共和国船舶吨税法》（法律）第一条

下列船舶免征吨税：

（一）应纳税额在人民币五十元以下的船舶；

（二）自境外以购买、受赠、继承等方式取得船舶所有权的初次进口到港的空载船舶；

（三）吨税执照期满后二十四小时内不上下客货的船舶；

（四）非机动船舶（不包括非机动驳船）；

（五）捕捞、养殖渔船；

（六）避难、防疫隔离、修理、改造、终止运营或者拆解，并不上下客货的船舶；

（七）军队、武装警察部队专用或者征用的船舶；

（八）警用船舶；

（九）依照法律规定应当予以免税的外国驻华使领馆、国际组织驻华代表机构及其有关人员的船舶；

（十）国务院规定的其他船舶。

前款第十项免税规定，由国务院报全国人民代表大会常务委员会备案。

——《中华人民共和国船舶吨税法》（法律）第九条

应税船舶负责人应当自海关填发吨税缴款凭证之日起十五日内缴清税款。未按期缴清税款的，自滞纳税款之日起至缴清税款之日止，按日加收滞纳税款万分之五的税款滞纳金。

——《中华人民共和国船舶吨税法》（法律）第十二条

应税船舶到达港口前，经海关核准先行申报并办结出入境手续的，应税船舶负责人应当向海关提供与其依法履行吨税缴纳义务相适应的担保；应税船舶到达港口后，依照本法规定向海关申报纳税。

下列财产、权利可以用于担保：

（一）人民币、可自由兑换货币；

（二）汇票、本票、支票、债券、存单；

（三）银行、非银行金融机构的保函；

（四）海关依法认可的其他财产、权利。

——《中华人民共和国船舶吨税法》（法律）第十三条

【渔业船舶管理规定】

〔渔业船舶资质要求〕

渔业船舶在向渔政渔港监督管理机关申请船舶登记，并取得渔业船舶国籍证书或者渔业船舶登记证书后，方可悬挂中华人民共和国国旗航行。

——《中华人民共和国渔港水域交通安全管理条例》（行政法规）第十二条

渔业船舶的船长、轮机长、驾驶员、轮机员、电机员、无线电报务员、话务员，必须经渔政渔港监督管理机关考核合格，取得职务证书，其他人员应当经过相应的专业训练。

——《中华人民共和国渔港水域交通安全管理条例》（行政法规）第十四条

地方各级人民政府应当加强本行政区域内渔业船舶船员的技术培训工作。国营、集体所有的渔业船舶，其船员的技术培训由渔业船舶所属单位负责；个人所有的渔业船舶，其船员的技术培训由当地人民政府渔业行政主管部门负责。

——《中华人民共和国渔港水域交通安全管理条例》（行政法规）第十五条

链接：相关规定

船舶、航空器和机动车等物权的设立、变更、转让和消灭，未经登记，不得对抗善意第三人。

——《中华人民共和国民法典》（法律）第二百二十五条

行政相对人未依法取得捕捞许可证擅自进行捕捞，行政机关认为该行为构成渔业法第四十一条规定的"情节严重"情形的，人民法院应当从以下方面综合审查，并作出认定：

（一）是否未依法取得渔业船舶检验证书或渔业船舶登记证书；

（二）是否故意遮挡、涂改船名、船籍港；

（三）是否标写伪造、变造的渔业船舶船名、船籍港，或者使用伪造、变造的渔业船舶证书；

（四）是否标写其他合法渔业船舶的船名、船籍港或者使用其他渔业船舶证书；

——《最高人民法院关于审理发生在我国管辖海域相关案件若干问题的规定（二）》（法释〔2016〕17号）（司法解释）第十条

〔渔业船舶安全管理〕

非机动渔船，在白昼捕鱼的时候，应当在容易被看见的地方，悬挂竹篮一只，当发现他船驶近的时候，应当用适当信号指示渔具延伸方向；使用流网的渔船，还要在流网延伸末端的浮子上，系小红旗一面；在夜间捕鱼的时候，应当在容易被看见的地方，悬挂明亮的白光环照灯一盏，当发现他船驶近的时候，向渔具延伸方向，显示另一白光。

——《中华人民共和国非机动船舶海上安全航行暂行规则》
（行政法规）第三条

非机动船在有雾、下雪、暴风雨或者其他任何视线不清楚的情况下，不论白昼或者夜间，都应当执行下列规定：

（1）在航行的时候，应当每隔约1分钟，连续发放雾号响声（如敲锣、敲梆、敲煤油桶、吹螺、吹雾角、吹喇叭等）约五秒钟；

（2）在锚泊的时候，如果听到来船雾号响声，应当有间隔地、急促地发放响声，以引起来船注意，直到驶过为止；

（3）在捕鱼的时候，也应当依照前两项的规定执行。

——《中华人民共和国非机动船舶海上安全航行暂行规则》
（行政法规）第四条

在航行中的非机动船，应当避让用网、曳绳钓或者拖网进行捕鱼作业的非机动渔船。

——《中华人民共和国非机动船舶海上安全航行暂行规则》（行政法规）第六条

非机动船应当避让下列的机动船：

（1）从事起捞、安放海底电线或者航行标志的机动船；

（2）从事测量或者水下工作的机动船；

（3）操纵失灵的机动船；

（4）用拖网捕鱼的机动船；

（5）被追越的机动船。

——《中华人民共和国非机动船舶海上安全航行暂行规则》（行政法规）第七条

渔业船舶之间发生交通事故，应当向就近的渔政渔港监督管理机关报告，并在进入第一个港口四十八小时之内向渔政渔港监督管理机关递交事故报告书和有关材料，接受调查处理。

——《中华人民共和国渔港水域交通安全管理条例》（行政法规）第十六条

渔政渔港监督管理机关对渔港水域内的交通事故和其他沿海水域渔业船舶之间的交通事故，应当及时查明原因，判明责任，作出处理决定。

——《中华人民共和国渔港水域交通安全管理条例》（行政法规）第十七条

当事人因船舶碰撞、海洋污染等事故受到损害，请求侵权人赔偿渔船、渔具、渔货损失以及收入损失的，人民法院应予支持。

当事人违反渔业法第二十三条，未取得捕捞许可证从事海上捕捞作业，依照前款规定主张收入损失的，人民法院不予支持。

——《最高人民法院关于审理发生在我国管辖海域相关案件若干问题的规定（二）》（法释〔2016〕17号）（司法解释）第一条

链接：相关规定

在船舶航行可能危及堤岸安全的河段，应当限定航速。限定航速的标志，由交通主管部门与水行政主管部门商定后设置。

——《中华人民共和国防洪法》（法律）第二十二条第四款

任何单位、个人发现下列情形之一的，应当立即向海事管理机构报告；涉及航道管理机构职责或者专用航标的，海事管理机构应当及时通报航道管理机构或者专用航标的所有人：

（一）助航标志或者导航设施位移、损坏、灭失；

（二）有妨碍海上交通安全的沉没物、漂浮物、搁浅物或者其他碍航物；

（三）其他妨碍海上交通安全的异常情况。

——《中华人民共和国海上交通安全法》（法律）第二十七条

船舶不得违反规定进入或者穿越禁航区。

船舶进出船舶报告区，应当向海事管理机构报告船位和动态信息。

在安全作业区、港外锚地范围内，禁止从事养殖、种植、捕捞以及其他影响海上交通安全的作业或者活动。

——《中华人民共和国海上交通安全法》（法律）第四十四条

海上施工作业或者水上水下活动结束后，有关单位、个人应当及时消除可能妨碍海上交通安全的隐患。

——《中华人民共和国海上交通安全法》（法律）第五十条

来自动植物疫区的船舶、飞机、火车，经检疫发现有进出境动植物检疫法第十八条规定的名录所列病虫害的，必须作熏蒸、消毒或者其他除害处理。发现有禁止进境的动植物、动植物产品和其他检疫物的，必须作封存或者销毁处理；作封存处理的，在中国境内停留或者运行期间，未经口岸动植物检疫机关许可，不得启封动用。对运输工具上的浴水、动植物性废弃物及其存放场所、容器，应当在口岸动植物检疫机关的监督下作除害处理。

——《中华人民共和国进出境动植物检疫法实施条例》

（行政法规）第四十七条

进境拆解的废旧船舶，由口岸动植物检疫机关实施检疫。发现病虫害的，在口岸动植物检疫机关监督下作除害处理。发现有禁止进境的动植物、动植物产品和其他检疫物的，在口岸动植物检疫机关的监督下作销毁处理。

——《中华人民共和国进出境动植物检疫法实施条例》

（行政法规）第四十九条

〔外籍渔船管理〕

国际航行船舶进出口岸，应当依法向海事管理机构申请许可并接受海事管理机构及其他口岸查验机构的监督检查。海事管理机构应当自受理申请之日起五个工作日内作出许可或者不予许可的决定。

外国籍船舶临时进入非对外开放水域，应当依照国务院关于船舶进出口岸的规定取得许可。

国内航行船舶进出港口、港外装卸站，应当向海事管理机构报告船舶的航次计划、适航状态、船员配备和客货载运等情况。

——《中华人民共和国海上交通安全法》（法律）第四十六条

除依照本法规定获得进入口岸许可外，外国籍船舶不得进入中华人民共和国内水；但是，因人员病急、机件故障、遇难、避风等紧急情况未及获得许可的可以进入。

外国籍船舶因前款规定的紧急情况进入中华人民共和国内水的，应当在进入的同时向海事管理机构紧急报告，接受海事管理机构的指令和监督。海事管理机构应当及时通报管辖海域的海警机构、就近的出入境边防检查机关和当地公安机关、海关等其他主管部门。

——《中华人民共和国海上交通安全法》（法律）第五十五条

外国籍船舶在中华人民共和国管辖海域外发生事故，造成中国公民重伤或者死亡的，海事管理机构根据中华人民共和国缔结或者参加的国际条约的规定参与调查。

——《中华人民共和国海上交通安全法》（法律）第八十六条第二款

中日暂定措施水域捕捞：

申请到暂定措施水域从事渔业活动的申请人或渔船，必须具备以下条件：

（一）持有有效的渔业捕捞许可证；

（二）船舶处于适航状态，并持有与作业航区相适应的船舶检验证书、船舶登记证书（或船舶国籍证书），航行签证簿。主机额定功率在300千瓦以上的渔船，还应备有油类记录簿；

（三）按规定配齐船员，职务船员应持有有效的职务船员证书（或适任证书）；

（四）按规定填写和上交上一年度的捕捞日志；

（五）渔船按规定进行标记。

——《中日渔业协定暂定措施水域管理暂行办法》（部门规章）第五条

经批准在暂定措施水域从事渔业活动的渔船，必须按规定填写"《中日渔业协定》暂定措施水域捕捞日志"（附件二），并在申请下一年度作业资格时，连同作业申请表一并交送船籍港所在地的县级渔业行政主管部门。

各级渔业行政主管部门在向申请人递交特许证时，必须同时发给申请人空白捕捞日志，并就捕捞日志的填写对申请人进行必要的培训和指导。

——《中日渔业协定暂定措施水域管理暂行办法》（部门规章）第七条

经批准在暂定措施水域从事渔业活动的渔船，必须按规定进行标记。具体标记方式由中华人民共和国渔政渔港监督管理局另行规定。

——《中日渔业协定暂定措施水域管理暂行办法》（部门规章）第九条

经批准在暂定措施水域从事渔业活动的渔船，必须遵守《中华人民共和国渔业法》和国家在暂定措施水域内实施的各项渔业资源养护的规定。

——《中日渔业协定暂定措施水域管理暂行办法》（部门规章）第十条

在暂定措施水域从事渔业活动的渔船发生渔事纠纷的，按现行的有关规定处理。

——《中日渔业协定暂定措施水域管理暂行办法》（部门规章）第十一条

中韩暂定措施水域捕捞：

申请进入暂定措施水域和过渡水域从事渔业活动的渔船必须具备下列条件：

1. 持有有效的渔业捕捞许可证书、船舶检验证书、船舶登记证书（或船舶国籍证书）、电台执照及其他必备证书；

2. 适航航区在Ⅱ类以上，并处于适航状态，装备有全球卫星定位仪（GPS）；

3. 按规定配齐船员，职务船员应持有有效的职务船员证书。

——《中韩渔业协定暂定措施水域和过渡水域管理办法》（部门规章）第六条

黄渤海区、东海区渔政渔港监督管理局每年编制暂定措施水域和过渡水域许可渔船名录，报中华人民共和国渔政渔港监督管理局备案。

——《中韩渔业协定暂定措施水域和过渡水域管理办法》（部门规章）第八条

经批准在暂定措施水域和过渡水域从事渔业活动的渔船，必须认真、如实填写《渔捞日志》。申请人在申请下一年度作业资格时，须将《申请表》和上一年度的《渔捞日志》同时交送受理申请的县级渔业行政主管部门。

——《中韩渔业协定暂定措施水域和过渡水域管理办法》（部门规章）第九条

经批准在暂定措施水域和过渡水域从事渔业活动的渔船必须按规定标记。具体标记方式由中华人民共和国渔政渔港监督管理局另行规定。

——《中韩渔业协定暂定措施水域和过渡水域管理办法》（部门规章）第十一条

经批准在暂定措施水域和过渡水域从事渔业活动的渔船，必须遵守我国渔业法律、法规，遵守中韩双方商定的暂定措施水域、过渡水域资源养护和管理规定。

——《中韩渔业协定暂定措施水域和过渡水域管理办法》（部门规章）第十二条

违反本办法的渔船，取消其当年或下一年度在暂定措施水域和过渡水域的作业资格，并按《中华人民共和国渔业法》和国家有关规定予以处罚。

——《中韩渔业协定暂定措施水域和过渡水域管理办法》（部门规章）第十四条

（一）港澳流动渔船违法从事渔业生产活动

〔关键词〕港澳流动渔船违法从事渔业生产活动

流动渔船在港澳水域以外的我国管辖海域违法从事渔业生产活动的，按照有关法律、法规承担相应的法律责任。

——《港澳流动渔船管理规定》（规范性文件）第二十一条

（二）偷窃、哄抢或者破坏渔船

〔关键词〕偷窃、哄抢或者破坏渔船

有下列行为之一的，由公安机关依照《中华人民共和国治安管理处罚条例》的规定处罚；构成犯罪的，由司法机关依法追究刑事责任：

（一）拒绝、阻碍渔政检查人员依法执行职务的；

（二）偷窃、哄抢或者破坏渔具、渔船、渔获物的。

——《中华人民共和国渔业法实施细则》第三十九条

（三）未持有、涂改、伪造、变造、非法转让船舶检验证书或船舶检验证书无效、过期

〔关键词〕未持有、涂改、伪造、变造、非法转让船舶检验证书或船舶检验证书无效、过期

船舶、海上设施未持有有效的证书、文书的，由海事管理机构责令改正，对违法船舶或者海上设施的所有人、经营人或者管理人处三万元以上三十万元以下的罚款，对船长和有关责任人员处三千元以上三万元以下的罚款；情节严重的，暂扣船长、责任船员的船员适任证书十八个月至三十个月，直至吊销船员适任证书；对船舶持有的伪造、变造证书、文书，予以没收；对存在严重安全隐患的船舶，可以依法予以没收。

——《中华人民共和国海上交通安全法》（法律）第九十五条

违反本条例规定，未持有船舶证书或者未配齐船员的，由渔政渔港监督管理机关责令改正，可以并处罚款。

——《中华人民共和国渔港水域交通安全管理条例》（行政法规）第二十二条

违反本条例规定，渔业船舶未经检验、未取得渔业船舶检验证书擅自下水作业的，没收该渔业船舶。

按照规定应当报废的渔业船舶继续作业的，责令立即停止作业，收缴失效的渔业船舶检验证书，强制拆解应当报废的渔业船舶，并处2 000元以上5 万元以下的罚款；构成犯罪的，

依法追究刑事责任。

——《中华人民共和国渔业船舶检验条例》（行政法规）第三十二条

渔业船舶检验机构的工作人员未经考核合格从事渔业船舶检验工作的，责令其立即停止检验工作，处1 000元以上5 000元以下的罚款。

——《中华人民共和国渔业船舶检验条例》（行政法规）第三十五条

违反本条例规定，有下列情形之一的，责令立即改正，对直接负责的主管人员和其他直接责任人员，依法给予降级、撤职、取消检验资格的处分；构成犯罪的，依法追究刑事责任；已签发的渔业船舶检验证书无效：

（一）未按照国务院渔业行政主管部门的有关规定实施检验的；

（二）所签发的渔业船舶检验证书或者检验记录、检验报告与渔业船舶实际情况不相符的；

（三）超越规定的权限进行渔业船舶检验的。

——《中华人民共和国渔业船舶检验条例》（行政法规）第三十六条

伪造、变造渔业船舶检验证书、检验记录和检验报告，或者私刻渔业船舶检验业务印章的，应当予以没收；构成犯罪的，依法追究刑事责任。

——《中华人民共和国渔业船舶检验条例》（行政法规）第三十七条

涂改检验证书、擅自更改船舶载重线或者以欺骗行为获取检验证书的，船检局或者其委托的检验机构有权撤销已签发的相应证书，并可以责令改正或者补办有关手续。

——《中华人民共和国船舶和海上设施检验条例》（行政法规）第二十六条

伪造船舶检验证书或者擅自更改船舶载重线的，由有关行政主管机关给予通报批评，并可以处以相当于相应的检验费一倍至五倍的罚款；构成犯罪的，由司法机关依法追究刑事责任。

——《中华人民共和国船舶和海上设施检验条例》（行政法规）第二十七条

已办理渔业船舶登记手续，但未按规定持有船舶国籍证书、船舶登记证书、船舶检验证书、船舶航行签证簿的，予以警告，责令其改正，并可处200元以上1 000元以下罚款。

——《渔业港航监督行政处罚规定》（部门规章）第十五条

无有效的渔业船舶船名、船号、船舶登记证书（或船舶国籍证书）、检验证书的船舶，禁止其离港，并对船舶所有者或者经营者处船价2倍以下的罚款。有下列行为之一的，从重处罚：

（一）无有效的渔业船舶登记证书（或渔业船舶国籍证书）和检验证书，擅自刷写船名、船号、船籍港的；

（二）伪造渔业船舶登记证书（或国籍证书）、船舶所有权证书或船舶检验证书的；

（三）伪造事实骗取渔业船舶登记证书或渔业船舶国籍证书的；

（四）冒用他船船名、船号或船舶证书的。

——《渔业港航监督行政处罚规定》（部门规章）第十六条

将船舶证书转让他船使用，一经发现，应立即收缴，对转让船舶证书的船舶所有者或经营者处1 000元以下罚款；对借用证书的船舶所有者或经营者处船价2倍以下罚款。

——《渔业港航监督行政处罚规定》（部门规章）第十八条

使用过期渔业船舶登记证书或渔业船舶国籍证书的，登记机关应通知船舶所有者限期改正，过期不改的，责令其停航，并对船舶所有者或经营者处1 000元以上10 000元以下罚款。

——《渔业港航监督行政处罚规定》（部门规章）第十九条

未按规定配齐职务船员，责令其限期改正，对船舶所有者或经营者并处 200 元以上1 000元以下罚款。

普通船员未取得专业训练合格证或基础训练合格证的，责令其限期改正，对船舶所有者或经营者并处1 000元以下罚款。

——《渔业港航监督行政处罚规定》（部门规章）第二十二条

（四）渔港水域内未按规定标写船名、船号、船籍港，没有悬挂船名牌

〔关键词〕渔港水域内未按规定标写船名、船号、船籍港，没有悬挂船名牌

船舶或者海上设施有下列情形之一的，由海事管理机构责令改正，对违法船舶或者海上设施的所有人、经营人或者管理人处二万元以上二十万元以下的罚款，对船长和有关责任人员处二千元以上二万元以下的罚款；情节严重的，吊销违法船舶所有人、经营人或者管理人的有关证书、文书，暂扣船长、责任船员的船员适任证书十二个月至二十四个月，直至吊销船员适任证书：

（一）船舶、海上设施的实际状况与持有的证书、文书不符；

（二）船舶未依法悬挂国旗，或者违法悬挂其他国家、地区或者组织的旗帜；

（三）船舶未按规定标明船名、船舶识别号、船籍港、载重线标志；

（四）船舶、海上设施的配员不符合最低安全配员要求。

——《中华人民共和国海上交通安全法》（法律）第九十六条

有下列行为之一的，责令其限期改正，对船舶所有者或经营者处 200 元以上1 000元以下罚款：

（一）未按规定标写船名、船号、船籍港，没有悬挂船名牌的；

（二）在非紧急情况下，未经渔政渔港监督管理机关批准，滥用烟火信号、信号枪、无线电设备、号笛及其他遇险求救信号的；

（三）没有配备、不正确填写或污损、丢弃航海日志、轮机日志的。

——《渔业港航监督行政处罚规定》（部门规章）第二十条

案例 2

2019 年 5 月 1 日，山东省寿光市海洋与渔业局在羊口中心渔港进行伏季休渔船位核实时，发现一艘刷写"鲁某渔 60397"船名号的钢质渔船船名号刷写不规范，且渔船有关数据与实际情况不符。经深入调查发现，在港内停泊的"鲁某渔 60397"实为船主孙某亲属的"鲁某渔 63308"，为协助孙某躲避检查在码头停靠，孙某的"鲁某渔 60397"正在违规出海生产。在后续查处过程中，"鲁某渔 60397"又发生未按照"责令改正通知书"要求返回指定港口、调查期间擅自离港等违法行为。经多方查证，孙某违反禁渔期、

捕捞许可证指定作业类型等规定非法捕捞，未按规定在船籍港停泊，未按规定刷写悬挂船名号牌，未按照规定制装或者遮挡、涂改、毁损渔业船舶标识，未按规定配备合格船员等多项违法违规行为事实清楚、证据确凿。寿光市海洋与渔业局依法对船主孙某作出罚款78 800元的行政处罚决定。

（五）船舶进出渔港应报告而未报告或者违反渔港水域交通安全秩序管理

〔关键词〕船舶进出渔港应报告而未报告或者违反渔港水域交通安全秩序管理

凡在中华人民共和国领域内犯罪的，除法律有特别规定的以外，都适用本法。

凡在中华人民共和国船舶或者航空器内犯罪的，也适用本法。

犯罪的行为或者结果有一项发生在中华人民共和国领域内的，就认为是在中华人民共和国领域内犯罪。

——《中华人民共和国刑法》（法律）第六条

【破坏交通工具罪】破坏火车、汽车、电车、船只、航空器，足以使火车、汽车、电车、船只、航空器发生倾覆、毁坏危险，尚未造成严重后果的，处三年以上十年以下有期徒刑。

——《中华人民共和国刑法》（法律）第一百一十六条

【破坏交通设施罪】破坏轨道、桥梁、隧道、公路、机场、航道、灯塔、标志或者进行其他破坏活动，足以使火车、汽车、电车、船只、航空器发生倾覆、毁坏危险，尚未造成严重后果的，处三年以上十年以下有期徒刑。

——《中华人民共和国刑法》（法律）第一百一十七条

【劫持船只、汽车罪】以暴力、胁迫或者其他方法劫持船只、汽车的，处五年以上十年以下有期徒刑；造成严重后果的，处十年以上有期徒刑或者无期徒刑。

——《中华人民共和国刑法》（法律）第一百二十二条

【倒卖车票、船票罪】倒卖车票、船票，情节严重的，处三年以下有期徒刑、拘役或者管制，并处或者单处票证价额一倍以上五倍以下罚金。

——《中华人民共和国刑法》（法律）第二百二十七条第二款

【运送他人偷越国（边）境罪】运送他人偷越国（边）境的，处五年以下有期徒刑、拘役或者管制，并处罚金；有下列情形之一的，处五年以上十年以下有期徒刑，并处罚金：

（一）多次实施运送行为或者运送人数众多的；

（二）所使用的船只、车辆等交通工具不具备必要的安全条件，足以造成严重后果的；

（三）违法所得数额巨大的；

（四）有其他特别严重情节的。

在运送他人偷越国（边）境中造成被运送人重伤、死亡，或者以暴力、威胁方法抗拒检查的，处七年以上有期徒刑，并处罚金。

犯前两款罪，对被运送人有杀害、伤害、强奸、拐卖等犯罪行为，或者对检查人员有杀害、伤害等犯罪行为的，依照数罪并罚的规定处罚。

——《中华人民共和国刑法》（法律）第三百二十一条

在中华人民共和国船舶和航空器内发生的违反治安管理行为，除法律有特别规定的外，适用本法。

——《中华人民共和国治安管理处罚法》（法律）第四条第二款

有下列行为之一的，处警告或者二百元以下罚款；情节较重的，处五日以上十日以下拘留，可以并处五百元以下罚款：

（一）扰乱机关、团体、企业、事业单位秩序，致使工作、生产、营业、医疗、教学、科研不能正常进行，尚未造成严重损失的；

（二）扰乱车站、港口、码头、机场、商场、公园、展览馆或者其他公共场所秩序的；

（三）扰乱公共汽车、电车、火车、船舶、航空器或者其他公共交通工具上的秩序的；

（四）非法拦截或者强登、扒乘机动车、船舶、航空器以及其他交通工具，影响交通工具正常行驶的；

（五）破坏依法进行的选举秩序的。

聚众实施前款行为的，对首要分子处十日以上十五日以下拘留，可以并处一千元以下罚款。

——《中华人民共和国治安管理处罚法》（法律）第二十三条

有下列行为之一的，处十日以上十五日以下拘留，可以并处一千元以下罚款；情节较轻的，处五日以上十日以下拘留，可以并处五百元以下罚款：

（一）伪造、变造或者买卖国家机关、人民团体、企业、事业单位或者其他组织的公文、证件、证明文件、印章的；

（二）买卖或者使用伪造、变造的国家机关、人民团体、企业、事业单位或者其他组织的公文、证件、证明文件的；

（三）伪造、变造、倒卖车票、船票、航空客票、文艺演出票、体育比赛入场券或者其他有价票证、凭证的；

（四）伪造、变造船舶户牌，买卖或者使用伪造、变造的船舶户牌，或者涂改船舶发动机号码的。

——《中华人民共和国治安管理处罚法》（法律）第五十二条

船舶擅自进入、停靠国家禁止、限制进入的水域或者岛屿的，对船舶负责人及有关责任人员处五百元以上一千元以下罚款；情节严重的，处五日以下拘留，并处五百元以上一千元以下罚款。

——《中华人民共和国治安管理处罚法》（法律）第五十三条

有下列行为之一的，处五百元以上一千元以下罚款；情节严重的，处十日以上十五日以下拘留，并处五百元以上一千元以下罚款：

（一）偷开他人机动车的；

（二）未取得驾驶证驾驶或者偷开他人航空器、机动船舶的。

——《中华人民共和国治安管理处罚法》（法律）第六十四条

船舶进出渔港依照规定应当向渔政渔港监督管理机关报告而未报告的，或者在渔港内不服从渔政渔港监督管理机关对水域交通安全秩序管理的，由渔政渔港监督管理机关责令改正，可以并处警告、罚款；情节严重的，扣留或者吊销船长职务证书（扣留职务证书时间最长不超过 6 个月，下同）。

——《中华人民共和国渔港水域交通安全管理条例》
（行政法规）第二十条

渔业船舶改建后，未按规定办理变更登记，应禁止其离港，责令其限期改正，并可对船舶所有者处 5 000 元以上 20 000 元以下罚款。

变更主机功率未按规定办理变更登记的，从重处罚。

——《渔业港航监督行政处罚规定》（部门规章）第十七条

有下列行为之一的，责令其限期改正，对船舶所有者或经营者处 200 元以上 1 000 元以下罚款：

（一）未按规定标写船名、船号、船籍港，没有悬挂船名牌的；

（二）在非紧急情况下，未经渔政渔港监督管理机关批准，滥用烟火信号、信号枪、无线电设备、号笛及其他遇险求救信号的；

（三）没有配备、不正确填写或污损、丢弃航海日志、轮机日志的。

——《渔业港航监督行政处罚规定》（部门规章）第二十条

未按规定配备救生、消防设备，责令其在离港前改正，逾期不改的，处 200 元以上 1 000 元以下罚款。

——《渔业港航监督行政处罚规定》（部门规章）第二十一条

有下列行为之一的，对船长或直接责任人处 200 元以上 1 000 元以下罚款：

（一）未经渔政渔港监督管理机关批准，违章装载货物且影响船舶适航性能的；

（二）未经渔政渔港监督管理机关批准违章载客的；

（三）超过核定航区航行和超过抗风等级出航的。

违章装载危险货物的，应当从重处罚。

——《渔业港航监督行政处罚规定》（部门规章）第二十三条

对拒不执行渔政渔港监督管理机关作出的离港、禁止离港、停航、改航、停止作业等决定的船舶，可对船长或直接责任人并处 1 000 元以上 10 000 元以下罚款、扣留或吊销船长职务证书。

——《渔业港航监督行政处罚规定》（部门规章）第二十四条

（六）危险渔业船舶运输危险货物或超载运输货物、旅客

〔关键词〕危险渔业船舶运输危险货物或超载运输货物、旅客

违反本条例规定，运输剧毒物质、危险化学品的船舶进入太湖的，由交通运输主管部门责令改正，处 10 万元以上 20 万元以下罚款，有违法所得的，没收违法所得；拒不改正的，责令停产停业整顿；构成犯罪的，依法追究刑事责任。

——《中华人民共和国太湖流域管理条例》（行政法规）第六十五条

违反本条例的规定，船舶不具备安全技术条件从事货物、旅客运输，或者超载运输货物、旅客的，由海事管理机构责令改正，处 2 万元以上 10 万元以下的罚款，可以对责任船员给予暂扣适任证书或者其他适任证件 6 个月以上直至吊销适任证书或者其他适任证件的处

罚，并对超载运输的船舶强制卸载，因卸载而发生的卸货费、存货费、旅客安置费和船舶监管费由船舶所有人或者经营人承担；发生重大伤亡事故或者造成其他严重后果的，依照刑法关于重大劳动安全事故罪或者其他罪的规定，依法追究刑事责任。

——《中华人民共和国内河交通安全管理条例》（行政法规）第八十二条

违反本条例的规定，海事管理机构发现船舶、浮动设施不再具备安全航行、停泊、作业条件而不及时撤销批准或者许可并予以处理的，对负有责任的主管人员和其他直接责任人员根据不同情节，给予记大过、降级或者撤职的行政处分；造成重大内河交通事故或者致使公共财产、国家和人民利益遭受重大损失的，依照刑法关于滥用职权罪、玩忽职守罪或者其他罪的规定，依法追究刑事责任。

——《中华人民共和国内河交通安全管理条例》（行政法规）第八十七条

（七）远洋渔船违法行为

〔关键词〕远洋渔船违法行为

远洋渔业企业、渔船或船员有下列违法行为的，由省级以上人民政府渔业行政主管部门或其所属的渔政渔港监督管理机构根据《中华人民共和国渔业法》《中华人民共和国野生动物保护法》和有关法律、法规予以处罚。对已经取得农业农村部远洋渔业企业资格的企业，农业农村部视情节轻重和影响大小，暂停或取消其远洋渔业企业资格：

（一）未经农业农村部批准擅自从事远洋渔业生产，或未取得《公海渔业捕捞许可证》从事公海捕捞生产的；

（二）申报或实施远洋渔业项目时隐瞒真相、弄虚作假的；

（三）不按农业农村部批准的或《公海渔业捕捞许可证》规定的作业类型、场所、时限、品种和配额生产，或未经批准进入他国管辖水域作业的；

（四）使用入渔国或有管辖权的区域渔业管理组织禁用的渔具、渔法进行捕捞，或捕捞入渔国或有管辖权的区域渔业管理组织禁止捕捞的鱼种、珍贵濒危水生野生动物或其他海洋生物的；

（五）未取得有效的船舶证书，或不符合远洋渔船的有关规定，或违反本规定招聘或派出远洋渔业船员的；

（六）妨碍或拒绝渔业行政主管部门监督管理，或在公海、他国管辖海域妨碍、拒绝有管辖权的执法人员进行检查的；

（七）不按规定报告情况和提供信息，或故意报告和提供不真实情况和信息，或不按规定填报渔捞日志的；

（八）拒绝接纳国家观察员或有管辖权的区域渔业管理组织派出的观察员或妨碍其正常工作的；

（九）故意关闭、移动、干扰船位监测、渔船自动识别等设备或故意报送虚假信息的，擅自更改船名、识别码、渔船标识或渔船参数，或擅自更换渔船主机的；

（十）被有关国际渔业组织认定从事、支持或协助了非法、不报告和不受管制的渔业活动的；

（十一）发生重大安全生产责任事故的；

（十二）发生涉外违规事件，造成严重不良影响的；

（十三）其他依法应予处罚的行为。

——《远洋渔业管理规定》（部门规章）第三十九条

（八）违法拆除、破坏、改变渔业船舶设施

〔关键词〕违法拆除、破坏、改变渔业船舶设施

违反本条例规定，有下列行为之一的，责令立即改正，处2 000元以上2万元以下的罚款；正在作业的，责令立即停止作业；拒不改正或者拒不停止作业的，强制拆除非法使用的重要设备、部件和材料或者暂扣渔业船舶检验证书；构成犯罪的，依法追究刑事责任：

（一）使用未经检验合格的有关航行、作业和人身财产安全以及防止污染环境的重要设备、部件和材料，制造、改造、维修渔业船舶的；

（二）擅自拆除渔业船舶上有关航行、作业和人身财产安全以及防止污染环境的重要设备、部件的；

（三）擅自改变渔业船舶的吨位、载重线、主机功率、人员定额和适航区域的。

——《中华人民共和国渔业船舶检验条例》（行政法规）第三十四条

（九）不遵守渔业船舶航行、避让和信号显示规则

〔关键词〕不遵守渔业船舶航行、避让和信号显示规则

违反本条例的规定，应当报废的船舶、浮动设施在内河航行或者作业的，由海事管理机构责令停航或者停止作业，并对船舶、浮动设施予以没收。

——《中华人民共和国内河交通安全管理条例》（行政法规）第六十三条

违反本条例的规定，船舶未按照国务院交通主管部门的规定配备船员擅自航行，或者浮动设施未按照国务院交通主管部门的规定配备掌握水上交通安全技能的船员擅自作业的，由海事管理机构责令限期改正，对船舶、浮动设施所有人或者经营人处1万元以上10万元以下的罚款；逾期不改正的，责令停航或者停止作业。

——《中华人民共和国内河交通安全管理条例》（行政法规）第八十五条

违反本条例的规定，按照国家规定必须取得船舶污染损害责任、沉船打捞责任的保险文书或者财务保证书的船舶的所有人或者经营人，未取得船舶污染损害责任、沉船打捞责任保险文书或者财务担保证明的，由海事管理机构责令限期改正；逾期不改正的，责令停航，并处1万元以上10万元以下的罚款。

——《中华人民共和国内河交通安全管理条例》（行政法规）第六十七条

违反本条例的规定，船舶在内河航行时，有下列情形之一的，由海事管理机构责令改正，处5 000元以上5万元以下的罚款；情节严重的，禁止船舶进出港口或者责令停航，并可以对责任船员给予暂扣适任证书或者其他适任证件3个月至6个月的处罚：

（一）未按照规定悬挂国旗，标明船名、船籍港、载重线的；

（二）未按照规定向海事管理机构报告船舶的航次计划、适航状态、船员配备和载货载客等情况的；

（三）未按照规定申请引航的；

（四）擅自进出内河港口，强行通过交通管制区、通航密集区、航行条件受限制区域或者禁航区的；

（五）载运或者拖带超重、超长、超高、超宽、半潜的物体，未申请或者未按照核定的航路、时间航行的。

——《中华人民共和国内河交通安全管理条例》（行政法规）第六十八条

违反本条例的规定，船舶未在码头、泊位或者依法公布的锚地、停泊区、作业区停泊的，由海事管理机构责令改正；拒不改正的，予以强行拖离，因拖离发生的费用由船舶所有人或者经营人承担。

——《中华人民共和国内河交通安全管理条例》（行政法规）第六十九条

违反本条例的规定，在内河通航水域或者岸线上进行有关作业或者活动未经批准或者备案，或者未设置标志、显示信号的，由海事管理机构责令改正，处5 000元以上5 万元以下的罚款。

——《中华人民共和国内河交通安全管理条例》（行政法规）第七十条

违反本条例的规定，内河通航水域中的沉没物、漂流物、搁浅物的所有人或者经营人，未按照国家有关规定设置标志或者未在规定的时间内打捞清除的，由海事管理机构责令限期改正；逾期不改正的，海事管理机构强制设置标志或者组织打捞清除；需要立即组织打捞清除的，海事管理机构应当及时组织打捞清除。海事管理机构因设置标志或者打捞清除发生的费用，由沉没物、漂流物、搁浅物的所有人或者经营人承担。

——《中华人民共和国内河交通安全管理条例》（行政法规）第七十五条

违反本条例的规定，遇险现场和附近的船舶、船员不服从海事管理机构的统一调度和指挥的，由海事管理机构给予警告，并可以对责任船员给予暂扣适任证书或者其他适任证件3个月至6个月直至吊销适任证书或者其他适任证件的处罚。

——《中华人民共和国内河交通安全管理条例》（行政法规）第七十八条

违反本条例的规定，船舶、浮动设施的所有人或者经营人指使、强令船员违章操作的，由海事管理机构给予警告，处1万元以上5万元以下的罚款，并可以责令停航或者停止作业；造成重大伤亡事故或者严重后果的，依照刑法关于重大责任事故罪或者其他罪的规定，依法追究刑事责任。

——《中华人民共和国内河交通安全管理条例》（行政法规）第八十条

违反本条例的规定，船舶在内河航行、停泊或者作业，不遵守航行、避让和信号显示规则的，由海事管理机构责令改正，处1 000元以上1 万元以下的罚款；情节严重的，对责任船员给予暂扣适任证书或者其他适任证件3个月至6个月直至吊销适任证书或者其他适任证件的处罚；造成重大内河交通事故的，依照刑法关于交通肇事罪或者其他罪的规定，依法追究刑事责任。

——《中华人民共和国内河交通安全管理条例》（行政法规）第八十一条

（十）渔业船舶检验人员滥用职权、徇私舞弊、玩忽职守、严重失职

〔关键词〕渔业船舶检验人员滥用职权、徇私舞弊、玩忽职守、严重失职

船舶检验机构的检验人员滥用职权、徇私舞弊、玩忽职守、严重失职的，由所在单位或者上级机关给予行政处分或者撤销其检验资格；情节严重，构成犯罪的，由司法机关依法追究刑事责任。

——《中华人民共和国船舶和海上设施检验条例》（行政法规）第二十八条

各级人民政府渔业行政主管部门工作人员有不履行法定义务、玩忽职守、徇私舞弊等行为，尚不构成犯罪的，由所在单位或上级主管机关予以行政处分。

——《远洋渔业管理规定》（部门规章）第四十二条

链接：渔业船舶事故纠纷管辖规定

因铁路、公路、水上、航空运输和联合运输合同纠纷提起的诉讼，由运输始发地、目的地或者被告住所地人民法院管辖。

——《中华人民共和国民事诉讼法》（法律）第二十七条

因铁路、公路、水上和航空事故请求损害赔偿提起的诉讼，由事故发生地或者车辆、船舶最先到达地、航空器最先降落地或者被告住所地人民法院管辖。

——《中华人民共和国民事诉讼法》（法律）第二十九条

因船舶碰撞或者其他海事损害事故请求损害赔偿提起的诉讼，由碰撞发生地、碰撞船舶最先到达地、加害船舶被扣留地或者被告住所地人民法院管辖。

——《中华人民共和国民事诉讼法》（法律）第三十条

因海难救助费用提起的诉讼，由救助地或者被救助船舶最先到达地人民法院管辖。

——《中华人民共和国民事诉讼法》（法律）第三十一条

因共同海损提起的诉讼，由船舶最先到达地、共同海损理算地或者航程终止地的人民法院管辖。

——《中华人民共和国民事诉讼法》（法律）第三十二条

下列案件，由本条规定的人民法院专属管辖：

（一）因不动产纠纷提起的诉讼，由不动产所在地人民法院管辖；

（二）因港口作业中发生纠纷提起的诉讼，由港口所在地人民法院管辖；

（三）因继承遗产纠纷提起的诉讼，由被继承人死亡时住所地或者主要遗产所在地人民法院管辖。

——《中华人民共和国民事诉讼法》（法律）第三十三条

因在我国管辖海域内发生海损事故，请求损害赔偿提起的诉讼，由管辖该海域的海事法院、事故船舶最先到达地的海事法院、船舶被扣押地或者被告住所地海事法院管辖。

因在公海等我国管辖海域外发生海损事故，请求损害赔偿在我国法院提起的诉讼，由事故船舶最先到达地、船舶被扣押地或者被告住所地海事法院管辖。事故船舶为中华人民共和国船舶的，还可以由船籍港所在地海事法院管辖。

——《最高人民法院关于审理发生在我国管辖海域相关案件若干问题的规定（一）》（法释〔2016〕16号）（司法解释）第五条

人民法院审理因船舶引起的海洋自然资源与生态环境损害赔偿纠纷案件，法律、行政法规、司法解释另有特别规定的，依照其规定。

——《最高人民法院关于审理海洋自然资源与生态环境损害赔偿纠纷案件若干问题的规定》（法释〔2017〕23号）（司法解释）第十二条第三款

当事人因船舶碰撞、海洋污染等事故受到损害，请求侵权人赔偿渔船、渔具、渔货损失以及收入损失的，人民法院应予支持。

当事人违反渔业法第二十三条，未取得捕捞许可证从事海上捕捞作业，依照前款规定主张收入损失的，人民法院不予支持。

——《最高人民法院关于审理发生在我国管辖海域相关案件若干问题的规定（二）》（法释〔2016〕17号）（司法解释）第一条

链接：渔业船舶交通事故处理

渔港内的船舶、设施发生事故，对海上交通安全造成或者可能造成危害，渔政渔港监督管理机关有权对其采取强制性处置措施。

——《中华人民共和国渔港水域交通安全管理条例》（行政法规）第十九条

因渔港水域内发生的交通事故或者其他沿海水域发生的渔业船舶之间的交通事故引起的民事纠纷，可以由渔政渔港监督管理机关调解处理；调解不成或者不愿意调解的，当事人可以向人民法院起诉。

——《中华人民共和国渔港水域交通安全管理条例》（行政法规）第二十五条

（十一）渔港水域非军事船舶和水域外渔业船舶拒绝现场检查，或者在被检查时弄虚作假

〔关键词〕渔港水域非军事船舶和水域外渔业船舶拒绝现场检查，或者在被检查时弄虚作假

国家渔业行政主管部门负责渔港水域内非军事船舶和渔港水域外渔业船舶污染海洋环境的监督管理，负责保护渔业水域生态环境工作，并调查处理前款规定的污染事故以外的渔业污染事故。

——《中华人民共和国海洋环境保护法》（法律）第五条第四款

依照本法规定行使海洋环境监督管理权的部门，有权对管辖范围内排放污染物的单位和个人进行现场检查。被检查者应当如实反映情况，提供必要的资料。

——《中华人民共和国海洋环境保护法》（法律）第十九条第二款

违反本法第十九条第二款的规定，拒绝现场检查，或者在被检查时弄虚作假的，由依照本法规定行使海洋环境监督管理权的部门予以警告，并处二万元以下的罚款。

——《中华人民共和国海洋环境保护法》（法律）第七十五条

（十二）渔业船舶改建后，未按规定办理变更登记

〔关键词〕渔业船舶改建后，未按规定办理变更登记

渔业船舶改建后，未按规定办理变更登记，应禁止其离港，责令其限期改正，并可对船舶所有者处5 000元以上20 000元以下罚款。

变更主机功率未按规定办理变更登记的，从重处罚。

——《渔业港航监督行政处罚规定》（部门规章）第十七条

（十三）渔业船舶未经检验、未取得渔业船舶检验证书擅自下水作业

〔关键词〕渔业船舶未经检验、未取得渔业船舶检验证书擅自下水作业

违反本条例规定，渔业船舶未经检验、未取得渔业船舶检验证书擅自下水作业的，没收该渔业船舶。

——《中华人民共和国渔业船舶检验条例》（行政法规）第三十二条第一款

本条例规定的行政处罚，由县级以上人民政府渔业行政主管部门或者其所属的渔业行政执法机构依据职权决定。

——《中华人民共和国渔业船舶检验条例》（行政法规）第三十八条第一款

（十四）按照规定应当报废的渔业船舶继续作业

〔关键词〕按照规定应当报废的渔业船舶继续作业

按照规定应当报废的渔业船舶继续作业的，责令立即停止作业，收缴失效的渔业船舶检验证书，强制拆解应当报废的渔业船舶，并处2 000元以上5万元以下的罚款；构成犯罪的，依法追究刑事责任。

——《中华人民共和国渔业船舶检验条例》（行政法规）第三十二条第二款

本条例规定的行政处罚，由县级以上人民政府渔业行政主管部门或者其所属的渔业行政执法机构依据职权决定。

——《中华人民共和国渔业船舶检验条例》（行政法规）第三十八条第一款

（十五）渔业船舶应当申报营运检验或者临时检验而不申报

〔关键词〕渔业船舶应当申报营运检验或者临时检验而不申报

违反本条例规定，渔业船舶应当申报营运检验或者临时检验而不申报的，责令立即停止

作业，限期申报检验；逾期仍不申报检验的，处1 000元以上1万元以下的罚款，并可以暂扣渔业船舶检验证书。

——《中华人民共和国渔业船舶检验条例》（行政法规）第三十三条

（十六）使用未经检验合格的有关航行、作业和人身财产安全以及防止污染环境的重要设备、部件和材料，制造、改造、维修渔业船舶

〔关键词〕使用未经检验合格的有关航行、作业和人身财产安全以及防止污染环境的重要设备、部件和材料，制造、改造、维修渔业船舶

违反本条例规定，有下列行为之一的，责令立即改正，处2 000元以上2万元以下的罚款；正在作业的，责令立即停止作业；拒不改正或者拒不停止作业的，强制拆除非法使用的重要设备、部件和材料或者暂扣渔业船舶检验证书；构成犯罪的，依法追究刑事责任：

（一）使用未经检验合格的有关航行、作业和人身财产安全以及防止污染环境的重要设备、部件和材料，制造、改造、维修渔业船舶的；

（二）擅自拆除渔业船舶上有关航行、作业和人身财产安全以及防止污染环境的重要设备、部件的；

（三）擅自改变渔业船舶的吨位、载重线、主机功率、人员定额和适航区域的。

——《中华人民共和国渔业船舶检验条例》（行政法规）

第三十四条

本条例规定的行政处罚，由县级以上人民政府渔业行政主管部门或者其所属的渔业行政执法机构依据职权决定。

——《中华人民共和国渔业船舶检验条例》（行政法规）

第三十八条第一款

（十七）渔港内的船舶、设施违反中华人民共和国法律、法规或者规章

〔关键词〕渔港内的船舶、设施违反中华人民共和国法律、法规或者规章

渔港内的船舶、设施有下列情形之一的，渔政渔港监督管理机关有权禁止其离港，或者令其停航、改航、停止作业：

（一）违反中华人民共和国法律、法规或者规章的；

（二）处于不适航或者不适拖状态的；

（三）发生交通事故，手续未清的；

（四）未向渔政渔港监督管理机关或者有关部门交付应当承担的费用，也未提供担保的；

（五）渔政渔港监督管理机关认为有其他妨害或者可能妨害海上交通安全的。

——《中华人民共和国渔港水域交通安全管理条例》（行政法规）第十八条

渔港内的船舶、设施发生事故，对海上交通安全造成或者可能造成危害，渔政渔港监督管理机关有权对其采取强制性处置措施。

——《中华人民共和国渔港水域交通安全管理条例》（行政法规）第十九条

外国人、外国船舶在中华人民共和国管辖海域内从事渔业生产、生物资源调查等活动以及进入中华人民共和国渔港的，应当接受中华人民共和国渔政渔港监督管理机构的监督检查和管理。中华人民共和国渔政渔港监督管理机构及其检查人员在必要时，可以对外国船舶采取登临、检查、驱逐、扣留等必要措施，并可行使紧追权。

——《中华人民共和国管辖海域外国人、外国船舶渔业活动管理暂行规定》（部门规章）第十一条

受到罚款处罚的外国船舶及其人员，必须在离港或开航前缴清罚款。不能在离港或开航前缴清罚款的，应当提交相当于罚款额的保证金或处罚决定机关认可的其他担保，否则不得离港。

——《中华人民共和国管辖海域外国人、外国船舶渔业活动管理暂行规定》（部门规章）第二十条

（十八）少征、漏征、多征船舶吨税款

〔关键词〕少征、漏征、多征船舶吨税款

海关发现少征或者漏征税款的，应当自应税船舶应当缴纳税款之日起一年内，补征税款。但因应税船舶违反规定造成少征或者漏征税款的，海关可以自应当缴纳税款之日起三年内追征税款，并自应当缴纳税款之日起按日加征少征或者漏征税款万分之五的税款滞纳金。

海关发现多征税款的，应当在二十四小时内通知应税船舶办理退还手续，并加算银行同期活期存款利息。

应税船舶发现多缴税款的，可以自缴纳税款之日起三年内以书面形式要求海关退还多缴的税款并加算银行同期活期存款利息；海关应当自受理退税申请之日起三十日内查实并通知应税船舶办理退还手续。

应税船舶应当自收到本条第二款、第三款规定的通知之日起三个月内办理有关退还手续。

——《中华人民共和国船舶吨税法》（法律）第十七条

（十九）未按照规定申报纳税、领取、交验船舶吨税执照

〔关键词〕未按照规定申报纳税、领取、交验船舶吨税执照

应税船舶有下列行为之一的，由海关责令限期改正，处二千元以上三万元以下的罚款；不缴或者少缴应纳税款的，处不缴或者少缴税款百分之五十以上五倍以下的罚款，但罚款不得低于二千元：

（一）未按照规定申报纳税、领取吨税执照；

（二）未按照规定交验吨税执照（或者申请核验吨税执照电子信息）以及提供其他证明文件。

——《中华人民共和国船舶吨税法》（法律）第十八条

三、渔业船舶违法导致污染事故

（一）渔业船舶违法导致油污损害事故

〔关键词〕渔业船舶污染事故｜船舶油污损害事故｜船舶互有过失碰撞引起油类泄漏造成油污损害｜渔港水域内非军事船舶和渔港水域外渔业船舶、码头、装卸站不编制溢油应急计划｜向渔业水域倾倒船舶垃圾或者排放船舶的残油、废油

1. 关于渔业船舶污染事故的法律规定

【概念界定】

本条例所称船舶污染事故，是指船舶及其有关作业活动发生油类、油性混合物和其他有毒有害物质泄漏造成的海洋环境污染事故。

——《防治船舶污染海洋环境管理条例》（行政法规）第三十四条

【基本类型】

船舶污染事故分为以下等级：

（一）特别重大船舶污染事故，是指船舶溢油1 000吨以上，或者造成直接经济损失2亿元以上的船舶污染事故；

（二）重大船舶污染事故，是指船舶溢油500吨以上不足1 000吨，或者造成直接经济损失1亿元以上不足2亿元的船舶污染事故；

（三）较大船舶污染事故，是指船舶溢油100吨以上不足500吨，或者造成直接经济损失5 000万元以上不足1亿元的船舶污染事故；

（四）一般船舶污染事故，是指船舶溢油不足100吨，或者造成直接经济损失不足5 000万元的船舶污染事故。

——《防治船舶污染海洋环境管理条例》（行政法规）第三十五条

发生特别重大船舶污染事故，国务院或者国务院授权国务院交通运输主管部门成立事故应急指挥机构。

发生重大船舶污染事故，有关省、自治区、直辖市人民政府应当会同海事管理机构成立事故应急指挥机构。

发生较大船舶污染事故和一般船舶污染事故，有关设区的市级人民政府应当会同海事管理机构成立事故应急指挥机构。

有关部门、单位应当在事故应急指挥机构统一组织和指挥下，按照应急预案的分工，开展相应的应急处置工作。

——《防治船舶污染海洋环境管理条例》（行政法规）第三十八条

2. 关于船舶油污损害事故的法律规定

【概念界定】

本规定中下列用语的含义是：

（一）船舶，是指非用于军事或者政府公务的海船和其他海上移动式装置，包括航行于国际航线和国内航线的油轮和非油轮。其中，油轮是指为运输散装持久性货油而建造或者改建的船舶，以及实际装载散装持久性货油的其他船舶。

（二）油类，是指烃类矿物油及其残余物，限于装载于船上作为货物运输的持久性货油、装载用于本船运行的持久性和非持久性燃油，不包括装载于船上作为货物运输的非持久性货油。

（三）船舶油污事故，是指船舶泄漏油类造成油污损害，或者虽未泄漏油类但形成严重和紧迫油污损害威胁的一个或者一系列事件。一系列事件因同一原因而发生的，视为同一事故。

（四）船舶油污损害责任保险人或者财务保证人，是指海事事故中泄漏油类或者直接形成油污损害威胁的船舶一方的油污责任保险人或者财务保证人。

（五）油污损害赔偿责任限制基金，是指船舶所有人、船舶油污损害责任保险人或者财务保证人，对油轮装载持久性油类造成的油污损害申请设立的赔偿责任限制基金。

——《最高人民法院关于审理船舶油污损害赔偿纠纷案件若干问题的规定》

（法释〔2011〕14 号）（司法解释）第三十一条

【法律责任认定】

船舶发生油污事故，对中华人民共和国领域和管辖的其他海域造成油污损害或者形成油污损害威胁，人民法院审理相关船舶油污损害赔偿纠纷案件，适用本规定。

——《最高人民法院关于审理船舶油污损害赔偿纠纷案件若干问题的规定》

（法释〔2011〕14 号）（司法解释）第一条

当事人就油轮装载持久性油类造成的油污损害提起诉讼、申请设立油污损害赔偿责任限制基金，由船舶油污事故发生地海事法院管辖。

油轮装载持久性油类引起的船舶油污事故，发生在中华人民共和国领域和管辖的其他海域外，对中华人民共和国领域和管辖的其他海域造成油污损害或者形成油污损害威胁，当事人就船舶油污事故造成的损害提起诉讼、申请设立油污损害赔偿责任限制基金，由油污损害结果地或者采取预防油污措施地海事法院管辖。

——《最高人民法院关于审理船舶油污损害赔偿纠纷案件若干问题的规定》

（法释〔2011〕14 号）（司法解释）第二条

两艘或者两艘以上船舶泄漏油类造成油污损害，受损害人请求各泄漏油船舶所有人承担赔偿责任，按照泄漏油数量及泄漏油类对环境的危害性等因素能够合理分开各自造成的损害，由各泄漏油船舶所有人分别承担责任；不能合理分开各自造成的损害，各泄漏油船舶所有人承担连带责任。但泄漏油船舶所有人依法免予承担责任的除外。

各泄漏油船舶所有人对受损害人承担连带责任的，相互之间根据各自责任大小确定相应的赔偿数额；难以确定责任大小的，平均承担赔偿责任。泄漏油船舶所有人支付超出自己应赔偿的数额，有权向其他泄漏油船舶所有人追偿。

——《最高人民法院关于审理船舶油污损害赔偿纠纷案件若干问题的规定》

（法释〔2011〕14 号）（司法解释）第三条

船舶互有过失碰撞引起油类泄漏造成油污损害的，受损害人可以请求泄漏油船舶所有人承担全部赔偿责任。

——《最高人民法院关于审理船舶油污损害赔偿纠纷案件若干问题的规定》

（法释〔2011〕14 号）（司法解释）第四条

油轮装载的持久性油类造成油污损害的，应依照《防治船舶污染海洋环境管理条例》《1992 年国际油污损害民事责任公约》的规定确定赔偿限额。

油轮装载的非持久性燃油或者非油轮装载的燃油造成油污损害的，应依照海商法关于海事赔偿责任限制的规定确定赔偿限额。

——《最高人民法院关于审理船舶油污损害赔偿纠纷案件若干问题的规定》

（法释〔2011〕14 号）（司法解释）第五条

经证明油污损害是由于船舶所有人的故意或者明知可能造成此种损害而轻率地作为或者不作为造成的，船舶所有人主张限制赔偿责任，人民法院不予支持。

——《最高人民法院关于审理船舶油污损害赔偿纠纷案件若干问题的规定》

（法释〔2011〕14 号）（司法解释）第六条

油污损害是由于船舶所有人故意造成的，受损害人请求船舶油污损害责任保险人或者财务保证人赔偿，人民法院不予支持。

——《最高人民法院关于审理船舶油污损害赔偿纠纷案件若干问题的规定》

（法释〔2011〕14 号）（司法解释）第七条

受损害人直接向船舶油污损害责任保险人或者财务保证人提起诉讼，船舶油污损害责任保险人或者财务保证人可以对受损害人主张船舶所有人的抗辩。

除船舶所有人故意造成油污损害外，船舶油污损害责任保险人或者财务保证人向受损害人主张其对船舶所有人的抗辩，人民法院不予支持。

——《最高人民法院关于审理船舶油污损害赔偿纠纷案件若干问题的规定》

（法释〔2011〕14 号）（司法解释）第八条

船舶油污损害赔偿范围包括：

（一）为防止或者减轻船舶油污损害采取预防措施所发生的费用，以及预防措施造成的进一步灭失或者损害；

（二）船舶油污事故造成该船舶之外的财产损害以及由此引起的收入损失；

（三）因油污造成环境损害所引起的收入损失；

（四）对受污染的环境已采取或将要采取合理恢复措施的费用。

——《最高人民法院关于审理船舶油污损害赔偿纠纷案件若干问题的规定》

（法释〔2011〕14 号）（司法解释）第九条

对预防措施费用以及预防措施造成的进一步灭失或者损害，人民法院应当结合污染范围、污染程度、油类泄漏量、预防措施的合理性、参与清除油污人员及投入使用设备的费用等因素合理认定。

——《最高人民法院关于审理船舶油污损害赔偿纠纷案件若干问题的规定》

（法释〔2011〕14 号）（司法解释）第十条

对遇险船舶实施防污措施，作业开始时的主要目的仅是为防止、减轻油污损害的，所发生的费用应认定为预防措施费用。

作业具有救助遇险船舶、其他财产和防止、减轻油污损害的双重目的，应根据目的的主次比例合理划分预防措施费用与救助措施费用；无合理依据区分主次目的的，相关费用应平均分摊。但污染危险消除后发生的费用不应列为预防措施费用。

——《最高人民法院关于审理船舶油污损害赔偿纠纷案件若干问题的规定》

（法释〔2011〕14 号）（司法解释）第十一条

船舶泄漏油类污染其他船舶、渔具、养殖设施等财产，受损害人请求油污责任人赔偿因清洗、修复受污染财产支付的合理费用，人民法院应予支持。

受污染财产无法清洗、修复，或者清洗、修复成本超过其价值的，受损害人请求油污责任人赔偿合理的更换费用，人民法院应予支持，但应参照受污染财产实际使用年限与预期使用年限的比例作合理扣除。

——《最高人民法院关于审理船舶油污损害赔偿纠纷案件若干问题的规定》

（法释〔2011〕14 号）（司法解释）第十二条

受损害人因其财产遭受船舶油污，不能正常生产经营的，其收入损失应以财产清洗、修复或者更换所需合理期间为限进行计算。

——《最高人民法院关于审理船舶油污损害赔偿纠纷案件若干问题的规定》

（法释〔2011〕14 号）（司法解释）第十三条

海洋渔业、滨海旅游业及其他用海、临海经营单位或者个人请求因环境污染所遭受的收入损失，具备下列全部条件，由此证明收入损失与环境污染之间具有直接因果关系的，人民法院应予支持：

（一）请求人的生产经营活动位于或者接近污染区域；

（二）请求人的生产经营活动主要依赖受污染资源或者海岸线；

（三）请求人难以找到其他替代资源或者商业机会；

（四）请求人的生产经营业务属于当地相对稳定的产业。

——《最高人民法院关于审理船舶油污损害赔偿纠纷案件若干问题的规定》

（法释〔2011〕14 号）（司法解释）第十四条

未经相关行政主管部门许可，受损害人从事海上养殖、海洋捕捞，主张收入损失的，人民法院不予支持；但请求赔偿清洗、修复、更换养殖或者捕捞设施的合理费用，人民法院应予支持。

——《最高人民法院关于审理船舶油污损害赔偿纠纷案件若干问题的规定》

（法释〔2011〕14 号）（司法解释）第十五条

受损害人主张因其财产受污染或者因环境污染造成的收入损失，应以其前三年同期平均净收入扣减受损期间的实际净收入计算，并适当考虑影响收入的其他相关因素予以合理确定。

按照前款规定无法认定收入损失的，可以参考政府部门的相关统计数据和信息，或者同区域同类生产经营者的同期平均收入合理认定。

受损害人采取合理措施避免收入损失，请求赔偿合理措施的费用，人民法院应予支持，但以其避免发生的收入损失数额为限。

——《最高人民法院关于审理船舶油污损害赔偿纠纷案件若干问题的规定》

（法释〔2011〕14 号）（司法解释）第十六条

船舶油污事故造成环境损害的，对环境损害的赔偿应限于已实际采取或者将要采取的合理恢复措施的费用。恢复措施的费用包括合理的监测、评估、研究费用。

——《最高人民法院关于审理船舶油污损害赔偿纠纷案件若干问题的规定》

（法释〔2011〕14 号）（司法解释）第十七条

船舶取得有效的油污损害民事责任保险或者具有相应财务保证的，油污受损害人主张船舶优先权的，人民法院不予支持。

——《最高人民法院关于审理船舶油污损害赔偿纠纷案件若干问题的规定》

（法释〔2011〕14 号）（司法解释）第十八条

对油轮装载的非持久性燃油、非油轮装载的燃油造成油污损害的赔偿请求，适用海商法关于海事赔偿责任限制的规定。

同一海事事故造成前款规定的油污损害和海商法第二百零七条规定的可以限制赔偿责任的其他损害，船舶所有人依照海商法第十一章的规定主张在同一赔偿限额内限制赔偿责任的，人民法院应予支持。

——《最高人民法院关于审理船舶油污损害赔偿纠纷案件若干问题的规定》

（法释〔2011〕14 号）（司法解释）第十九条

为避免油轮装载的非持久性燃油、非油轮装载的燃油造成油污损害，对沉没、搁浅、遇难船舶采取起浮、清除或者使之无害措施，船舶所有人对由此发生的费用主张依照海商法第十一章的规定限制赔偿责任的，人民法院不予支持。

——《最高人民法院关于审理船舶油污损害赔偿纠纷案件若干问题的规定》

（法释〔2011〕14 号）（司法解释）第二十条

对油轮装载持久性油类造成的油污损害，船舶所有人，或者船舶油污责任保险人、财务保证人主张责任限制的，应当设立油污损害赔偿责任限制基金。

油污损害赔偿责任限制基金以现金方式设立的，基金数额为《防治船舶污染海洋环境管理条例》《1992 年国际油污损害民事责任公约》规定的赔偿限额。以担保方式设立基金的，担保数额为基金数额及其在基金设立期间的利息。

——《最高人民法院关于审理船舶油污损害赔偿纠纷案件若干问题的规定》

（法释〔2011〕14 号）（司法解释）第二十一条

船舶所有人、船舶油污损害责任保险人或者财务保证人申请设立油污损害赔偿责任限制基金，利害关系人对船舶所有人主张限制赔偿责任有异议的，应当在海事诉讼特别程序法第一百零六条第一款规定的异议期内以书面形式提出，但提出该异议不影响基金的设立。

——《最高人民法院关于审理船舶油污损害赔偿纠纷案件若干问题的规定》

（法释〔2011〕14 号）（司法解释）第二十二条

对油轮装载持久性油类造成的油污损害，利害关系人没有在异议期内对船舶所有人主张限制赔偿责任提出异议，油污损害赔偿责任限制基金设立后，海事法院应当解除对船舶所有人的财产采取的保全措施或者发还为解除保全措施而提供的担保。

——《最高人民法院关于审理船舶油污损害赔偿纠纷案件若干问题的规定》

（法释〔2011〕14号）（司法解释）第二十三条

对油轮装载持久性油类造成的油污损害，利害关系人在异议期内对船舶所有人主张限制赔偿责任提出异议的，人民法院在认定船舶所有人有权限制赔偿责任的裁决生效后，应当解除对船舶所有人的财产采取的保全措施或者发还为解除保全措施而提供的担保。

——《最高人民法院关于审理船舶油污损害赔偿纠纷案件若干问题的规定》

（法释〔2011〕14号）（司法解释）第二十四条

对油轮装载持久性油类造成的油污损害，受损害人提起诉讼时主张船舶所有人无权限制赔偿责任的，海事法院对船舶所有人是否有权限制赔偿责任的争议，可以先行审理并作出判决。

——《最高人民法院关于审理船舶油污损害赔偿纠纷案件若干问题的规定》

（法释〔2011〕14号）（司法解释）第二十五条

对油轮装载持久性油类造成的油污损害，受损害人没有在规定的债权登记期间申请债权登记的，视为放弃在油污损害赔偿责任限制基金中受偿的权利。

——《最高人民法院关于审理船舶油污损害赔偿纠纷案件若干问题的规定》

（法释〔2011〕14号）（司法解释）第二十六条

油污损害赔偿责任限制基金不足以清偿有关油污损害的，应根据确认的赔偿数额依法按比例分配。

——《最高人民法院关于审理船舶油污损害赔偿纠纷案件若干问题的规定》

（法释〔2011〕14号）（司法解释）第二十七条

对油轮装载持久性油类造成的油污损害，船舶所有人、船舶油污损害责任保险人或者财务保证人申请设立油污损害赔偿责任限制基金、受损害人申请债权登记与受偿，本规定没有规定的，适用海事诉讼特别程序法及相关司法解释的规定。

——《最高人民法院关于审理船舶油污损害赔偿纠纷案件若干问题的规定》

（法释〔2011〕14号）（司法解释）第二十八条

在油污损害赔偿责任限制基金分配以前，船舶所有人、船舶油污损害责任保险人或者财务保证人，已先行赔付油污损害的，可以书面申请从基金中代位受偿。代位受偿应限于赔付的范围，并不超过接受赔付的人依法可获得的赔偿数额。

海事法院受理代位受偿申请后，应书面通知所有对油污损害赔偿责任限制基金提出主张的利害关系人。利害关系人对申请人主张代位受偿的权利有异议的，应在收到通知之日起十五日内书面提出。

海事法院经审查认定申请人代位受偿权利成立，应裁定予以确认；申请人主张代位受偿的权利缺乏事实或者法律依据的，裁定驳回其申请。当事人对裁定不服的，可以在收到裁定书之日起十日内提起上诉。

——《最高人民法院关于审理船舶油污损害赔偿纠纷案件若干问题的规定》

（法释〔2011〕14号）（司法解释）第二十九条

船舶所有人为主动防止、减轻油污损害而支出的合理费用或者所作的合理牺牲，请求参与油污损害赔偿责任限制基金分配的，人民法院应予支持，比照本规定第二十九条第二款、第三款的规定处理。

——《最高人民法院关于审理船舶油污损害赔偿纠纷案件若干问题的规定》

（法释〔2011〕14 号）（司法解释）第三十条

3. 关于船舶油污损害事故的法律责任

【船舶互有过失碰撞引起油类泄漏造成油污损害】

船舶互有过失碰撞引起油类泄漏造成油污损害的，受损害人可以请求泄漏油船舶所有人承担全部赔偿责任。

——《最高人民法院关于审理船舶油污损害赔偿纠纷案件若干问题的规定》

（法释〔2011〕14 号）（司法解释）第四条

【渔港水域内非军事船舶和渔港水域外渔业船舶、码头、装卸站不编制溢油应急计划】

违反本法规定，船舶、石油平台和装卸油类的港口、码头、装卸站不编制溢油应急计划的，由依照本法规定行使海洋环境监督管理权的部门予以警告，或者责令限期改正。

——《中华人民共和国海洋环境保护法》（法律）第八十八条

【向渔业水域倾倒船舶垃圾或者排放船舶的残油、废油】

违反本法规定，有下列行为之一的，由海事管理机构、渔业主管部门按照职责分工责令停止违法行为，处一万元以上十万元以下的罚款；造成水污染的，责令限期采取治理措施，消除污染，处二万元以上二十万元以下的罚款；逾期不采取治理措施的，海事管理机构、渔业主管部门按照职责分工可以指定有治理能力的单位代为治理，所需费用由船舶承担：

（一）向水体倾倒船舶垃圾或者排放船舶的残油、废油的；

（二）未经作业地海事管理机构批准，船舶进行散装液体污染危害性货物的过驳作业的；

（三）船舶及有关作业单位从事有污染风险的作业活动，未按照规定采取污染防治措施的；

（四）以冲滩方式进行船舶拆解的；

（五）进入中华人民共和国内河的国际航线船舶，排放不符合规定的船舶压载水的。

——《中华人民共和国水污染防治法》（法律）第九十条

（二）渔业船舶违法导致海洋污染损害事故

〔关键词〕海洋污染损害事故

【海洋污染损害事故】

〔行政管理〕

1. 各国有责任履行其关于保护和保全海洋环境的国际义务。各国应按照国际法承担责任。

2. 各国对于在其管辖下的自然人或法人污染海洋环境所造成的损害，应确保按照其法律制度，可以提起申诉以获得迅速和适当的补偿或其他救济。

3. 为了对污染海洋环境所造成的一切损害保证迅速而适当地给予补偿的目的，各国应进行合作，以便就估量和补偿损害的责任以及解决有关的争端，实施现行国际法和进一步发展国际法，并在适当情形下，拟订诸如强制保险或补偿基金等关于给付适当补偿的标准和程序。

　　　　　　　　　　——《联合国海洋法公约》（国际条约）第二百三十五条

港口的船舶，其承运人、货物所有人或者代理人，必须事先向海事行政主管部门申报。经批准后，方可进出港口、过境停留或者装卸作业。

　　　　　　　　　　——《中华人民共和国海洋环境保护法》（法律）第六十七条

交通主管部门的海事管理机构对船舶污染水域的防治实施监督管理。

　　　　　　　　　　——《中华人民共和国水污染防治法》（法律）第九条第二款

中华人民共和国主管机关有权采取必要的措施，防止、减少和控制海洋环境的污染，保护和保全专属经济区和大陆架的海洋环境。

　　　　　　　　　　——《中华人民共和国专属经济区和大陆架法》（法律）第十九条

国务院交通运输主管部门应当根据防治船舶及其有关作业活动污染海洋环境的需要，组织编制防治船舶及其有关作业活动污染海洋环境应急能力建设规划，报国务院批准后公布实施。

沿海设区的市级以上地方人民政府应当按照国务院批准的防治船舶及其有关作业活动污染海洋环境应急能力建设规划，并根据本地区的实际情况，组织编制相应的防治船舶及其有关作业活动污染海洋环境应急能力建设规划。

　　　　　　　　　　——《防治船舶污染海洋环境管理条例》（行政法规）第五条

国务院交通运输主管部门、沿海设区的市级以上地方人民政府应当建立健全防治船舶及其有关作业活动污染海洋环境应急反应机制，并制定防治船舶及其有关作业活动污染海洋环境应急预案。

　　　　　　　　　　——《防治船舶污染海洋环境管理条例》（行政法规）第六条

海事管理机构应当根据防治船舶及其有关作业活动污染海洋环境的需要，会同海洋主管部门建立健全船舶及其有关作业活动污染海洋环境的监测、监视机制，加强对船舶及其有关作业活动污染海洋环境的监测、监视。

　　　　　　　　　　——《防治船舶污染海洋环境管理条例》（行政法规）第七条

国务院交通运输主管部门、沿海设区的市级以上地方人民政府应当按照防治船舶及其有关作业活动污染海洋环境应急能力建设规划，建立专业应急队伍和应急设备库，配备专用的设施、设备和器材。

　　　　　　　　　　——《防治船舶污染海洋环境管理条例》（行政法规）第八条

禁止船舶经过中华人民共和国内水、领海转移危险废物。

经过中华人民共和国管辖的其他海域转移危险废物的，应当事先取得国务院环境保护主管部门的书面同意，并按照海事管理机构指定的航线航行，定时报告船舶所处的位置。

——《防治船舶污染海洋环境管理条例》（行政法规）第三十一条

〔禁止性规定〕

在中华人民共和国管辖海域，任何船舶及相关作业不得违反本法规定向海洋排放污染物、废弃物和压载水、船舶垃圾及其他有害物质。

从事船舶污染物、废弃物、船舶垃圾接收、船舶清舱、洗舱作业活动的，必须具备相应的接收处理能力。

——《中华人民共和国海洋环境保护法》（法律）第六十二条

禁止船舶经过中华人民共和国内水、领海转移危险废物。

——《防治船舶污染海洋环境管理条例》（行政法规）第三十一条第一款

【海洋污染损害事故处理】

船舶及有关作业活动应当遵守有关法律法规和标准，采取有效措施，防止造成海洋环境污染。海事行政主管部门等有关部门应当加强对船舶及有关作业活动的监督管理。

船舶进行散装液体污染危害性货物的过驳作业，应当事先按照有关规定报经海事行政主管部门批准。

——《中华人民共和国海洋环境保护法》（法律）第七十条

船舶发生海难事故，造成或者可能造成海洋环境重大污染损害的，国家海事行政主管部门有权强制采取避免或者减少污染损害的措施。

对在公海上因发生海难事故，造成中华人民共和国管辖海域重大污染损害后果或者具有污染威胁的船舶、海上设施，国家海事行政主管部门有权采取与实际的或者可能发生的损害相称的必要措施。

——《中华人民共和国海洋环境保护法》（法律）第七十一条

船舶在中华人民共和国管辖海域发生污染事故，或者在中华人民共和国管辖海域外发生污染事故造成或者可能造成中华人民共和国管辖海域污染的，应当立即启动相应的应急预案，采取措施控制和消除污染，并就近向有关海事管理机构报告。

发现船舶及其有关作业活动可能对海洋环境造成污染的，船舶、码头、装卸站应当立即采取相应的应急处置措施，并就近向有关海事管理机构报告。

接到报告的海事管理机构应当立即核实有关情况，并向上级海事管理机构或者国务院交通运输主管部门报告，同时报告有关沿海设区的市级以上地方人民政府。

——《防治船舶污染海洋环境管理条例》（行政法规）第三十六条

【海洋污染损害事故法律管辖规定】

国家完善并实施船舶油污损害民事赔偿责任制度；按照船舶油污损害赔偿责任由船东和货主共同承担风险的原则，建立船舶油污保险、油污损害赔偿基金制度。

实施船舶油污保险、油污损害赔偿基金制度的具体办法由国务院规定。

——《中华人民共和国海洋环境保护法》（法律）第六十六条

在我国管辖海域内，因海上航运、渔业生产及其他海上作业造成污染，破坏海洋生态环境，请求损害赔偿提起的诉讼，由管辖该海域的海事法院管辖。

污染事故发生在我国管辖海域外，对我国管辖海域造成污染或污染威胁，请求损害赔偿或者预防措施费用提起的诉讼，由管辖该海域的海事法院或采取预防措施地的海事法院管辖。

——《最高人民法院关于审理发生在我国管辖海域相关案件若干问题

的规定（一）》（法释〔2016〕16 号）（司法解释）第六条

在海上或者沿海陆域内从事活动，对中华人民共和国管辖海域内海洋自然资源与生态环境造成损害，由此提起的海洋自然资源与生态环境损害赔偿诉讼，由损害行为发生地、损害结果地或者采取预防措施地海事法院管辖。

——《最高人民法院关于审理海洋自然资源与生态环境损害赔偿纠纷案件

若干问题的规定（法释〔2017〕23 号）》（司法解释）第二条

海洋环境保护法第五条规定的行使海洋环境监督管理权的机关，根据其职能分工提起海洋自然资源与生态环境损害赔偿诉讼，人民法院应予受理。

——《最高人民法院关于审理海洋自然资源与生态环境损害赔偿纠纷案件

若干问题的规定（法释〔2017〕23 号）》（司法解释）第三条

人民法院受理海洋自然资源与生态环境损害赔偿诉讼，应当在立案之日起五日内公告案件受理情况。

人民法院在审理中发现可能存在下列情形之一的，可以书面告知其他依法行使海洋环境监督管理权的机关：

（一）同一损害涉及不同区域或者不同部门；

（二）不同损害应由其他依法行使海洋环境监督管理权的机关索赔。

本规定所称不同损害，包括海洋自然资源与生态环境损害中不同种类和同种类但可以明确区分属不同机关索赔范围的损害。

——《最高人民法院关于审理海洋自然资源与生态环境损害赔偿纠纷案件

若干问题的规定（法释〔2017〕23 号）》（司法解释）第四条

依法行使海洋环境监督管理权的机关请求造成海洋自然资源与生态环境损害的责任者承担停止侵害、排除妨碍、消除危险、恢复原状、赔礼道歉、赔偿损失等民事责任的，人民法院应当根据诉讼请求以及具体案情，合理判定责任者承担民事责任。

——《最高人民法院关于审理海洋自然资源与生态环境损害赔偿纠纷案件

若干问题的规定（法释〔2017〕23 号）》（司法解释）第六条

海洋自然资源与生态环境损失赔偿范围包括：

（一）预防措施费用，即为减轻或者防止海洋环境污染、生态恶化、自然资源减少所采取合理应急处置措施而发生的费用；

（二）恢复费用，即采取或者将要采取措施恢复或者部分恢复受损害海洋自然资源与生态环境功能所需费用；

（三）恢复期间损失，即受损害的海洋自然资源与生态环境功能部分或者完全恢复前的海洋自然资源损失、生态环境服务功能损失；

（四）调查评估费用，即调查、勘查、监测污染区域和评估污染等损害风险与实际损害所发生的费用。

——《最高人民法院关于审理海洋自然资源与生态环境损害赔偿纠纷案件
若干问题的规定（法释〔2017〕23号）》（司法解释）第七条

人民法院判决责任者赔偿海洋自然资源与生态环境损失的，可以一并写明依法行使海洋环境监督管理权的机关受领赔款后向国库账户交纳。

发生法律效力的裁判需要采取强制执行措施的，应当移送执行。

——《最高人民法院关于审理海洋自然资源与生态环境损害赔偿纠纷案件
若干问题的规定（法释〔2017〕23号）》（司法解释）第十条

当事人因船舶碰撞、海洋污染等事故受到损害，请求侵权人赔偿渔船、渔具、渔货损失以及收入损失的，人民法院应予支持。

当事人违反渔业法第二十三条，未取得捕捞许可证从事海上捕捞作业，依照前款规定主张收入损失的，人民法院不予支持。

——《最高人民法院关于审理发生在我国管辖海域相关案件
若干问题的规定（二）》（法释〔2016〕17号）（司法解释）第一条

链接：船舶责任与义务

船舶必须按照有关规定持有防止海洋环境污染的证书与文书，在进行涉及污染物排放及操作时，应当如实记录。

——《中华人民共和国海洋环境保护法》（法律）第六十三条

船舶必须配置相应的防污设备和器材。

载运具有污染危害性货物的船舶，其结构与设备应当能够防止或者减轻所载货物对海洋环境的污染。

——《中华人民共和国海洋环境保护法》（法律）第六十四条

船舶应当遵守海上交通安全法律、法规的规定，防止因碰撞、触礁、搁浅、火灾或者爆炸等引起的海难事故，造成海洋环境的污染。

——《中华人民共和国海洋环境保护法》（法律）第六十五条

交付船舶装运污染危害性货物的单证、包装、标志、数量限制等，必须符合对所装货物的有关规定。

需要船舶装运污染危害性不明的货物，应当按照有关规定事先进行评估。

装卸油类及有毒有害货物的作业，船岸双方必须遵守安全防污操作规程。

——《中华人民共和国海洋环境保护法》（法律）第六十六条

港口、码头、装卸站和船舶修造厂必须按照有关规定备有足够的用于处理船舶污染物、废弃物的接收设施，并使该设施处于良好状态。

装卸油类的港口、码头、装卸站和船舶必须编制溢油污染应急计划，并配备相应的溢油污染应急设备和器材。

——《中华人民共和国海洋环境保护法》（法律）第六十九条

所有船舶均有监视海上污染的义务，在发现海上污染事故或者违反本法规定的行为

时，必须立即向就近的依照本法规定行使海洋环境监督管理权的部门报告。

民用航空器发现海上排污或者污染事件，必须及时向就近的民用航空空中交通管制单位报告。接到报告的单位，应当立即向依照本法规定行使海洋环境监督管理权的部门通报。

——《中华人民共和国海洋环境保护法》（法律）第七十二条

任何单位和个人发现船舶及其有关作业活动造成或者可能造成海洋环境污染的，应当立即就近向海事管理机构报告。

——《防治船舶污染海洋环境管理条例》（行政法规）第九条

港口、码头、装卸站以及从事船舶修造、打捞、拆解等作业活动的单位应当制定有关安全营运和防治污染的管理制度，按照国家有关防治船舶及其有关作业活动污染海洋环境的规范和标准，配备相应的防治污染设备和器材。

港口、码头、装卸站以及从事船舶修造、打捞、拆解等作业活动的单位，应当定期检查、维护配备的防治污染设备和器材，确保防治污染设备和器材符合防治船舶及其有关作业活动污染海洋环境的要求。

——《防治船舶污染海洋环境管理条例》（行政法规）第十三条

船舶所有人、经营人或者管理人应当制定防治船舶及其有关作业活动污染海洋环境的应急预案，并报海事管理机构备案。

港口、码头、装卸站的经营人以及有关作业单位应当制定防治船舶及其有关作业活动污染海洋环境的应急预案，并报海事管理机构和环境保护主管部门备案。

船舶、港口、码头、装卸站以及其他有关作业单位应当按照应急预案，定期组织演练，并做好相应记录。

——《防治船舶污染海洋环境管理条例》（行政法规）第十四条

【海洋污染损害事故法律责任】

1. 渔业港口、码头、装卸站及渔港水域内非军事船舶和渔港水域外渔业船舶未配备防污设施、器材

〔关键词〕渔业港口、码头、装卸站及渔港水域内非军事船舶和渔港水域外渔业船舶未配备防污设施、器材

国家渔业行政主管部门负责渔港水域内非军事船舶和渔港水域外渔业船舶污染海洋环境的监督管理，负责保护渔业水域生态环境工作，并调查处理前款规定的污染事故以外的渔业污染事故。

——《中华人民共和国海洋环境保护法》（法律）第五条第四款

违反本法规定，有下列行为之一的，由依照本法规定行使海洋环境监督管理权的部门予以警告，或者处以罚款：

（一）港口、码头、装卸站及船舶未配备防污设施、器材的；

（二）船舶未持有防污证书、防污文书，或者不按照规定记载排污记录的；

（三）从事水上和港区水域拆船、旧船改装、打捞和其他水上、水下施工作业，造成海洋环境污染损害的；

（四）船舶载运的货物不具备防污适运条件的。

有前款第（一）、（四）项行为之一的，处二万元以上十万元以下的罚款；有前款第（二）项行为的，处二万元以下的罚款；有前款第（三）项行为的，处五万元以上二十万元以下的罚款。

——《中华人民共和国海洋环境保护法》（法律）第八十七条

2. 船舶未持有防污证书、防污文书，或者不按照规定记载排污记录

〔关键词〕船舶未持有防污证书、防污文书，或者不按照规定记载排污记录

违反本法规定，有下列行为之一的，由依照本法规定行使海洋环境监督管理权的部门予以警告，或者处以罚款：

（一）港口、码头、装卸站及船舶未配备防污设施、器材的；

（二）船舶未持有防污证书、防污文书，或者不按照规定记载排污记录的；

（三）从事水上和港区水域拆船、旧船改装、打捞和其他水上、水下施工作业，造成海洋环境污染损害的；

（四）船舶载运的货物不具备防污适运条件的。

有前款第（一）、（四）项行为之一的，处二万元以上十万元以下的罚款；有前款第（二）项行为的，处二万元以下的罚款；有前款第（三）项行为的，处五万元以上二十万元以下的罚款。

——《中华人民共和国海洋环境保护法》（法律）第八十七条

违反本条例的规定，有下列情形之一的，由海事管理机构依照《中华人民共和国海洋环境保护法》有关规定予以处罚：

（一）船舶未取得并随船携带防治船舶污染海洋环境的证书、文书的；

（四）船舶未如实记录污染物处置情况的。

——《防治船舶污染海洋环境管理条例》（行政法规）第五十八条

3. 从事水上和港区水域拆船、旧船改装、打捞和其他水上、水下施工作业，造成海洋环境污染损害

〔关键词〕从事水上和港区水域拆船、旧船改装、打捞和其他水上、水下施工作业，造成海洋环境污染损害

违反本法规定，有下列行为之一的，由依照本法规定行使海洋环境监督管理权的部门予以警告，或者处以罚款：

（一）港口、码头、装卸站及船舶未配备防污设施、器材的；

（二）船舶未持有防污证书、防污文书，或者不按照规定记载排污记录的；

（三）从事水上和港区水域拆船、旧船改装、打捞和其他水上、水下施工作业，造成海洋环境污染损害的；

（四）船舶载运的货物不具备防污适运条件的。

有前款第（一）、（四）项行为之一的，处二万元以上十万元以下的罚款；有前款第（二）项行为的，处二万元以下的罚款；有前款第（三）项行为的，处五万元以上二十万元以下的罚款。

　　　　　　　　——《中华人民共和国海洋环境保护法》（法律）第八十七条

违反本条例的规定，有下列情形之一的，由海事管理机构依照《中华人民共和国海洋环境保护法》有关规定予以处罚：

（六）从事船舶水上拆解作业，造成海洋环境污染损害的。

　　　　　　　　——《防治船舶污染海洋环境管理条例》（行政法规）第五十八条第六项

4. 船舶的结构不符合国家有关防治船舶污染海洋环境的技术规范或者有关国际条约要求

〔关键词〕船舶的结构不符合国家有关防治船舶污染海洋环境的技术规范或者有关国际条约要求

违反本条例的规定，船舶的结构不符合国家有关防治船舶污染海洋环境的技术规范或者有关国际条约要求的，由海事管理机构处 10 万元以上 30 万元以下的罚款。

　　　　　　　　——《防治船舶污染海洋环境管理条例》（行政法规）第五十七条

5. 违规排放或超标排放污染物

〔关键词〕违规排放或超标排放污染物

违反本条例的规定，有下列情形之一的，由海事管理机构依照《中华人民共和国海洋环境保护法》有关规定予以处罚：

（三）船舶向海域排放本条例禁止排放的污染物的；

（五）船舶超过标准向海域排放污染物的。

　　　　　　　　——《防治船舶污染海洋环境管理条例》（行政法规）第五十八条第三项、第五项

6. 发生船舶污染事故，船舶、有关作业单位未立即启动应急预案或迟报、漏报事故

〔关键词〕发生船舶污染事故，船舶、有关作业单位未立即启动应急预案或迟报、漏报事故

违反本条例的规定，发生船舶污染事故，船舶、有关作业单位未立即启动应急预案的，对船舶、有关作业单位，由海事管理机构处 2 万元以上 10 万元以下的罚款；对直接负责的主管人员和其他直接责任人员，由海事管理机构处 1 万元以上 2 万元以下的罚款。直接负责的主管人员和其他直接责任人员属于船员的，并处给予暂扣适任证书或者其他有关证件 1 个月至 3 个月的处罚。

　　　　　　　　——《防治船舶污染海洋环境管理条例》（行政法规）第六十七条

违反本条例的规定，发生船舶污染事故，船舶、有关作业单位迟报、漏报事故的，对船舶、有关作业单位，由海事管理机构处 5 万元以上 25 万元以下的罚款；对直接负责的主管

人员和其他直接责任人员，由海事管理机构处 1 万元以上 5 万元以下的罚款。直接负责的主管人员和其他直接责任人员属于船员的，并处给予暂扣适任证书或者其他有关证件 3 个月至 6 个月的处罚。瞒报、谎报事故的，对船舶、有关作业单位，由海事管理机构处 25 万元以上 50 万元以下的罚款；对直接负责的主管人员和其他直接责任人员，由海事管理机构处 5 万元以上 10 万元以下的罚款。直接负责的主管人员和其他直接责任人员属于船员的，并处给予吊销适任证书或者其他有关证件的处罚。

——《防治船舶污染海洋环境管理条例》（行政法规）第六十八条

7. 渔港水域内非军事船舶和水域外渔业船舶或者渔业水域发生海洋污染事故或者其他突发性事件不按照规定报告

〔关键词〕渔港水域内非军事船舶和水域外渔业船舶或者渔业水域发生海洋污染事故或者其他突发性事件不按照规定报告

国家渔业行政主管部门负责渔港水域内非军事船舶和渔港水域外渔业船舶污染海洋环境的监督管理，负责保护渔业水域生态环境工作，并调查处理前款规定的污染事故以外的渔业污染事故。

——《中华人民共和国海洋环境保护法》（法律）第五条第四款

违反本法有关规定，有下列行为之一的，由依照本法规定行使海洋环境监督管理权的部门予以警告，或者处以罚款：

（一）不按照规定申报，甚至拒报污染物排放有关事项，或者在申报时弄虚作假的；

（二）发生事故或者其他突发性事件不按照规定报告的；

（三）不按照规定记录倾倒情况，或者不按照规定提交倾倒报告的；

（四）拒报或者谎报船舶载运污染危害性货物申报事项的。

有前款第（一）、（三）项行为之一的，处二万元以下的罚款；有前款第（二）、（四）项行为之一的，处五万元以下的罚款。

——《中华人民共和国海洋环境保护法》（法律）第七十四条

8. 渔业船舶破坏渔业水域生态系统及海洋水产资源、海洋保护区

〔关键词〕渔业船舶破坏渔业水域生态系统及海洋水产资源、海洋保护区

国家渔业行政主管部门负责渔港水域内非军事船舶和渔港水域外渔业船舶污染海洋环境的监督管理，负责保护渔业水域生态环境工作，并调查处理前款规定的污染事故以外的渔业污染事故。

——《中华人民共和国海洋环境保护法》（法律）第五条第四款

违反本法规定，造成珊瑚礁、红树林等海洋生态系统及海洋水产资源、海洋保护区破坏的，由依照本法规定行使海洋环境监督管理权的部门责令限期改正和采取补救措施，并处一万元以上十万元以下的罚款；有违法所得的，没收其违法所得。

——《中华人民共和国海洋环境保护法》（法律）第七十六条

（三）渔业船舶违法导致水污染损害事故

〔关键词〕水污染损害事故

【水污染损害事故】

〔概念界定〕

本法中下列用语的含义：

（一）水污染，是指水体因某种物质的介入，而导致其化学、物理、生物或者放射性等方面特性的改变，从而影响水的有效利用，危害人体健康或者破坏生态环境，造成水质恶化的现象。

（二）水污染物，是指直接或者间接向水体排放的，能导致水体污染的物质。

（三）有毒污染物，是指那些直接或者间接被生物摄入体内后，可能导致该生物或者其后代发病、行为反常、遗传异变、生理机能失常、机体变形或者死亡的污染物。

（四）污泥，是指污水处理过程中产生的半固态或者固态物质。

（五）渔业水体，是指划定的鱼虾类的产卵场、索饵场、越冬场、洄游通道和鱼虾贝藻类的养殖场的水体。

——《中华人民共和国水污染防治法》（法律）第一百零二条

造成渔业污染事故或者渔业船舶造成水污染事故的，应当向事故发生地的渔业主管部门报告，接受调查处理。其他船舶造成水污染事故的，应当向事故发生地的海事管理机构报告，接受调查处理；给渔业造成损害的，海事管理机构应当通知渔业主管部门参与调查处理。

——《中华人民共和国水污染防治法》（法律）第七十八条第二款

〔禁止性规定〕

船舶排放含油污水、生活污水，应当符合船舶污染物排放标准。从事海洋航运的船舶进入内河和港口的，应当遵守内河的船舶污染物排放标准。

船舶的残油、废油应当回收，禁止排入水体。

禁止向水体倾倒船舶垃圾。

船舶装载运输油类或者有毒货物，应当采取防止溢流和渗漏的措施，防止货物落水造成水污染。

进入中华人民共和国内河的国际航线船舶排放压载水的，应当采用压载水处理装置或者采取其他等效措施，对压载水进行灭活等处理。禁止排放不符合规定的船舶压载水。

——《中华人民共和国水污染防治法》（法律）第五十九条

禁止采取冲滩方式进行船舶拆解作业。

——《中华人民共和国水污染防治法》（法律）第六十二条第三款

〔船舶责任与义务〕

船舶排放含油污水、生活污水，应当符合船舶污染物排放标准。从事海洋航运的船舶进入内河和港口的，应当遵守内河的船舶污染物排放标准。

船舶的残油、废油应当回收，禁止排入水体。

禁止向水体倾倒船舶垃圾。

船舶装载运输油类或者有毒货物，应当采取防止溢流和渗漏的措施，防止货物落水造成水污染。

进入中华人民共和国内河的国际航线船舶排放压载水的，应当采用压载水处理装置或者采取其他等效措施，对压载水进行灭活等处理。禁止排放不符合规定的船舶压载水。

——《中华人民共和国水污染防治法》（法律）第五十九条

船舶应当按照国家有关规定配置相应的防污设备和器材，并持有合法有效的防止水域环境污染的证书与文书。

船舶进行涉及污染物排放的作业，应当严格遵守操作规程，并在相应的记录簿上如实记载。

——《中华人民共和国水污染防治法》（法律）第六十条

港口、码头、装卸站和船舶修造厂所在地市、县级人民政府应当统筹规划建设船舶污染物、废弃物的接收、转运及处理处置设施。

港口、码头、装卸站和船舶修造厂应当备有足够的船舶污染物、废弃物的接收设施。从事船舶污染物、废弃物接收作业，或者从事装载油类、污染危害性货物船舱清洗作业的单位，应当具备与其运营规模相适应的接收处理能力。

——《中华人民共和国水污染防治法》（法律）第六十一条

船舶及有关作业单位从事有污染风险的作业活动，应当按照有关法律法规和标准，采取有效措施，防止造成水污染。海事管理机构、渔业主管部门应当加强对船舶及有关作业活动的监督管理。

船舶进行散装液体污染危害性货物的过驳作业，应当编制作业方案，采取有效的安全和污染防治措施，并报作业地海事管理机构批准。

禁止采取冲滩方式进行船舶拆解作业。

——《中华人民共和国水污染防治法》（法律）第六十二条

在太湖流域航行的船舶应当按照要求配备污水、废油、垃圾、粪便等污染物、废弃物收集设施。未持有合法有效的防止水域环境污染证书、文书的船舶，不得在太湖流域航行。运输剧毒物质、危险化学品的船舶，不得进入太湖。

太湖流域各港口、码头、装卸站和船舶修造厂应当配备船舶污染物、废弃物接收设施和必要的水污染应急设施，并接受当地港口管理部门和环境保护主管部门的监督。

太湖流域县级以上地方人民政府和有关海事管理机构应当建立健全船舶水污染事故应急制度，在船舶水污染事故发生后立即采取应急处置措施。

——《太湖流域管理条例》（行政法规）第三十六条

【水污染损害事故相关法律责任】

1. 船舶未配置相应的防污染设备和器材

〔关键词〕船舶未配置相应的防污染设备和器材

船舶未配置相应的防污染设备和器材，或者未持有合法有效的防止水域环境污染的证书与文书的，由海事管理机构、渔业主管部门按照职责分工责令限期改正，处二千元以上二万元以下的罚款；逾期不改正的，责令船舶临时停航。

——《中华人民共和国水污染防治法》（法律）第八十九条第一款

2. 向水体倾倒船舶垃圾或者排放船舶的残油、废油等行为造成水污染逾期不采取治理措施

〔关键词〕向水体倾倒船舶垃圾或者排放船舶的残油、废油等行为造成水污染逾期不采取治理措施

违反本法规定，有下列行为之一的，由海事管理机构、渔业主管部门按照职责分工责令停止违法行为，处一万元以上十万元以下的罚款；造成水污染的，责令限期采取治理措施，消除污染，处二万元以上二十万元以下的罚款；逾期不采取治理措施的，海事管理机构、渔业主管部门按照职责分工可以指定有治理能力的单位代为治理，所需费用由船舶承担：

（一）向水体倾倒船舶垃圾或者排放船舶的残油、废油的；
（二）未经作业地海事管理机构批准，船舶进行散装液体污染危害性货物的过驳作业的；
（三）船舶及有关作业单位从事有污染风险的作业活动，未按照规定采取污染防治措施的；
（四）以冲滩方式进行船舶拆解的；
（五）进入中华人民共和国内河的国际航线船舶，排放不符合规定的船舶压载水的。

——《中华人民共和国水污染防治法》（法律）第九十条

3. 未持有合法有效的防止水域环境污染的证书与文书

〔关键词〕未持有合法有效的防止水域环境污染的证书与文书

船舶未配置相应的防污染设备和器材，或者未持有合法有效的防止水域环境污染的证书与文书的，由海事管理机构、渔业主管部门按照职责分工责令限期改正，处二千元以上二万元以下的罚款；逾期不改正的，责令船舶临时停航。

——《中华人民共和国水污染防治法》（法律）第八十九条第一款

4. 未遵守操作规程或者未在相应的记录簿上如实记载

〔关键词〕未遵守操作规程或者未在相应的记录簿上如实记载

船舶进行涉及污染物排放的作业，未遵守操作规程或者未在相应的记录簿上如实记载的，由海事管理机构、渔业主管部门按照职责分工责令改正，处二千元以上二万元以下的罚款。

——《中华人民共和国水污染防治法》（法律）第八十九条第二款

5. 违法倾倒、排放污染物或从事有污染风险的作业活动、以冲滩方式进行船舶拆解

〔关键词〕违法倾倒、排放污染物或从事有污染风险的作业活动、以冲滩方式进行船舶拆解

违反本法规定，有下列行为之一的，由海事管理机构、渔业主管部门按照职责分工

责令停止违法行为，处一万元以上十万元以下的罚款；造成水污染的，责令限期采取治理措施，消除污染，处二万元以上二十万元以下的罚款；逾期不采取治理措施的，海事管理机构、渔业主管部门按照职责分工可以指定有治理能力的单位代为治理，所需费用由船舶承担：

（一）向水体倾倒船舶垃圾或者排放船舶的残油、废油的；

（二）未经作业地海事管理机构批准，船舶进行散装液体污染危害性货物的过驳作业的；

（三）船舶及有关作业单位从事有污染风险的作业活动，未按照规定采取污染防治措施的；

（四）以冲滩方式进行船舶拆解的；

（五）进入中华人民共和国内河的国际航线船舶，排放不符合规定的船舶压载水的。

——《中华人民共和国水污染防治法》（法律）第九十条

6. 渔业船舶造成水污染事故

〔关键词〕渔业船舶造成水污染事故

造成渔业污染事故或者渔业船舶造成水污染事故的，由渔业主管部门进行处罚；其他船舶造成水污染事故的，由海事管理机构进行处罚。

——《中华人民共和国水污染防治法》（法律）第九十四条第三款

链接：水污染事故法律责任认定

因水污染引起的损害赔偿责任和赔偿金额的纠纷，可以根据当事人的请求，由环境保护主管部门或者海事管理机构、渔业主管部门按照职责分工调解处理；调解不成的，当事人可以向人民法院提起诉讼。当事人也可以直接向人民法院提起诉讼。

——《中华人民共和国水污染防治法》（法律）第九十七条

---

7. 渔港水域内非军事船舶和水域外渔业船舶向渔业水域排放法律禁止排放的污染物或者其他物质

〔关键词〕渔港水域内非军事船舶和水域外渔业船舶向渔业水域排放法律禁止排放的污染物或者其他物质

国家渔业行政主管部门负责渔港水域内非军事船舶和渔港水域外渔业船舶污染海洋环境的监督管理，负责保护渔业水域生态环境工作，并调查处理前款规定的污染事故以外的渔业污染事故。

——《中华人民共和国海洋环境保护法》（法律）第五条第四款

违反本法有关规定，有下列行为之一的，由依照本法规定行使海洋环境监督管理权的部门责令停止违法行为、限期改正或者责令采取限制生产、停产整治等措施，并处以罚款；拒不改正的，依法作出处罚决定的部门可以自责令改正之日的次日起，按照原罚款数额按日连续处罚；情节严重的，报经有批准权的人民政府批准，责令停业、关闭：

（一）向海域排放本法禁止排放的污染物或者其他物质的；

（二）不按照本法规定向海洋排放污染物，或者超过标准、总量控制指标排放污染物的；

（四）因发生事故或者其他突发性事件，造成海洋环境污染事故，不立即采取处理措施的。

——《中华人民共和国海洋环境保护法》（法律）
第七十三条第一项、第二项、第四项

（四）渔业船舶违法导致大气污染损害事故

〔关键词〕大气污染损害事故

【大气污染损害事故】

〔禁止性规定〕

机动车船、非道路移动机械不得超过标准排放大气污染物。

禁止生产、进口或者销售大气污染物排放超过标准的机动车船、非道路移动机械。

——《中华人民共和国大气污染防治法》（法律）第五十一条

禁止生产、进口、销售不符合标准的机动车船、非道路移动机械用燃料；禁止向汽车和摩托车销售普通柴油以及其他非机动车用燃料；禁止向非道路移动机械、内河和江海直达船舶销售渣油和重油。

——《中华人民共和国大气污染防治法》（法律）第六十五条

发动机油、氮氧化物还原剂、燃料和润滑油添加剂以及其他添加剂的有害物质含量和其他大气环境保护指标，应当符合有关标准的要求，不得损害机动车船污染控制装置效果和耐久性，不得增加新的大气污染物排放。

——《中华人民共和国大气污染防治法》（法律）第六十六条

〔行政管理〕

船舶检验机构对船舶发动机及有关设备进行排放检验。经检验符合国家排放标准的，船舶方可运营。

——《中华人民共和国大气污染防治法》（法律）第六十二条

内河和江海直达船舶应当使用符合标准的普通柴油。远洋船舶靠港后应当使用符合大气污染物控制要求的船舶用燃油。

新建码头应当规划、设计和建设岸基供电设施；已建成的码头应当逐步实施岸基供电设施改造。船舶靠港后应当优先使用岸电。

——《中华人民共和国大气污染防治法》（法律）第六十三条

国务院交通运输主管部门可以在沿海海域划定船舶大气污染物排放控制区，进入排放控制区的船舶应当符合船舶相关排放要求。

——《中华人民共和国大气污染防治法》（法律）第六十四条

链接：大气污染防治

国家倡导低碳、环保出行，根据城市规划合理控制燃油机动车保有量，大力发展城市公共交通，提高公共交通出行比例。

国家采取财政、税收、政府采购等措施推广应用节能环保型和新能源机动车船、非道路移动机械，限制高油耗、高排放机动车船、非道路移动机械的发展，减少化石能源的消耗。

省、自治区、直辖市人民政府可以在条件具备的地区，提前执行国家机动车大气污染物排放标准中相应阶段排放限值，并报国务院生态环境主管部门备案。城市人民政府应当加强并改善城市交通管理，优化道路设置，保障人行道和非机动车道的连续、畅通。

——《中华人民共和国大气污染防治法》（法律）第五十条

国家鼓励和支持高排放机动车船、非道路移动机械提前报废。

——《中华人民共和国大气污染防治法》（法律）第六十条第二款

1. 进口、生产、销售不符合标准油料

〔关键词〕进口、生产、销售不符合标准油料

违反本法规定，有下列行为之一的，由县级以上地方人民政府市场监督管理部门责令改正，没收原材料、产品和违法所得，并处货值金额一倍以上三倍以下的罚款：

（一）销售不符合质量标准的煤炭、石油焦的；

（二）生产、销售挥发性有机物含量不符合质量标准或者要求的原材料和产品的；

（三）生产、销售不符合标准的机动车船和非道路移动机械用燃料、发动机油、氮氧化物还原剂、燃料和润滑油添加剂以及其他添加剂的；

（四）在禁燃区内销售高污染燃料的。

——《中华人民共和国大气污染防治法》（法律）第一百零三条

违反本法规定，有下列行为之一的，由海关责令改正，没收原材料、产品和违法所得，并处货值金额一倍以上三倍以下的罚款；构成走私的，由海关依法予以处罚：

（一）进口不符合质量标准的煤炭、石油焦的；

（二）进口挥发性有机物含量不符合质量标准或者要求的原材料和产品的；

（三）进口不符合标准的机动车船和非道路移动机械用燃料、发动机油、氮氧化物还原剂、燃料和润滑油添加剂以及其他添加剂的。

——《中华人民共和国大气污染防治法》（法律）第一百零四条

2. 使用不符合标准或者要求的船舶用燃油

〔关键词〕使用不符合标准或者要求的船舶用燃油

违反本法规定，使用不符合标准或者要求的船舶用燃油的，由海事管理机构、渔业主管

部门按照职责处一万元以上十万元以下的罚款。

——《中华人民共和国大气污染防治法》（法律）第一百零六条

排放大气污染物造成损害的，应当依法承担侵权责任。

——《中华人民共和国大气污染防治法》（法律）第一百二十五条

3. 伪造船舶排放检验结果或者出具虚假排放检验报告

〔关键词〕伪造船舶排放检验结果或者出具虚假排放检验报告

违反本法规定，伪造船舶排放检验结果或者出具虚假排放检验报告的，由海事管理机构依法予以处罚。

——《中华人民共和国大气污染防治法》（法律）第一百一十二条第二款

（五）违法导致拆船污染损害事故

〔关键词〕拆船作业｜岸边拆船｜水上拆船｜拆船污染损害事故

【拆船作业】

〔概念界定〕

本条例所称岸边拆船，指废船停靠拆船码头拆解；废船在船坞拆解；废船冲滩（不包括海难事故中的船舶冲滩）拆解。

本条例所称水上拆船，指对完全处于水上的废船进行拆解。

——《防止拆船污染环境管理条例》（行政法规）第三条

〔行政管理〕

县级以上人民政府环境保护部门负责组织协调、监督检查拆船业的环境保护工作，并主管港区水域外的岸边拆船环境保护工作。

中华人民共和国港务监督（含港航监督，下同）主管水上拆船和综合港港区水域拆船的环境保护工作，并协助环境保护部门监督港区水域外的岸边拆船防止污染工作。

国家渔政渔港监督管理部门主管渔港水域拆船的环境保护工作，负责监督拆船活动对沿岸渔业水域的影响，发现污染损害事故后，会同环境保护部门调查处理。

军队环境保护部门主管军港水域拆船的环境保护工作。

国家海洋管理部门和重要江河的水资源保护机构，依据《中华人民共和国海洋环境保护法》和《中华人民共和国水污染防治法》确定的职责，协助以上各款所指主管部门监督拆船的防止污染工作。

县级以上人民政府的环境保护部门、中华人民共和国港务监督、国家渔政渔港监督管理部门和军队环境保护部门，在主管本条第一、第二、第三、第四款所确定水域的拆船环境保护工作时，简称"监督拆船污染的主管部门"。

——《中华人民共和国防止拆船污染环境管理条例》
（行政法规）第四条

设置拆船厂，必须编制环境影响报告书（表）。其内容包括：拆船厂的地理位置、周围环境状况、拆船规模和条件、拆船工艺、防污措施、预期防治效果等。未依法进行环境影响评价的拆船厂，不得开工建设。

环境保护部门在批准环境影响报告书（表）前，应当征求各有关部门的意见。

——《防止拆船污染环境管理条例》（行政法规）第六条

〔禁止性规定〕

在饮用水源地、海水淡化取水点、盐场、重要的渔业水域、海水浴场、风景名胜区以及其他需要特殊保护的区域，不得设置拆船厂。

——《中华人民共和国防止拆船污染环境管理条例》（行政法规）第五条第二款

拆下的船舶部件或者废弃物，不得投弃或者存放水中；带有污染物的船舶部件或者废弃物，严禁进入水体。未清洗干净的船底和油柜必须拖到岸上拆解。

拆船作业产生的电石渣及其废水，必须收集处理，不得流入水中。

船舶拆解完毕，拆船单位和个人应当及时清理拆船现场。

——《防止拆船污染环境管理条例》（行政法规）第十四条

〔拆船单位责任与义务〕

拆船单位必须配备或者设置防止拆船污染必需的拦油装置、废油接收设备、含油污水接收处理设施或者设备、废弃物回收处置场等，并经批准环境影响报告书（表）的环境保护部门验收合格，发给验收合格证后，方可进船拆解。

——《防止拆船污染环境管理条例》（行政法规）第十条

拆船单位在废船拆解前，必须清除易燃、易爆和有毒物质；关闭海底阀和封闭可能引起油污水外溢的管道。垃圾、残油、废油、油泥、含油污水和易燃易爆物品等废弃物必须送到岸上集中处理，并不得采用渗坑、渗井的处理方式。

废油船在拆解前，必须进行洗舱、排污、清舱、测爆等工作。

——《防止拆船污染环境管理条例》（行政法规）第十一条

在水上进行拆船作业的拆船单位和个人，必须事先采取有效措施，严格防止溢出、散落水中的油类和其他漂浮物扩散。

在水上进行拆船作业，一旦出现溢出、散落水中的油类和其他漂浮物，必须及时收集处理。

——《防止拆船污染环境管理条例》（行政法规）第十二条

拆下的船舶部件或者废弃物，不得投弃或者存放水中；带有污染物的船舶部件或者废弃物，严禁进入水体。未清洗干净的船底和油柜必须拖到岸上拆解。

拆船作业产生的电石渣及其废水，必须收集处理，不得流入水中。

船舶拆解完毕，拆船单位和个人应当及时清理拆船现场。

——《防止拆船污染环境管理条例》（行政法规）第十四条

【拆船作业相关法律责任】

1. 发生拆船污染损害事故不作为

〔关键词〕发生拆船污染损害事故不作为

违反本条例规定，有下列情形之一的，监督拆船污染的主管部门除责令其限期纠正外，还可以根据不同情节，处以一万元以上十万元以下的罚款：

（一）发生污染损害事故，不向监督拆船污染的主管部门报告也不采取消除或者控制污染措施的。

——《中华人民共和国防止拆船污染环境管理条例》

（行政法规）第十七条第一款第一项

违反本条例规定，有下列情形之一的，监督拆船污染的主管部门除责令其限期纠正外，还可以根据不同情节，给予警告或者处以一万元以下的罚款：

（三）发生污染损害事故，虽采取消除或者控制污染措施，但不向监督拆船污染的主管部门报告的。

——《中华人民共和国防止拆船污染环境管理条例》

（行政法规）第十八条第三项

2. 废油船未经洗舱、排污、清舱和测爆即行拆解

〔关键词〕废油船未经洗舱、排污、清舱和测爆即行拆解

违反本条例规定，有下列情形之一的，监督拆船污染的主管部门除责令其限期纠正外，还可以根据不同情节，处以一万元以上十万元以下的罚款：

（二）废油船未经洗舱、排污、清舱和测爆即行拆解的。

——《防止拆船污染环境管理条例》（行政法规）第十七条第一款第二项

3. 任意排放或者丢弃污染物造成严重污染

〔关键词〕任意排放或者丢弃污染物造成严重污染

违反本条例规定，有下列情形之一的，监督拆船污染的主管部门除责令其限期纠正外，还可以根据不同情节，处以一万元以上十万元以下的罚款：

（三）任意排放或者丢弃污染物造成严重污染的。

——《中华人民共和国防止拆船污染环境管理条例》

（行政法规）第十七条第一款第三项

4. 违反规定区域设置拆船厂并进行拆船

〔关键词〕违反规定区域设置拆船厂并进行拆船

违反本条例规定，擅自在第五条第二款所指的区域设置拆船厂并进行拆船的，按照分级管理的原则，由县级以上人民政府责令限期关闭或者搬迁。

——《防止拆船污染环境管理条例》（行政法规）第十七条第二款

5. 拆船厂未依法进行环境影响评价擅自开工建设

〔关键词〕拆船厂未依法进行环境影响评价擅自开工建设

拆船厂未依法进行环境影响评价擅自开工建设的，依照《中华人民共和国环境保护法》的规定处罚。

——《防止拆船污染环境管理条例》（行政法规）第十七条第三款

6. 拒绝或者阻挠监督拆船污染的主管部门进行现场检查或者在被检查时弄虚作假

〔关键词〕拒绝或者阻挠监督拆船污染的主管部门进行现场检查或者在被检查时弄虚作假

违反本条例规定，有下列情形之一的，监督拆船污染的主管部门除责令其限期纠正外，还可以根据不同情节，给予警告或者处以一万元以下的罚款：

（一）拒绝或者阻挠监督拆船污染的主管部门进行现场检查或者在被检查时弄虚作假的。

——《防止拆船污染环境管理条例》（行政法规）第十八条第一项

对造成污染损害后果负有责任的或者有第十八条第（一）项所指行为的拆船单位负责人和直接责任者，可以根据不同情节，由其所在单位或者上级主管机关给予行政处分。

——《防止拆船污染环境管理条例》（行政法规）第二十一条

7. 拆船单位关闭、搬迁后，原厂址的现场清理不合格

〔关键词〕拆船单位关闭、搬迁后，原厂址的现场清理不合格

违反本条例规定，有下列情形之一的，监督拆船污染的主管部门除责令其限期纠正外，还可以根据不同情节，给予警告或者处以一万元以下的罚款：

（四）拆船单位关闭、搬迁后，原厂址的现场清理不合格的。

——《防止拆船污染环境管理条例》（行政法规）第十八条第四项

8. 经限期治理逾期未完成治理任务

〔关键词〕经限期治理逾期未完成治理任务

对经限期治理逾期未完成治理任务的拆船单位，可以根据其造成的危害后果，责令停业整顿或者关闭。

前款所指拆船单位的停业整顿或者关闭，由作出限期治理决定的人民政府决定。责令国务院有关部门直属的拆船单位停业整顿或者关闭，由国务院环境保护部门会同有关部门批准。

——《防止拆船污染环境管理条例》（行政法规）第二十条

9. 监督拆船污染的主管部门的工作人员玩忽职守、滥用职权、徇私舞弊

〔关键词〕监督拆船污染的主管部门的工作人员玩忽职守、滥用职权、徇私舞弊

监督拆船污染的主管部门的工作人员玩忽职守、滥用职权、徇私舞弊的，由其所在单位或者上级主管机关给予行政处分；对国家和人民利益造成重大损失、构成犯罪的，依法追究刑事责任。

——《防止拆船污染环境管理条例》（行政法规）第二十七条

链接：拆船事故法律责任认定

因拆船污染直接遭受损害的单位或者个人，有权要求造成污染损害方赔偿损失。造成污染损害方有责任对直接遭受危害的单位或者个人赔偿损失。

赔偿责任和赔偿金额的纠纷，可以根据当事人的请求，由监督拆船污染的主管部门处理；当事人对处理决定不服的，可以向人民法院起诉。

当事人也可以直接向人民法院起诉。

——《防止拆船污染环境管理条例》（行政法规）第二十三条

对检举、揭发拆船单位隐瞒不报或者谎报污染损害事故，以及积极采取措施制止或者减轻污染损害的单位和个人，给予表扬和奖励。

——《防止拆船污染环境管理条例》（行政法规）第二十六条

（六）渔业船舶违法导致水上安全事故

〔关键词〕水上安全事故｜海上交通事故｜海上交通事故报告书

【水上安全事故】

〔概念界定〕

本规定所称水上安全事故，包括水上生产安全事故和自然灾害事故。

水上生产安全事故是指因碰撞、风损、触损、火灾、自沉、机械损伤、触电、急性工业中毒、溺水或其他情况造成渔业船舶损坏、沉没或人员伤亡、失踪的事故。

自然灾害事故是指台风或大风、龙卷风、风暴潮、雷暴、海啸、海冰或其他灾害造成渔业船舶损坏、沉没或人员伤亡、失踪的事故。

——《渔业船舶水上安全事故报告和调查处理规定》（部门规章）第三条

〔基本分类〕

渔业船舶水上安全事故分为以下等级：

（一）特别重大事故，指造成三十人以上死亡、失踪，或一百人以上重伤（包括急性工业中毒，下同），或一亿元以上直接经济损失的事故；

（二）重大事故，指造成十人以上三十人以下死亡、失踪，或五十人以上一百人以下重伤，或五千万元以上一亿元以下直接经济损失的事故；

（三）较大事故，指造成三人以上十人以下死亡、失踪，或十人以上五十人以下重伤，或一千万元以上五千万元以下直接经济损失的事故；

（四）一般事故，指造成三人以下死亡、失踪，或十人以下重伤，或一千万元以下直接经济损失的事故。

——《渔业船舶水上安全事故报告和调查处理规定》（部门规章）第四条

〔事故处理〕

县级以上人民政府渔业行政主管部门及其所属的渔政渔港监督管理机构（以下统称为渔

船事故调查机关）负责渔业船舶水上安全事故的报告。

除特别重大事故外，碰撞、风损、触损、火灾、自沉等水上安全事故，由渔船事故调查机关组织事故调查组按本规定调查处理；机械损伤、触电、急性工业中毒、溺水和其他水上安全事故，经有调查权限的人民政府授权或委托，有关渔船事故调查机关按本规定调查处理。

——《渔业船舶水上安全事故报告和调查处理规定》（部门规章）第五条

渔业船舶水上安全事故报告应当及时、准确、完整，任何单位或个人不得迟报、漏报、谎报或者瞒报。

渔业船舶水上安全事故调查处理应当实事求是、公平公正，在查清事故原因、查明事故性质、认定事故责任的基础上，总结事故教训，提出整改措施，并依法追究事故责任者的责任。

——《渔业船舶水上安全事故报告和调查处理规定》（部门规章）第六条

对渔业船舶水上安全事故负有责任的人员和船舶、设施所有人、经营人，由渔船事故调查机关依据有关法律法规和《中华人民共和国渔业港航监督行政处罚规定》给予行政处罚，并可建议有关部门和单位给予处分。

对渔业船舶水上安全事故负有责任的人员不属于渔船事故调查机关管辖范围的，渔船事故调查机关可以将有关情况通报有关主管机关。

——《渔业船舶水上安全事故报告和调查处理规定》（部门规章）第二十七条

根据渔业船舶水上安全事故发生的原因，渔船事故调查机关可以责令有关船舶、设施的所有人、经营人限期加强对所属船舶、设施的安全管理。对拒不加强安全管理或在期限内达不到安全要求的，渔船事故调查机关有权禁止有关船舶、设施离港，或责令其停航、改航、停止作业，并可依法采取其他必要的强制处置措施。

——《渔业船舶水上安全事故报告和调查处理规定》（部门规章）第二十八条

【海上交通事故】

〔概念界定〕

本条例所称海上交通事故是指船舶、设施发生的下列事故：

（一）碰撞、触碰或浪损；

（二）触礁或搁浅；

（三）火灾或爆炸；

（四）沉没；

（五）在航行中发生影响适航性能的机件或重要属具的损坏或灭失；

（六）其他引起财产损失和人身伤亡的海上交通事故。

——《中华人民共和国海上交通事故调查处理条例》（行政法规）第四条

〔事故处理〕

船舶、设施发生海上交通事故，必须立即用甚高频电话、无线电报或其他有效手段向就近港口的港务监督报告。报告的内容应当包括：船舶或设施的名称、呼号、国籍、起讫港，船舶或设施的所有人或经营人名称，事故发生的时间、地点、海况以及船舶、设施的损害程度、救助要求等。

——《中华人民共和国海上交通事故调查处理条例》（行政法规）第五条

船舶、设施发生海上交通事故，除应按第五条规定立即提出扼要报告外，还必须按下列规定向港务监督提交《海上交通事故报告书》和必要的文书资料：

（一）船舶、设施在港区水域内发生海上交通事故，必须在事故发生后二十四小时内向当地港务监督提交。

（二）船舶、设施在港区水域以外的沿海水域发生海上交通事故，船舶必须在到达中华人民共和国的第一个港口后四十八小时内向港务监督提交；设施必须在事故发生后四十八小时内用电报向就近港口的港务监督报告《海上交通事故报告书》要求的内容。

（三）引航员在引领船舶的过程中发生海上交通事故，应当在返港后二十四小时内向当地港务监督提交《海上交通事故报告书》。

前款（一）、（二）项因特殊情况不能按规定时间提交《海上交通事故报告书》的，在征得港务监督同意后可予以适当延迟。

——《中华人民共和国海上交通事故调查处理条例》（行政法规）第六条

因海上交通事故致使船舶、设施发生损害，船长、设施负责人应申请中国当地或船舶第一到达港地的检验部门进行检验或鉴定，并应将检验报告副本送交港务监督备案。

前款检验、鉴定事项，港务监督可委托有关单位或部门进行，其费用由船舶、设施所有人或经营人承担。

船舶、设施发生火灾、爆炸等事故，船长、设施负责人必须申请公安消防监督机关鉴定，并将鉴定书副本送交港务监督备案。

——《中华人民共和国海上交通事故调查处理条例》（行政法规）第九条

在港区水域内发生的海上交通事故，由港区地的港务监督进行调查。

在港区水域外发生的海上交通事故，由就近港口的港务监督或船舶到达的中华人民共和国的第一个港口的港务监督进行调查。必要时，由中华人民共和国港务监督局指定的港务监督进行调查。

港务监督认为必要时，可以通知有关机关和社会组织参加事故调查。

——《中华人民共和国海上交通事故调查处理条例》（行政法规）第十条

〔海上交通事故报告书〕

《海上交通事故报告书》应当如实写明下列情况：

（一）船舶、设施概况和主要性能数据；

（二）船舶、设施所有人或经营人的名称、地址；

（三）事故发生的时间和地点；

（四）事故发生时的气象和海况；

（五）事故发生的详细经过（碰撞事故应附相对运动示意图）；

（六）损害情况（附船舶、设施受损部位简图。难以在规定时间内查清的，应于检验后补报）；

（七）船舶、设施沉没的，其沉没概位；

（八）与事故有关的其他情况。

——《中华人民共和国海上交通事故调查处理条例》（行政法规）第七条

【相关法律责任】

1. 渔业船舶水上安全事故（海上交通事故）当事人和有关人员负有责任、涉嫌犯罪

〔关键词〕渔业船舶水上安全事故（海上交通事故）当事人和有关人员负有责任、涉嫌犯罪

对海上交通事故的发生负有责任的人员，港务监督可以根据其责任的性质和程度依法给予下列处罚：

（一）对中国籍船员、引航员或设施上的工作人员，可以给予警告、罚款或扣留、吊销职务证书；

（二）对外国籍船员或设施上的工作人员，可以给予警告、罚款或将其过失通报其所属国家的主管机关。

——《中华人民共和国海上交通事故调查处理条例》（行政法规）第十七条

对海上交通事故的发生负有责任的人员及船舶、设施的所有人或经营人，需要追究其行政责任的，由港务监督提交其主管机关或行政监察机关处理；构成犯罪的，由司法机关依法追究刑事责任。

——《中华人民共和国海上交通事故调查处理条例》（行政法规）第十八条

根据海上交通事故发生的原因，港务监督可责令有关船舶、设施的所有人、经营人限期加强对所属船舶、设施的安全管理。对拒不加强安全管理或在期限内达不到安全要求的，港务监督有权责令其停航、改航、停止作业，并可采取其他必要的强制性处置措施。

——《中华人民共和国海上交通事故调查处理条例》（行政法规）第十九条

渔业船舶水上安全事故当事人和有关人员涉嫌犯罪的，渔船事故调查机关应当依法移送司法机关追究刑事责任。

——《渔业船舶水上安全事故报告和调查处理规定》（部门规章）第二十九条

对渔业船舶水上安全事故负有责任的人员和船舶、设施所有人、经营人，由渔船事故调查机关依据有关法律法规和《中华人民共和国渔业港航监督行政处罚规定》给予行政处罚，并可建议有关部门和单位给予处分。

对渔业船舶水上安全事故负有责任的人员不属于渔船事故调查机关管辖范围的，渔船事故调查机关可以将有关情况通报有关主管机关。

——《渔业港航监督行政处罚规定》（部门规章）第二十七条

违反港航法律、法规造成水上交通事故的，对船长或直接责任人按以下规定处罚：

（一）造成特大事故的，处以3 000元以上5 000元以下罚款，吊销职务船员证书；

（二）造成重大事故的，予以警告，处以1 000元以上3 000元以下罚款，扣留其职务船员证书3至6个月；

（三）造成一般事故的，予以警告，处以100元以上1 000元以下罚款，扣留职务船员证书1至3个月。

事故发生后，不向渔政渔港监督管理机关报告、拒绝接受渔政渔港监督管理机关调查或在接受调查时故意隐瞒事实、提供虚假证词或证明的，从重处罚。

　　　　　　——《渔业港航监督行政处罚规定》（部门规章）第三十一条

2. 未按规定时间提交海事报告书或海事报告书内容不真实，影响海损事故的调查处理

〔关键词〕未按规定时间提交海事报告书或海事报告书内容不真实，影响海损事故的调查处理

违反本条例规定，有下列行为之一的，港务监督可视情节对有关当事人（自然人）处以警告或者二百元以下罚款；对船舶所有人、经营人处以警告或者五千元以下罚款：

（一）未按规定的时间向港务监督报告事故或提交《海上交通事故报告书》或本条例第三十二条要求的判决书、裁决书、调解书的副本的；

（二）未按港务监督要求驶往指定地点，或在未出现危及船舶安全的情况下未经港务监督同意擅自驶离指定地点的；

（三）事故报告或《海上交通事故报告书》的内容不符合规定要求或不真实，影响调查工作进行或给有关部门造成损失的；

（四）违反第九条规定，影响事故调查的；

（五）拒绝接受调查或无理阻挠、干扰港务监督进行调查的；

（六）在受调查时故意隐瞒事实或提供虚假证明的。

前款第（五）、（六）项行为构成犯罪的，由司法机关依法追究刑事责任。

　　　　　　——《中华人民共和国海上交通事故调查处理条例》（行政法规）第二十九条

发生水上交通事故的船舶，有下列行为之一的，对船长处 50 元以上 500 元以下罚款：

（一）未按规定时间向渔政渔港监督管理机关提交《海事报告书》的；

（二）《海事报告书》内容不真实，影响海损事故的调查处理工作的。

发生涉外海事，有上述情况的，从重处罚。

　　　　　　——《渔业港航监督行政处罚规定》（部门规章）第三十三条

3. 不报告、拒绝接受调查或在接受调查时故意隐瞒事实、提供虚假证词或证明

〔关键词〕不报告、拒绝接受调查或在接受调查时故意隐瞒事实、提供虚假证词或证明

违反本条例规定，有下列行为之一的，港务监督可视情节对有关当事人（自然人）处以警告或者二百元以下罚款；对船舶所有人、经营人处以警告或者五千元以下罚款：

（五）拒绝接受调查或无理阻挠、干扰港务监督进行调查的；

（六）在受调查时故意隐瞒事实或提供虚假证明的。

　　　　　　——《中华人民共和国海上交通事故调查处理条例》（行政法规）

　　　　　　第二十九条第一款第五项、第六项

事故发生后，不向渔政渔港监督管理机关报告、拒绝接受渔政渔港监督管理机关调查或在接受调查时故意隐瞒事实、提供虚假证词或证明的，从重处罚。

——《渔业港航监督行政处罚规定》（部门规章）第三十一条第二款

4. 内河交通事故后逃逸或阻碍、妨碍内河交通事故调查取证，或者谎报、隐匿、毁灭证据

〔关键词〕内河交通事故后逃逸或阻碍、妨碍内河交通事故调查取证，或者谎报、隐匿、毁灭证据

违反本条例的规定，船舶、浮动设施发生内河交通事故后逃逸的，由海事管理机构对责任船员给予吊销适任证书或者其他适任证件的处罚；证书或者证件吊销后，5 年内不得重新从业；触犯刑律的，依照刑法关于交通肇事罪或者其他罪的规定，依法追究刑事责任。

——《中华人民共和国内河交通安全管理条例》（行政法规）第八十三条

违反本条例的规定，阻碍、妨碍内河交通事故调查取证，或者谎报、隐匿、毁灭证据的，由海事管理机构给予警告，并对直接责任人员处 1000 元以上 1 万元以下的罚款；属于船员的，并给予暂扣适任证书或者其他适任证件 12 个月以上直至吊销适任证书或者其他适任证件的处罚；以暴力、威胁方法阻碍内河交通事故调查取证的，依照刑法关于妨害公务罪的规定，依法追究刑事责任。

——《中华人民共和国内河交通安全管理条例》（行政法规）第八十四条

（七）未按规定进行海难救助

〔关键词〕海难救助｜涉外海难救助

【海难救助处理】

为本条的目的，"海难"是指船只碰撞、搁浅或其他航行事故，或船上或船外所发生对船只或船货造成重大损害中重大损害的迫切威胁的其他事故。

——《联合国海洋法公约》（国际公约）第二百二十一条第二款

国家建立海上搜救协调机制，统筹全国海上搜救应急反应工作，研究解决海上搜救工作中的重大问题，组织协调重大海上搜救应急行动。协调机制由国务院有关部门、单位和有关军事机关组成。

中国海上搜救中心和有关地方人民政府设立的海上搜救中心或者指定的机构（以下统称海上搜救中心）负责海上搜救的组织、协调、指挥工作。

——《中华人民共和国海上交通安全法》（法律）第六十八条

船舶、海上设施、航空器及人员在海上遇险的，应当立即报告海上搜救中心，不得瞒报、谎报海上险情。

船舶、海上设施、航空器及人员误发遇险报警信号的，除立即向海上搜救中心报告外，还应当采取必要措施消除影响。

其他任何单位、个人发现或者获悉海上险情的，应当立即报告海上搜救中心。

——《中华人民共和国海上交通安全法》（法律）第七十二条

发生碰撞事故的船舶、海上设施，应当互通名称、国籍和登记港，在不严重危及自身安全的情况下尽力救助对方人员，不得擅自离开事故现场水域或者逃逸。

——《中华人民共和国海上交通安全法》（法律）第七十三条

遇险的船舶、海上设施及其所有人、经营人或者管理人应当采取有效措施防止、减少生命财产损失和海洋环境污染。

船舶遇险时，乘客应当服从船长指挥，配合采取相关应急措施。乘客有权获知必要的险情信息。

船长决定弃船时，应当组织乘客、船员依次离船，并尽力抢救法定航行资料。船长应当最后离船。

——《中华人民共和国海上交通安全法》（法律）第七十四条

船舶、海上设施、航空器收到求救信号或者发现有人遭遇生命危险的，在不严重危及自身安全的情况下，应当尽力救助遇险人员。

——《中华人民共和国海上交通安全法》（法律）第七十五条

海上搜救中心接到险情报告后，应当立即进行核实，及时组织、协调、指挥政府有关部门、专业搜救队伍、社会有关单位等各方力量参加搜救，并指定现场指挥。参加搜救的船舶、海上设施、航空器及人员应当服从现场指挥，及时报告搜救动态和搜救结果。

搜救行动的中止、恢复、终止决定由海上搜救中心作出。未经海上搜救中心同意，参加搜救的船舶、海上设施、航空器及人员不得擅自退出搜救行动。

军队参加海上搜救，依照有关法律、行政法规的规定执行。

——《中华人民共和国海上交通安全法》（法律）第七十六条

遇险船舶、海上设施、航空器或者遇险人员应当服从海上搜救中心和现场指挥的指令，及时接受救助。

遇险船舶、海上设施、航空器不配合救助的，现场指挥根据险情危急情况，可以采取相应救助措施。

——《中华人民共和国海上交通安全法》（法律）第七十七条

船舶发生海难事故，造成或者可能造成海洋环境重大污染损害的，国家海事行政主管部门有权强制采取避免或者减少污染损害的措施。

对在公海上因发生海难事故，造成中华人民共和国管辖海域重大污染损害后果或者具有污染威胁的船舶、海上设施，国家海事行政主管部门有权采取与实际的或者可能发生的损害相称的必要措施。

——《中华人民共和国海洋环境保护法》（法律）第七十一条

船舶、浮动设施遇险，应当采取一切有效措施进行自救。

船舶、浮动设施发生碰撞等事故，任何一方应当在不危及自身安全的情况下，积极救助遇险的他方，不得逃逸。

船舶、浮动设施遇险，必须迅速将遇险的时间、地点、遇险状况、遇险原因、救助要求，向遇险地海事管理机构以及船舶、浮动设施所有人、经营人报告。

——《中华人民共和国内河交通安全管理条例》（行政法规）第四十六条

船员、浮动设施上的工作人员或者其他人员发现其他船舶、浮动设施遇险，或者收到求救信号后，必须尽力救助遇险人员，并将有关情况及时向遇险地海事管理机构报告。

——《中华人民共和国内河交通安全管理条例》（行政法规）第四十七条

海事管理机构收到船舶、浮动设施遇险求救信号或者报告后，必须立即组织力量救助遇险人员，同时向遇险地县级以上地方人民政府和上级海事管理机构报告。

遇险地县级以上地方人民政府收到海事管理机构的报告后，应当对救助工作进行领导和协调，动员各方力量积极参与救助。

——《中华人民共和国内河交通安全管理条例》（行政法规）第四十八条

船舶、浮动设施遇险时，有关部门和人员必须积极协助海事管理机构做好救助工作。

遇险现场和附近的船舶、人员，必须服从海事管理机构的统一调度和指挥。

——《中华人民共和国内河交通安全管理条例》（行政法规）第四十九条

非机动船在海上遇难，需要他船或者岸上援救的时候，应当显示下列信号：

（1）用任何雾号器具连续不断发放响声；

（2）连续不断燃放火光；

（3）将衣服张开，挂上桅顶。

——《中华人民共和国非机动船舶海上安全航行暂行规则》（行政法规）第九条

【涉外海难救助】

在中华人民共和国缔结或者参加的国际条约规定由我国承担搜救义务的海域内开展搜救，依照本章规定执行。

中国籍船舶在中华人民共和国管辖海域以及海上搜救责任区域以外的其他海域发生险情的，中国海上搜救中心接到信息后，应当依据中华人民共和国缔结或者参加的国际条约的规定开展国际协作。

——《中华人民共和国海上交通安全法》（法律）第七十九条

在暂定措施水域和过渡水域从事渔业活动的我国渔船与韩国渔船发生渔事纠纷，或需到韩国港口紧急避难的，应按照《中韩渔业协定》及两国有关规定处理。

——《中韩渔业协定暂定措施水域和过渡水域管理办法》（部门规章）第十三条

因避风、船舶故障等特殊原因需要进入俄罗斯水域紧急避难的渔船，应由其所属公司向中国远洋渔业协会提出申请，由中国远洋渔业协会统一向俄罗斯萨哈林州边防局通报相关渔船信息。相关渔船应按照国际惯例和规则，在俄方指定地点避难或停泊，并遵守俄方有关法律规定。

——《农业部办公厅关于我国渔船过境俄罗斯水域注意事项
的通知》（规范性文件）第二条

【海难救助相关法律责任】

1. 船舶、浮动设施遇险后未履行报告义务或者不积极施救

〔关键词〕船舶、浮动设施遇险后未履行报告义务或者不积极施救

违反本条例的规定，船舶、浮动设施遇险后未履行报告义务或者不积极施救的，由海事

管理机构给予警告，并可以对责任船员给予暂扣适任证书或者其他适任证件 3 个月至 6 个月直至吊销适任证书或者其他适任证件的处罚。

——《中华人民共和国内河交通安全管理条例》（行政法规）第七十六条

2. 发现有人遇险、遇难或收到求救信号，在不危及自身安全的情况下，不提供救助或不服从救助指挥

〔关键词〕发现有人遇险、遇难或收到求救信号，在不危及自身安全的情况下，不提供救助或不服从救助指挥

发生碰撞事故的船舶、海上设施，应当互通名称、国籍和登记港，在不严重危及自身安全的情况下尽力救助对方人员，不得擅自离开事故现场水域或者逃逸。

——《中华人民共和国海上交通安全法》（法律）第七十三条

有下列行为之一的，对船长处 500 元以上 1 000 元以下罚款，扣留职务船员证书 3 至 6 个月；造成严重后果的，吊销职务船员证书：（一）发现有人遇险、遇难或收到求救信号，在不危及自身安全的情况下，不提供救助或不服从渔政渔港监督管理机关救助指挥；（二）发生碰撞事故，接到渔政渔港监督管理机关守候现场或到指定地点接受调查的指令后，擅离现场或拒不到指定地点。

——《渔业港航监督行政处罚规定》（部门规章）第三十二条

3. 发生碰撞事故，接到渔政渔港监督管理机关守候现场或到指定地点接受调查的指令

〔关键词〕发生碰撞事故，接到渔政渔港监督管理机关守候现场或到指定地点接受调查的指令

有下列行为之一的，对船长处 500 元以上 1 000 元以下罚款，扣留职务船员证书 3 至 6 个月；造成严重后果的，吊销职务船员证书：

（二）发生碰撞事故，接到渔政渔港监督管理机关守候现场或到指定地点接受调查的指令后，擅离现场或拒不到指定地点。

——《渔业港航监督行政处罚规定》（部门规章）第三十二条第二项

四、违反渔业船员管理规定

〔关键词〕渔业船员｜船员适任证书

【渔业船员】

〔概念界定〕

本办法中下列用语的含义是：

渔业船员，是指服务于渔业船舶，具有固定工作岗位的人员。

——《渔业船员管理办法 》（部门规章）第五十条第一款

本条例所称船员，是指依照本条例的规定取得船员适任证书的人员，包括船长、高级船员、普通船员。

本条例所称船长，是指依照本条例的规定取得船长任职资格，负责管理和指挥船舶的人员。

本条例所称高级船员，是指依照本条例的规定取得相应任职资格的大副、二副、三副、轮机长、大管轮、二管轮、三管轮、通信人员以及其他在船舶上任职的高级技术或者管理人员。

本条例所称普通船员，是指除船长、高级船员外的其他船员。

——《中华人民共和国船员条例》（行政法规）第四条

〔行政管理〕

国务院交通主管部门主管全国船员管理工作。

国家海事管理机构依照本条例负责统一实施船员管理工作。

负责管理中央管辖水域的海事管理机构和负责管理其他水域的地方海事管理机构（以下统称海事管理机构），依照各自职责具体负责船员管理工作。

——《中华人民共和国船员条例》（行政法规）第三条

渔业船员分为职务船员和普通船员。

职务船员是负责船舶管理的人员，包括以下五类：

（一）驾驶人员，职级包括船长、船副、助理船副；

（二）轮机人员，职级包括轮机长、管轮、助理管轮；

（三）机驾长；

（四）电机员；

（五）无线电操作员。

职务船员证书分为海洋渔业职务船员证书和内陆渔业职务船员证书，具体等级职级划分见附件1。

普通船员是职务船员以外的其他船员。普通船员证书分为海洋渔业普通船员证书和内陆渔业普通船员证书。

——《渔业船员管理办法》（部门规章）第五条

船长是渔业安全生产的直接责任人，在组织开展渔业生产、保障水上人身与财产安全、防治渔业船舶污染水域和处置突发事件方面，具有独立决定权，并履行以下职责：

（一）确保渔业船舶和船员携带符合法定要求的证书、文书以及有关航行资料；

（二）确保渔业船舶和船员在开航时处于适航、适任状态，保证渔业船舶符合最低配员标准，保证渔业船舶的正常值班；

（三）服从渔政渔港监督管理机构依据职责对渔港水域交通安全和渔业生产秩序的管理，执行有关水上交通安全、渔业资源养护和防治船舶污染等规定；

（四）确保渔业船舶依法进行渔业生产，正确合法使用渔具渔法，在船人员遵守相关资源养护法律法规，按规定填写渔捞日志，并按规定开启和使用安全通导设备；

（五）在渔业船员证书内如实记载渔业船员的服务资历和任职表现；

（六）按规定申请办理渔业船舶进出港签证手续；

（七）发生水上安全交通事故、污染事故、涉外事件、公海登临和港口国检查时，应当立即向渔政渔港监督管理机构报告，并在规定的时间内提交书面报告；

（八）全力保障在船人员安全，发生水上安全事故危及船上人员或财产安全时，应当组织船员尽力施救；

（九）弃船时，船长应当最后离船，并尽力抢救渔捞日志、轮机日志、油类记录簿等文件和物品；

（十）在不严重危及自身船舶和人员安全的情况下，尽力履行水上救助义务。

——《渔业船员管理办法》（部门规章）第二十三条

船长履行职责时，可以行使下列权力：

（一）当渔业船舶不具备安全航行条件时，拒绝开航或者续航；

（二）对渔业船舶所有人或经营人下达的违法指令，或者可能危及船员、财产或船舶安全，以及造成渔业资源破坏和水域环境污染的指令，可以拒绝执行；

（三）当渔业船舶遇险并严重危及船上人员的生命安全时，决定船上人员撤离渔业船舶；

（四）在渔业船舶的沉没、毁灭不可避免的情况下，报经渔业船舶所有人或经营人同意后弃船，紧急情况除外；

（五）责令不称职的船员离岗。

船长在其职权范围内发布的命令，船舶上所有人员必须执行。

——《渔业船员管理办法》（部门规章）第二十四条

【船员适任证书】

船员应当依照本条例的规定取得相应的船员适任证书。

申请船员适任证书，应当具备下列条件：

（一）年满 18 周岁（在船实习、见习人员年满 16 周岁）且初次申请不超过 60 周岁；

（二）符合船员任职岗位健康要求；

（三）经过船员基本安全培训。

参加航行和轮机值班的船员还应当经过相应的船员适任培训、特殊培训，具备相应的船员任职资历，并且任职表现和安全记录良好。

国际航行船舶的船员申请适任证书的，还应当通过船员专业外语考试。

——《中华人民共和国船员条例》（行政法规）第五条

申请船员适任证书，可以向任何有相应船员适任证书签发权限的海事管理机构提出书面申请，并附送申请人符合本条例第五条规定条件的证明材料。对符合规定条件并通过国家海事管理机构组织的船员任职考试的，海事管理机构应当发给相应的船员适任证书及船员服务簿。

——《中华人民共和国船员条例》（行政法规）第六条

船员适任证书应当注明船员适任的航区（线）、船舶类别和等级、职务以及有效期限等事项。

参加航行和轮机值班的船员适任证书的有效期不超过 5 年。

船员服务簿应当载明船员的姓名、住所、联系人、联系方式、履职情况以及其他有关事项。

船员服务簿记载的事项发生变更的，船员应当向海事管理机构办理变更手续。

——《中华人民共和国船员条例》（行政法规）第七条

曾经在军用船舶、渔业船舶上工作的人员，或者持有其他国家、地区船员适任证书的船员，依照本条例的规定申请船员适任证书的，海事管理机构可以免除船员培训和考试的相应内容。具体办法由国务院交通主管部门另行规定。

——《中华人民共和国船员条例》（行政法规）第十条

（一）未持有、伪造、变造、买卖或者以欺骗、贿赂等不正当手段取得船员相关证书

〔关键词〕未持有、伪造、变造或买卖或者以欺骗、贿赂等不正当手段取得船员相关证书

违反本条例的规定，以欺骗、贿赂等不正当手段取得船员适任证书、船员培训合格证书、中华人民共和国海员证的，由海事管理机构吊销有关证件，并处2 000元以上2万元以下罚款。

——《中华人民共和国船员条例》（行政法规）第四十八条

违反本条例的规定，伪造、变造或者买卖船员服务簿、船员适任证书、船员培训合格证书、中华人民共和国海员证的，由海事管理机构收缴有关证件，处2万元以上10万元以下罚款，有违法所得的，还应当没收违法所得。

——《中华人民共和国船员条例》（行政法规）第四十九条

违反本条例的规定，船舶、浮动设施未持有合格的检验证书、登记证书或者船舶未持有必要的航行资料，擅自航行或者作业的，由海事管理机构责令停止航行或者作业；拒不停止的，暂扣船舶、浮动设施；情节严重的，予以没收。

——《中华人民共和国内河交通安全管理条例》（行政法规）第六十四条

违反本条例的规定，未经考试合格并取得适任证书或者其他适任证件的人员擅自从事船舶航行的，由海事管理机构责令其立即离岗，对直接责任人员处2 000元以上2万元以下的罚款，并对聘用单位处1万元以上10万元以下的罚款。

——《中华人民共和国内河交通安全管理条例》（行政法规）第六十六条

违反本条例的规定，伪造、变造、买卖、转借、冒用船舶检验证书、船舶登记证书、船员适任证书或者其他适任证件的，由海事管理机构没收有关的证书或者证件；有违法所得的，没收违法所得，并处违法所得2倍以上5倍以下的罚款；没有违法所得或者违法所得不足2万元的，处1万元以上5万元以下的罚款；触犯刑律的，依照刑法关于伪造、变造、买卖国家机关公文、证件罪或者其他罪的规定，依法追究刑事责任。

——《中华人民共和国内河交通安全管理条例》（行政法规）第七十九条

伪造、变造渔业船舶检验证书、检验记录和检验报告，或者私刻渔业船舶检验业务印章的，应当予以没收；构成犯罪的，依法追究刑事责任。

——《中华人民共和国渔业船舶检验条例》（行政法规）第三十七条

违反本办法规定，以欺骗、贿赂等不正当手段取得渔业船员证书的，由渔政渔港监督管理机构撤销有关证书，可并处2 000元以上1万元以下罚款，三年内不再受理申请人渔业船员证书申请。

——《渔业船员管理办法》（部门规章）第四十条

伪造、变造、转让渔业船员证书的，由渔政渔港监督管理机构收缴有关证书，并处2 000元以上5万元以下罚款；有违法所得的，没收违法所得；构成犯罪的，依法追究刑事责任。

——《渔业船员管理办法》（部门规章）第四十一条

（二）未携带有效证件、及时办理船员服务簿等证件变更、审验手续

〔关键词〕未携带有效证件、及时办理船员服务簿等证件变更、审验手续

违反本条例的规定，船员服务簿记载的事项发生变更，船员未办理变更手续的，由海事管理机构责令改正，可以处1 000元以下罚款。

——《中华人民共和国船员条例》（行政法规）第五十条

违反本条例的规定，船员在船工作期间未携带本条例规定的有效证件的，由海事管理机构责令改正，可以处2 000元以下罚款。

——《中华人民共和国船员条例》（行政法规）第五十一条

到期未办理证件审验的职务船员，应责令其限期办理，逾期不办理的，对当事人并处50元以上100元以下罚款。

——《渔业港航监督行政处罚规定》（部门规章）第二十九条

（三）违反船长、船员工作义务

〔关键词〕违反船长、船员工作义务

违反本条例的规定，船员有下列情形之一的，由海事管理机构处1 000元以上1万元以下罚款；情节严重的，并给予暂扣船员适任证书6个月以上2年以下直至吊销船员适任证书的处罚：

（一）未遵守值班规定擅自离开工作岗位的；

（二）未按照水上交通安全和防治船舶污染操作规则操纵、控制和管理船舶的；

（三）发现或者发生险情、事故、保安事件或者影响航行安全的情况未及时报告的；

（四）未如实填写或者记载有关船舶、船员法定文书的；

（五）隐匿、篡改或者销毁有关船舶、船员法定证书、文书的；

（六）不依法履行救助义务或者肇事逃逸的；

（七）利用船舶私载旅客、货物或者携带违禁物品的。

——《中华人民共和国船员条例》（行政法规）第五十二条

违反本条例的规定，船长有下列情形之一的，由海事管理机构处2 000元以上2万元以下罚款；情节严重的，并给予暂扣船员适任证书6个月以上2年以下直至吊销船员适任证书

的处罚：

（一）未保证船舶和船员携带符合法定要求的证书、文书以及有关航行资料的；

（二）未保证船舶和船员在开航时处于适航、适任状态，或者未按照规定保障船舶的最低安全配员，或者未保证船舶的正常值班的；

（三）未在船员服务簿内如实记载船员的履职情况的；

（四）船舶进港、出港、靠泊、离泊，通过交通密集区、危险航区等区域，或者遇有恶劣天气和海况，或者发生水上交通事故、船舶污染事故、船舶保安事件以及其他紧急情况时，未在驾驶台值班的；

（五）在弃船或者撤离船舶时未最后离船的。

——《中华人民共和国船员条例》（行政法规）第五十三条

船员适任证书被吊销的，自被吊销之日起 2 年内，不得申请船员适任证书。

——《中华人民共和国船员条例》（行政法规）第五十四条

渔业船员违反本办法第二十一条第一项至第五项的规定的，由渔政渔港监督管理机构予以警告；情节严重的，处 200 元以上 2 000 元以下罚款。

——《渔业船员管理办法》（部门规章）第四十二条

渔业船员违反本办法第二十一条第六项至第九项和第二十二条规定的，由渔政渔港监督管理机构处 1 000 元以上 2 万元以下罚款；情节严重的，并可暂扣渔业船员证书 6 个月以上 2 年以下；情节特别严重的，并可吊销渔业船员证书。

——《渔业船员管理办法》（部门规章）第四十三条

渔业船舶的船长违反本办法第二十三条规定的，由渔政渔港监督管理机构处 2 000 元以上 2 万元以下罚款；情节严重的，并可暂扣渔业船舶船长职务船员证书 6 个月以上 2 年以下；情节特别严重的，并可吊销渔业船舶船长职务船员证书。

——《渔业船员管理办法》（部门规章）第四十四条

链接：相关规定

依照《渔业法》第二十八条、第三十条、第三十一条、第三十二条规定需处以罚款的，对船长或者单位负责人可以视情节另处一百元至五百元罚款。

——《中华人民共和国渔业法实施细则》（行政法规）第三十四条

依照《渔业法》第二十八条、第三十条、第三十一条、第三十二条规定需处以罚款的，除按本规定罚款外，依照《实施细则》第三十四条的规定，对船长或者单位负责人可视情节另处一百元至五百元罚款。

——《渔业行政处罚规定》（部门规章）第十八条

渔业船员证书被吊销的，自被吊销之日起 5 年内，不得申请渔业船员证书。

——《渔业船员管理办法》（部门规章）第四十六条

（四）船员用人单位、船舶所有人违反相关责任义务

〔关键词〕船员用人单位、船舶所有人违反相关责任义务

违反本条例的规定，船员用人单位、船舶所有人有下列行为之一的，由海事管理机构责令改正，处3万元以上15万元以下罚款：

（一）招用未依照本条例规定取得相应有效证件的人员上船工作的；

（二）中国籍船舶擅自招用外国籍船员担任船长的；

（三）船员在船舶上生活和工作的场所不符合国家船舶检验规范中有关船员生活环境、作业安全和防护要求的；

（四）不履行遣返义务的；

（五）船员在船工作期间患病或者受伤，未及时给予救治的。

——《中华人民共和国船员条例》（行政法规）第五十五条

违反本条例的规定，船员服务机构和船员用人单位未将其招用或者管理的船员的有关情况定期报海事管理机构或者劳动保障行政部门备案的，由海事管理机构或者劳动保障行政部门责令改正，处5 000元以上2万元以下罚款。

——《中华人民共和国船员条例》（行政法规）第五十八条

违反本条例的规定，船员服务机构在提供船员服务时，提供虚假信息，欺诈船员的，由海事管理机构或者劳动保障行政部门依据职责责令改正，处3万元以上15万元以下罚款；情节严重的，并给予暂停船员服务6个月以上2年以下直至吊销相关业务经营许可的处罚。

——《中华人民共和国船员条例》（行政法规）第五十九条

违反本条例规定，船员服务机构从事船员劳务派遣业务时未依法与相关劳动者或者船员用人单位订立合同的，由劳动保障行政部门按照相关劳动法律、行政法规的规定处罚。

——《中华人民共和国船员条例》（行政法规）第六十条

渔业船舶所有人或经营人有下列行为之一的，由渔政渔港监督管理机构责令改正；拒不改正的，处5 000元以上5万元以下罚款：

（一）未按规定配齐渔业职务船员，或招用未取得本办法规定证件的人员在渔业船舶上工作的；

（二）渔业船员在渔业船舶上生活和工作的场所不符合相关要求的；

（三）渔业船员在船工作期间患病或者受伤，未及时给予救助的。

——《渔业船员管理办法》（部门规章）第四十七条

（五）无证从事船员培训或不按要求进行培训

〔关键词〕无证从事船员培训、不按要求进行培训

违反本条例的规定，未取得船员培训许可证擅自从事船员培训的，由海事管理机构责令改正，处5万元以上25万元以下罚款，有违法所得的，还应当没收违法所得。

——《中华人民共和国船员条例》（行政法规）第五十六条

违反本条例的规定，船员培训机构不按照国务院交通主管部门规定的培训大纲和水上交通安全、防治船舶污染等要求，进行培训的，由海事管理机构责令改正，可以处 2 万元以上 10 万元以下罚款；情节严重的，给予暂扣船员培训许可证 6 个月以上 2 年以下直至吊销船员培训许可证的处罚。

——《中华人民共和国船员条例》（行政法规）第五十七条

（六）海事管理机构工作人员违法签发、批准相关证书、滥用职权、玩忽职守、不依法行政

〔关键词〕海事管理机构工作人员违法签发、批准相关证书、滥用职权、玩忽职守、不依法行政

海事管理机构工作人员有下列情形之一的，依法给予处分：

（一）违反规定签发船员适任证书、中华人民共和国海员证，或者违反规定批准船员培训机构从事相关活动的；

（二）不依法履行监督检查职责的；

（三）不依法实施行政强制或者行政处罚的；

（四）滥用职权、玩忽职守的其他行为。

——《中华人民共和国船员条例》（行政法规）第六十一条

（七）渔业船员在以渔业为主的渔港水域内因违规造成责任事故

〔关键词〕渔业船员在以渔业为主的渔港水域内因违规造成责任事故

从事船舶、海上设施航行、停泊、作业以及其他与海上交通相关活动的单位、个人，应当遵守有关海上交通安全的法律、行政法规、规章以及强制性标准和技术规范；依法享有获得航海保障和海上救助的权利，承担维护海上交通安全和保护海洋生态环境的义务。

——《中华人民共和国海上交通安全法》（法律）第七条

违反本条例的规定，船舶、浮动设施发生内河交通事故的，除依法承担相应的法律责任外，由海事管理机构根据调查结论，对责任船员给予暂扣适任证书或者其他适任证件 6 个月以上直至吊销适任证书或者其他适任证件的处罚。

——《中华人民共和国内河交通安全管理条例》（行政法规）第七十七条

违反本条例的规定，船舶、浮动设施发生内河交通事故后逃逸的，由海事管理机构对责任船员给予吊销适任证书或者其他适任证件的处罚；证书或者证件吊销后，5 年内不得重新从业；触犯刑律的，依照刑法关于交通肇事罪或者其他罪的规定，依法追究刑事责任。

——《中华人民共和国内河交通安全管理条例》（行政法规）第八十三条

渔业船员因违规造成责任事故的，暂扣渔业船员证书 6 个月以上 2 年以下；情节严重的，吊销渔业船员证书；构成犯罪的，依法追究刑事责任。

——《渔业船员管理办法》（部门规章）第四十五条

（八）冒用、租借他人或涂改、谎报遗失职务船员证书、普通船员证书

〔关键词〕冒用、租借他人或涂改、谎报遗失职务船员证书、普通船员证书

冒用、租借他人或涂改职务船员证书、普通船员证书的，应责令其限期改正，并收缴所用证书，对当事人或直接责任人并处 50 元以上 200 元以下罚款。

——《渔业港航监督行政处罚规定》（部门规章）第二十五条

对因违规被扣留或吊销船员证书而谎报遗失，申请补发的，可对当事人或直接责任人处 200 元以上 1 000 元以下罚款。

——《渔业港航监督行政处罚规定》（部门规章）第二十六条

（九）提供虚假证明材料、伪造资历或以其他舞弊方式获取船员证书、证书内容不符

〔关键词〕提供虚假证明材料、伪造资历或以其他舞弊方式获取船员证书、证书内容不符

向渔政渔港监督管理机关提供虚假证明材料、伪造资历或以其他舞弊方式获取船员证书的，应收缴非法获取的船员证书，对提供虚假材料的单位或责任人处 500 元以上 3 000 元以下罚款。

——《渔业港航监督行政处罚规定》（部门规章）第二十七条

船员证书持证人与证书所载内容不符的，应收缴所持证书，对当事人或直接责任人处 50 元以上 200 元以下罚款。

——《渔业港航监督行政处罚规定》（部门规章）第二十八条

五、非法安装、损坏渔业航标

〔关键词〕渔业航标

【渔业航标】

〔概念界定〕

本条例所称航标，是指供船舶定位、导航或者用于其他专用目的的助航设施，包括视觉航标、无线电导航设施和音响航标。

——《中华人民共和国航标条例》（行政法规）第二条第二款

本办法所称渔业航标，是指在渔港、进出港航道和渔业水域主要供渔业船舶定位、导航或者用于其他专用目的的助航设施，包括视觉渔业航标、无线电导航设施和音响渔业航标。

——《渔业航标管理办法》（部门规章）第二条第二款

〔行政管理〕

农业部主管全国渔业航标管理和保护工作。

国家渔政渔港监督管理机构具体负责全国渔业航标的管理和保护工作。地方渔政渔港监督管理机构负责本行政区域内渔业航标的管理和保护工作。

农业部、国家渔政渔港监督管理机构和地方渔政渔港监督管理机构统称渔业航标管理机关。

——《渔业航标管理办法》（部门规章）第三条

任何单位和个人不得在渔业航标附近设置影响渔业航标工作效能的灯光或者其他装置。

——《渔业航标管理办法》（部门规章）第十七条第六项

禁止下列危害和损坏渔业航标的行为：

（一）盗窃、哄抢或者以其他方式非法侵占渔业航标及其器材；

（二）非法移动、攀登或者涂抹渔业航标；

（三）向渔业航标射击或者投掷物品；

（四）在渔业航标上攀架物品，拴系牲畜、船只、渔业捕捞器具、爆炸物品等；

（五）损坏渔业航标的其他行为。

——《渔业航标管理办法》（部门规章）第二十三条

禁止破坏渔业航标辅助设施的行为。

前款所称渔业航标辅助设施，是指为渔业航标及其管理人员提供能源、水和其他所需物资而设置的各类设施。

——《渔业航标管理办法》（部门规章）第二十四条

禁止下列影响渔业航标工作效能的行为：

（一）在渔业航标周围 20 米内或者在埋有渔业航标地下管道、线路的地面钻孔、挖坑、采掘土石、堆放物品或者进行明火作业；

（二）在渔业航标周围 150 米内进行爆破作业；

（三）在渔业航标周围 500 米内烧荒；

（四）在无线电导航设施附近设置、使用影响导航设施工作效能的高频电磁辐射装置、设备；

（五）在渔业航标架空线路上附挂其他电力、通信线路；

（六）在渔业航标周围抛锚、拖锚、捕鱼或者养殖水生生物；

（七）影响渔业航标工作效能的其他行为。

——《渔业航标管理办法》（部门规章）第二十五条

〔禁止性规定〕

航标由航标管理机关统一设置；但是，本条第二款规定的航标除外。

专业单位可以自行设置自用的专用航标。专用航标的设置、撤除、位置移动和其他状况改变，应当经航标管理机关同意。

——《中华人民共和国航标条例》（行政法规）第六条

船舶航行时，应当与航标保持适当距离，不得触碰航标。

船舶触碰航标，应当立即向航标管理机关报告。

——《中华人民共和国航标条例》（行政法规）第十四条

军队的航标管理机构、渔政渔港监督管理机构，在军用航标、渔业航标的管理和保护方面分别行使航标管理机关的职权。

——《中华人民共和国航标条例》（行政法规）第三条第二款

禁止下列危害航标的行为：

（一）盗窃、哄抢或者以其他方式非法侵占航标、航标器材；

（二）非法移动、攀登或者涂抹航标；

（三）向航标射击或者投掷物品；

（四）在航标上攀架物品，拴系牲畜、船只、渔业捕捞器具、爆炸物品等；

（五）损坏航标的其他行为。

——《中华人民共和国航标条例》（行政法规）第十五条

禁止下列影响航标工作效能的行为：

（六）在航标周围抛锚、拖锚、捕鱼或者养殖水生物。

——《中华人民共和国航标条例》（行政法规）第十七条

对有下列行为之一的单位和个人，由航标管理机关给予奖励：

（一）检举、控告危害航标的行为，对破案有功的；

（二）及时制止危害航标的行为，防止事故发生或者减少损失的；

（三）捞获水上漂流航标，主动送交航标管理机关的。

——《中华人民共和国航标条例》（行政法规）第十八条

在视觉渔业航标的通视方向或者无线电导航设施的发射方向，不得构筑影响渔业航标正常工作效能的建筑物、构筑物，不得种植影响渔业航标正常工作效能的植物。

——《渔业航标管理办法》（部门规章）第十八条

船舶航行、作业或停泊时，应当与渔业航标保持安全距离，避免对渔业航标造成损害。

船舶触碰渔业航标，应当立即向所在地渔业航标管理机关报告。必要时，船舶所有人或经营人应当及时设置临时性渔业助航标志。

——《渔业航标管理办法》（部门规章）第二十条

（一）危害渔业航标及其辅助设施或者影响渔业航标工作效能

〔关键词〕危害渔业航标及其辅助设施或者影响渔业航标工作效能

禁止下列危害航标的行为：

（一）盗窃、哄抢或者以其他方式非法侵占航标、航标器材；

（二）非法移动、攀登或者涂抹航标；

（三）向航标射击或者投掷物品；

（四）在航标上攀架物品，拴系牲畜、船只、渔业捕捞器具、爆炸物品等；

（五）损坏航标的其他行为。

——《中华人民共和国航标条例》（行政法规）第十五条

禁止破坏航标辅助设施的行为。

前款所称航标辅助设施，是指为航标及其管理人员提供能源、水和其他所需物资而设置的各类设施，包括航标场地、直升机平台、登陆点、码头、趸船、水塔、储水池、水井、油（水）泵房、电力设施、业务用房以及专用道路、仓库等。

——《中华人民共和国航标条例》（行政法规）第十六条

禁止下列影响航标工作效能的行为：

（一）在航标周围 20 米内或者在埋有航标地下管道、线路的地面钻孔、挖坑、采掘土石、堆放物品或者进行明火作业；

（二）在航标周围 150 米内进行爆破作业；

（三）在航标周围 500 米内烧荒；

（四）在无线电导航设施附近设置、使用影响导航设施工作效能的高频电磁辐射装置、设备；

（五）在航标架空线路上附挂其他电力、通信线路；

（六）在航标周围抛锚、拖锚、捕鱼或者养殖水生物；

（七）影响航标工作效能的其他行为。

——《中华人民共和国航标条例》（行政法规）第十七条

有下列行为之一的，由航标管理机关责令限期改正或者采取相应的补救措施：

（一）违反本条例第十一条的规定，在航标附近设置灯光或者音响装置的；

（二）违反本条例第十三条的规定，构筑建筑物、构筑物或者种植植物的。

——《中华人民共和国航标条例》（行政法规）第二十条

违反本条例第十五条、第十六条、第十七条的规定，危害航标及其辅助设施或者影响航标工作效能的，由航标管理机关责令其限期改正，给予警告，可以并处 2 000 元以下的罚款；造成损失的，应当依法赔偿。

——《中华人民共和国航标条例》（行政法规）第二十二条

对损坏航标或其他助航、导航标志和设施，或造成上述标志、设施失效、移位、流失的船舶或人员，应责令其照价赔偿，并对责任船舶或责任人员处 500 元以上 1 000 元以下罚款。

故意造成第一款所述结果或虽不是故意但事情发生后隐瞒不向渔政渔港监督管理机关报告的，应当从重处罚。

——《渔业港航监督行政处罚规定》（部门规章）第三十条

案例 3

2019 年 7 月 18 日 20 时 5 分，在横沙通道渔港码头东侧，"辽大金渔 15118"船受台风"丹娜丝"影响到横沙通道避风，因对航道不熟悉，不慎撞击横沙渔港 610-2 灯浮，导致灯浮锚链断裂漂失。事故发生后，航标维护单位上海连洋航道公司立即进行了应急处置并向上海渔港监督局汇报了现场情况。经查发现，该船船头右侧有刮痕，灯浮筒体的马鞍链断裂，灯架变形严重，筒体擦痕较多。当事人"辽大金渔 15118"船船长张某某 1 和船副张某某 2 积极配合调查，承认"辽大金渔 15118"船损坏航标的行为属实，但并非故意为之，因就近避风、不熟悉航道环境所致，并认为此次事故中该船负有全部责任，愿意承担航标的赔偿事项。

当事人损坏专用航标的行为事实清楚、证据确凿，违反了《中华人民共和国渔港水域交通安全管理条例》第七条、《中华人民共和国渔业港航监督行政处罚规定》第三十条的规定。但考虑到当事人无主观恶意，损坏航标确因就近避风、不熟悉航道环境所致，且积极配合调查并愿意承担航标的赔偿事项。根据《中华人民共和国渔业港航监督行政处罚规定》第三十条的规定，作出罚款人民币伍佰元整的行政处罚决定并责令当事人张某某1照价赔偿灯浮损失伍万元整。

（二）触碰渔业航标不报告

〔关键词〕触碰渔业航标不报告

船舶触碰航标，应当立即向航标管理机关报告。
——《中华人民共和国航标条例》（行政法规）第十四条第二款

船舶违反本条例第十四条第二款的规定，触碰航标不报告的，航标管理机关可以根据情节处以2万元以下的罚款；造成损失的，应当依法赔偿。
——《中华人民共和国航标条例》（行政法规）第二十一条

违反本办法第二十二条第一款的规定，不履行报告义务的，由渔业航标管理机关给予警告，可并处2 000元以下的罚款。

其他违反本办法规定的行为，由渔业航标管理机关依照《中华人民共和国航标条例》等法律法规的有关规定进行处罚。
——《渔业航标管理办法》（部门规章）第二十七条

六、违反渔业无线电管理规定

〔关键词〕渔业无线电台

【渔业无线电台】

〔概念界定〕

需要设置使用渔业无线电台（站）的单位和个人，必须向本辖区内的渔业无线管理机构提出书面申请，并按本章有关规定办理设台（站）审批手续，领取国家无线电管理委员会统一印制的电台执照。
——《渔业无线电管理规定》（部门规章）第八条

"渔业无线电台（站）"是指渔业船舶制式电台、渔业船舶非制式电台和渔业海岸电台。"渔业船舶制式电台"是指按照国家渔业船舶建造规范配备的渔业船舶专用电台。

————《渔业无线电管理规定》（部门规章）第四十一条第二款

〔行政管理〕

农业部渔业无线电管理领导小组（以下简称机构）在国家无线电管理委员会领导下负责授权的渔业无线电管理工作。农业部黄渤海、东海、南海区渔政渔港监督管理局的渔业无线电管理机构，在农业部渔业无线电管理机构领导下负责本海区的渔业无线电管理工作。省、自治区、直辖市和市、县（市）渔业行政主管部门的渔业无线电管理机构，根据本规定负责辖区内的渔业无线电管理工作。

————《渔业无线电管理规定》（部门规章）第二条

设置使用渔业无线电台（站），必须具备以下条件：

（一）工作环境必须安全可靠；

（二）操作人员熟悉有关无线电管理规定，并具有相应的业务技能和操作资格；

（三）设台（站）单位或个人有相应的管理措施；

（四）无线电设备符合国家技术标准和有关渔业行业标准。

————《渔业无线电管理规定》（部门规章）第九条

海洋渔业船舶上的制式无线电台（站），必须按照下述规定到渔业无线电管理机构办理电台执照。核发电台执照的渔业无线电管理机构应将有关资料及时报国家或相应省、自治区、直辖市无线电管理委员会及上级渔业无线电管理机构备案。

（一）农业部直属单位和远洋渔业船舶上的制式无线电台（站），按有关规定到农业部或海区渔业无线电管理机构办理电台执照；

（二）省辖海洋渔业船舶上的制式无线电台（站），到省、自治区、直辖市渔业无线电管理机构办理电台执照；

（三）市渔业无线电管理机构受省渔业无线电管理机构委托办理省辖海洋渔业船舶制式电台执照。

渔业船舶非制式电台的审批和执照核发单位以及内河湖泊渔业船舶制式电台的执照核发单位，由各省、自治区、直辖市无线电管理委员会根据本省的具体情况确定。

————《渔业无线电管理规定》（部门规章）第十一条

（一）未经许可擅自使用水上无线电频率，或者擅自设置、使用渔业无线电台（站）

〔关键词〕未经许可擅自使用水上无线电频率，或者擅自设置、使用渔业无线电台（站）

国务院有关部门的无线电管理机构在国家无线电管理机构的业务指导下，负责本系统（行业）的无线电管理工作，贯彻执行国家无线电管理的方针、政策和法律、行政法规、规章，依照本条例规定和国务院规定的部门职权，管理国家无线电管理机构分配给本系统（行业）使用的航空、水上无线电专用频率，规划本系统（行业）无线电台（站）的建设布局和台址，核发制式无线电台执照及无线电台识别码。

————《中华人民共和国无线电管理条例》（行政法规）第十二条

设置、使用有固定台址的无线电台（站），由无线电台（站）所在地的省、自治区、直辖市无线电管理机构实施许可。设置、使用没有固定台址的无线电台，由申请人住所地的省、自治区、直辖市无线电管理机构实施许可。

——《中华人民共和国无线电管理条例》（行政法规）第三十条第一款

违反本条例规定，未经许可擅自使用无线电频率，或者擅自设置、使用无线电台（站）的，由无线电管理机构责令改正，没收从事违法活动的设备和违法所得，可以并处 5 万元以下的罚款；拒不改正的，并处 5 万元以上 20 万元以下的罚款；擅自设置、使用无线电台（站）从事诈骗等违法活动，尚不构成犯罪的，并处 20 万元以上 50 万元以下的罚款。

——《中华人民共和国无线电管理条例》（行政法规）第七十条

（二）渔业无线电管理人员滥用职权、玩忽职守

〔关键词〕渔业无线电管理人员滥用职权、玩忽职守

渔业无线电管理人员滥用职权、玩忽职守的，应给予行政处分；构成犯罪的，依法追究刑事责任。

——《渔业无线电管理规定》（部门规章）第四十条

（三）擅自转让水上无线电频率

〔关键词〕擅自转让水上无线电频率

违反本条例规定，擅自转让无线电频率的，由无线电管理机构责令改正，没收违法所得；拒不改正的，并处违法所得 1 倍以上 3 倍以下的罚款；没有违法所得或者违法所得不足 10 万元的，处 1 万元以上 10 万元以下的罚款；造成严重后果的，吊销无线电频率使用许可证。

——《中华人民共和国无线电管理条例》（行政法规）第七十一条

（四）违法违规使用渔业无线电台（站）

〔关键词〕违法违规使用渔业无线电台（站）

国务院有关部门的无线电管理机构在国家无线电管理机构的业务指导下，负责本系统（行业）的无线电管理工作，贯彻执行国家无线电管理的方针、政策和法律、行政法规、规章，依照本条例规定和国务院规定的部门职权，管理国家无线电管理机构分配给本系统（行业）使用的航空、水上无线电专用频率，规划本系统（行业）无线电台（站）的建设布局和台址，核发制式无线电台执照及无线电台识别码。

——《中华人民共和国无线电管理条例》（行政法规）第十二条

违反本条例规定，有下列行为之一的，由无线电管理机构责令改正，没收违法所得，可以并处 3 万元以下的罚款；造成严重后果的，吊销无线电台执照，并处 3 万元以上 10 万元以下的罚款：

（一）不按照无线电台执照规定的许可事项和要求设置、使用无线电台（站）；

（二）故意收发无线电台执照许可事项之外的无线电信号，传播、公布或者利用无意接收的信息；

（三）擅自编制、使用无线电台识别码。

——《中华人民共和国无线电管理条例》（行政法规）第七十二条

（五）使用无线电发射设备、辐射无线电波的非无线电设备干扰无线电业务正常进行

〔关键词〕使用无线电发射设备、辐射无线电波的非无线电设备干扰无线电业务正常进行

国务院有关部门的无线电管理机构在国家无线电管理机构的业务指导下，负责本系统（行业）的无线电管理工作，贯彻执行国家无线电管理的方针、政策和法律、行政法规、规章，依照本条例规定和国务院规定的部门职权，管理国家无线电管理机构分配给本系统（行业）使用的航空、水上无线电专用频率，规划本系统（行业）无线电台（站）的建设布局和台址，核发制式无线电台执照及无线电台识别码。

——《中华人民共和国无线电管理条例》（行政法规）第十二条

违反本条例规定，使用无线电发射设备、辐射无线电波的非无线电设备干扰无线电业务正常进行的，由无线电管理机构责令改正，拒不改正的，没收产生有害干扰的设备，并处 5 万元以上 20 万元以下的罚款，吊销无线电台执照；对船舶、航天器、航空器、铁路机车专用无线电导航、遇险救助和安全通信等涉及人身安全的无线电频率产生有害干扰的，并处 20 万元以上 50 万元以下的罚款。

——《中华人民共和国无线电管理条例》（行政法规）第七十三条

七、违反渔捞日志管理规定

〔关键词〕渔捞日志｜海洋大中型渔船渔捞日志｜远洋渔船渔捞日志｜南极磷虾渔业渔捞日志｜未依法填写、提交渔捞日志或渔捞日志填写不真实不规范

1. 关于渔捞日志的法律规定

【海洋大中型渔船渔捞日志】

从事捕捞作业的单位和个人，必须按照捕捞许可证关于作业类型、场所、时限、渔具数量和捕捞限额的规定进行作业，并遵守国家有关保护渔业资源的规定，大中型渔船应当填写渔捞日志。

——《中华人民共和国渔业法》（法律）第二十五条

海洋大中型渔船从事捕捞活动应当填写渔捞日志，渔捞日志应当记载渔船捕捞作业、进港卸载渔获物、水上收购或转运渔获物等情况。其他渔船渔捞日志的管理由省、自治区、直辖市人民政府规定。

——《渔业捕捞许可管理规定》（部门规章）第五十条

国内海洋大中型渔船应当在返港后向港口所在地县级人民政府渔业主管部门或其指定的机构或渔业组织提交渔捞日志。公海捕捞作业渔船应当每月向农业农村部或其指定机构提交渔捞日志。使用电子渔捞日志的，应当每日提交。

——《渔业捕捞许可管理规定》（部门规章）第五十一条

船长应当对渔捞日志记录内容的真实性、正确性负责。

禁止在A类渔区转载渔获物。

——《渔业捕捞许可管理规定》（部门规章）第五十二条

【远洋渔船渔捞日志】

远洋渔船应当按照规定填写渔捞日志，并接受渔业行政主管部门的监督检查。

——《远洋渔业管理规定》（部门规章）第二十五条

《渔捞日志》适用于所有从事鱿鱼渔业的远洋渔船，包括鱿钓渔船及在公海从事灯光围网、敷网等主捕鱿鱼的渔船。

——《农业部办公厅关于规范鱿鱼渔业捕捞日志的通知》（规范性文件）第一条

《渔捞日志》从2011年1月1日启用。远洋渔业企业可向中国渔业协会远洋渔业分会申领。鼓励有条件的企业渔船使用电子版《渔捞日志》。远洋渔业企业须于每年3月31前将上年度本企业自有及代理的鱿鱼渔船填写的《渔捞日志》寄送至鱿钓技术组，也可通过电子邮件方式发送。

——《农业部办公厅关于规范鱿鱼渔业捕捞日志的通知》（规范性文件）第二条

【南极磷虾渔业渔捞日志】

所有南极磷虾渔船均须准确填写渔捞日志，详细记录捕捞生产数据，并按规定报告时段（每月或每5天）将渔获量和捕捞努力量汇总报告以及精细尺度渔获量和捕捞努力量报告汇总后发送至黄海水产研究所，由其对数据审核后通报给委员会秘书处。每月的渔获数据应当同时报送中国远洋渔业协会。

各船应按委员会有关规定，每月至少测定一次磷虾渔获量鲜重转换要素。渔船还应在整个渔获处理过程中注意收集兼捕鱼类数据。上述数据应随相应报告时段的精细尺度渔获量与捕捞努力量报告一并发送给黄海水产研究所。

——《关于严格遵守南极磷虾渔业国际管理措施的通知》（规范性文件）第六条

对不按要求填写捕捞日志或不按规定上交捕捞日志的渔船，取消下一年度在暂定措施水域的作业资格。

——《中日渔业协定暂定措施水域管理暂行办法》（部门规章）第十二条

2. 关于违反渔捞日志管理规定的法律责任

【未依法填写、提交渔捞日志或者渔捞日志填写不真实、不规范】

未按规定提交渔捞日志或者渔捞日志填写不真实、不规范的，由县级以上人民政府渔业主管部门或其所属的渔政监督管理机构给予警告，责令改正；逾期不改正的，可以处1 000

元以上 1 万元以下罚款。

——《渔业捕捞许可管理规定》（部门规章）第五十三条

八、未按规定进行渔政检查

〔关键词〕渔政检查｜渔政执法船舶

【渔政检查】

渔政检查人员有权对各种渔业及渔业船舶的证件、渔船、渔具、渔获物和捕捞方法，进行检查。

渔政检查人员经国务院渔业行政主管部门或者省级人民政府渔业行政主管部门考核，合格者方可执行公务。

——《中华人民共和国渔业法实施细则》（行政法规）第七条

渔业行政主管部门及其所属的渔政监督管理机构，应当与公安、海监、交通、环保、工商行政管理等有关部门相互协作，监督检查渔业法规的施行。

——《中华人民共和国渔业法实施细则》（行政法规）第八条

农业部主管全国渔业行政执法督察工作；农业部渔政指挥中心负责具体实施全国渔业行政执法督察工作；各海区渔政局负责实施本海区渔业行政执法督察工作；省、地市级渔业行政主管部门负责对辖区内渔业行政执法单位及其执法人员的渔业行政执法行为进行督察，具体实施单位由本级渔业行政主管部门确定。

——《渔业行政执法督察规定（试行）》（规范性文件）第二条

一、严禁着渔业行政执法制服进入各类营业性娱乐场所消费。

二、严禁无法定依据或不开具有效票据处罚、收费。

三、严禁索要、收受管理相对人钱物。

四、严禁私分罚没款和罚没物。

五、严禁弄虚作假、滥用职权、不按规定条件和程序办理渔业管理相关证书及证件。

六、严禁参与和从事渔业生产经营活动。

渔业行政执法机构工作人员违反上述禁令的，视情节予以纪律处分、吊销行政执法证或取消有关证书及证件签发人资格，直至调离渔业行政执法队伍。涉嫌犯罪的，移送司法机关依法处理。对违反上述禁令行为不纠不查、包庇袒护的，追究有关领导责任。

——《渔业行政执法六条禁令》（规范性文件）

渔业行政执法协作办案工作实行统一领导，分级管理原则。

中华人民共和国渔政渔港监督管理局负责渔业行政执法协作办案工作的统一领导。

农业部渔政指挥中心负责渔业行政执法协作办案工作的具体实施，监督、指导全国渔业违法案件协作办案工作，协调沿海跨海区、内陆跨流域（黄河、长江、珠江）和其他内陆跨省（区、市）渔业违法案件的协作办案工作。

农业部各海区渔政渔港监督管理局负责监督、指导本海区渔业违法案件协作办案工作，协调本海区跨省（区、市）渔业违法案件的协作办案工作。

黄河流域渔业资源管理委员会、长江渔业资源管理委员会、珠江流域渔业管理委员会按职能分别负责监督、指导本流域渔业违法案件协作办案工作，协调本流域跨省（区、市）渔业违法案件的协作办案工作。

地方各级渔业行政主管部门及其渔业行政执法机构负责实施、监督、指导本辖区渔业违法案件的协作办案工作。

——《渔业行政执法协作办案工作制度》（规范性文件）第四条

每年1月底前，沿海各省（区、市）渔业行政主管部门要将上一年度的渔业行政执法协作办案工作开展情况总结报所在海区渔政渔港监督管理局，海区渔政渔港监督管理局汇总后报农业部渔政指挥中心。

每年1月底前，黄河、长江、珠江流域各省（区、市）渔业行政主管部门要将上一年度的内陆渔业行政执法协作办案工作开展情况总结报所在流域渔业资源管理委员会办公室，流域渔业资源管理委员会办公室汇总后报农业部渔政指挥中心。黄河、长江、珠江流域以外的内陆各省（区、市）的渔业行政执法协作办案工作开展情况总结直接报农业部渔政指挥中心。

——《渔业行政执法协作办案工作制度》（规范性文件）第十六条

【渔政执法船舶】

〔概念界定〕

本办法所称渔业行政执法船舶是指各级渔业行政主管部门执行渔业行政执法任务的专用公务船、艇，以下称为渔政船。

——《渔业行政执法船舶管理办法》（部门规章）第二条

〔行政管理〕

渔政船实行建造审批，注册登记，统一编号，统一规范。

——《渔业行政执法船舶管理办法》（部门规章）第三条

各级渔业行政主管部门依照本办法的规定对所属渔政船进行管理。

——《渔业行政执法船舶管理办法》（部门规章）第四条

凡新建、改造、购置和报废渔政船的，必须填写《中华人民共和国渔政船新建、改造、购置、报废申请表》，经批准后方可进行。未经批准，不得新建、改造、购置和报废渔政船。

农业部直属渔政渔港监督管理机构和省级渔业行政主管部门需新建、改造、购置和报废渔政船的，报（沿海省级渔政船经所在海区局审核后）中华人民共和国渔政渔港监督管理局审批。

省级以下各级渔业行政主管部门需新建、改造、购置和报废渔政船的，由各省（区、市）渔业行政主管部门审批，报中华人民共和国渔政渔港监督管理局（海洋渔政船同时报所在海区渔政渔港监督管理局）备案。

渔政船的设计、建造规范和安装的设备必须符合国家有关规定。

——《渔业行政执法船舶管理办法》（部门规章）第五条

所有渔政船必须向中华人民共和国渔政渔港监督管理局申请注册登记，经核准后，方可执行渔业行政执法任务。

海区渔政渔港监督管理局和各级渔业行政主管部门根据本办法第九条的编号规则，对所属渔政船编写船名号，并填写《中华人民共和国渔政船注册登记申请表》，向中华人民共和国渔政渔港监督管理局申请注册登记。

中华人民共和国渔政渔港监督管理局对所有核准注册登记的渔政船，采用合适的方式向社会公布。

——《渔业行政执法船舶管理办法》（部门规章）第六条

中华人民共和国渔政渔港监督管理局对服役的渔政船每三年重新注册一次。

——《渔业行政执法船舶管理办法》（部门规章）第七条

渔政船实行统一外观颜色和标志。渔政船船体外部水线以上部分为白色，船首两侧用黑色宋体汉字标写船名号。有条件的渔政船应在驾驶室外两侧上方用红色宋体汉字标写船名号，夜间应有灯光照明或设夜间显示灯箱。烟囱两侧或驾驶楼两侧应刷制中国渔政徽标。

——《渔业行政执法船舶管理办法》（部门规章）第八条

上一级渔业行政主管部门可以根据执法任务的需要，调用下一级渔业行政主管部门的渔政船执行执法任务。渔政船被调用期间服从上级渔业行政主管部门的指挥。

——《渔业行政执法船舶管理办法》（部门规章）第十二条

任何单位和个人不得利用渔政船从事生产、营运等以盈利为目的的经营活动。因渔业资源调查等活动或配合政府其他部门的公务活动需使用渔政船时，应报上一级渔业行政主管部门备案。

——《渔业行政执法船舶管理办法》（部门规章）第十三条

凡执行渔业行政执法任务需使用船、艇时，必须使用渔政船。

内陆地区或因特殊原因需借用、租用非渔政船执行渔业行政执法任务时，必须事先报经省级渔业行政主管部门批准。报告时应说明拟执行的任务、时间、范围以及拟借用、租用船舶的船名号等有关情况。执行任务时，借用、租用的非渔政船的船名号必须清晰可见，在不影响公务的前提下还应有明显的渔业行政执法标识。任务结束后应向批准部门报告执行情况。

——《渔业行政执法船舶管理办法》（部门规章）第十四条

各级渔业行政主管部门要按渔业船舶管理的有关规定，对所属的渔政船配齐职务船员，按执法任务需要配备渔业行政执法官员。

海洋渔政船还要按中华人民共和国渔政渔港监督管理局统一规定的标准配备通讯导航设备。

——《渔业行政执法船舶管理办法》（部门规章）第十五条

渔政船发生事故时，船长应及时采取有效措施组织抢救，尽量减少损失，并及时报告其渔业行政主管部门。

——《渔业行政执法船舶管理办法》（部门规章）第十六条

（一）拒绝、阻碍渔政检查人员依法执行职务

〔关键词〕拒绝、阻碍渔政检查人员依法执行职务

有下列行为之一，尚不构成犯罪，应当给予治安管理处罚的，由公安机关依照《中华人民共和国治安管理处罚法》的规定予以处罚：

（一）拒绝、阻碍渔政检查人员依法执行职务的；

（二）偷窃、哄抢或者故意损坏野生动物保护仪器设备或者设施的。

——《中华人民共和国水生野生动物保护实施条例》（行政法规）第三十二条

有下列行为之一的，由公安机关依照《中华人民共和国治安管理处罚条例》的规定处罚；构成犯罪的，由司法机关依法追究刑事责任：

（一）拒绝、阻碍渔政检查人员依法执行职务的；

（二）偷窃、哄抢或者破坏渔具、渔船、渔获物的。

——《中华人民共和国渔业法实施细则》（行政法规）第三十九条

案例 4

2018 年 1 月 1 日 14 时许，雷州市海洋与渔业局与雷州市东里镇人民政府、雷州市公安局东里派出所等部门联合到雷州市东里镇后溪村对开发海域滩涂进行执法行动，清理整治该范围内非法养殖设施和物品。当执法人员准备将界定执法范围的红色旗子插到划定的海滩涂上时，被告人蒋某某及调元村数名妇女以政府部门未处理好调元村海滩涂使用权问题为由，强行坐在旗子上，不让执法人员取旗子进行执法。雷州市公安局东里派出所执法民警梁某及辅警郑某、实习生张某等人对被告人蒋某某进行思想教育和劝导时，被告人蒋某某不但不听劝告，反而乘执法人员不备，持黑色塑料皮带掷向执法人员梁某、郑某、张某等人，致被害人郑某受伤。经湛江市人民检察院鉴定，被害人郑某的损伤程度为轻微伤。另查明，案发后，2018 年 5 月 2 日，被告人蒋某某的亲属蒋某某 1 主动代被告人蒋某某积极赔偿了被害人郑某及梁某、张某的经济损失人民币 18 000 元，已取得被害人郑某及梁某、张某的谅解。被害人郑某及梁某、张某出具谅解书，建议对被告人蒋某某从轻处罚，且雷州市公安局东里派出所对该事实亦予以确认。雷州市人民法院认为，被告人蒋某某无视国家法律，以暴力方法阻碍国家机关工作人员依法执行公务，并致一人轻微伤，其行为触犯了《中华人民共和国刑法》第二百七十七条第一款之规定，已构成妨害公务罪，依法应追究其刑事责任。鉴于被告人蒋某某能当庭自愿认罪，并如实供述自己的罪行，认罪态度较好，确有悔罪表现，被告人蒋某某犯妨害公务罪，判处有期徒刑九个月，缓刑一年六个月①。

（二）渔政检查人员玩忽职守或者徇私枉法

〔关键词〕渔政检查人员玩忽职守或者徇私枉法

渔政检查人员玩忽职守或者徇私枉法的，由其所在单位或者上级主管部门给予行政处分；构成犯罪的，依法追究刑事责任。

——《中华人民共和国渔业法实施细则》（行政法规）第四十条

---

① 详见雷州市人民法院（2018）粤 0882 刑初 279 号刑事判决书。

渔业行政主管部门或渔政渔港监督管理机构工作人员有下列情形之一的，依法给予处分：

（一）违反规定发放渔业船员证书的；

（二）不依法履行监督检查职责的；

（三）滥用职权、玩忽职守的其他行为。

——《渔业船员管理办法》（部门规章）第四十九条

持证人员有下列情形之一的，由发证机关酌情暂扣或吊销其渔业行政执法证，并报农业部渔政指挥中心备案：

（一）申领渔业行政执法证时弄虚作假的；

（二）涂改、买卖、出租、出借渔业行政执法证的；

（三）滥用职权有违规违纪行为的；

（四）发生执法过错造成不良后果的；

（五）发证机关认为应当暂扣或吊销的其他情形。

——《渔业行政执法证管理办法》（部门规章）第十三条

案例 5

2010 年至 2016 年，被告人杨某某任大悟县水产局渔政监督管理站站长，在发放 2013 年至 2015 年大悟县境内捕捞、养殖机动渔船油价补贴过程中，没有按财政部、农业部《渔业成品油补助专项资金管理暂行办法》第二十条"补助资金实行专账管理，专款专用，任何单位和个人不得以有证无船、一船多证、非法船舶、伪造证件等形式套取补助资金，扩大补助范围发放补助资金、挤占、截留、挪用补助资金和工作经费"的规定，在核对养殖户的捕捞、养殖机动渔船实际过程中，没有认真、严格、规范、审核、登记每位养殖户对应的机动渔船数量、功率，导致在实际发放油价补贴过程中，向不符合领取燃油补贴条件的无船养殖户及登记船数与实际船数不一致的养殖户，发放和多发放油价补贴资金，造成国家油价补贴损失 365 521 元。被告人杨某某在立案前主动到侦查机关投案，如实供述自己的犯罪事实。归案后被告人杨某某自行挽回经济损失 130 000 元。湖北省大悟县人民法院认为，被告人杨某某身为国家机关工作人员，在审核发放捕捞、养殖机动渔船油价补贴过程中，未严格履行职责，致使公共财产遭受重大损失，其行为已构成玩忽职守罪，被告人杨某某在审核发放油价补贴中，致使各渔业养殖户违反程序获得油价补贴，但其发放的补贴资金主要用于发展、扶持渔业的养殖生产，犯罪较轻。且被告人在归案后，主动挽回部分经济损失，综合全案，根据被告人杨某某的犯罪事实、情节及悔罪表现，其犯罪情节轻微，不需要判处刑罚，因此被告人杨某某犯玩忽职守罪，免予刑事处罚①。

---

① 详见湖北省大悟县人民法院（2017）鄂 0922 刑初 144 号刑事判决书。

（三）申领渔业行政执法证时弄虚作假

〔关键词〕申领渔业行政执法证时弄虚作假

持证人员有下列情形之一的，由发证机关酌情暂扣或吊销其渔业行政执法证，并报农业部渔政指挥中心备案：

（一）申领渔业行政执法证时弄虚作假的。

——《渔业行政执法证管理办法》（部门规章）第十三条第一项

（四）涂改、买卖、出租、出借渔业行政执法证

〔关键词〕涂改、买卖、出租、出借渔业行政执法证

持证人员有下列情形之一的，由发证机关酌情暂扣或吊销其渔业行政执法证，并报农业部渔政指挥中心备案：（二）涂改、买卖、出租、出借渔业行政执法证的。

——《渔业行政执法证管理办法》（部门规章）第十三条第二项

（五）渔政执法人员违反渔业行政执法六条禁令

〔关键词〕渔政执法人员违反渔业行政执法六条禁令

一、严禁着渔业行政执法制服进入各类营业性娱乐场所消费。

二、严禁无法定依据或不开具有效票据处罚、收费。

三、严禁索要、收受管理相对人钱物。

四、严禁私分罚没款和罚没物。

五、严禁弄虚作假、滥用职权、不按规定条件和程序办理渔业管理相关证书及证件。

六、严禁参与和从事渔业生产经营活动。

渔业行政执法机构工作人员违反上述禁令的，视情节予以纪律处分、吊销行政执法证或取消有关证书及证件签发人资格，直至调离渔业行政执法队伍。涉嫌犯罪的，移送司法机关依法处理。对违反上述禁令行为不纠不查、包庇袒护的，追究有关领导责任。

——《渔业行政执法六条禁令》（规范性文件）

链接：渔业行政执法证

渔业行政执法证暂扣期为 6 个月。渔业行政执法证被暂扣达两次者由发证机关吊销其证件，取消其执法资格，并调离执法岗位。

——《渔业行政执法证管理办法》（部门规章）第十四条

九、违反水生生物增殖放流管理规定

〔关键词〕水生生物增殖放流｜渔业资源增殖费

【渔业资源增殖费】

〔基本分类〕

海洋渔业资源费和内陆水域渔业资源费：

渔业资源费分为海洋渔业资源费和内陆水域渔业资源费。

海洋渔业资源费年征收金额，由沿海省级人民政府渔业行政主管部门或者海区渔政监督管理机构，在其批准发放捕捞许可证的渔船前三年采捕水产品的平均年总产值（不含专项采捕经济价值较高的渔业资源品种产值）百分之一至百分之三的幅度内确定。

内陆水域渔业资源费年征收金额由省级人民政府确定。

专项采捕经济价值较高的渔业资源品种，渔业资源费年征收金额，由省级人民政府渔业行政主管部门或者海区渔政监督管理机构，在其批准发放捕捞许可证的渔船前三年采捕该品种的平均年总产值百分之三至百分之五的幅度内确定。

经济价值较高的渔业资源品种名录，由国务院渔业行政主管部门确定。

——《渔业资源增殖保护费征收使用办法》（行政法规）第五条

港澳流动渔船渔业资源费：

持有广东省和香港、澳门地区双重户籍的流动渔船，由广东省人民政府渔业行政主管部门征收渔业资源费。

——《渔业资源增殖保护费征收使用办法》（行政法规）第八条

流动渔船应按规定缴纳渔业资源增殖保护费、渔港费收等。

——《港澳流动渔船管理规定》（规范性文件）第二十二条

〔行政管理〕

县级以上人民政府渔业行政主管部门应当对其管理的渔业水域统一规划，采取措施，增殖渔业资源。县级以上人民政府渔业行政主管部门可以向受益的单位和个人征收渔业资源增殖保护费，专门用于增殖和保护渔业资源。渔业资源增殖保护费的征收办法由国务院渔业行政主管部门会同财政部门制定，报国务院批准后施行。

——《中华人民共和国渔业法》（法律）第二十八条

凡在中华人民共和国的内水、滩涂、领海以及中华人民共和国管辖的其他海域采捕天然生长和人工增殖水生动植物的单位和个人，必须依照本办法缴纳渔业资源增殖保护费（以下简称"渔业资源费"）。

——《渔业资源增殖保护费征收使用办法》（行政法规）第二条

渔业资源费由县级以上人民政府渔业行政主管部门及其授权单位依照批准发放捕捞许可证的权限征收。由国务院渔业行政主管部门批准发放捕捞许可证的，渔业资源费由国务院渔业行政主管部门所属的海区渔政监督管理机构（以下称"海区渔政监督管理机构"）征收。

——《渔业资源增殖保护费征收使用办法》（行政法规）第四条

县级以上地方人民政府渔业行政主管部门或者海区渔政监督管理机构，根据本办法第六条规定的渔业资源费征收标准，依照作业单位的船只、功率和网具数量，确定应当缴纳的渔业资源费金额。

——《渔业资源增殖保护费征收使用办法》（行政法规）第七条

凡在长江干流及其通江水域从事捕捞生产的单位和个人，应当按规定向县级以上渔业行政主管部门提出申请，取得捕捞许可证并缴纳渔业资源增殖保护费后，方准进行作业。长江渔业资源增殖保护费的征收标准根据沿江各省、直辖市渔业资源增殖保护费征收使用办法执行。

县级以上渔业行政主管部门应当自申请受理之日起 20 日内作出是否发放捕捞许可证的决定。

——《长江渔业资源管理规定》（部门规章）第十二条

捕捞生产原则上不得跨省、直辖市作业，确需跨省、直辖市作业的，须向作业所在地省、直辖市渔业行政主管部门提出申请并取得临时捕捞许可证，缴纳渔业资源增殖保护费，方可作业。省、直辖市渔业行政主管部门应当自申请受理之日起 20 日内作出是否发放捕捞许可证的决定。

——《长江渔业资源管理规定》（部门规章）第十三条

渔业资源费按预算外资金管理。

县级以上人民政府渔业行政主管部门征收的渔业资源费应当交同级财政部门在银行开设专户储存，依照规定用途专款专用，不得挪用。

——《长江渔业资源管理规定》（部门规章）第十四条

县级以上地方人民政府渔业行政主管部门以及渔业资源费的其他使用单位，应当在年初编制渔业资源费收支计划，在年终编制决算，报同级财政部门审批，并报上一级渔业行政主管部门备案。

海区渔政监督管理机构编制的渔业资源费收支计划和年终决算，由国务院渔业行政主管部门审查汇总后，报财政部门审批。

收支计划和决算报表的格式由国务院渔业行政主管部门统一制订。

——《长江渔业资源管理规定》（部门规章）第十五条

〔**具体征收标准**〕

渔业资源费的具体征收标准，由省级人民政府渔业行政主管部门或者海区渔政监督管理机构，在本办法第五条确定的渔业资源费年征收金额幅度内，依照下列原则制定：

（一）从事外海捕捞、有利于渔业资源保护或者国家鼓励开发的作业的，其渔业资源费征收标准应当低于平均征收标准，也可以在一定时期内免征渔业资源费。

（二）从事应当淘汰、不利于渔业资源保护或者国家限制发展的作业的，或者持临时捕捞许可证进行采捕作业的，其渔业资源费征收标准应当高于平均征收标准，但最高不得超过平均征收标准金额的三倍。

（三）依法经批准采捕珍稀水生动植物的，依照专项采捕经济价值较高的渔业资源品种

• 233 •

适用的征收标准，加倍征收渔业资源费，但最高不得超过上述征收标准金额的三倍。因从事科研活动的需要，依据有关规定经批准采捕珍稀水生动植物的除外。

渔业资源费的具体征收标准，省级人民政府渔业行政主管部门制定的，由省级人民政府物价部门核定；海区渔政监督管理机构制定的，报国务院渔业行政主管部门审查后，由国务院物价部门核定。

——《渔业资源增殖保护费征收使用办法》（行政法规）第六条

〔具体使用范围〕

渔业资源费用于渔业资源的增殖、保护，使用范围是：

（一）购买增殖放流用的苗种和培育苗种所需的配套设施；修建近海和内陆水域人工鱼礁、鱼巢等增殖设施；

（二）为保护特定的渔业资源品种，借给渔民用于转业或者转产的生产周转金（不得作为生活补助和流动资金）；

（三）为增殖渔业资源提供科学研究经费补助；

（四）为改善渔业资源增殖保护管理手段和监测渔业资源提供经费补助。

渔业资源费用于渔业资源增殖与保护之间的比例，属于海区掌握的，由海区渔政监督管理机构确定；属于省、自治区、直辖市掌握的，由省级人民政府渔业行政主管部门商同级财政部门确定。

——《渔业资源增殖保护费征收使用办法》（行政法规）第十二条

跨省、自治区、直辖市的大江、大河的人工增殖放流，由江河流经的省、自治区、直辖市人民政府渔业行政主管部门根据国务院渔业行政主管部门的统一规划，从其征收的内陆水域渔业资源费中提取经费。

——《渔业资源增殖保护费征收使用办法》（行政法规）第十三条

【水生生物增殖放流】

〔概念界定〕

本规定所称水生生物增殖放流，是指采用放流、底播、移植等人工方式向海洋、江河、湖泊、水库等公共水域投放亲体、苗种等活体水生生物的活动。

——《水生生物增殖放流管理规定》（部门规章）第二条

〔行政管理〕

农业部主管全国水生生物增殖放流工作。

县级以上地方人民政府渔业行政主管部门负责本行政区域内水生生物增殖放流的组织、协调与监督管理。

——《水生生物增殖放流管理规定》第四条

各级渔业行政主管部门应当加大对水生生物增殖放流的投入，积极引导、鼓励社会资金支持水生生物资源养护和增殖放流事业。

水生生物增殖放流专项资金应专款专用，并遵守有关管理规定。渔业行政主管部门使用社会资金用于增殖放流的，应当向社会、出资人公开资金使用情况。

——《水生生物增殖放流管理规定》第五条

用于增殖放流的人工繁殖的水生生物物种，应当来自有资质的生产单位。其中，属于经济物种的，应当来自持有《水产苗种生产许可证》的苗种生产单位；属于珍稀、濒危物种的，应当来自持有《水生野生动物驯养繁殖许可证》的苗种生产单位。

渔业行政主管部门应当按照"公开、公平、公正"的原则，依法通过招标或者议标的方式采购用于放流的水生生物或者确定苗种生产单位。

——《水生生物增殖放流管理规定》第九条

用于增殖放流的亲体、苗种等水生生物应当是本地种。苗种应当是本地种的原种或者子一代，确需放流其他苗种的，应当通过省级以上渔业行政主管部门组织的专家论证。

禁止使用外来种、杂交种、转基因种以及其他不符合生态要求的水生生物物种进行增殖放流。

——《水生生物增殖放流管理规定》第十条

渔业行政主管部门应当在增殖放流水域采取划定禁渔区、确定禁渔期等保护措施，加强增殖资源保护，确保增殖放流效果。

——《水生生物增殖放流管理规定》第十五条

大范围洄游性品种的人工增殖放流，由农业部黄渤海区渔政局统一规划，统一组织实施。区域性和定居性品种的人工增殖放流可以由沿岸县级以上地方人民政府渔业行政主管部门在辖区渔业水域的非养殖区组织实施。

——《渤海生物资源养护规定》（部门规章）第十九条

人工增殖放流的苗种应当由省级以上渔业行政主管部门指定的原良种场、增殖站和水生野生动物驯养繁殖基地提供。禁止在渤海放流杂交种、转基因种及其他非渤海原有品种。但放流经省级以上渔业行政主管部门组织生态安全评估合格、全国水产原种和良种审定委员会审定和农业部批准推广的上述品种的除外。

——《渤海生物资源养护规定》（部门规章）第二十条

在种质资源保护区和重要经济鱼、虾、蟹类的产卵场等敏感水域进行放流，应当遵守国家有关规定。

——《渤海生物资源养护规定》（部门规章）第二十一条

案例 6

2008 年至 2012 年期间，时任昌江县海洋与渔业局渔政与电信股副股长、股长的被告人李某某利用职务之便，收受沈某行贿的 0.6 万元，另在 2015 年增殖放流项目工作过程中，为苏某牟取不正当利益收受苏某行贿两次共 2 万元。疏于履职致使苏某骗取国家专项资金 50.477 5 万元，给国家造成重大损失。具体事实如下：

一、2010 年至 2012 年期间，先后任昌江县海洋与渔业局渔政与电信股副股长、股长的被告人李某某，在负责该局采购、验收海南科达雅游艇制造有限公司的执法艇工作中，分四次收受该公司销售人员沈某送予的感谢费用 0.1 万元、0.2 万元、0.2 万元、0.1 万元，合计 0.6 万元。在负责 2015 年渔业资源增殖放流苗种项目开展期间，被告人李某某分两次收受供应商苏某送予的感谢费各 1 万元，合计共 2 万元。

二、2015 年期间，时任昌江县海洋与渔业局渔政与电信股股长的被告人李某某，负责具体组织开展 2015 年渔业资源增殖放流苗种项目。在项目招标期间，李某某又收受苏某 1 万元而给招标公司负责人袁某打招呼让苏某中标。2015 年 7 月 21 日、2015 年 8 月 7 日，被告人李某某组织人员分别在昌江县海尾镇、昌江县七叉镇验收、放流青石斑鱼、草鱼、鲢、鳙。验收过程中，依照昌江县海洋与渔业局制定的《2015 年渔业资源增殖放流实施方案》，被告人李某某是增殖放流工作领导小组成员，增殖放流领导小组办公室设在该局渔政与电信股，由李某某兼任办公室主任，负责各项日常相关协调工作。工作步骤中有要求领导小组要做好苗种计数工作的规定。被告人李某某等人到现场后对鱼苗计数等工作疏于监管，在供应商苏某提供的鱼苗量远未达到合同要求的数量且运输、包装均未达到国家要求的情况下，鱼苗被海南省海洋与渔业科学院的工作人员采用不规范方法及运输、包装等方式均未达到要求等情况下验收后做合格处理并放流，公证处的干部明知鱼苗的计算方法及包装均不符合国家放流要求而未制止并作公证签字，在被告人李某某积极推动下致使苏某顺利取得国家拨付的 87.18 万元鱼苗款。苏某收到款后给被告人李某某好处费 1 万元。另查明，该项目合同约定放流青石斑鱼 12.4 万尾，放流草鱼、鲢、鳙共 150 万尾，交易金额共计 87.18 万元，实际放流青石斑鱼 4.95 万尾，实际放流草鱼、鲢、鳙共 70 万尾，实际放流鱼苗价值 36.702 5 万元，国家资金损失 50.477 5 万元。2015 年 11 月 19 日，被告人李某某家属代其退缴赃款 2.6 万元。

海南省第二中级人民法院认为，根据农业部发布的《水生生物增殖放流技术规程》，国家对鱼苗放流的计数方式有具体要求，即对鱼苗计数方式要采用全部重量法、抽样重量法或抽样数量法，对鱼苗包装要求全部均匀装袋。对于鱼苗的计数、包装，李某某参加过海南省海洋与渔业厅举办的培训班，对此情况应该掌握。两次放流，李某某均代表业主单位昌江县海洋与渔业局到放流现场，具体负责组织实施鱼苗放流，海南省海洋与渔业科学院工作人员李某、崔某检验鱼苗采用鱼苗数量计数方法不符合《水生生物增殖放流技术规程》的规定，承包商苏某拉运来的鱼苗包装不符合《水生生物增殖放流技术规程》的要求，李某某对此没有提出异议、中止放流，尤其是在公证人员符某、薛某、谢某对鱼苗数量提出异议的情况下，李某某明知所提供的鱼苗数量有问题，仍在渔业资源增殖放流项目苗种采购验收报告上签署"同意验收结论"意见，代表昌江县海洋与渔业局验收通过苏某供应的鱼苗。李某某时任昌江县海洋与渔业局渔政与电信股原股长，同时又是增殖放流工作领导小组成员，兼任增殖放流工作领导小组办公室主任，负责各项日常相关协调工作。李某某身为国家工作人员，利用其担任昌江县海洋与渔业局渔政与电信股副股长、股长职务之便，收受他人贿赂合计人民币 2.6 万元，为他人牟取不正当利益；在渔业资源增殖放流项目实施过程中，工作严重不负责任，不正确履行职责，致使公共财产、国家和人民利益遭受重大损失，其行为分别构成受贿罪、玩忽职守罪，依法应实行数罪并罚。李某某犯受贿罪，判处有期徒刑一年，并处罚金人民币 10 万元；

犯玩忽职守罪，判处有期徒刑八个月。数罪并罚，决定执行有期徒刑一年六个月，缓刑二年，并处罚金人民币 10 万元[1]。

十、外国人、外国船舶违反中国有关法律、法规

〔关键词〕地域管辖｜域内管辖｜域外管辖｜共同渔区或公海管辖｜中越北部湾共同渔区管辖｜级别管辖

【地域管辖】

〔域内管辖〕
范围界定：

在中华人民共和国的内水、滩涂、领海、专属经济区以及中华人民共和国管辖的一切其他海域从事养殖和捕捞水生动物、水生植物等渔业生产活动，都必须遵守本法。

——《中华人民共和国渔业法》（法律）第二条

《渔业法》及本实施细则中下列用语的含义是：

（一）"中华人民共和国的内水"，是指中华人民共和国领海基线向陆一侧的海域和江河、湖泊等内陆水域。

（二）"中华人民共和国管辖的一切其他海域"，是指根据中华人民共和国法律，中华人民共和国缔结、参加的国际条约、协定或者其他有关国际法，而由中华人民共和国管辖的海域。

（三）"渔业水域"，是指中华人民共和国管辖水域中鱼、虾、蟹、贝类的产卵场、索饵场、越冬场、洄游通道和鱼、虾、蟹、贝、藻类及其他水生动植物的养殖场所。

——《中华人民共和国渔业法实施细则》（行政法规）第二条

国务院渔业行政主管部门的渔政渔港监督管理机构，代表国家行使渔政渔港监督管理权。

国务院渔业行政主管部门在黄渤海、东海、南海三个海区设渔政监督管理机构；在重要渔港、边境水域和跨省、自治区、直辖市的大型江河，根据需要设渔政渔港监督管理机构。

——《中华人民共和国渔业法实施细则》（行政法规）第六条

链接：我国渔船过境俄罗斯水域注意事项

我国渔船（包括悬挂中国国旗的渔船和悬挂第三国国旗但是中国企业拥有所有权或经营管理的渔船）在航行通过俄罗斯水域时，渔船所属企业应提前向俄罗斯萨哈林州边

---

[1]　详见海南省第二中级人民法院（2018）琼 97 刑终 75 号刑事判决书。

防局通报船名号、所挂国旗、注册港口、进出俄专属经济区坐标及预计时间、所载货物品种及数量、装货地点及货物来源等信息。

——《农业部办公厅关于我国渔船过境俄罗斯水域注意事项的通知》（规范性文件）第一条

〔域外管辖〕

域外船舶进入中国水域从事渔业生产或者渔业资源调查活动的管辖规定：

外国人、外国渔业船舶进入中华人民共和国管辖水域，从事渔业生产或者渔业资源调查活动，必须经国务院有关主管部门批准，并遵守本法和中华人民共和国其他有关法律、法规的规定；同中华人民共和国订有条约、协定的，按照条约、协定办理。国家渔政渔港监督管理机构对外行使渔政渔港监督管理权。

——《中华人民共和国渔业法》（法律）第八条

任何外国人、外国船舶在中华人民共和国管辖海域内从事渔业生产、生物资源调查等活动的，必须经中华人民共和国渔政渔港监督管理局批准，并遵守中华人民共和国的法律、法规以及中华人民共和国缔结或参加的国际条约与协定。

——《中华人民共和国管辖海域外国人、外国船舶渔业活动管理
暂行规定》（部门规章）第三条

中华人民共和国内水、领海内禁止外国人、外国船舶从事渔业生产活动；经批准从事生物资源调查活动必须采用与中方合作的方式进行。

——《中华人民共和国管辖海域外国人、外国船舶渔业活动管理
暂行规定》（部门规章）第四条

外国渔业船舶申请在中华人民共和国管辖水域从事渔业生产的，应当向中华人民共和国渔政渔港监督管理局提出。中华人民共和国渔政渔港监督管理局应当自申请受理之日起20日内作出是否发放捕捞许可证的决定。

外国人、外国渔业船舶申请在中华人民共和国管辖水域从事渔业资源调查活动的，应当向农业部提出。农业部应当自申请受理之日起20日内作出是否批准其从事渔业活动的决定。

——《中华人民共和国管辖海域外国人、外国船舶渔业活动管理
暂行规定》（部门规章）第六条

外国人、外国船舶在中华人民共和国管辖海域内从事渔业生产、生物资源调查等活动以及进入中华人民共和国渔港的，应当接受中华人民共和国渔政渔港监督管理机构的监督检查和管理。

中华人民共和国渔政渔港监督管理机构及其检查人员在必要时，可以对外国船舶采取登临、检查、驱逐、扣留等必要措施，并可行使紧追权。

——《中华人民共和国管辖海域外国人、外国船舶渔业活动管理
暂行规定》（部门规章）第十一条

任何国际组织、外国的组织或者个人进入中华人民共和国的专属经济区从事渔业活动，必须经中华人民共和国主管机关批准，并遵守中华人民共和国的法律、法规及中华人民共和国与有关国家签订的条约、协定。

中华人民共和国主管机关有权采取各种必要的养护和管理措施，确保专属经济区的生物资源不受过度开发的危害。

——《中华人民共和国专属经济区和大陆架法》（法律）第五条

任何国际组织、外国的组织或者个人对中华人民共和国的专属经济区和大陆架的自然资源进行勘查、开发活动或者在中华人民共和国的大陆架上为任何目的进行钻探，必须经中华人民共和国主管机关批准，并遵守中华人民共和国的法律、法规。

——《中华人民共和国专属经济区和大陆架法》（法律）第六条

域外船舶进入中国水域的一般管辖规定：

外国籍船员在中国籍船舶上工作的，按照有关船员管理的法律、行政法规的规定执行。

——《中华人民共和国海上交通安全法》（法律）第十三条第三项

国际航行船舶进出口岸，应当依法向海事管理机构申请许可并接受海事管理机构及其他口岸查验机构的监督检查。海事管理机构应当自受理申请之日起五个工作日内作出许可或者不予许可的决定。

外国籍船舶临时进入非对外开放水域，应当依照国务院关于船舶进出口岸的规定取得许可。

国内航行船舶进出港口、港外装卸站，应当向海事管理机构报告船舶的航次计划、适航状态、船员配备和客货载运等情况。

——《中华人民共和国海上交通安全法》（法律）第四十六条

国务院交通运输主管部门为维护海上交通安全、保护海洋环境，可以会同有关主管部门采取必要措施，防止和制止外国籍船舶在领海的非无害通过。

——《中华人民共和国海上交通安全法》（法律）第五十三条

除依照本法规定获得进入口岸许可外，外国籍船舶不得进入中华人民共和国内水；但是，因人员病急、机件故障、遇难、避风等紧急情况未及获得许可的可以进入。

外国籍船舶因前款规定的紧急情况进入中华人民共和国内水的，应当在进入的同时向海事管理机构紧急报告，接受海事管理机构的指令和监督。海事管理机构应当及时通报管辖海域的海警机构、就近的出入境边防检查机关和当地公安机关、海关等其他主管部门。

——《中华人民共和国海上交通安全法》（法律）第五十五条

外国籍船舶在中华人民共和国管辖海域外发生事故，造成中国公民重伤或者死亡的，海事管理机构根据中华人民共和国缔结或者参加的国际条约的规定参与调查。

——《中华人民共和国海上交通安全法》（法律）第八十六条第二款

外国籍船舶可能威胁中华人民共和国内水、领海安全的，海事管理机构有权责令其离开。

外国籍船舶违反中华人民共和国海上交通安全或者防治船舶污染的法律、行政法规的，海事管理机构可以依法行使紧追权。

——《中华人民共和国海上交通安全法》（法律）第九十二条

外国籍公务船舶在中华人民共和国领海航行、停泊、作业，违反中华人民共和国法律、行政法规的，依照有关法律、行政法规的规定处理。

在中华人民共和国管辖海域内的外国籍军用船舶的管理，适用有关法律的规定。

——《中华人民共和国海上交通安全法》（法律）第一百二十条

域外船舶的入渔申请及审批：

中华人民共和国渔政渔港监督管理局根据以下条件对外国人的入渔申请进行审批：

1. 申请的活动，不危害中华人民共和国国家安全，不妨碍中华人民共和国缔结或参加的国际条约与协定的执行；

2. 申请的活动，不对中华人民共和国实施的海洋生物资源养护措施和海洋环境造成不利影响；

3. 申请的船舶数量、作业类型和渔获量等符合中华人民共和国管辖海域内的资源状况。

——《中华人民共和国管辖海域外国人、外国船舶渔业活动管理

暂行规定》（部门规章）第五条

外国渔业船舶申请在中华人民共和国管辖水域从事渔业生产的，应当向中华人民共和国渔政渔港监督管理局提出。中华人民共和国渔政渔港监督管理局应当自申请受理之日起 20 日内作出是否发放捕捞许可证的决定。

——《中华人民共和国管辖海域外国人、外国船舶渔业活动管理

暂行规定》（部门规章）第六条第一款

外国人、外国船舶入渔申请获得批准后，应当向中华人民共和国渔政渔港监督管理局缴纳入渔费并领取许可证。如有特殊情况，经批准机关同意，入渔费可予以减免。

经批准进入中华人民共和国渔港的，应按规定缴纳港口费用。

——《中华人民共和国管辖海域外国人、外国船舶渔业活动管理

暂行规定》（部门规章）第七条

经批准作业的外国人、外国船舶领取许可证后，按许可证确定的作业船舶、作业区域、作业时间、作业类型、渔获数量等有关事项作业，并按照中华人民共和国渔政渔港监督管理局的有关规定填写捕捞日志、悬挂标志和执行报告制度。

——《中华人民共和国管辖海域外国人、外国船舶渔业活动管理

暂行规定》（部门规章）第八条

在中华人民共和国管辖海域内的外国人、外国船舶，未经中华人民共和国渔政渔港监督管理局批准，不得在船舶间转载渔获物及其制品或补给物品。

——《中华人民共和国管辖海域外国人、外国船舶渔业活动管理

暂行规定》（部门规章）第九条

经批准转载的外国鱼货运输船、补给船，必须按规定向中华人民共和国有关海区渔政渔港监督管理机构申报进入中华人民共和国管辖海域过驳鱼货或补给的时间、地点，被驳鱼货或补给的船舶船名、鱼种、驳运量，或主要补给物品和数量。过驳或补给结束，应申报确切过驳数量。

——《中华人民共和国管辖海域外国人、外国船舶渔业活动管理

暂行规定》（部门规章）第十条

〔共同渔区或公海管辖〕

中国公民或组织在我国与有关国家缔结的协定确定的共同管理的渔区或公海从事捕捞等作业的，适用本规定。

　　　　　　　——《最高人民法院关于审理发生在我国管辖海域相关案件若干问题

的规定（一）》（法释〔2016〕16号）（司法解释）第二条

〔中越北部湾共同渔区管辖〕

　　凡进入北部湾从事渔业活动的生产单位和个人必须取得渔业行政主管部门核发、代发的合法有效证件。未经批准不得进入划界分界线越方一侧水域从事渔业活动。

　　　　　　　——《农业部关于实施〈中越北部湾渔业合作协定〉

的通告》（规范性文件）第二条

　　凡需进入"共同渔区"划界分界线越方一侧水域生产的渔船，必须取得农业部南海区渔政渔港监督管理局核发的北部湾共同渔区专项捕捞许可证，并不得越过"共同渔区"西侧线进入越方管辖水域作业。

　　　　　　　——《农业部关于实施〈中越北部湾渔业合作协定〉

的通告》（规范性文件）第三条

　　凡需进入"过渡性安排水域"划界分界线越方一侧水域生产的渔船必须持有越方发放的过渡性安排水域捕捞许可证，并遵守越方的有关法律法规，不得越过"过渡性安排水域"西侧线进入越方管辖水域作业。

　　　　　　　——《农业部关于实施〈中越北部湾渔业合作协定〉

的通告》（规范性文件）第四条

　　我渔船不得进入以白龙尾岛灯塔为圆心，半径15海里的水域从事渔业活动。

　　　　　　　——《农业部关于实施〈中越北部湾渔业合作协定〉

的通告》（规范性文件）第五条

　　经批准在"共同渔区""过渡性安排水域"作业的渔船必须悬挂我国国旗和渔船标识牌，填写渔捞日志，并随船携带捕捞许可证及船员身份证件。

　　　　　　　——《农业部关于实施〈中越北部湾渔业合作协定〉

的通告》（规范性文件）第六条

　　严禁渔船越过"小型渔船缓冲区"划界分界线进入越方一侧水域进行作业，误入"小型渔船缓冲区"划界分界线越方一侧水域的渔船必须迅速离开。

　　　　　　　——《农业部关于实施〈中越北部湾渔业合作协定〉

的通告》（规范性文件）第七条

　　在"共同渔区"和"过渡性安排水域"从事渔业活动的渔船必须接受监督机关的检查。按照《北部湾共同渔区渔业资源养护和管理规定》，划界分界线中方一侧的监督机关为中华人民共和国渔政渔港监督管理机构、公安边防、海军部队，越方一侧为越南社会主义共和国的水产资源监察保护机关、海军、海警、边防部队。

　　　　　　　——《农业部关于实施〈中越北部湾渔业合作协定〉

的通告》（规范性文件）第八条

【级别管辖】

〔渔业一般行政管辖〕

　　国务院渔业行政主管部门主管全国的渔业工作。县级以上地方人民政府渔业行政主管部门主管本行政区域内的渔业工作。县级以上人民政府渔业行政主管部门可以在重要渔业水域、渔港设渔政监督管理机构。县级以上人民政府渔业行政主管部门及其所属的渔政监督管理机构可以设渔政检查人员。渔政检查人员执行渔业行政主管部门及其所属的渔政监督管理机构交付的任务。

——《中华人民共和国渔业法》（法律）第六条

国家对渔业的监督管理，实行统一领导、分级管理。海洋渔业，除国务院划定由国务院渔业行政主管部门及其所属的渔政监督管理机构监督管理的海域和特定渔业资源渔场外，由毗邻海域的省、自治区、直辖市人民政府渔业行政主管部门监督管理。江河、湖泊等水域的渔业，按照行政区划由有关县级以上人民政府渔业行政主管部门监督管理；跨行政区域的，由有关县级以上地方人民政府协商制定管理办法，或者由上一级人民政府渔业行政主管部门及其所属的渔政监督管理机构监督管理。

——《中华人民共和国渔业法》（法律）第七条

〔内陆渔业与共用渔业资源管理〕

国家对渔业的监督管理，实行统一领导、分级管理。

内陆水域渔业，按照行政区划由当地县级以上地方人民政府渔业行政主管部门监督管理；跨行政区域的内陆水域渔业，由有关县级以上地方人民政府协商制定管理办法，或者由上一级人民政府渔业行政主管部门及其所属的渔政监督管理机构监督管理；跨省、自治区、直辖市的大型江河的渔业，可以由国务院渔业行政主管部门监督管理。

重要的、洄游性的共用渔业资源，由国家统一管理；定居性的、小宗的渔业资源，由地方人民政府渔业行政主管部门管理。

——《中华人民共和国渔业法实施细则》（行政法规）第三条第一、三、四款

〔机动渔船底拖网禁渔区线行政管辖〕

国务院划定的"机动渔船底拖网禁渔区线"外侧，属于中华人民共和国管辖海域的渔业，由国务院渔业行政主管部门及其所属的海区渔政管理机构监督管理；"机动渔船底拖网禁渔区线"内侧海域的渔业，除国家另有规定者外，由毗邻海域的省、自治区、直辖市人民政府渔业行政主管部门监督管理。

——《中华人民共和国渔业法实施细则》（行政法规）第三条第二款

"机动渔船底拖网禁渔区线"内侧海域的渔业，由有关省、自治区、直辖市人民政府渔业行政主管部门协商划定监督管理范围；划定监督管理范围有困难的，可划叠区或者共管区管理，必要时由国务院渔业行政主管部门决定。

——《中华人民共和国渔业法实施细则》（行政法规）第四条

在"机动渔船底拖网禁渔区线"内侧建造人工鱼礁的，必须经有关省、自治区、直辖市人民政府渔业行政主管部门或其授权单位批准。

建造人工鱼礁，应当避开主要航道和重要锚地，并通知有关交通和海洋管理部门。

——《中华人民共和国渔业法实施细则》（行政法规）第二十二条

定置渔业一般不得跨县作业。县级以上人民政府渔业行政主管部门应当限制其网桩数量、作业场所，并规定禁渔期。海洋定置渔业，不得越出"机动渔船底拖网禁渔区线"。

——《中华人民共和国渔业法实施细则》（行政法规）第二十三条

设置人工鱼礁，应当进行环境影响和增殖效果评估，并由农业部或沿岸省、直辖市人民政府渔业行政主管部门统一组织实施。在"机动渔船底拖网禁渔区线"外侧设置人工鱼礁的，应当依照《中华人民共和国渔业法实施细则》的规定，报请农业部批准；在"机动渔船底拖网禁渔区线"内侧设置人工鱼礁的，应当报请省、直辖市人民政府渔业行政主管部门或其授权单位批准。

——《渤海生物资源养护规定》（部门规章）第二十二条

设置人工鱼礁不得妨碍船舶航行，不得影响海底管道、缆线等设施，并应事先公告。

——《渤海生物资源养护规定》（部门规章）第二十三条

链接：处罚程序

本法规定的行政处罚，由县级以上人民政府渔业行政主管部门或者其所属的渔政监督管理机构决定。但是，本法已对处罚机关作出规定的除外。在海上执法时，对违反禁渔区、禁渔期的规定或者使用禁用的渔具、捕捞方法进行捕捞，以及未取得捕捞许可证进行捕捞的，事实清楚、证据充分，但是当场不能按照法定程序作出和执行行政处罚决定的，可以先暂时扣押捕捞许可证、渔具或者渔船，回港后依法作出和执行行政处罚决定。

——《中华人民共和国渔业法》（法律）第四十八条

渔业行政主管部门或其所属的渔政监督管理机构进行处罚时，应当填发处罚决定书；处以罚款及没收渔具、渔获物和违法所得的，应当开具凭证，并在捕捞许可证上载明。

——《中华人民共和国渔业法实施细则》（行政法规）第三十八条

（一）外国人、外国渔船擅自进入中国管辖水域从事渔业生产和渔业资源调查活动或活动不符合渔业管理规定

〔关键词〕外国人、外国渔船擅自进入中国管辖水域从事渔业生产和渔业资源调查活动或活动不符合渔业管理规定

外国人、外国渔业船舶进入中华人民共和国管辖水域，从事渔业生产或者渔业资源调查活动，必须经国务院有关主管部门批准，并遵守本法和中华人民共和国其他有关法律、法规的规定；同中华人民共和国订有条约、协定的，按照条约、协定办理。

——《中华人民共和国渔业法》（法律）第八条第一款

外国人、外国渔船违反本法规定，擅自进入中华人民共和国管辖水域从事渔业生产和渔业资源调查活动的，责令其离开或者将其驱逐，可以没收渔获物、渔具，并处五十万元以下的罚款；情节严重的，可以没收渔船；构成犯罪的，依法追究刑事责任。

——《中华人民共和国渔业法》（法律）第四十六条

本法规定的行政处罚，由县级以上人民政府渔业行政主管部门或者其所属的渔政监督管理机构决定。但是，本法已对处罚机关作出规定的除外。

——《中华人民共和国渔业法》（法律）第四十八条第一款

外国人、外国渔船违反《渔业法》第八条规定，擅自进入中华人民共和国管辖水域从事渔业生产或者渔业资源调查活动的，渔业行政主管部门或其所属的渔政监督管理机构应当令其离开或者将其驱逐，并可处以罚款和没收渔获物、渔具。

——《中华人民共和国渔业法实施细则》（行政法规）第三十七条

外国人、外国渔船违反《渔业法》第八条规定，擅自进入中华人民共和国管辖水域从事渔业生产或渔业资源调查活动的，依照《实施细则》第三十七条规定，令其离开或将其驱逐，并可处以罚款和没收渔获物、渔具。

——《渔业行政处罚规定》（部门规章）第十五条

外国人、外国船舶在中华人民共和国内水、领海内有下列行为之一的，可处以没收渔获物、没收渔具、没收调查资料，并按下列数额罚款：

1. 从事渔业生产活动的，可处 50 万元以下罚款；

2. 未经批准从事生物资源调查活动的，可处 40 万元以下罚款。

——《中华人民共和国管辖海域外国人、外国船舶渔业活动管理
暂行规定》（部门规章）第十二条

外国人、外国船舶在中华人民共和国专属经济区和大陆架有下列行为之一的，可处以没收渔获物、没收渔具，并按下列数额罚款：

1. 未经批准从事渔业生产活动的，可处 40 万元以下罚款；

2. 未经批准从事生物资源调查活动的，可处 30 万元以下罚款。

——《中华人民共和国管辖海域外国人、外国船舶渔业活动管理
暂行规定》（部门规章）第十三条

外国人、外国船舶经批准在中华人民共和国专属经济区和大陆架从事渔业生产、生物资源调查活动，有下列行为之一的，可处以没收渔获物、没收渔具和 30 万元以下罚款的处罚：

1. 未按许可的作业区域、时间、类型、船舶功率或吨位作业的；

2. 超过核定捕捞配额的。

——《中华人民共和国管辖海域外国人、外国船舶渔业活动管理
暂行规定》（部门规章）第十四条

外国人、外国船舶经批准在中华人民共和国专属经济区和大陆架从事渔业生产、生物资源调查活动，有下列行为之一的，可处以没收渔获物、没收渔具和 5 万元以下罚款的处罚：

1. 未按规定填写渔捞日志的；

2. 未按规定向指定的监督机构报告船位、渔捞情况等信息的；

3. 未按规定标识作业船舶的；

4. 未按规定的网具规格和网目尺寸作业的。

——《中华人民共和国管辖海域外国人、外国船舶渔业活动管理
暂行规定》（部门规章）第十五条

有关部门依据出境入境管理法、治安管理处罚法，对非法进入我国内水从事渔业生产或者渔业资源调查的外国人，作出行政强制措施或行政处罚决定，行政相对人不服的，可分别

依据出境入境管理法第六十四条和治安管理处罚法第一百零二条的规定，向有关机关申请复议或向有管辖权的人民法院提起行政诉讼。

——《最高人民法院关于审理发生在我国管辖海域相关案件若干问题
的规定（一）》（法释〔2016〕16 号）（司法解释）第四条

外国公民、无国籍人、外国组织，认为我国海洋、公安、海关、渔业行政主管部门及其所属的渔政监督管理机构等执法部门在行政执法过程中侵害其合法权益的，可以依据行政诉讼法等相关法律规定提起行政诉讼。

——《最高人民法院关于审理发生在我国管辖海域相关案件若干问题
的规定（二）》（法释〔2016〕17 号）（司法解释）第十四条

（二）外国船舶进出中华人民共和国渔港从事违法行为

〔关键词〕外国船舶进出中华人民共和国渔港从事违法行为

外国船舶进出中华人民共和国渔港，有下列行为之一的，中华人民共和国渔政渔港监督管理机构有权禁止其进、离港口，或者令其停航、改航、停止作业，并可处以 3 万元以下罚款的处罚：

1. 未经批准进出中华人民共和国渔港的；

2. 违反船舶装运、装卸危险品规定的；

3. 拒不服从渔政渔港监督管理机构指挥调度的；

4. 拒不执行渔政渔港监督管理机构作出的离港、停航、改航、停止作业和禁止进、离港等决定的。

——《中华人民共和国管辖海域外国人、外国船舶渔业活动管理
暂行规定》（部门规章）第十七条

（三）外国人、外国船舶未经批准从事补给或转载鱼货

〔关键词〕外国人、外国船舶未经批准从事补给或转载鱼货

外国人、外国船舶在中华人民共和国内水、领海内有下列行为之一的，可处以没收渔获物、没收渔具、没收调查资料，并按下列数额罚款：

3. 未经批准从事补给或转载鱼货的，可处 30 万元以下罚款。

——《中华人民共和国管辖海域外国人、外国船舶渔业活动管理
暂行规定》（部门规章）第十二条第三项

外国人、外国船舶在中华人民共和国专属经济区和大陆架有下列行为之一的，可处以没收渔获物、没收渔具，并按下列数额罚款：

3. 未经批准从事补给或转载鱼货的，可处 20 万元以下罚款。

——《中华人民共和国管辖海域外国人、外国船舶渔业活动管理
暂行规定》（部门规章）第十三条第三项

（四）外国船舶未取得入渔许可或取得入渔许可但航行于许可作业区域以外，未将渔具收入舱内或未按规定捆扎、覆盖

〔关键词〕外国船舶未取得入渔许可或取得入渔许可但航行于许可作业区域以外，未将渔具收入舱内或未按规定捆扎、覆盖

未取得入渔许可进入中华人民共和国管辖水域，或取得入渔许可但航行于许可作业区域以外的外国船舶，未将渔具收入舱内或未按规定捆扎、覆盖的，中华人民共和国渔政渔港监督管理机构可处以没收渔具和 3 万元以下罚款的处罚。

——《中华人民共和国管辖海域外国人、外国船舶渔业活动管理暂行规定》（部门规章）第十六条

（五）外国船舶拒不执行渔政渔港监督管理机构指挥或决定

〔关键词〕外国船舶拒不执行渔政渔港监督管理机构指挥或决定

外国船舶进出中华人民共和国渔港，有下列行为之一的，中华人民共和国渔政渔港监督管理机构有权禁止其进、离港口，或者令其停航、改航、停止作业，并可处以 3 万元以下罚款的处罚：①未经批准进出中华人民共和国渔港的；②违反船舶装运、装卸危险品规定的；③拒不服从渔政渔港监督管理机构指挥调度的；④拒不执行渔政渔港监督管理机构作出的离港、停航、改航、停止作业和禁止进、离港等决定的。

——《中华人民共和国管辖海域外国人、外国船舶渔业活动管理暂行规定》（部门规章）第十七条

（六）外国船舶违反船舶装运、装卸危险品规定

〔关键词〕外国船舶违反船舶装运、装卸危险品规定

外国船舶进出中华人民共和国渔港，有下列行为之一的，中华人民共和国渔政渔港监督管理机构有权禁止其进、离港口，或者令其停航、改航、停止作业，并可处以 3 万元以下罚款的处罚：①未经批准进出中华人民共和国渔港的；②违反船舶装运、装卸危险品规定的；③拒不服从渔政渔港监督管理机构指挥调度的；④拒不执行渔政渔港监督管理机构作出的离港、停航、改航、停止作业和禁止进、离港等决定的。

——《中华人民共和国管辖海域外国人、外国船舶渔业活动管理暂行规定》（部门规章）第十七条

（七）外国人、外国船舶对中国渔港及渔港水域造成污染

〔关键词〕外国人、外国船舶对中国渔港及渔港水域造成污染

外国人、外国船舶对中华人民共和国渔港及渔港水域造成污染的，中华人民共和国渔政

渔港监督管理机构可视情节及危害程度，处以警告或 10 万元以下的罚款，对造成渔港水域环境污染损害的，可责令其支付消除污染费用，赔偿损失。

——《中华人民共和国管辖海域外国人、外国船舶渔业活动管理暂行规定》（部门规章）第十八条

链接：处罚规定

我国渔船违反我国缔结、参加的国际渔业条约和违反公认的国际关系准则的，可处以罚款。

——《渔业行政处罚规定》（部门规章）第十六条

中华人民共和国渔政渔港监督管理局和各海区渔政渔港监督管理局可决定 50 万元以下罚款的处罚。

省（自治区、直辖市）渔政渔港监督管理机构可决定 20 万元以下罚款的处罚。

市、县渔政渔港监督管理机构可决定 5 万元以下罚款的处罚。

作出超过本级机构权限的行政处罚决定的，必须事先报经具有相应处罚权的上级渔政渔港监督管理机构批准。

——《中华人民共和国管辖海域外国人、外国船舶渔业活动管理暂行规定》（部门规章）第十九条

受到罚款处罚的外国船舶及其人员，必须在离港或开航前缴清罚款。不能在离港或开航前缴清罚款的，应当提交相当于罚款额的保证金或处罚决定机关认可的其他担保，否则不得离港。

——《中华人民共和国管辖海域外国人、外国船舶渔业活动管理暂行规定》（部门规章）第二十条

外国人、外国船舶违反本规定和中华人民共和国有关法律、法规，情节严重的，除依法给予行政处罚或移送有关部门追究法律责任外，中华人民共和国渔政渔港监督管理局并可取消其入渔资格。

——《中华人民共和国管辖海域外国人、外国船舶渔业活动管理暂行规定》（部门规章）第二十一条

外国人、外国船舶对渔业行政处罚不服的，可依据中华人民共和国法律、法规的有关规定申请复议或提起诉讼。

——《中华人民共和国管辖海域外国人、外国船舶渔业活动管理暂行规定》（部门规章）第二十二条

附　　录

一、渔业名录

（一）国家重点保护野生动物名录

国家重点保护野生动物名录

中文名	学名	保护级别	级别调整情况	备注
脊索动物门 CHORDATA				
哺乳纲 MAMMALIA				
灵长目♯	PRIMATES			
懒猴科	Lorisidae			
蜂猴	*Nycticebus bengalensis*	一级	未变	
倭蜂猴	*Nycticebus pygmaeus*	一级	未变	
猴科	Cercopithecidae			
短尾猴	*Macaca arctoides*	二级	未变	
熊猴	*Macaca assamensis*	二级	降级	
台湾猴	*Macaca cyclopis*	一级	未变	
北豚尾猴	*Macaca leonina*	一级	未变	原名"豚尾猴"
白颊猕猴	*Macaca leucogenys*	二级	新增	
猕猴	*Macaca mulatta*	二级	未变	
藏南猕猴	*Macaca munzala*	二级	新增	
藏酋猴	*Macaca thibetana*	二级	未变	
喜山长尾叶猴	*Semnopithecus schistaceus*	一级	未变	
印支灰叶猴	*Trachypithecus crepusculus*	一级	未变	
黑叶猴	*Trachypithecus francoisi*	一级	未变	
菲氏叶猴	*Trachypithecus phayrei*	一级	未变	
戴帽叶猴	*Trachypithecus pileatus*	一级	未变	
白头叶猴	*Trachypithecus leucocephalus*	一级	未变	
肖氏乌叶猴	*Trachypithecus shortridgei*	一级	未变	
滇金丝猴	*Rhinopithecus bieti*	一级	未变	
黔金丝猴	*Rhinopithecus brelichi*	一级	未变	

（续）

中文名	学名	保护级别	级别调整情况	备注
川金丝猴	*Rhinopithecus roxellana*	一级	未变	
怒江金丝猴	*Rhinopithecus strykeri*	一级	未变	
长臂猿科	Hylobatidae			
西白眉长臂猿	*Hoolock hoolock*	一级	未变	
东白眉长臂猿	*Hoolock leuconedys*	一级	未变	
高黎贡白眉长臂猿	*Hoolock tianxing*	一级	未变	
白掌长臂猿	*Hylobates lar*	一级	未变	
西黑冠长臂猿	*Nomascus concolor*	一级	未变	
东黑冠长臂猿	*Nomascus nasutus*	一级	未变	
海南长臂猿	*Nomascus hainanus*	一级	未变	
北白颊长臂猿	*Nomascus leucogenys*	一级	未变	
鳞甲目♯	PHOLIDOTA			
鲮鲤科	Manidae			
印度穿山甲	*Manis crassicaudata*	一级	未变	
马来穿山甲	*Manis javanica*	一级	未变	
穿山甲	*Manis pentadactyla*	一级	未变	
食肉目	CARNIVORA			
犬科	Canidae			
狼	*Canis lupus*	二级	新增	
亚洲胡狼	*Canis aureus*	二级	新增	
豺	*Cuon alpinus*	一级	升级	
貉	*Nyctereutes procyonoides*	二级	新增	仅限野外种群
沙狐	*Vulpes corsac*	二级	新增	
藏狐	*Vulpes ferrilata*	二级	新增	
赤狐	*Vulpes vulpes*	二级	新增	
熊科♯	Ursidae			
懒熊	*Melursus ursinus*	二级	新增	
马来熊	*Helarctos malayanus*	一级	未变	
棕熊	*Ursus arctos*	二级	未变	
黑熊	*Ursus thibetanus*	二级	未变	
大熊猫科♯	Ailuropodidae			
大熊猫	*Ailuropoda melanoleuca*	一级	未变	
小熊猫科♯	Ailuridae			
小熊猫	*Ailurus fulgens*	二级	未变	

（续）

中文名	学名	保护级别	级别调整情况	备注
鼬科	Mustelidae			
黄喉貂	*Martes flavigula*	二级	未变	
石貂	*Martes foina*	二级	未变	
紫貂	*Martes zibellina*	一级	未变	
貂熊	*Gulo gulo*	一级	未变	
＊小爪水獭	*Aonyx cinerea*	二级	未变	
＊水獭	*Lutra lutra*	二级	未变	
＊江獭	*Lutrogale perspicillata*	二级	未变	
灵猫科	Viverridae			
大斑灵猫	*Viverra megaspila*	一级	新增	
大灵猫	*Viverra zibetha*	一级	升级	
小灵猫	*Viverricula indica*	一级	升级	
椰子猫	*Paradoxurus hermaphroditus*	二级	新增	
熊狸	*Arctictis binturong*	一级	未变	
小齿狸	*Arctogalidia trivirgata*	一级	新增	
缟灵猫	*Chrotogale owstoni*	一级	新增	
林狸科	Prionodontidae			
斑林狸	*Prionodon pardicolor*	二级	未变	
猫科♯	Felidae			
荒漠猫	*Felis bieti*	一级	升级	
丛林猫	*Felis chaus*	一级	升级	
草原斑猫	*Felis silvestris*	二级	未变	
渔猫	*Felis viverrinus*	二级	未变	
兔狲	*Otocolobus manul*	二级	未变	
猞猁	*Lynx lynx*	二级	未变	
云猫	*Pardofelis marmorata*	二级	新增	
金猫	*Pardofelis temminckii*	一级	升级	
豹猫	*Prionailurus bengalensis*	二级	新增	
云豹	*Neofelis nebulosa*	一级	未变	
豹	*Panthera pardus*	一级	未变	
虎	*Panthera tigris*	一级	未变	
雪豹	*Panthera uncia*	一级	未变	
海狮科♯	Otariidae			
＊北海狗	*Callorhinus ursinus*	二级	未变	

（续）

中文名	学名	保护级别		级别调整情况	备注
＊北海狮	*Eumetopias jubatus*		二级	未变	
海豹科＃	Phocidae				
＊西太平洋斑海豹	*Phoca largha*	一级		升级	原名"斑海豹"
＊髯海豹	*Erignathus barbatus*		二级	未变	
＊环海豹	*Pusa hispida*		二级	未变	
长鼻目＃	PROBOSCIDEA				
象科	Elephantidae				
亚洲象	*Elephas maximus*	一级		未变	
奇蹄目	PERISSODACTYLA				
马科	Equidae				
普氏野马	*Equus ferus*	一级		未变	原名"野马"
蒙古野驴	*Equus hemionus*	一级		未变	
藏野驴	*Equus kiang*	一级		未变	原名"西藏野驴"
偶蹄目	ARTIODACTYLA				
骆驼科	Camelidae				原名"驼科"
野骆驼	*Camelus ferus*	一级		未变	
鼷鹿科＃	Tragulidae				
威氏鼷鹿	*Tragulus williamsoni*	一级		未变	原名"鼷鹿"
麝科＃	Moschidae				
安徽麝	*Moschus anhuiensis*	一级		未变	
林麝	*Moschus berezovskii*	一级		未变	
马麝	*Moschus chrysogaster*	一级		未变	
黑麝	*Moschus fuscus*	一级		未变	
喜马拉雅麝	*Moschus leucogaster*	一级		未变	
原麝	*Moschus moschiferus*	一级		未变	
鹿科	Cervidae				
獐	*Hydropotes inermis*		二级	未变	原名"河麂"
黑麂	*Muntiacus crinifrons*	一级		未变	
贡山麂	*Muntiacus gongshanensis*		二级	新增	
海南麂	*Muntiacus nigripes*		二级	新增	
豚鹿	*Axis porcinus*	一级		未变	
水鹿	*Cervus equinus*		二级	未变	
梅花鹿	*Cervus nippon*	一级		未变	仅限野外种群
马鹿	*Cervus canadensis*		二级	未变	仅限野外种群

（续）

中文名	学名	保护级别	级别调整情况	备注
西藏马鹿（包括白臀鹿）	*Cervus wallichii*（*C. w. macneilli*）	一级	升级	
塔里木马鹿	*Cervus yarkandensis*	一级	升级	仅限野外种群
坡鹿	*Panolia siamensis*	一级	未变	
白唇鹿	*Przewalskium albirostris*	一级	未变	
麋鹿	*Elaphurus davidianus*	一级	未变	
毛冠鹿	*Elaphodus cephalophus*	二级	新增	
驼鹿	*Alces alces*	一级	升级	
牛科	Bovidae			
野牛	*Bos gaurus*	一级	未变	
爪哇野牛	*Bos javanicus*	一级	新增	
野牦牛	*Bos mutus*	一级	未变	
蒙原羚	*Procapra gutturosa*	一级	升级	原名"黄羊"
藏原羚	*Procapra picticaudata*	二级	未变	
普氏原羚	*Procapra przewalskii*	一级	未变	
鹅喉羚	*Gazella subgutturosa*	二级	未变	
藏羚	*Pantholops hodgsonii*	一级	未变	
高鼻羚羊	*Saiga tatarica*	一级	未变	
秦岭羚牛	*Budorcas bedfordi*	一级	未变	
四川羚牛	*Budorcas tibetanus*	一级	未变	
不丹羚牛	*Budorcas whitei*	一级	未变	
贡山羚牛	*Budorcas taxicolor*	一级	未变	
赤斑羚	*Naemorhedus baileyi*	一级	未变	
长尾斑羚	*Naemorhedus caudatus*	二级	未变	
缅甸斑羚	*Naemorhedus evansi*	二级	未变	
喜马拉雅斑羚	*Naemorhedus goral*	一级	未变	
中华斑羚	*Naemorhedus griseus*	二级	未变	
塔尔羊	*Hemitragus jemlahicus*	一级	未变	
北山羊	*Capra sibirica*	二级	降级	
岩羊	*Pseudois nayaur*	二级	未变	
阿尔泰盘羊	*Ovis ammon*	二级	未变	
哈萨克盘羊	*Ovis collium*	二级	未变	
戈壁盘羊	*Ovis darwini*	二级	未变	
西藏盘羊	*Ovis hodgsoni*	一级	升级	
天山盘羊	*Ovis karelini*	二级	未变	

（续）

中文名	学名	保护级别		级别调整情况	备注
帕米尔盘羊	*Ovis polii*		二级	未变	
中华鬣羚	*Capricornis milneedwardsii*		二级	未变	
红鬣羚	*Capricornis rubidus*		二级	新增	
台湾鬣羚	*Capricornis swinhoei*	一级		未变	
喜马拉雅鬣羚	*Capricornis thar*	一级		升级	
啮齿目	RODENTIA				
河狸科♯	Castoridae				
河狸	*Castor fiber*	一级		未变	
松鼠科	Sciuridae				
巨松鼠	*Ratufa bicolor*		二级	未变	
兔形目	LAGOMORPHA				
鼠兔科	Ochotonidae				
贺兰山鼠兔	*Ochotona argentata*		二级	新增	
伊犁鼠兔	*Ochotona iliensis*		二级	新增	
兔科	Leporidae				
粗毛兔	*Caprolagus hispidus*		二级	新增	
海南兔	*Lepus hainanus*		二级	未变	
雪兔	*Lepus timidus*		二级	未变	
塔里木兔	*Lepus yarkandensis*		二级	未变	
海牛目♯	SIRENIA				
儒艮科	Dugongidae				
*儒艮	*Dugong dugon*	一级		未变	
鲸目♯	CETACEA				
露脊鲸科	Balaenidae				
*北太平洋露脊鲸	*Eubalaena japonica*	一级		升级	
灰鲸科	Eschrichtiidae				
*灰鲸	*Eschrichtius robustus*	一级		升级	
须鲸科	Balaenopteridae				
*蓝鲸	*Balaenoptera musculus*	一级		升级	
*小须鲸	*Balaenoptera acutorostrata*	一级		升级	
*塞鲸	*Balaenoptera borealis*	一级		升级	
*布氏鲸	*Balaenoptera edeni*	一级		升级	
*大村鲸	*Balaenoptera omurai*	一级		升级	
*长须鲸	*Balaenoptera physalus*	一级		升级	

（续）

中文名	学名	保护级别	级别调整情况	备注
＊大翅鲸	*Megaptera novaeangliae*	一级	升级	
白鱀豚科	Lipotidae			
＊白鱀豚	*Lipotes vexillifer*	一级	未变	
恒河豚科	Platanistidae			
＊恒河豚	*Platanista gangetica*	一级	升级	
海豚科	Delphinidae			
＊中华白海豚	*Sousa chinensis*	一级	未变	
＊糙齿海豚	*Steno bredanensis*	二级	未变	
＊热带点斑原海豚	*Stenella attenuata*	二级	未变	
＊条纹原海豚	*Stenella coeruleoalba*	二级	未变	
＊飞旋原海豚	*Stenella longirostris*	二级	未变	
＊长喙真海豚	*Delphinus capensis*	二级	未变	
＊真海豚	*Delphinus delphis*	二级	未变	
＊印太瓶鼻海豚	*Tursiops aduncus*	二级	未变	
＊瓶鼻海豚	*Tursiops truncatus*	二级	未变	
＊弗氏海豚	*Lagenodelphis hosei*	二级	未变	
＊里氏海豚	*Grampus griseus*	二级	未变	
＊太平洋斑纹海豚	*Lagenorhynchus obliquidens*	二级	未变	
＊瓜头鲸	*Peponocephala electra*	二级	未变	
＊虎鲸	*Orcinus orca*	二级	未变	
＊伪虎鲸	*Pseudorca crassidens*	二级	未变	
＊小虎鲸	*Feresa attenuata*	二级	未变	
＊短肢领航鲸	*Globicephala macrorhynchus*	二级	未变	
鼠海豚科	Phocoenidae			
＊长江江豚	*Neophocaena asiaeorientalis*	一级	升级	
＊东亚江豚	*Neophocaena sunameri*	二级	未变	
＊印太江豚	*Neophocaena phocaenoides*	二级	未变	
抹香鲸科	Physeteridae			
＊抹香鲸	*Physeter macrocephalus*	一级	升级	
＊小抹香鲸	*Kogia breviceps*	二级	未变	
＊侏抹香鲸	*Kogia sima*	二级	未变	
喙鲸科	Ziphidae			
＊鹅喙鲸	*Ziphius cavirostris*	二级	未变	
＊柏氏中喙鲸	*Mesoplodon densirostris*	二级	未变	

（续）

中文名	学名	保护级别		级别调整情况	备注
＊银杏齿中喙鲸	*Mesoplodon ginkgodens*		二级	未变	
＊小中喙鲸	*Mesoplodon peruvianus*		二级	未变	
＊贝氏喙鲸	*Berardius bairdii*		二级	未变	
＊朗氏喙鲸	*Indopacetus pacificus*		二级	未变	
	鸟纲 AVES				
鸡形目	GALLIFORMES				
雉科	Phasianidae				
环颈山鹧鸪	*Arborophila torqueola*		二级	新增	
四川山鹧鸪	*Arborophila rufipectus*	一级		未变	
红喉山鹧鸪	*Arborophila rufogularis*		二级	新增	
白眉山鹧鸪	*Arborophila gingica*		二级	新增	
白颊山鹧鸪	*Arborophila atrogularis*		二级	新增	
褐胸山鹧鸪	*Arborophila brunneopectus*		二级	新增	
红胸山鹧鸪	*Arborophila mandellii*		二级	新增	
台湾山鹧鸪	*Arborophila crudigularis*		二级	新增	
海南山鹧鸪	*Arborophila ardens*	一级		未变	
绿脚树鹧鸪	*Tropicoperdix chloropus*		二级	新增	
花尾榛鸡	*Tetrastes bonasia*		二级	未变	
斑尾榛鸡	*Tetrastes sewerzowi*	一级		未变	
镰翅鸡	*Falcipennis falcipennis*		二级	未变	
松鸡	*Tetrao urogallus*		二级	新增	
黑嘴松鸡	*Tetrao urogalloides*	一级		未变	原名"细嘴松鸡"
黑琴鸡	*Lyrurus tetrix*	一级		升级	
岩雷鸟	*Lagopus muta*		二级	未变	
柳雷鸟	*Lagopus lagopus*		二级	未变	
红喉雉鹑	*Tetraophasis obscurus*	一级		未变	
黄喉雉鹑	*Tetraophasis szechenyii*	一级		新增	
暗腹雪鸡	*Tetraogallus himalayensis*		二级	未变	
藏雪鸡	*Tetraogallus tibetanus*		二级	未变	
阿尔泰雪鸡	*Tetraogallus altaicus*		二级	未变	
大石鸡	*Alectoris magna*		二级	新增	
血雉	*Ithaginis cruentus*		二级	未变	
黑头角雉	*Tragopan melanocephalus*	一级		未变	
红胸角雉	*Tragopan satyra*	一级		未变	

（续）

中文名	学名	保护级别		级别调整情况	备注
灰腹角雉	*Tragopan blythii*	一级		未变	
红腹角雉	*Tragopan temminckii*		二级	未变	
黄腹角雉	*Tragopan caboti*	一级		未变	
勺鸡	*Pucrasia macrolopha*		二级	未变	
棕尾虹雉	*Lophophorus impejanus*	一级		未变	
白尾梢虹雉	*Lophophorus sclateri*	一级		未变	
绿尾虹雉	*Lophophorus lhuysii*	一级		未变	
红原鸡	*Gallus gallus*		二级	未变	原名"原鸡"
黑鹇	*Lophura leucomelanos*		二级	未变	
白鹇	*Lophura nycthemera*		二级	未变	
蓝腹鹇	*Lophura swinhoii*	一级		未变	原名"蓝鹇"
白马鸡	*Crossoptilon crossoptilon*		二级	未变	
藏马鸡	*Crossoptilon harmani*		二级	新增	
褐马鸡	*Crossoptilon mantchuricum*	一级		未变	
蓝马鸡	*Crossoptilon auritum*		二级	未变	
白颈长尾雉	*Syrmaticus ellioti*	一级		未变	
黑颈长尾雉	*Syrmaticus humiae*	一级		未变	
黑长尾雉	*Syrmaticus mikado*	一级		未变	
白冠长尾雉	*Syrmaticus reevesii*	一级		升级	
红腹锦鸡	*Chrysolophus pictus*		二级	未变	
白腹锦鸡	*Chrysolophus amherstiae*		二级	未变	
灰孔雀雉	*Polyplectron bicalcaratum*	一级		未变	
海南孔雀雉	*Polyplectron katsumatae*	一级		新增	
绿孔雀	*Pavo muticus*	一级		未变	
雁形目	ANSERIFORMES				
鸭科	Anatidae				
栗树鸭	*Dendrocygna javanica*		二级	新增	
鸿雁	*Anser cygnoid*		二级	新增	
白额雁	*Anser albifrons*		二级	未变	
小白额雁	*Anser erythropus*		二级	新增	
红胸黑雁	*Branta ruficollis*		二级	未变	
疣鼻天鹅	*Cygnus olor*		二级	未变	
小天鹅	*Cygnus columbianus*		二级	未变	
大天鹅	*Cygnus cygnus*		二级	未变	

（续）

中文名	学名	保护级别		级别调整情况	备注
鸳鸯	*Aix galericulata*		二级	未变	
棉凫	*Nettapus coromandelianus*		二级	新增	
花脸鸭	*Sibirionetta formosa*		二级	新增	
云石斑鸭	*Marmaronetta angustirostris*		二级	新增	
青头潜鸭	*Aythya baeri*	一级		新增	
斑头秋沙鸭	*Mergellus albellus*		二级	新增	
中华秋沙鸭	*Mergus squamatus*	一级		未变	
白头硬尾鸭	*Oxyura leucocephala*	一级		新增	
白翅栖鸭	*Asarcornis scutulata*		二级	新增	
䴙䴘目	PODICIPEDIFORMES				
䴙䴘科	Podicipedidae				
赤颈䴙䴘	*Podiceps grisegena*		二级	未变	
角䴙䴘	*Podiceps auritus*		二级	未变	
黑颈䴙䴘	*Podiceps nigricollis*		二级	新增	
鸽形目	COLUMBIFORMES				
鸠鸽科	Columbidae				
中亚鸽	*Columba eversmanni*		二级	新增	
斑尾林鸽	*Columba palumbus*		二级	未变	
紫林鸽	*Columba punicea*		二级	新增	
斑尾鹃鸠	*Macropygia unchall*		二级	未变	
菲律宾鹃鸠	*Macropygia tenuirostris*		二级	未变	
小鹃鸠	*Macropygia ruficeps*	一级		升级	原名"棕头鹃鸠"
橙胸绿鸠	*Treron bicinctus*		二级	未变	
灰头绿鸠	*Treron pompadora*		二级	未变	
厚嘴绿鸠	*Treron curvirostra*		二级	未变	
黄脚绿鸠	*Treron phoenicopterus*		二级	未变	
针尾绿鸠	*Treron apicauda*		二级	未变	
楔尾绿鸠	*Treron sphenurus*		二级	未变	
红翅绿鸠	*Treron sieboldii*		二级	未变	
红顶绿鸠	*Treron formosae*		二级	未变	
黑颏果鸠	*Ptilinopus leclancheri*		二级	未变	
绿皇鸠	*Ducula aenea*		二级	未变	
山皇鸠	*Ducula badia*		二级	未变	
沙鸡目	PTEROCLIFORMES				

（续）

中文名	学名	保护级别	级别调整情况	备注
沙鸡科	Pteroclidae			
黑腹沙鸡	*Pterocles orientalis*	二级	未变	
夜鹰目	CAPRIMULGIFORMES			
蛙口夜鹰科	Podargidae			
黑顶蛙口夜鹰	*Batrachostomus hodgsoni*	二级	新增	
凤头雨燕科	Hemiprocnidae			
凤头雨燕	*Hemiprocne coronata*	二级	未变	
雨燕科	Apodidae			
爪哇金丝燕	*Aerodramus fuciphagus*	二级	新增	
灰喉针尾雨燕	*Hirundapus cochinchinensis*	二级	未变	
鹃形目	CUCULIFORMES			
杜鹃科	Cuculidae			
褐翅鸦鹃	*Centropus sinensis*	二级	未变	
小鸦鹃	*Centropus bengalensis*	二级	未变	
鸨形目#	OTIDIFORMES			
鸨科	Otididae			
大鸨	*Otis tarda*	一级	未变	
波斑鸨	*Chlamydotis macqueenii*	一级	未变	
小鸨	*Tetrax tetrax*	一级	未变	
鹤形目	GRUIFORMES			
秧鸡科	Rallidae			
花田鸡	*Coturnicops exquisitus*	二级	未变	
长脚秧鸡	*Crex crex*	二级	未变	
棕背田鸡	*Zapornia bicolor*	二级	未变	
姬田鸡	*Zapornia parva*	二级	未变	
斑胁田鸡	*Zapornia paykullii*	二级	新增	
紫水鸡	*Porphyrio porphyrio*	二级	新增	
鹤科#	Gruidae			
白鹤	*Grus leucogeranus*	一级	未变	
沙丘鹤	*Grus canadensis*	二级	未变	
白枕鹤	*Grus vipio*	一级	升级	
赤颈鹤	*Grus antigone*	一级	未变	
蓑羽鹤	*Grus virgo*	二级	未变	
丹顶鹤	*Grus japonensis*	一级	未变	

（续）

中文名	学名	保护级别		级别调整情况	备注
灰鹤	*Grus grus*		二级	未变	
白头鹤	*Grus monacha*	一级		未变	
黑颈鹤	*Grus nigricollis*	一级		未变	
鸻形目	CHARADRIIFORMES				
石鸻科	Burhinidae				
大石鸻	*Esacus recurvirostris*		二级	新增	
鹮嘴鹬科	Ibidorhynchidae				
鹮嘴鹬	*Ibidorhyncha struthersii*		二级	新增	
鸻科	Charadriidae				
黄颊麦鸡	*Vanellus gregarius*		二级	新增	
水雉科	Jacanidae				
水雉	*Hydrophasianus chirurgus*		二级	新增	
铜翅水雉	*Metopidius indicus*		二级	未变	
鹬科	Scolopacidae				
林沙锥	*Gallinago nemoricola*		二级	新增	
半蹼鹬	*Limnodromus semipalmatus*		二级	新增	
小杓鹬	*Numenius minutus*		二级	未变	
白腰杓鹬	*Numenius arquata*		二级	新增	
大杓鹬	*Numenius madagascariensis*		二级	新增	
小青脚鹬	*Tringa guttifer*	一级		升级	
翻石鹬	*Arenaria interpres*		二级	新增	
大滨鹬	*Calidris tenuirostris*		二级	新增	
勺嘴鹬	*Calidris pygmaea*	一级		新增	
阔嘴鹬	*Calidris falcinellus*		二级	新增	
燕鸻科	Glareolidae				
灰燕鸻	*Glareola lactea*		二级	未变	
鸥科	Laridae				
黑嘴鸥	*Saundersilarus saundersi*	一级		新增	
小鸥	*Hydrocoloeus minutus*		二级	未变	
遗鸥	*Ichthyaetus relictus*	一级		未变	
大凤头燕鸥	*Thalasseus bergii*		二级	新增	
中华凤头燕鸥	*Thalasseus bernsteini*	一级		升级	原名"黑嘴端凤头燕鸥"
河燕鸥	*Sterna aurantia*	一级		升级	原名"黄嘴河燕鸥"
黑腹燕鸥	*Sterna acuticauda*		二级	新增	

（续）

中文名	学名	保护级别		级别调整情况	备注
黑浮鸥	*Chlidonias niger*		二级	未变	
海雀科	Alcidae				
冠海雀	*Synthliboramphus wumizusume*		二级	新增	
鹱形目	PROCELLARIIFORMES				
信天翁科	Diomedeidae				
黑脚信天翁	*Phoebastria nigripes*	一级		新增	
短尾信天翁	*Phoebastria albatrus*	一级		未变	
鹳形目	CICONIIFORMES				
鹳科	Ciconiidae				
彩鹳	*Mycteria leucocephala*	一级		升级	
黑鹳	*Ciconia nigra*	一级		未变	
白鹳	*Ciconia ciconia*	一级		未变	
东方白鹳	*Ciconia boyciana*	一级		新增	
秃鹳	*Leptoptilos javanicus*		二级	新增	
鲣鸟目	SULIFORMES				
军舰鸟科	Fregatidae				
白腹军舰鸟	*Fregata andrewsi*	一级		未变	
黑腹军舰鸟	*Fregata minor*		二级	新增	
白斑军舰鸟	*Fregata ariel*		二级	新增	
鲣鸟科♯	Sulidae				
蓝脸鲣鸟	*Sula dactylatra*		二级	未变	
红脚鲣鸟	*Sula sula*		二级	未变	
褐鲣鸟	*Sula leucogaster*		二级	未变	
鸬鹚科	Phalacrocoracidae				
黑颈鸬鹚	*Microcarbo niger*		二级	未变	
海鸬鹚	*Phalacrocorax pelagicus*		二级	未变	
鹈形目	PELECANIFORMES				
鹮科	Threskiornithidae				
黑头白鹮	*Threskiornis melanocephalus*	一级		升级	原名"白鹮"
白肩黑鹮	*Pseudibis davisoni*	一级		升级	原名"黑鹮"
朱鹮	*Nipponia nippon*	一级		未变	
彩鹮	*Plegadis falcinellus*	一级		升级	
白琵鹭	*Platalea leucorodia*		二级	未变	
黑脸琵鹭	*Platalea minor*	一级		升级	

（续）

中文名	学名	保护级别	级别调整情况	备注
鹭科	Ardeidae			
小苇鳽	*Ixobrychus minutus*	二级	未变	
海南鳽	*Gorsachius magnificus*	一级	升级	原名"海南虎斑鳽"
栗头鳽	*Gorsachius goisagi*	二级	新增	
黑冠鳽	*Gorsachius melanolophus*	二级	新增	
白腹鹭	*Ardea insignis*	一级	新增	
岩鹭	*Egretta sacra*	二级	未变	
黄嘴白鹭	*Egretta eulophotes*	一级	升级	
鹈鹕科♯	Pelecanidae			
白鹈鹕	*Pelecanus onocrotalus*	一级	升级	
斑嘴鹈鹕	*Pelecanus philippensis*	一级	升级	
卷羽鹈鹕	*Pelecanus crispus*	一级	升级	
鹰形目♯	ACCIPITRIFORMES			
鹗科	Pandionidae			
鹗	*Pandion haliaetus*	二级	未变	
鹰科	Accipitridae			
黑翅鸢	*Elanus caeruleus*	二级	未变	
胡兀鹫	*Gypaetus barbatus*	一级	未变	
白兀鹫	*Neophron percnopterus*	二级	未变	
鹃头蜂鹰	*Pernis apivorus*	二级	未变	
凤头蜂鹰	*Pernis ptilorhynchus*	二级	未变	
褐冠鹃隼	*Aviceda jerdoni*	二级	未变	
黑冠鹃隼	*Aviceda leuphotes*	二级	未变	
兀鹫	*Gyps fulvus*	二级	未变	
长嘴兀鹫	*Gyps indicus*	二级	未变	
白背兀鹫	*Gyps bengalensis*	一级	未变	原名"拟兀鹫"
高山兀鹫	*Gyps himalayensis*	二级	未变	
黑兀鹫	*Sarcogyps calvus*	一级	升级	
秃鹫	*Aegypius monachus*	一级	升级	
蛇雕	*Spilornis cheela*	二级	未变	
短趾雕	*Circaetus gallicus*	二级	未变	
凤头鹰雕	*Nisaetus cirrhatus*	二级	未变	
鹰雕	*Nisaetus nipalensis*	二级	未变	
棕腹隼雕	*Lophotriorchis kienerii*	二级	未变	

（续）

中文名	学名	保护级别		级别调整情况	备注
林雕	*Ictinaetus malaiensis*		二级	未变	
乌雕	*Clanga clanga*	一级		升级	
靴隼雕	*Hieraaetus pennatus*		二级	未变	
草原雕	*Aquila nipalensis*	一级		升级	
白肩雕	*Aquila heliaca*	一级		未变	
金雕	*Aquila chrysaetos*	一级		未变	
白腹隼雕	*Aquila fasciata*		二级	未变	
凤头鹰	*Accipiter trivirgatus*		二级	未变	
褐耳鹰	*Accipiter badius*		二级	未变	
赤腹鹰	*Accipiter soloensis*		二级	未变	
日本松雀鹰	*Accipiter gularis*		二级	未变	
松雀鹰	*Accipiter virgatus*		二级	未变	
雀鹰	*Accipiter nisus*		二级	未变	
苍鹰	*Accipiter gentilis*		二级	未变	
白头鹞	*Circus aeruginosus*		二级	未变	
白腹鹞	*Circus spilonotus*		二级	未变	
白尾鹞	*Circus cyaneus*		二级	未变	
草原鹞	*Circus macrourus*		二级	未变	
鹊鹞	*Circus melanoleucos*		二级	未变	
乌灰鹞	*Circus pygargus*		二级	未变	
黑鸢	*Milvus migrans*		二级	未变	
栗鸢	*Haliastur indus*		二级	未变	
白腹海雕	*Haliaeetus leucogaster*	一级		升级	
玉带海雕	*Haliaeetus leucoryphus*	一级		未变	
白尾海雕	*Haliaeetus albicilla*	一级		未变	
虎头海雕	*Haliaeetus pelagicus*	一级		未变	
渔雕	*Icthyophaga humilis*		二级	未变	
白眼鵟鹰	*Butastur teesa*		二级	未变	
棕翅鵟鹰	*Butastur liventer*		二级	未变	
灰脸鵟鹰	*Butastur indicus*		二级	未变	
毛脚鵟	*Buteo lagopus*		二级	未变	
大鵟	*Buteo hemilasius*		二级	未变	
普通鵟	*Buteo japonicus*		二级	未变	
喜山鵟	*Buteo refectus*		二级	未变	

（续）

中文名	学名	保护级别		级别调整情况	备注
欧亚鵟	*Buteo buteo*		二级	未变	
棕尾鵟	*Buteo rufinus*		二级	未变	
鸮形目 ♯	STRIGIFORMES				
鸱鸮科	Strigidae				
黄嘴角鸮	*Otus spilocephalus*		二级	未变	
领角鸮	*Otus lettia*		二级	未变	
北领角鸮	*Otus semitorques*		二级	未变	
纵纹角鸮	*Otus brucei*		二级	未变	
西红角鸮	*Otus scops*		二级	未变	
红角鸮	*Otus sunia*		二级	未变	
优雅角鸮	*Otus elegans*		二级	未变	
雪鸮	*Bubo scandiacus*		二级	未变	
雕鸮	*Bubo bubo*		二级	未变	
林雕鸮	*Bubo nipalensis*		二级	未变	
毛腿雕鸮	*Bubo blakistoni*	一级		升级	
褐渔鸮	*Ketupa zeylonensis*		二级	未变	
黄腿渔鸮	*Ketupa flavipes*		二级	未变	
褐林鸮	*Strix leptogrammica*		二级	未变	
灰林鸮	*Strix aluco*		二级	未变	
长尾林鸮	*Strix uralensis*		二级	未变	
四川林鸮	*Strix davidi*	一级		升级	
乌林鸮	*Strix nebulosa*		二级	未变	
猛鸮	*Surnia ulula*		二级	未变	
花头鸺鹠	*Glaucidium passerinum*		二级	未变	
领鸺鹠	*Glaucidium brodiei*		二级	未变	
斑头鸺鹠	*Glaucidium cuculoides*		二级	未变	
纵纹腹小鸮	*Athene noctua*		二级	未变	
横斑腹小鸮	*Athene brama*		二级	未变	
鬼鸮	*Aegolius funereus*		二级	未变	
鹰鸮	*Ninox scutulata*		二级	未变	
日本鹰鸮	*Ninox japonica*		二级	未变	
长耳鸮	*Asio otus*		二级	未变	
短耳鸮	*Asio flammeus*		二级	未变	
草鸮科	Tytonidae				

（续）

中文名	学名	保护级别		级别调整情况	备注
仓鸮	*Tyto alba*		二级	未变	
草鸮	*Tyto longimembris*		二级	未变	
栗鸮	*Phodilus badius*		二级	未变	
咬鹃目♯	TROGONIFORMES				
咬鹃科	Trogonidae				
橙胸咬鹃	*Harpactes oreskios*		二级	未变	
红头咬鹃	*Harpactes erythrocephalus*		二级	新增	
红腹咬鹃	*Harpactes wardi*		二级	新增	
犀鸟目	BUCEROTIFORMES				
犀鸟科♯	*Bucerotidae*				
白喉犀鸟	*Anorrhinus austeni*	一级		升级	
冠斑犀鸟	*Anthracoceros albirostris*	一级		升级	
双角犀鸟	*Buceros bicornis*	一级		升级	
棕颈犀鸟	*Aceros nipalensis*	一级		升级	
花冠皱盔犀鸟	*Rhyticeros undulatus*	一级		升级	
佛法僧目	CORACIIFORMES				
蜂虎科	Meropidae				
赤须蜂虎	*Nyctyornis amictus*		二级	新增	
蓝须蜂虎	*Nyctyornis athertoni*		二级	新增	
绿喉蜂虎	*Merops orientalis*		二级	未变	
蓝颊蜂虎	*Merops persicus*		二级	新增	
栗喉蜂虎	*Merops philippinus*		二级	新增	
彩虹蜂虎	*Merops ornatus*		二级	新增	
蓝喉蜂虎	*Merops viridis*		二级	新增	
栗头蜂虎	*Merops leschenaulti*		二级	未变	原名"黑胸蜂虎"
翠鸟科	Alcedinidae				
鹳嘴翡翠	*Pelargopsis capensis*		二级	未变	原名"鹳嘴翠鸟"
白胸翡翠	*Halcyon smyrnensis*		二级	新增	
蓝耳翠鸟	*Alcedo meninting*		二级	未变	
斑头大翠鸟	*Alcedo hercules*		二级	新增	
啄木鸟目	PICIFORMES				
啄木鸟科	Picidae				
白翅啄木鸟	*Dendrocopos leucopterus*		二级	新增	
三趾啄木鸟	*Picoides tridactylus*		二级	新增	

（续）

中文名	学名	保护级别		级别调整情况	备注
白腹黑啄木鸟	*Dryocopus javensis*		二级	未变	
黑啄木鸟	*Dryocopus martius*		二级	新增	
大黄冠啄木鸟	*Chrysophlegma flavinucha*		二级	新增	
黄冠啄木鸟	*Picus chlorolophus*		二级	新增	
红颈绿啄木鸟	*Picus rabieri*		二级	新增	
大灰啄木鸟	*Mulleripicus pulverulentus*		二级	新增	
隼形目♯	FALCONIFORMES				
隼科	Falconidae				
红腿小隼	*Microhierax caerulescens*		二级	未变	
白腿小隼	*Microhierax melanoleucos*		二级	未变	
黄爪隼	*Falco naumanni*		二级	未变	
红隼	*Falco tinnunculus*		二级	未变	
西红脚隼	*Falco vespertinus*		二级	未变	
红脚隼	*Falco amurensis*		二级	未变	
灰背隼	*Falco columbarius*		二级	未变	
燕隼	*Falco subbuteo*		二级	未变	
猛隼	*Falco severus*		二级	未变	
猎隼	*Falco cherrug*	一级		升级	
矛隼	*Falco rusticolus*	一级		升级	
游隼	*Falco peregrinus*		二级	未变	
鹦鹉目♯	PSITTACIFORMES				
鹦鹉科	Psittacidae				
短尾鹦鹉	*Loriculus vernalis*		二级	未变	
蓝腰鹦鹉	*Psittinus cyanurus*		二级	未变	
亚历山大鹦鹉	*Psittacula eupatria*		二级	未变	
红领绿鹦鹉	*Psittacula krameri*		二级	未变	
青头鹦鹉	*Psittacula himalayana*		二级	未变	
灰头鹦鹉	*Psittacula finschii*		二级	未变	
花头鹦鹉	*Psittacula roseata*		二级	未变	
大紫胸鹦鹉	*Psittacula derbiana*		二级	未变	
绯胸鹦鹉	*Psittacula alexandri*		二级	未变	
雀形目	PASSERIFORMES				
八色鸫科♯	Pittidae				
双辫八色鸫	*Pitta phayrei*		二级	未变	

（续）

中文名	学名	保护级别		级别调整情况	备注
蓝枕八色鸫	*Pitta nipalensis*		二级	未变	
蓝背八色鸫	*Pitta soror*		二级	未变	
栗头八色鸫	*Pitta oatesi*		二级	未变	
蓝八色鸫	*Pitta cyanea*		二级	未变	
绿胸八色鸫	*Pitta sordida*		二级	未变	
仙八色鸫	*Pitta nympha*		二级	未变	
蓝翅八色鸫	*Pitta moluccensis*		二级	未变	
阔嘴鸟科♯	Eurylaimidae				
长尾阔嘴鸟	*Psarisomus dalhousiae*		二级	未变	
银胸丝冠鸟	*Serilophus lunatus*		二级	未变	
黄鹂科	Oriolidae				
鹊鹂	*Oriolus mellianus*		二级	新增	
卷尾科	Dicruridae				
小盘尾	*Dicrurus remifer*		二级	新增	
大盘尾	*Dicrurus paradiseus*		二级	新增	
鸦科	Corvidae				
黑头噪鸦	*Perisoreus internigrans*	一级		新增	
蓝绿鹊	*Cissa chinensis*		二级	新增	
黄胸绿鹊	*Cissa hypoleuca*		二级	新增	
黑尾地鸦	*Podoces hendersoni*		二级	新增	
白尾地鸦	*Podoces biddulphi*		二级	新增	
山雀科	Paridae				
白眉山雀	*Poecile superciliosus*		二级	新增	
红腹山雀	*Poecile davidi*		二级	新增	
百灵科	Alaudidae				
歌百灵	*Mirafra javanica*		二级	新增	
蒙古百灵	*Melanocorypha mongolica*		二级	新增	
云雀	*Alauda arvensis*		二级	新增	
苇莺科	Acrocephalidae				
细纹苇莺	*Acrocephalus sorghophilus*		二级	新增	
鹎科	Pycnonotidae				
台湾鹎	*Pycnonotus taivanus*		二级	新增	
莺鹛科	Sylviidae				
金胸雀鹛	*Lioparus chrysotis*		二级	新增	

（续）

中文名	学名	保护级别		级别调整情况	备注
宝兴鹛雀	*Moupinia poecilotis*		二级	新增	
中华雀鹛	*Fulvetta striaticollis*		二级	新增	
三趾鸦雀	*Cholornis paradoxus*		二级	新增	
白眶鸦雀	*Sinosuthora conspicillata*		二级	新增	
暗色鸦雀	*Sinosuthora zappeyi*		二级	新增	
灰冠鸦雀	*Sinosuthora przewalskii*	一级		新增	
短尾鸦雀	*Neosuthora davidiana*		二级	新增	
震旦鸦雀	*Paradoxornis heudei*		二级	新增	
绣眼鸟科	Zosteropidae				
红胁绣眼鸟	*Zosterops erythropleurus*		二级	新增	
林鹛科	Timaliidae				
淡喉鹩鹛	*Spelaeornis kinneari*		二级	新增	
弄岗穗鹛	*Stachyris nonggangensis*		二级	新增	
幽鹛科	Pellorneidae				
金额雀鹛	*Schoeniparus variegaticeps*	一级		新增	
噪鹛科	Leiothrichidae				
大草鹛	*Babax waddelli*		二级	新增	
棕草鹛	*Babax koslowi*		二级	新增	
画眉	*Garrulax canorus*		二级	新增	
海南画眉	*Garrulax owstoni*		二级	新增	
台湾画眉	*Garrulax taewanus*		二级	新增	
褐胸噪鹛	*Garrulax maesi*		二级	新增	
黑额山噪鹛	*Garrulax sukatschewi*	一级		新增	
斑背噪鹛	*Garrulax lunulatus*		二级	新增	
白点噪鹛	*Garrulax bieti*	一级		新增	
大噪鹛	*Garrulax maximus*		二级	新增	
眼纹噪鹛	*Garrulax ocellatus*		二级	新增	
黑喉噪鹛	*Garrulax chinensis*		二级	新增	
蓝冠噪鹛	*Garrulax courtoisi*	一级		新增	
棕噪鹛	*Garrulax berthemyi*		二级	新增	
橙翅噪鹛	*Trochalopteron elliotii*		二级	新增	
红翅噪鹛	*Trochalopteron formosum*		二级	新增	
红尾噪鹛	*Trochalopteron milnei*		二级	新增	
黑冠薮鹛	*Liocichla bugunorum*	一级		新增	

（续）

中文名	学名	保护级别		级别调整情况	备注
灰胸薮鹛	*Liocichla omeiensis*	一级		新增	
银耳相思鸟	*Leiothrix argentauris*		二级	新增	
红嘴相思鸟	*Leiothrix lutea*		二级	新增	
旋木雀科	Certhiidae				
四川旋木雀	*Certhia tianquanensis*		二级	新增	
䴓科	Sittidae				
滇䴓	*Sitta yunnanensis*		二级	新增	
巨䴓	*Sitta magna*		二级	新增	
丽䴓	*Sitta formosa*		二级	新增	
椋鸟科	Sturnidae				
鹩哥	*Gracula religiosa*		二级	新增	
鸫科	Turdidae				
褐头鸫	*Turdus feae*		二级	新增	
紫宽嘴鸫	*Cochoa purpurea*		二级	新增	
绿宽嘴鸫	*Cochoa viridis*		二级	新增	
鹟科	Muscicapidae				
棕头歌鸲	*Larvivora ruficeps*	一级		新增	
红喉歌鸲	*Calliope calliope*		二级	新增	
黑喉歌鸲	*Calliope obscura*		二级	新增	
金胸歌鸲	*Calliope pectardens*		二级	新增	
蓝喉歌鸲	*Luscinia svecica*		二级	新增	
新疆歌鸲	*Luscinia megarhynchos*		二级	新增	
棕腹林鸲	*Tarsiger hyperythrus*		二级	新增	
贺兰山红尾鸲	*Phoenicurus alaschanicus*		二级	新增	
白喉石鸭	*Saxicola insignis*		二级	新增	
白喉林鹟	*Cyornis brunneatus*		二级	新增	
棕腹大仙鹟	*Niltava davidi*		二级	新增	
大仙鹟	*Niltava grandis*		二级	新增	
岩鹨科	Prunellidae				
贺兰山岩鹨	*Prunella koslowi*		二级	新增	
朱鹀科	Urocynchramidae				
朱鹀	*Urocynchramus pylzowi*		二级	新增	
燕雀科	Fringillidae				
褐头朱雀	*Carpodacus sillemi*		二级	新增	

（续）

中文名	学名	保护级别		级别调整情况	备注
藏雀	*Carpodacus roborowskii*		二级	新增	
北朱雀	*Carpodacus roseus*		二级	新增	
红交嘴雀	*Loxia curvirostra*		二级	新增	
鹀科	Emberizidae				
蓝鹀	*Emberiza siemsseni*		二级	新增	
栗斑腹鹀	*Emberiza jankowskii*	一级		新增	
黄胸鹀	*Emberiza aureola*	一级		新增	
藏鹀	*Emberiza koslowi*		二级	新增	
爬行纲 REPTILIA					
龟鳖目	TESTUDINES				
平胸龟科♯	Platysternidae				
＊平胸龟	*Platysternon megacephalum*		二级	新增	仅限野外种群
陆龟科♯	Testudinidae				
缅甸陆龟	*Indotestudo elongata*	一级		新增	
凹甲陆龟	*Manouria impressa*	一级		升级	
四爪陆龟	*Testudo horsfieldii*	一级		未变	
地龟科	Geoemydidae				
＊欧氏摄龟	*Cyclemys oldhamii*		二级	新增	
＊黑颈乌龟	*Mauremys nigricans*		二级	新增	仅限野外种群
＊乌龟	*Mauremys reevesii*		二级	新增	仅限野外种群
＊花龟	*Mauremys sinensis*		二级	新增	仅限野外种群
＊黄喉拟水龟	*Mauremys mutica*		二级	新增	仅限野外种群
＊闭壳龟属所有种	*Cuora* spp.		二级	新增	仅限野外种群
＊地龟	*Geoemyda spengleri*		二级	未变	
＊眼斑水龟	*Sacalia bealei*		二级	新增	仅限野外种群
＊四眼斑水龟	*Sacalia quadriocellata*		二级	新增	仅限野外种群
海龟科♯	Cheloniidae				
＊红海龟	*Caretta caretta*	一级		升级	原名"蠵龟"
＊绿海龟	*Chelonia mydas*	一级		升级	
＊玳瑁	*Eretmochelys imbricata*	一级		升级	
＊太平洋丽龟	*Lepidochelys olivacea*	一级		升级	
棱皮龟科♯	Dermochelyidae				
＊棱皮龟	*Dermochelys coriacea*	一级		升级	
鳖科	Trionychidae				

（续）

中文名	学名	保护级别	级别调整情况	备注
*鼋	*Pelochelys cantorii*	一级	未变	
*山瑞鳖	*Palea steindachneri*	二级	未变	仅限野外种群
*斑鳖	*Rafetus swinhoei*	一级	新增	
有鳞目	SQUAMATA			
壁虎科	Gekkonidae			
大壁虎	*Gekko gecko*	二级	未变	
黑疣大壁虎	*Gekko reevesii*	二级	新增	
球趾虎科	Sphaerodactylidae			
伊犁沙虎	*Teratoscincus scincus*	二级	新增	
吐鲁番沙虎	*Teratoscincus roborowskii*	二级	新增	
睑虎科 #	Eublepharidae			
英德睑虎	*Goniurosaurus yingdeensis*	二级	新增	
越南睑虎	*Goniurosaurus araneus*	二级	新增	
霸王岭睑虎	*Goniurosaurus bawanglingensis*	二级	新增	
海南睑虎	*Goniurosaurus hainanensis*	二级	新增	
嘉道理睑虎	*Goniurosaurus kadoorieorum*	二级	新增	
广西睑虎	*Goniurosaurus kwangsiensis*	二级	新增	
荔波睑虎	*Goniurosaurus liboensis*	二级	新增	
凭祥睑虎	*Goniurosaurus luii*	二级	新增	
蒲氏睑虎	*Goniurosaurus zhelongi*	二级	新增	
周氏睑虎	*Goniurosaurus zhoui*	二级	新增	
鬣蜥科	Agamidae			
巴塘龙蜥	*Diploderma batangense*	二级	新增	
短尾龙蜥	*Diploderma brevicandum*	二级	新增	
侏龙蜥	*Diploderma drukdaypo*	二级	新增	
滑腹龙蜥	*Diploderma laeviventre*	二级	新增	
宜兰龙蜥	*Diploderma luei*	二级	新增	
溪头龙蜥	*Diploderma makii*	二级	新增	
帆背龙蜥	*Diploderma vela*	二级	新增	
蜡皮蜥	*Leiolepis reevesii*	二级	新增	
贵南沙蜥	*Phrynocephalus guinanensis*	二级	新增	
大耳沙蜥	*Phrynocephalus mystaceus*	一级	新增	
长鬣蜥	*Physignathus cocincinus*	二级	新增	
蛇蜥科 #	Anguidae			

（续）

中文名	学名	保护级别		级别调整情况	备注
细脆蛇蜥	*Ophisaurus gracilis*		二级	新增	
海南脆蛇蜥	*Ophisaurus hainanensis*		二级	新增	
脆蛇蜥	*Ophisaurus harti*		二级	新增	
鳄蜥科	Shinisauridae				
鳄蜥	*Shinisaurus crocodilurus*	一级		未变	
巨蜥科♯	Varanidae				
孟加拉巨蜥	*Varanus bengalensis*	一级		新增	
圆鼻巨蜥	*Varanus salvator*	一级		未变	原名"巨蜥"
石龙子科	Scincidae				
桓仁滑蜥	*Scincella huanrenensis*		二级	新增	
双足蜥科	Dibamidae				
香港双足蜥	*Dibamus bogadeki*		二级	新增	
盲蛇科	Typhlopidae				
香港盲蛇	*Indotyphlops lazelli*		二级	新增	
筒蛇科	Cykindrophiidae				
红尾筒蛇	*Cylindrophis ruffus*		二级	新增	
闪鳞蛇科	Xenopeltidae				
闪鳞蛇	*Xenopeltis unicolor*		二级	新增	
蚺科♯	Boidae				
红沙蟒	*Eryx miliaris*		二级	新增	
东方沙蟒	*Eryx tataricus*		二级	新增	
蟒科♯	Pythonidae				
蟒蛇	*Python bivittatus*		二级	降级	原名"蟒"
闪皮蛇科	Xenodermidae				
井冈山脊蛇	*Achalinus jinggangensis*		二级	新增	
游蛇科	Colubridae				
三索蛇	*Coelognathus radiatus*		二级	新增	
团花锦蛇	*Elaphe davidi*		二级	新增	
横斑锦蛇	*Euprepiophis perlaceus*		二级	新增	
尖喙蛇	*Rhynchophis boulengeri*		二级	新增	
西藏温泉蛇	*Thermophis baileyi*	一级		新增	
香格里拉温泉蛇	*Thermophis shangrila*	一级		新增	
四川温泉蛇	*Thermophis zhaoermii*	一级		新增	
黑网乌梢蛇	*Zaocys carinatus*		二级	新增	

（续）

中文名	学名	保护级别	级别调整情况	备注
瘰鳞蛇科	Acrochordidae			
＊瘰鳞蛇	*Acrochordus granulatus*	二级	新增	
眼镜蛇科	Elapidae			
眼镜王蛇	*Ophiophagus hannah*	二级	新增	
＊蓝灰扁尾海蛇	*Laticauda colubrina*	二级	新增	
＊扁尾海蛇	*Laticauda laticaudata*	二级	新增	
＊半环扁尾海蛇	*Laticauda semifasciata*	二级	新增	
＊龟头海蛇	*Emydocephalus ijimae*	二级	新增	
＊青环海蛇	*Hydrophis cyanocinctus*	二级	新增	
＊环纹海蛇	*Hydrophis fasciatus*	二级	新增	
＊黑头海蛇	*Hydrophis melanocephalus*	二级	新增	
＊淡灰海蛇	*Hydrophis ornatus*	二级	新增	
＊棘眦海蛇	*Hydrophis peronii*	二级	新增	
＊棘鳞海蛇	*Hydrophis stokesii*	二级	新增	
＊青灰海蛇	*Hydrophis caerulescens*	二级	新增	
＊平颏海蛇	*Hydrophis curtus*	二级	新增	
＊小头海蛇	*Hydrophis gracilis*	二级	新增	
＊长吻海蛇	*Hydrophis platurus*	二级	新增	
＊截吻海蛇	*Hydrophis jerdonii*	二级	新增	
＊海蝰	*Hydrophis viperinus*	二级	新增	
蝰科	Viperidae			
泰国圆斑蝰	*Daboia siamensis*	二级	新增	
蛇岛蝮	*Gloydius shedaoensis*	二级	新增	
角原矛头蝮	*Protobothrops cornutus*	二级	新增	
莽山烙铁头蛇	*Protobothrops mangshanensis*	一级	新增	
极北蝰	*Vipera berus*	二级	新增	
东方蝰	*Vipera renardi*	二级	新增	
鳄目	CROCODYLIA			
鼍科＃	Alligatoridae			
＊扬子鳄	*Alligator sinensis*	一级	未变	
两栖纲 AMPHIBIA				
蚓螈目	GYMNOPHIONA			
鱼螈科	Ichthyophiidae			
版纳鱼螈	*Ichthyophis bannanicus*	二级	新增	

中文名	学名	保护级别	级别调整情况	备注
有尾目	CAUDATA			
小鲵科♯	Hynobiidae			
＊安吉小鲵	*Hynobius amjiensis*	一级	新增	
＊中国小鲵	*Hynobius chinensis*	一级	新增	
＊挂榜山小鲵	*Hynobius guabangshanensis*	一级	新增	
＊猫儿山小鲵	*Hynobius maoershanensis*	一级	新增	
＊普雄原鲵	*Protohynobius puxiongensis*	一级	新增	
＊辽宁爪鲵	*Onychodactylus zhaoermii*	一级	新增	
＊吉林爪鲵	*Onychodactylus zhangyapingi*		二级	新增	
＊新疆北鲵	*Ranodon sibiricus*		二级	新增	
＊极北鲵	*Salamandrella keyserlingii*		二级	新增	
＊巫山巴鲵	*Liua shihi*		二级	新增	
＊秦巴巴鲵	*Liua tsinpaensis*		二级	新增	
＊黄斑拟小鲵	*Pseudohynobius flavomaculatus*		二级	新增	
＊贵州拟小鲵	*Pseudohynobius guizhouensis*		二级	新增	
＊金佛拟小鲵	*Pseudohynobius jinfo*		二级	新增	
＊宽阔水拟小鲵	*Pseudohynobius kuankuoshuiensis*		二级	新增	
＊水城拟小鲵	*Pseudohynobius shuichengensis*		二级	新增	
＊弱唇褶山溪鲵	*Batrachuperus cochranae*		二级	新增	
＊无斑山溪鲵	*Batrachuperus karlschmidti*		二级	新增	
＊龙洞山溪鲵	*Batrachuperus londongensis*		二级	新增	
＊山溪鲵	*Batrachuperus pinchonii*		二级	新增	
＊西藏山溪鲵	*Batrachuperus tibetanus*		二级	新增	
＊盐源山溪鲵	*Batrachuperus yenyuanensis*		二级	新增	
＊阿里山小鲵	*Hynobius arisanensis*		二级	新增	
＊台湾小鲵	*Hynobius formosanus*		二级	新增	
＊观雾小鲵	*Hynobius fucus*		二级	新增	
＊南湖小鲵	*Hynobius glacialis*		二级	新增	
＊东北小鲵	*Hynobius leechii*		二级	新增	
＊楚南小鲵	*Hynobius sonani*		二级	新增	
＊义乌小鲵	*Hynobius yiwuensis*		二级	新增	
隐鳃鲵科	Cryptobranchidae			
＊大鲵	*Andrias davidianus*		二级	未变	仅限野外种群
蝾螈科	Salamandridae			

（续）

中文名	学名	保护级别		级别调整情况	备注
＊潮汕蝾螈	*Cynops orphicus*		二级	新增	
＊大凉螈	*Liangshantriton taliangensis*		二级	未变	原名"大凉疣螈"
＊贵州疣螈	*Tylototriton kweichowensis*		二级	未变	
＊川南疣螈	*Tylototriton pseudoverrucosus*		二级	新增	
＊丽色疣螈	*Tylototriton pulcherrima*		二级	新增	
＊红瘰疣螈	*Tylototriton shanjing*		二级	新增	
＊棕黑疣螈	*Tylototriton verrucosus*		二级	未变	原名"细瘰疣螈"
＊滇南疣螈	*Tylototriton yangi*		二级	新增	
＊安徽瑶螈	*Yaotriton anhuiensis*		二级	新增	
＊细痣瑶螈	*Yaotriton asperrimus*		二级	未变	原名"细痣疣螈"
＊宽脊瑶螈	*Yaotriton broadoridgus*		二级	新增	
＊大别瑶螈	*Yaotriton dabienicus*		二级	新增	
＊海南瑶螈	*Yaotriton hainanensis*		二级	新增	
＊浏阳瑶螈	*Yaotriton liuyangensis*		二级	新增	
＊莽山瑶螈	*Yaotriton lizhenchangi*		二级	新增	
＊文县瑶螈	*Yaotriton wenxianensis*		二级	新增	
＊蔡氏瑶螈	*Yaotriton ziegleri*		二级	新增	
＊镇海棘螈	*Echinotriton chinhaiensis*	一级		升级	原名"镇海疣螈"
＊琉球棘螈	*Echinotriton andersoni*		二级	新增	
＊高山棘螈	*Echinotriton maxiquadratus*		二级	新增	
＊橙脊瘰螈	*Paramesotriton aurantius*		二级	新增	
＊尾斑瘰螈	*Paramesotriton caudopunctatus*		二级	新增	
＊中国瘰螈	*Paramesotriton chinensis*		二级	新增	
＊越南瘰螈	*Paramesotriton deloustali*		二级	新增	
＊富钟瘰螈	*Paramesotriton fuzhongensis*		二级	新增	
＊广西瘰螈	*Paramesotriton guangxiensis*		二级	新增	
＊香港瘰螈	*Paramesotriton hongkongensis*		二级	新增	
＊无斑瘰螈	*Paramesotriton labiatus*		二级	新增	
＊龙里瘰螈	*Paramesotriton longliensis*		二级	新增	
＊茂兰瘰螈	*Paramesotriton maolanensis*		二级	新增	
＊七溪岭瘰螈	*Paramesotriton qixilingensis*		二级	新增	
＊武陵瘰螈	*Paramesotriton wulingensis*		二级	新增	
＊云雾瘰螈	*Paramesotriton yunwuensis*		二级	新增	
＊织金瘰螈	*Paramesotriton zhijinensis*		二级	新增	

（续）

中文名	学名	保护级别	级别调整情况	备注
无尾目	ANURA			
角蟾科	Megophryidae			
抱龙角蟾	*Boulenophrys baolongensis*	二级	新增	
凉北齿蟾	*Oreolalax liangbeiensis*	二级	新增	
金顶齿突蟾	*Scutiger chintingensis*	二级	新增	
九龙齿突蟾	*Scutiger jiulongensis*	二级	新增	
木里齿突蟾	*Scutiger muliensis*	二级	新增	
宁陕齿突蟾	*Scutiger ningshanensis*	二级	新增	
平武齿突蟾	*Scutiger pingwuensis*	二级	新增	
哀牢髭蟾	*Vibrissaphora ailaonica*	二级	新增	
峨眉髭蟾	*Vibrissaphora boringii*	二级	新增	
雷山髭蟾	*Vibrissaphora leishanensis*	二级	新增	
原髭蟾	*Vibrissaphora promustache*	二级	新增	
南澳岛角蟾	*Xenophrys insularis*	二级	新增	
水城角蟾	*Xenophrys shuichengensis*	二级	新增	
蟾蜍科	Bufonidae			
史氏蟾蜍	*Bufo stejnegeri*	二级	新增	
鳞皮小蟾	*Parapelophryne scalpta*	二级	新增	
乐东蟾蜍	*Qiongbufo ledongensis*	二级	新增	
无棘溪蟾	*Bufo aspinius*	二级	新增	
叉舌蛙科	Dicroglossidae			
*虎纹蛙	*Hoplobatrachus chinensis*	二级	未变	仅限野外种群
*脆皮大头蛙	*Limnonectes fragilis*	二级	新增	
*叶氏肛刺蛙	*Yerana yei*	二级	新增	
蛙科	Ranidae			
*海南湍蛙	*Amolops hainanensis*	二级	新增	
*香港湍蛙	*Amolops hongkongensis*	二级	新增	
*小腺蛙	*Glandirana minima*	二级	新增	
*务川臭蛙	*Odorrana wuchuanensis*	二级	新增	
树蛙科	Rhacophoridae			
巫溪树蛙	*Rhacophorus hongchibaensis*	二级	新增	
老山树蛙	*Rhacophorus laoshan*	二级	新增	
罗默刘树蛙	*Liuixalus romeri*	二级	新增	
洪佛树蛙	*Rhacophorus hungfuensis*	二级	新增	

（续）

中文名	学名	保护级别	级别调整情况	备注
文昌鱼纲 AMPHIOXI				
文昌鱼目	AMPHIOXIFORMES			
文昌鱼科♯	Branchiostomatidae			
*厦门文昌鱼	*Branchiostoma belcheri*	二级	未变	仅限野外种群。原名"文昌鱼"
*青岛文昌鱼	*Branchiostoma tsingdauense*	二级	新增	仅限野外种群
圆口纲 CYCLOSTOMATA				
七鳃鳗目	PETROMYZONTIFORMES			
七鳃鳗科♯	Petromyzontidae			
*日本七鳃鳗	*Lampetra japonica*	二级	新增	
*东北七鳃鳗	*Lampetra morii*	二级	新增	
*雷氏七鳃鳗	*Lampetra reissneri*	二级	新增	
软骨鱼纲 CHONDRICHTHYES				
鼠鲨目	LAMNIFORMES			
姥鲨科	Cetorhinidae			
*姥鲨	*Cetorhinus maximus*	二级	新增	
鼠鲨科	Lamnidae			
*噬人鲨	*Carcharodon carcharias*	二级	新增	
须鲨目	ORECTOLOBIFORMES			
鲸鲨科	Rhincodontidae			
*鲸鲨	*Rhincodon typus*	二级	新增	
鲼目	MYLIOBATIFORMES			
魟科	Dasyatidae			
*黄魟	*Dasyatis bennettii*	二级	新增	仅限陆封种群
硬骨鱼纲 OSTEICHTHYES				
鲟形目♯	ACIPENSERIFORMES			
鲟科	Acipenseridae			
*中华鲟	*Acipenser sinensis*	一级	未变	
*长江鲟	*Acipenser dabryanus*	一级	未变	原名"达氏鲟"
*鳇	*Huso dauricus*	一级	新增	仅限野外种群
*西伯利亚鲟	*Acipenser baerii*	二级	新增	仅限野外种群
*裸腹鲟	*Acipenser nudiventris*	二级	新增	仅限野外种群
*小体鲟	*Acipenser ruthenus*	二级	新增	仅限野外种群
*施氏鲟	*Acipenser schrenckii*	二级	新增	仅限野外种群

（续）

中文名	学名	保护级别	级别调整情况	备注
匙吻鲟科	Polyodontidae			
＊白鲟	*Psephurus gladius*	一级	未变	
鳗鲡目	ANGUILLIFORMES			
鳗鲡科	Anguillidae			
＊花鳗鲡	*Anguilla marmorata*	二级	未变	
鲱形目	CLUPEIFORMES			
鲱科	Clupeidae			
＊鲥	*Tenualosa reevesii*	一级	新增	
鲤形目	CYPRINIFORMES			
双孔鱼科	Gyrinocheilidae			
＊双孔鱼	*Gyrinocheilus aymonieri*	二级	新增	仅限野外种群
裸吻鱼科	Psilorhynchidae			
＊平鳍裸吻鱼	*Psilorhynchus homaloptera*	二级	新增	
亚口鱼科	Catostomidae			原名"胭脂鱼科"
＊胭脂鱼	*Myxocyprinus asiaticus*	二级	未变	仅限野外种群
鲤科	Cyprinidae			
＊唐鱼	*Tanichthys albonubes*	二级	未变	仅限野外种群
＊稀有鮈鲫	*Gobiocypris rarus*	二级	新增	仅限野外种群
＊鯮	*Luciobrama macrocephalus*	二级	新增	
＊多鳞白鱼	*Anabarilius polylepis*	二级	新增	
＊山白鱼	*Anabarilius transmontanus*	二级	新增	
＊北方铜鱼	*Coreius septentrionalis*	一级	新增	
＊圆口铜鱼	*Coreius guichenoti*	二级	新增	仅限野外种群
＊大鼻吻鮈	*Rhinogobio nasutus*	二级	新增	
＊长鳍吻鮈	*Rhinogobio ventralis*	二级	新增	
＊平鳍鳅鮀	*Gobiobotia homalopteroidea*	二级	新增	
＊单纹似鳡	*Luciocyprinus langsoni*	二级	新增	
＊金线鲃属所有种	*Sinocyclocheilus* spp.	二级	新增	
＊四川白甲鱼	*Onychostoma angustistomata*	二级	新增	
＊多鳞白甲鱼	*Onychostoma macrolepis*	二级	新增	仅限野外种群
＊金沙鲈鲤	*Percocypris pingi*	二级	新增	仅限野外种群
＊花鲈鲤	*Percocypris regani*	二级	新增	仅限野外种群
＊后背鲈鲤	*Percocypris retrodorslis*	二级	新增	仅限野外种群
＊张氏鲈鲤	*Percocypris tchangi*	二级	新增	仅限野外种群

（续）

中文名	学名	保护级别		级别调整情况	备注
＊裸腹盲鲃	*Typhlobarbus nudiventris*		二级	新增	
＊角鱼	*Akrokolioplax bicornis*		二级	新增	
＊骨唇黄河鱼	*Chuanchia labiosa*		二级	新增	
＊极边扁咽齿鱼	*Platypharodon extremus*		二级	新增	仅限野外种群
＊细鳞裂腹鱼	*Schizothorax chongi*		二级	新增	仅限野外种群
＊巨须裂腹鱼	*Schizothorax macropogon*		二级	新增	
＊重口裂腹鱼	*Schizothorax davidi*		二级	新增	仅限野外种群
＊拉萨裂腹鱼	*Schizothorax waltoni*		二级	新增	仅限野外种群
＊塔里木裂腹鱼	*Schizothorax biddulphi*		二级	新增	仅限野外种群
＊大理裂腹鱼	*Schizothorax taliensis*		二级	未变	仅限野外种群
＊扁吻鱼	*Aspiorhynchus laticeps*	一级		未变	原名"新疆大头鱼"
＊厚唇裸重唇鱼	*Gymnodiptychus pachycheilus*		二级	新增	仅限野外种群
＊斑重唇鱼	*Diptychus maculatus*		二级	新增	
＊尖裸鲤	*Oxygymnocypris stewartii*		二级	新增	仅限野外种群
＊大头鲤	*Cyprinus pellegrini*		二级	未变	仅限野外种群
＊小鲤	*Cyprinus micristius*		二级	新增	
＊抚仙鲤	*Cyprinus fuxianensis*		二级	新增	
＊岩原鲤	*Procypris rabaudi*		二级	新增	仅限野外种群
＊乌原鲤	*Procypris merus*		二级	新增	
＊大鳞鲢	*Hypophthalmichthys harmandi*		二级	新增	
鳅科	Cobitidae				
＊红唇薄鳅	*Leptobotia rubrilabris*		二级	新增	仅限野外种群
＊黄线薄鳅	*Leptobotia flavolineata*		二级	新增	
＊长薄鳅	*Leptobotia elongata*		二级	新增	仅限野外种群
条鳅科	Nemacheilidae				
＊无眼岭鳅	*Oreonectes anophthalmus*		二级	新增	
＊拟鲇高原鳅	*Triplophysa siluroides*		二级	新增	仅限野外种群
＊湘西盲高原鳅	*Triplophysa xiangxiensis*		二级	新增	
＊小头高原鳅	*Triphophysa minuta*		二级	新增	
爬鳅科	Balitoridae				
＊厚唇原吸鳅	*Protomyzon pachychilus*		二级	新增	
鲇形目	SILURIFORMES				
鲿科	Bagridae				
＊斑鳠	*Hemibagrus guttatus*		二级	新增	仅限野外种群

（续）

中文名	学名	保护级别	级别调整情况	备注
鲇科	Siluridae			
＊昆明鲇	*Silurus mento*	二级	新增	
鲛科	Pangasiidae			
＊长丝鲛	*Pangasius sanitwangsei*	一级	新增	
钝头鮠科	Amblycipitidae			
＊金氏鉠	*Liobagrus kingi*	二级	新增	
鮡科	Sisoridae			
＊长丝黑鮡	*Gagata dolichonema*	二级	新增	
＊青石爬鮡	*Euchiloglanis davidi*	二级	新增	
＊黑斑原鮡	*Glyptosternum maculatum*	二级	新增	
＊鉠	*Bagarius bagarius*	二级	新增	
＊红鉠	*Bagarius rutilus*	二级	新增	
＊巨鉠	*Bagarius yarrelli*	二级	新增	
鲑形目	SALMONIFORMES			
鲑科	Salmonidae			
＊细鳞鲑属所有种	*Brachymystax* spp.	二级	新增	仅限野外种群
＊川陕哲罗鲑	*Hucho bleekeri*	一级	升级	
＊哲罗鲑	*Hucho taimen*	二级	新增	仅限野外种群
＊石川氏哲罗鲑	*Hucho ishikawai*	二级	新增	
＊花羔红点鲑	*Salvelinus malma*	二级	新增	仅限野外种群
＊马苏大麻哈鱼	*Oncorhynchus masou*	二级	新增	
＊北鲑	*Stenodus leucichthys*	二级	新增	
＊北极茴鱼	*Thymallus arcticus*	二级	新增	仅限野外种群
＊下游黑龙江茴鱼	*Thymallus tugarinae*	二级	新增	仅限野外种群
＊鸭绿江茴鱼	*Thymallus yaluensis*	二级	新增	仅限野外种群
海龙鱼目	SYNGNATHIFORMES			
海龙鱼科	Syngnathidae			
＊海马属所有种	*Hippocampus* spp.	二级	新增	仅限野外种群
鲈形目	PERCIFORMES			
石首鱼科	Sciaenidae			
＊黄唇鱼	*Bahaba taipingensis*	一级	升级	
隆头鱼科	Labridae			
＊波纹唇鱼	*Cheilinus undulatus*	二级	新增	仅限野外种群
鲉形目	SCORPAENIFORMES			

（续）

中文名	学名	保护级别	级别调整情况	备注
杜父鱼科	Cottidae			
＊松江鲈	*Trachidermus fasciatus*	二级	未变	仅限野外种群。原名"松江鲈鱼"
半索动物门 HEMICHORDATA				
肠鳃纲 ENTEROPNEUSTA				
柱头虫目	BALANOGLOSSIDA			
殖翼柱头虫科	Ptychoderidae			
＊多鳃孔舌形虫	*Glossobalanus polybranchioporus*	一级	未变	
＊三崎柱头虫	*Balanoglossus misakiensis*	二级	新增	
＊短殖舌形虫	*Glossobalanus mortenseni*	二级	新增	
＊肉质柱头虫	*Balanoglossus carnosus*	二级	新增	
＊黄殖翼柱头虫	*Ptychodera flava*	二级	新增	
史氏柱头虫科	Spengeliidae			
＊青岛橡头虫	*Glandiceps qingdaoensis*	二级	新增	
玉钩虫科	Harrimaniidae			
＊黄岛长吻虫	*Saccoglossus hwangtauensis*	一级	未变	
节肢动物门 ARTHROPODA				
昆虫纲 INSECTA				
双尾目	DIPLURA			
铗虯科	Japygidae			
伟铗虯	*Atlasjapyx atlas*	二级	未变	
䗛目	PHASMATODEA			
叶䗛科 ♯	Phyllidae			
丽叶䗛	*Phyllium pulchrifolium*	二级	新增	
中华叶䗛	*Phyllium sinensis*	二级	新增	
泛叶䗛	*Phyllium celebicum*	二级	新增	
翔叶䗛	*Phyllium westwoodi*	二级	新增	
东方叶䗛	*Phyllium siccifolium*	二级	新增	
独龙叶䗛	*Phyllium drunganum*	二级	新增	
同叶䗛	*Phyllium parum*	二级	新增	
滇叶䗛	*Phyllium yunnanense*	二级	新增	
藏叶䗛	*Phyllium tibetense*	二级	新增	
珍叶䗛	*Phyllium rarum*	二级	新增	
蜻蜓目	ODONATA			

（续）

中文名	学名	保护级别	级别调整情况	备注
箭蜓科	Gomphidae			
扭尾曦春蜓	*Heliogomphus retroflexus*	二级	未变	原名"尖板曦箭蜓"
棘角蛇纹春蜓	*Ophiogomphus spinicornis*	二级	未变	原名"宽纹北箭蜓"
缺翅目	ZORAPTERA			
缺翅虫科	Zorotypidae			
中华缺翅虫	*Zorotypus sinensis*	二级	未变	
墨脱缺翅虫	*Zorotypus medoensis*	二级	未变	
蛩蠊目	GRYLLOBLATTODAE			
蛩蠊科	Grylloblattidae			
中华蛩蠊	*Galloisiana sinensis*	一级	未变	
陈氏西蛩蠊	*Grylloblattella cheni*	一级	新增	
脉翅目	NEUROPTERA			
旌蛉科	Nemopteridae			
中华旌蛉	*Nemopistha sinica*	二级	新增	
鞘翅目	COLEOPTERA			
步甲科	Carabidae			
拉步甲	*Carabus lafossei*	二级	未变	
细胸大步甲	*Carabus osawai*	二级	新增	
巫山大步甲	*Carabus ishizukai*	二级	新增	
库班大步甲	*Carabus kubani*	二级	新增	
桂北大步甲	*Carabus guibeicus*	二级	新增	
贞大步甲	*Carabus penelope*	二级	新增	
蓝鞘大步甲	*Carabus cyaneogigas*	二级	新增	
滇川大步甲	*Carabus yunanensis*	二级	新增	
硕步甲	*Carabus davidi*	二级	未变	
两栖甲科	Amphizoidae			
中华两栖甲	*Amphizoa sinica*	二级	新增	
长阎甲科	Synteliidae			
中华长阎甲	*Syntelia sinica*	二级	新增	
大卫长阎甲	*Syntelia davidis*	二级	新增	
玛氏长阎甲	*Syntelia mazuri*	二级	新增	
臂金龟科	Euchiridae			
戴氏棕臂金龟	*Propomacrus davidi*	二级	新增	
玛氏棕臂金龟	*Propomacrus muramotoae*	二级	新增	

（续）

中文名	学名	保护级别		级别调整情况	备注
越南臂金龟	*Cheirotonus battareli*		二级	未变	
福氏彩臂金龟	*Cheirotonus fujiokai*		二级	未变	
格彩臂金龟	*Cheirotonus gestroi*		二级	未变	
台湾长臂金龟	*Cheirotonus formosanus*		二级	未变	
阳彩臂金龟	*Cheirotonus jansoni*		二级	未变	
印度长臂金龟	*Cheirotonus macleayii*		二级	未变	
昭沼氏长臂金龟	*Cheirotonus terunumai*		二级	未变	
金龟科	Scarabaeidae				
艾氏泽蜣螂	*Scarabaeus erichsoni*		二级	新增	
拜氏蜣螂	*Scarabaeus babori*		二级	新增	
悍马巨蜣螂	*Heliocopris bucephalus*		二级	新增	
上帝巨蜣螂	*Heliocopris dominus*		二级	新增	
迈达斯巨蜣螂	*Heliocopris midas*		二级	新增	
犀金龟科	Dynastidae				
戴叉犀金龟	*Trypoxylus davidis*		二级	未变	原名"叉犀金龟"
粗尤犀金龟	*Eupatorus hardwickii*		二级	新增	
细角尤犀金龟	*Eupatorus gracilicornis*		二级	新增	
胫晓扁犀金龟	*Eophileurus tetraspermexitus*		二级	新增	
锹甲科	Lucanidae				
安达刀锹甲	*Dorcus antaeus*		二级	新增	
巨叉深山锹甲	*Lucanus hermani*		二级	新增	
鳞翅目	LEPIDOPTERA				
凤蝶科	Papilionidae				
喙凤蝶	*Teinopalpus imperialism*		二级	新增	
金斑喙凤蝶	*Teinopalpus aureus*	一级		未变	
裳凤蝶	*Troides helena*		二级	新增	
金裳凤蝶	*Troides aeacus*		二级	新增	
荧光裳凤蝶	*Troides magellanus*		二级	新增	
鸟翼裳凤蝶	*Troides amphrysus*		二级	新增	
珂裳凤蝶	*Troides criton*		二级	新增	
楔纹裳凤蝶	*Troides cuneifera*		二级	新增	
小斑裳凤蝶	*Troides haliphron*		二级	新增	
多尾凤蝶	*Bhutanitis lidderdalii*		二级	新增	
不丹尾凤蝶	*Bhutanitis ludlowi*		二级	新增	

（续）

中文名	学名	保护级别		级别调整情况	备注
双尾凤蝶	*Bhutanitis mansfieldi*		二级	未变	
玄裳尾凤蝶	*Bhutanitis nigrilima*		二级	新增	
三尾凤蝶	*Bhutanitis thaidina*		二级	未变	
玉龙尾凤蝶	*Bhutanitis yulongensisn*		二级	新增	
丽斑尾凤蝶	*Bhutanitis pulchristriata*		二级	新增	
锤尾凤蝶	*Losaria coon*		二级	新增	
中华虎凤蝶	*Luehdorfia chinensis*		二级	未变	
蛱蝶科	Nymphalidae				
最美紫蛱蝶	*Sasakia pulcherrima*		二级	新增	
黑紫蛱蝶	*Sasakia funebris*		二级	新增	
绢蝶科	Parnassidae				
阿波罗绢蝶	*Parnassius apollo*		二级	未变	
君主绢蝶	*Parnassius imperator*		二级	新增	
灰蝶科	Lycaenidae				
大斑霾灰蝶	*Maculinea arionides*		二级	新增	
秀山白灰蝶	*Phengaris xiushani*		二级	新增	
蛛形纲 ARACHNIDA					
蜘蛛目	ARANEAE				
捕鸟蛛科	Theraphosidae				
海南塞勒蛛	*Cyriopagopus hainanus*		二级	新增	
肢口纲　MEROSTOMATA					
剑尾目	XIPHOSURA				
鲎科♯	Tachypleidae				
＊中国鲎	*Tachypleus tridentatus*		二级	新增	
＊圆尾蝎鲎	*Carcinoscorpius rotundicauda*		二级	新增	
软甲纲 MALACOSTRACA					
十足目	DECAPODA				
龙虾科	Palinuridae				
＊锦绣龙虾	*Panulirus ornatus*		二级	新增	仅限野外种群
软体动物门 MOLLUSCA					
双壳纲 BIVALVIA					
珍珠贝目	PTERIOIDA				
珍珠贝科	Pteriidae				
＊大珠母贝	*Pinctada maxima*		二级	未变	仅限野外种群

（续）

中文名	学名	保护级别	级别调整情况	备注
帘蛤目	VENEROIDA			
砗磲科 ♯	Tridacnidae			
＊大砗磲	*Tridacna gigas*	一级	未变	原名"库氏砗磲"
＊无鳞砗磲	*Tridacna derasa*	二级	新增	仅限野外种群
＊鳞砗磲	*Tridacna squamosa*	二级	新增	仅限野外种群
＊长砗磲	*Tridacna maxima*	二级	新增	仅限野外种群
＊番红砗磲	*Tridacna crocea*	二级	新增	仅限野外种群
＊砗蚝	*Hippopus hippopus*	二级	新增	仅限野外种群
蚌目	UNIONIDA			
珍珠蚌科	Margaritanidae			
＊珠母珍珠蚌	*Margarritiana dahurica*	二级	新增	仅限野外种群
蚌科	Unionidae			
＊佛耳丽蚌	*Lamprotula mansuyi*	二级	未变	
＊绢丝丽蚌	*Lamprotula fibrosa*	二级	新增	
＊背瘤丽蚌	*Lamprotula leai*	二级	新增	
＊多瘤丽蚌	*Lamprotula polysticta*	二级	新增	
＊刻裂丽蚌	*Lamprotula scripta*	二级	新增	
截蛏科	Solecurtidae			
＊中国淡水蛏	*Novaculina chinensis*	二级	新增	
＊龙骨蛏蚌	*Solenaia carinatus*	二级	新增	
头足纲 CEPHALOPODA				
鹦鹉螺目	NAUTILIDA			
鹦鹉螺科	Nautilidae			
＊鹦鹉螺	*Nautilus pompilius*	一级	未变	
腹足纲 GASTROPODA				
田螺科	Viviparidae			
＊螺蛳	*Margarya melanioides*	二级	新增	
蝾螺科	Turbinidae			
＊夜光蝾螺	*Turbo marmoratus*	二级	新增	
宝贝科	Cypraeidae			
＊虎斑宝贝	*Cypraea tigris*	二级	未变	
冠螺科	Cassididae			
＊唐冠螺	*Cassis cornuta*	二级	未变	原名"冠螺"
法螺科	Charoniidae			

（续）

中文名	学名	保护级别	级别调整情况	备注
* 法螺	*Charonia tritonis*		二级	新增	
刺胞动物门 CNIDARIA				
珊瑚纲 ANTHOZOA				
角珊瑚目 ♯	ANTIPATHARIA			
* 角珊瑚目所有种	ANTIPATHARIA spp.	二级	新增	
石珊瑚目 ♯	SCLERACTINIA			
* 石珊瑚目所有种	SCLERACTINIA spp.	二级	新增	
苍珊瑚目	HELIOPORACEA			
苍珊瑚科 ♯	Helioporidae			
* 苍珊瑚科所有种	Helioporidae spp.	二级	新增	
软珊瑚目	ALCYONACEA			
笙珊瑚科 ♯	Tubiporidae			
* 笙珊瑚	*Tubipora musica*	二级	新增	
红珊瑚科 ♯	Coralliidae			
* 红珊瑚科所有种	Coralliidae spp.	一级	未变	
竹节柳珊瑚科	Isididae			
* 粗糙竹节柳珊瑚	*Isis hippuris*	二级	新增	
* 细枝竹节柳珊瑚	*Isis minorbrachyblasta*	二级	新增	
* 网枝竹节柳珊瑚	*Isis reticulata*	二级	新增	
水螅纲 HYDROZOA				
花裸螅目	ANTHOATHECATA			
多孔螅科 ♯	Milleporidae			
* 分叉多孔螅	*Millepora dichotoma*	二级	新增	
* 节块多孔螅	*Millepora exaesa*	二级	新增	
* 窝形多孔螅	*Millepora foveolata*	二级	新增	
* 错综多孔螅	*Millepora intricata*	二级	新增	
* 阔叶多孔螅	*Millepora latifolia*	二级	新增	
* 扁叶多孔螅	*Millepora platyphylla*	二级	新增	
* 娇嫩多孔螅	*Millepora tenera*	二级	新增	
柱星螅科 ♯	Stylasteridae			
* 无序双孔螅	*Distichopora irregularis*	二级	新增	
* 紫色双孔螅	*Distichopora violacea*	二级	新增	
* 佳丽刺柱螅	*Errina dabneyi*	二级	新增	
* 扇形柱星螅	*Stylaster flabelliformis*	二级	新增	

（续）

中文名	学名	保护级别		级别调整情况	备注
＊细巧柱星螅	*Stylaster gracilis*		二级	新增	
＊佳丽柱星螅	*Stylaster pulcher*		二级	新增	
＊艳红柱星螅	*Stylaster sanguineus*		二级	新增	
＊粗糙柱星螅	*Stylaster scabiosus*		二级	新增	

＊代表水生野生动物；♯代表该分类单元所有种均列入名录。

（二）渤海渔业资源重点保护品种及其最低可捕标准

重点保护品种	最低可捕标准
蓝点马鲛（鲅鱼）	叉长 38 厘米
银鲳（鲳鱼）	叉长 15 厘米
鰤（鰤鱼）	叉长 28 厘米
小黄鱼	体长 15 厘米
白姑鱼	体长 17 厘米
黄姑鱼	体长 17 厘米
真鲷	体长 19 厘米
花鲈（鲈鱼）	体长 40 厘米
鲻（辫子鱼）	体长 36 厘米
（梭鱼）	体长 30 厘米
黄盖鲽	体长 19 厘米
高眼鲽	体长 15 厘米
半滑舌鳎	体长 27 厘米
褐牙鲆（牙鲆）	体长 27 厘米
带鱼	肛长 25 厘米
对虾	体长 15 厘米（雌）
脊尾白虾	体长 6 厘米
口虾蛄（爬虾）	体长 11 厘米
三疣梭子蟹	头胸甲长 8 厘米
日本	头胸甲长 5 厘米
魁蚶	壳长 6 厘米
毛蚶	壳长 3 厘米
文蛤	壳长 5 厘米
菲律宾蛤仔（杂色蛤）	壳长 2.5 厘米
栉江珧	壳长 17 厘米

（续）

重点保护品种	最低可捕标准
海蜇	伞弧长 30 厘米
中国毛虾	（不定标准）
栉孔扇贝	（未定标准）
皱纹盘鲍	（未定标准）
参	（未定标准）

（三）渤海捕捞作业网具最小网目尺寸

一、鲅鱼流网最小网目 90 毫米，网衣拉直高度不得超过 9 米（含缘网），每船总长度不得超过 4 000 米；

二、对虾流网最小网目 60 毫米；网衣拉直高度不得超过 9 米（含缘网），每船总长度不得超过 4 000 米；

三、张网类网目不小于 8 毫米；

四、围网类网目不小于 33 毫米。

（四）长江干流禁用渔具目录

序号	渔具类别	渔具名称	俗名或地方名										
			青海	西藏	云南	四川	重庆	湖南	湖北	江西	安徽	江苏	上海
1	拖网	单船拖网											
2	拖网	双船拖网											
3	拖网	多船拖网											
4	张网	多桩有翼单囊张网						桩张网	桩张网				深水张网
5	张网	双锚框架张网											
6	敷网	拦河撑架敷网						拦河大濠			拦河罾、鱼捂子		
7	敷网	岸敷箕状敷网				罾网	板罾		板罾				
8	敷网	岸敷撑架敷网					抬网		抬网				
9	陷阱	拦截插网陷阱						矮围、泥围、围子捕捞	插网、矮围、泥围				
10	陷阱	拦截箔筌陷阱											

（续）

序号	渔具类别	渔具名称	俗名或地方名										
			青海	西藏	云南	四川	重庆	湖南	湖北	江西	安徽	江苏	上海
11	陷阱	导陷插网陷阱						迷魂阵、密阵、稀阵、软箔	迷魂阵		网箔、迷魂阵		
12	陷阱	导陷箔筌陷阱						迷魂阵、密阵、稀阵、软箔	迷魂阵		网箔、迷魂阵		
13	耙刺	拖曳齿耙耙刺						机动船拖齿耙		吸螺机、吊杆捕螺机			机吸蚬子
14	耙刺	定置延绳滚钩耙刺				滚钩		滚钩					

（五）《农业部关于实施带鱼等 15 种重要经济鱼类最小可捕标准及幼鱼比例管理规定的通告》

为切实保护幼鱼资源，促进海洋渔业资源恢复和可持续利用，根据《中华人民共和国渔业法》有关规定和《中国水生生物资源养护行动纲要》要求，我部决定自 2018 年起实施带鱼等 15 种重要经济鱼类最小可捕标准及幼鱼比例管理规定。现通告如下。

一、15 种重要经济鱼类最小可捕规格

15 种重要经济鱼类最小可捕规格见下表，未达到最小可捕规格的为幼鱼。

单位：毫米

种类	渤海、黄海、东海	南海
带鱼（*Trichiurus japonicus*）	肛长 ≥210	肛长 ≥230
小黄鱼（*Larimichthys polyactis*）	体长 ≥150	
银鲳（*Pampus argenteus*）	叉长 ≥150	叉长 ≥150
鲐（*Scomber japonicus*）	叉长 ≥220	叉长 ≥220
刺鲳（*Psenopsis anomala*）	叉长 ≥130	叉长 ≥130
蓝点马鲛（*Scomberomorus niphonius*）	叉长 ≥380	
蓝圆鲹（*Decapterus maruadsi*）	叉长 ≥150	叉长 ≥150
灰鲳（*Pampus cinereus*）	叉长 ≥180	叉长 ≥180
白姑鱼（*Argyrosomus argentatus*）	体长 ≥150	体长 ≥150
二长棘鲷（*Paragyrops edita*）	体长 ≥100	体长 ≥100

（续）

种类	渤海、黄海、东海	南海
绿鳍马面鲀（Thamnaconus septentrionalis）	体长≥160	体长≥160
黄鳍马面鲀（Thamnaconus hypargyreus）	体长≥100	体长≥100
短尾大眼鲷（Priacanthus macracanthus）	体长≥160	体长≥160
黄鲷（Dentex tumifrons）	体长≥130	体长≥130
竹筴鱼（Trachurus japonicus）	叉长≥150	叉长≥150

注：测量方法见 GB/T 12763.6—2007 中 14.3.4.1.1 的规定。

二、15 种重要经济鱼类幼鱼比例

2018、2019 和 2020 年，在单航次渔获物中，上述品种幼鱼重量分别不得超过该品种总重量的 50％、30％和 20％。2020 年之后，按 2020 年的要求执行。

三、处罚措施

渔获物中幼鱼超过规定比例的，依据《渔业法》第三十八条予以处罚。

四、其他

各省（区、市）渔业主管部门可在本规定基础上制定更加严格或覆盖范围更广的标准，并针对幼鱼运输、加工、交易和利用等环节制定相应管理规定。

本通告自 2018 年 8 月 1 日起正式实施。

农业部

2018 年 2 月 11 日

（六）准用渔具最小网目（或网囊）尺寸标准

序号	渔具类别	渔具名称		最小网目（或网囊）尺寸（毫米）	备注
1	刺网类	定置刺网、包围刺网		60	
		拖曳刺网		100	
2	围网类	单船围网、双船围网、多船围网		30	
3	钓具类	曳绳钓、垂钓钓、定置延绳钓、漂流延绳钓			
4	耙刺类	投射耙刺、钩刺耙刺			
5	杂渔具	掩罩	撑开掩罩、扣罩掩罩、罩夹掩罩、抛撒掩罩	30	
		地拉网	抛散地拉网、穿冰地拉网、船布地拉网	30	
		抄网	推移抄网	20	

（七）过渡渔具最小网目（或网囊）尺寸标准

序号	渔具类别	渔具名称	最小网目（或网囊）尺寸（毫米）	备注
1	刺网类	漂流刺网	60	

（续）

序号	渔具类别	渔具名称		最小网目（或网囊）尺寸（毫米）	备注
2	张网类	除多桩有翼单囊张网和双锚框架张网外		50	主捕种类为银鱼和鳗苗，仅在特定捕捞作业水域和时间内使用
		除多桩有翼单囊张网和双锚框架张网外		3	
3	耙刺类	除投射耙刺、钩刺耙刺、拖曳齿耙耙刺、定置延绳滚钩耙刺外			
4	陷阱类	拦截建网陷阱、多锚建网陷阱、导陷建网陷阱、多锚插网陷阱、多锚箔筌陷阱		40	
5	笼壶类	散布笼壶、定置延绳笼壶、漂流延绳笼壶		30	
6	杂渔具	敷网	除拦河撑架敷网、岸敷箕状敷网、岸敷撑架敷网外	30	主捕银鱼的定置撑架敷网最小网目尺寸为20，仅在特定捕捞作业水域和时间内使用

（八）国家重点保护经济水生动植物资源名录（第一批）

序 号	中文名	拉丁名
1	鲱	*Clupea harengus*
2	金色沙丁鱼	*Sardinella lemuru*
3	远东拟沙丁鱼（斑点莎瑙鱼）	*Sardinops melanosticta*
4	鳓	*Ilisha elongata*
5	鳀	*Engraulis japonicus*
6	黄鲫	*Setipinna taty*
7	大头狗母鱼	*Trachinocephalus myops*
8	海鳗	*Muraenesox cinereus*
9	大头鳕	*Gadus macrocephalus*
10	鲛	*Liza haematocheila*
11	鲻	*Mugil cephalus*
12	尖吻鲈	*Lates calcarifer*
13	花鲈	*Lateolabrax japonicus*
14	赤点石斑鱼	*Epinephelus akaara*
15	青石斑鱼	*Epinephelus awoara*
16	宽额鲈	*Promicrops lanceolatus*
17	蓝圆鲹	*Decapterus maruadsi*
18	竹荚鱼	*Trachurus japonicus*
19	高体鰤	*Seriola dumerili*
20	军曹鱼	*Rachycentron canadus*

（续）

序 号	中文名	拉丁名
21	白姑鱼	*Argyrosomus argentatus*
22	黄姑鱼	*Nibea albiflora*
23	棘头梅童鱼	*Collichthys lucidus*
24	黑鳃梅童鱼	*Collichthys niveatus*
25	鮸	*Miichthys miiuy*
26	大黄鱼	*Pseudosciaena crocea*
27	小黄鱼	*Pseudosciaena polyactis*
28	红笛鲷	*Lutjanus sanguineus*
29	真 鲷	*Pagrosomus major*
30	二长棘鲷	*Parargyrops edita*
31	黑 鲷	*Sparus macrocephalus*
32	金线鱼	*Nemipterus virgatus*
33	玉筋鱼	*Ammodytes personatus*
34	带 鱼	*Trichiurus lepturus*
35	鲐	*Scomber japonicus*
36	蓝点马鲛（鲅鱼）	*Scomberomorus niphonius*
37	银 鲳	*Pampus argenteus*
38	灰 鲳	*Pampus cinereus*
39	鲬	*Platycephalus indicus*
40	褐牙鲆	*Paralichthys olivaceus*
41	高眼鲽	*Cleisthenes herzensteini*
42	钝吻黄盖鲽	*Pseudopleuronectes yokohamae*
43	半滑舌鳎	*Cynoglossus semilaevis*
44	绿鳍马面鲀	*Navodon septentrionalis*
45	黄鳍马面鲀	*Navodon xanthopterus*
46	黄鮟鱇	*Lophius litulon*
47	刀 鲚	*Coilia ectenes*
48	凤 鲚	*Coilia mystus*
49	红鳍东方鲀	*Takifugu rubripes*
50	假睛东方鲀	*Takifugu pseudommus*
51	暗纹东方鲀	*Takifugu obscurus*
52	鳗 鲡	*Anguilla japonica*
53	大麻哈鱼	*Oncorhynchus keta*
54	花羔红点鲑	*Salvelinus malma*
55	乌苏里白鲑	*Coregonus ussuriensis*

（续）

序 号	中文名	拉丁名
56	太湖新银鱼	*Neosalanx taihuensis*
57	大银鱼	*Protosalanx chinensis*
58	黑斑狗鱼	*Esox reicherti*
59	白斑狗鱼	*Esox lucius*
60	青 鱼	*Mylopharyngodon piceus*
61	草 鱼	*Ctenopharyngodon idellus*
62	赤眼鳟	*Squaliobarbus curriculus*
63	翘嘴鲌	*Culter alburnus*
64	鳡	*Elopichthys bambusa*
65	三角鲂	*Megalobrama terminalis*
66	团头鲂（武昌鱼）	*Megalobrama amblycephala*
67	广东鲂	*Megalobrama hoffmanni*
68	鳊	*Parabramis pekinensis*
69	红鳍原鲌	*Cultrichthys erythropterus*
70	蒙古鲌	*Culter mongolicus*
71	鲢	*Hypophthalmichthys molitrix*
72	鳙	*Aristichthys nobilis*
73	细鳞斜颌鲴	*Xenocypris microlepis*
74	银 鲴	*Xenocypris argentea*
75	倒刺鲃	*Spninibarbus denticulatus denticulatus*
76	光倒刺鲃	*Spiniobarbus hollandi*
77	中华倒刺鲃	*Spinibarbus sinensis*
78	白甲鱼	*Varicorhinus simus*
79	圆口铜鱼	*Coreius guichenoti*
80	铜 鱼	*Coreius heterodon*
81	鲮	*Cirrhinus molitorella*
82	青海湖裸鲤	*Gymnocypris przewalskii*
83	重口裂腹鱼	*Schizothorax waltoni*
84	拉萨裸裂尻鱼	*Schizopygopsis younghus bandi younghusbandi*
85	鲤	*Cyprinus carpio*
86	鲫	*Carassius auratus*
87	岩原鲤	*Procypris rabaudi*
88	长薄鳅	*Leptobotia elongata*
89	大口鲇	*Silurus meridionalis*
90	兰州鲇	*Silurus lanzhouensis*

（续）

序　号	中文名	拉丁名
91	黄颡鱼	*Pelteobagrus fulvidraco*
92	长吻鮠	*Leiocassis longirostris*
93	斑鱯	*Mystus guttatus*
94	黑斑原鮡	*Glyptosternum maculatum*
95	黄鳝	*Monopterus albus*
96	鳜	*Siniperca chuatsi*
97	大眼鳜	*Siniperca kneri*
98	乌鳢	*Channa argus*
99	斑鳢	*Channa maculata*
100	大管鞭虾	*Solenocera melantho*
101	中华管鞭虾	*Solenocera crassicornis*
102	中国对虾	*Penaeus chinensis*
103	长毛对虾	*Penaeus penicillatus*
104	竹节虾	*Penaeus japonicus*
105	斑节对虾	*Penaeus monodon*
106	鹰爪虾	*Trachypenaeus curvirostris*
107	脊尾白虾	*Exopalaemon carinicauda*
108	中国毛虾	*Acetes chinensis*
109	秀丽白虾	*Exopalaemon modestus*
110	青　虾	*Macrobrachium nipponense*
111	口虾蛄	*Oratosquilla oratoria*
112	中国龙虾	*Panulirus stimpsoni*
113	三疣梭子蟹	*Portunus trituberculatus*
114	海蟳	*Charybdis japonica*
115	锯缘青蟹	*Scylla serrata*
116	中华绒螯蟹	*Eriocheir sinensis*
117	太平洋褶柔鱼	*Todarodes pacificus*
118	中国枪乌贼	*Loligo chinensis*
119	日本枪乌贼	*Loligo japonica*
120	剑尖枪乌贼	*Loligo edulis*
121	曼氏无针乌贼	*Sepiella maindroni*
122	金乌贼	*Sepia esculenta*
123	章　鱼	*Octopodidae*
124	皱纹盘鲍	*Haliotis discus hannai*
125	杂色鲍	*Haliotis diversicolor*

（续）

序　号	中文名	拉丁名
126	脉红螺	*Rapana venosa*
127	魁蚶	*Scapharca broughtonii*
128	毛蚶	*Scapharca subcrenata*
129	泥蚶	*Tegillarca granosa*
130	厚壳贻贝	*Mytilus coruscus*
131	紫贻贝	*Mytilus galloprovincialis*
132	翡翠贻贝	*Perna viridis*
133	栉江珧	*Atrina pectinata*
134	合浦珠母贝	*Pinctada martensi*
135	栉孔扇贝	*Chlamys farreri*
136	太平洋牡蛎（长牡蛎）	*Crassostrea gigas*
137	西施舌	*Coelomactra antiquata*
138	缢蛏	*Sinonovacula constricta*
139	文蛤	*Meretrix meretrix*
140	菲律宾蛤仔	*Ruditapes philippinarum*
141	三角帆蚌	*Hyriopsis cumingii*
142	褶纹冠蚌	*Cristaria plicata*
143	河蚬	*Corbicula fluminea*
144	梅花参	*Thelenota ananas*
145	刺参	*Apostichopus japonicus*
146	马粪海胆	*Hemicentrotus pulcherrimus*
147	紫海胆	*Anthocidaris crassispina*
148	海蜇	*Rhopilema esculentum*
149	鳖	*Trionyx sinensis*
150	乌龟	*Chinemys reevesii*
151	坛紫菜	*Porphyra haitanensis*
152	条斑紫菜	*Porphyra yezoensis*
153	石花菜	*Gelidium amansii*
154	细基江蓠	*Gracilaria tenuistipitata*
155	珍珠麒麟菜	*Eucheuma okamurai*
156	海带	*Laminaria japonica*
157	裙带菜	*Undaria pinnatifida*
158	菱	*Trapa japonica*
159	芦苇	*Phragmites communis*
160	茭白	*Zizania caduciflora*

（续）

序 号	中文名	拉丁名
161	水芹	*Oenanthe japonica*
162	荸荠	*Eleocharis tuberosa*
163	慈菇	*Sagittaria trifolia*
164	蒲草	*Typha*
165	芡实	*Euryale ferox*
166	莲	*Nelumbo nucifera*

（九）《农业部濒危水生野生动植物种鉴定单位名单》

编号	鉴定单位	推荐鉴定类群
1	中国科学院动物研究所	淡水鱼类，板鳃亚纲
2	中国科学院水生生物研究所	鲸目，淡水鱼类，医蛭科，贻贝科，蚌科
3	中国科学院深海科学与工程研究所	鲸目，海豹科、海狮科、海象科，儒艮
4	中国科学院海洋研究所	无脊椎动物（国家重点保护名录物种）
5	中国科学院水利部水工程生态研究所	鲟形目，淡水鱼类（国家重点保护名录物种）
6	中国科学院南海海洋研究所	海洋鱼类（国家重点保护名录物种），珊瑚虫纲
7	中国科学院成都生物研究所	爬行纲（国家重点保护名录物种），两栖纲（国家重点保护名录物种）
8	中国科学院昆明动物研究所	淡水鱼类（国家重点保护名录物种）
9	中国水产科学研究院	鱼类（国家重点保护名录物种），双壳纲（国家重点保护名录物种），腹足纲（国家重点保护名录物种）
10	中国水产科学研究院南海水产研究所	鱼类（国家重点保护名录物种），头足纲（国家重点保护名录物种），双壳纲（国家重点保护名录物种），腹足纲（国家重点保护名录物种），中华白海豚，波纹唇鱼
11	中国水产科学研究院黄海水产研究所	海豹科、海狮科、海象科，鱼类（国家重点保护名录物种），双壳纲（国家重点保护名录物种）
12	中国水产科学研究院淡水渔业研究中心	淡水鱼类（国家重点保护名录物种）
13	中国水产科学研究院珠江水产研究所	淡水鱼类（国家重点保护名录物种）
14	中国水产科学研究院黑龙江水产研究所	淡水鱼类（国家重点保护名录物种）
15	中国水产科学研究院东海水产研究所	海洋生物（国家重点保护名录物种）
16	中国水产科学研究院长江水产研究所	两栖纲（国家重点保护名录物种），淡水鱼类（国家重点保护名录物种）
17	国家海洋局第三海洋研究所	鲸目，海龟科，棱皮龟，鲸鲨，石珊瑚目
18	上海海洋大学	鲸目，鱼类，砗磲科，头足纲（国家重点保护名录物种），双壳纲（国家重点保护名录物种），腹足纲（国家重点保护名录物种）

（续）

编号	鉴定单位	推荐鉴定类群
19	西南大学	淡水龟鳖，大鲵，鲟形目，头足纲（国家重点保护名录物种），双壳纲（国家重点保护名录物种），腹足纲（国家重点保护名录物种）
20	浙江海洋大学	鲸目，海龟科，棱皮龟，板鳃亚纲，鲟形目所有种，鱼类（国家重点保护名录物种），头足纲（国家重点保护名录物种），双壳纲（国家重点保护名录物种），腹足纲（国家重点保护名录物种）
21	钦州学院	海洋鱼类（国家重点保护名录物种），头足纲（国家重点保护名录物种），双壳纲（国家重点保护名录物种），腹足纲（国家重点保护名录物种），砗磲科
22	汕头大学	鲸目，海龟科，棱皮龟
23	四川大学	鲟形目，淡水鱼类（国家重点保护名录物种）
24	复旦大学	鱼类（国家重点保护名录物种）
25	南京师范大学	鲸目（国家重点保护名录物种）、爬行纲（国家重点保护名录物种）、两栖纲（国家重点保护名录物种）
26	武汉大学	水生植物
27	海南师范大学	哺乳纲（国家重点保护名录物种），爬行纲（国家重点保护名录物种），两栖纲（国家重点保护名录物种）
28	江西省科学院生物资源研究所	长江江豚，淡水龟科，爬行纲（国家重点保护名录物种），两栖纲（国家重点保护名录物种），淡水鱼类（国家重点保护名录物种）
29	湖南省水产科学研究所	鼬科（国家重点保护名录物种），长江江豚，两栖纲（国家重点保护名录物种），淡水鱼类（国家重点保护名录物种），双壳纲（国家重点保护名录物种）
30	广东省生物资源应用研究所（华南野生动物物种鉴定中心）	淡水龟鳖，鱼类（国家重点保护名录物种），头足纲（国家重点保护名录物种），双壳纲（国家重点保护名录物种），腹足纲（国家重点保护名录物种）
31	海南省海洋与渔业科学院	鱼类（国家重点保护名录物种），双壳纲（国家重点保护名录物种），砗磲科，石珊瑚目
32	辽宁省海洋水产科学研究院	鲸目、海豹科、海狮科，海象科、儒艮

（十）人工繁育国家重点保护水生野生动物名录（第一批）

序号	中文名	学名
1	三线闭壳龟	*Cuora trifasciata*
2	大 鲵	*Andrias davidianus*
3	胭脂鱼	*Myxocyprinus asiaticus*

（续）

序号	中文名	学名
4	山瑞鳖	*Trionyx steindachneri*
5	松江鲈	*Trachidermus fasciatus*
6	金线鲃	*Sinocyclocheilus grahami grahami*

（十一）《食品动物禁止使用的药品及其他化合物清单》

序号	药品及其他化合物名称
1	酒石酸锑钾（Antimony potassium tartrate）
2	β-兴奋剂（β-agonists）类及其盐、酯
3	汞制剂：氯化亚汞（甘汞）（Calomel）、醋酸汞（Mercurous acetate）、硝酸亚汞（Mercurous nitrate）、吡啶基醋酸汞（Pyridyl mercurous acetate）
4	毒杀芬（氯化烯）（Camahechlor）
5	卡巴氧（Carbadox）及其盐、酯
6	呋喃丹（克百威）（Carbofuran）
7	氯霉素（Chloramphenicol）及其盐、酯
8	杀虫脒（克死螨）（Chlordimeform）
9	氨苯砜（Dapsone）
10	硝基呋喃类：呋喃西林（Furacilinum）、呋喃妥因（Furadantin）、呋喃它酮（Furaltadone）、呋喃唑酮（Furazolidone）、呋喃苯烯酸钠（Nifurstyrenate sodium）
11	林丹（Lindane）
12	孔雀石绿（Malachite green）
13	类固醇激素：醋酸美仑孕酮（Melengestrol Acetate）、甲基睾丸酮（Methyltestosterone）、群勃龙（去甲雄三烯醇酮）（Trenbolone）、玉米赤霉醇（Zeranal）
14	安眠酮（Methaqualone）
15	硝呋烯腙（Nitrovin）
16	五氯酚酸钠（Pentachlorophenol sodium）
17	硝基咪唑类：洛硝达唑（Ronidazole）、替硝唑（Tinidazole）
18	硝基酚钠（Sodium nitrophenolate）
19	己二烯雌酚（Dienoestrol）、己烯雌酚（Diethylstilbestrol）、己烷雌酚（Hexoestrol）及其盐、酯
20	锥虫砷胺（Tryparsamile）
21	万古霉素（Vancomycin）及其盐、酯

（十二）《实施合法捕捞通关证明联网核查的水产品清单》

1. 进口自俄罗斯的水产品

中文	学名	海关编码（鲜/冷冻）
红大麻哈鱼、细鳞大麻哈鱼、大麻哈鱼（种）、大鳞大麻哈鱼、银大麻哈鱼、马苏大麻哈鱼、玫瑰大麻哈鱼（太平洋鲑属）	*Oncorhynchus nerka*，*Oncorhynchus gorbuscha*，*Oncorhynchus keta*，*Oncorhynchus tschawytscha*，*Oncorhynchus kisutch*，*Oncorhynchus masou*，*Oncorhynchus rhodurus*	03021300.00
细鳞大麻哈鱼、大麻哈鱼（种）、大鳞大麻哈鱼、银大麻哈鱼、马苏大麻哈鱼、玫瑰大麻哈鱼（太平洋鲑属）	*Oncorhynchus gorbuscha*，*Oncorhynchus keta*，*Oncorhynchus tschawytscha*，*Oncorhynchus kisutch*，*Oncorhynchus masou*，*Oncorhynchus rhodurus*	03031200.00
狭鳕（明太鱼）	*Theragra chalcogramma*	03025500.00/03036700.00
平鲉属	genus *Sebastes*	03028990.20/03038990.20
亚洲箭齿鲽	*Atherestes evermanni*	03022900.10/03033900.10
大西洋庸鲽（庸鲽）	*Hippoglossus hippoglossus*	03022100.10/03033190.10
马舌鲽	*Reinhardtius hippoglossoids*	03022100.20/03033190.20
太平洋鲱鱼	*Clupea pallasii*	03024100.10/03035100.10
鲳鲉属（叶鳍鲉属）	genus *Sebastolobus*	03028990.30/03038990.30
毛蟹、金霸王蟹（帝王蟹）、仿石蟹（仿岩蟹）、堪察加拟石蟹、短足拟石蟹、扁足拟石蟹、雪蟹、日本雪蟹	*Erimacrus* spp.，*Lithodes aequispinus*，*Paralomis verrilli*，*Paralithodes camtschaticus*，*Paralithodes brevipes*，*Parailithodes platypus*，*Chionoecetes* spp.，*Chionoecetes japonicus*	03062499.10/03061490.10
粗饰蚶	*Anadara broughtoni*	03077199.20/03077990.20
蚬属	genus *Corbicula*	03079190.20/03079900.20
刺参，暗色刺参除外	*Apostichopus japonicus*	03081190.20/03081900.20
食用海胆纲	Class Echinoidea	03082190.10/03082900.10

2. 其他进口水产品

中文	学名	海关编码（鲜/冷冻）
冻大眼金枪鱼	*Thunnus obesus*	03034400.00
剑鱼	*Xiphias gladius*	03024700.00 03035700.00 03044500.00 03045400.00 03048400.00 03049100.00
蓝鳍金枪鱼	*Thunnus thynnus*	03023510.00 03034510.00
南极犬牙鱼	*Dissostichus* spp.	03028300.00 03038300.00 03044600.00 03045500.00 03048500.00 03049200.00

二、渔业相关国际条约或协定

（一）国际条约

1. 联合国海洋法公约（1982）

2. 执行 1982 年《联合国海洋法公约》有关养护和管理跨界鱼类种群和高度洄游鱼类种群的规定的协定（联合国鱼类种群协定）（1995）

3. 关于预防、制止和消除非法、不报告、不管制捕捞的港口国措施协定（2009）

4. 促进公海渔船遵守国际养护和管理措施的协定（1993）

5. 负责任渔业行为守则（1999）

6. 减少延绳钓渔业误捕海鸟国际行动计划（1999）

7. 捕捞能力管理国际行动计划（1999）

8. 养护大西洋金枪鱼国际公约（1966）

9. 建立印度洋金枪鱼委员会协定（1993）

10. 中西部太平洋高度洄游鱼类种群养护和管理公约（2004）

11. 南极海洋生物资源养护公约（1982）

12. 中白令海峡鳕资源养护与管理公约（1995）

13. 南太平洋公海渔业资源养护和管理公约（2012）

14. 北太平洋溯河性种群养护公约（1992）

15. 中华人民共和国政府和俄罗斯联邦政府关于预防、阻止和消除非法、不报告和不管制捕捞海洋生物资源的合作协定

16. 国际濒危物种贸易公约（2000）

（二）涉外渔业规范性文件

1. 农业部关于实施《中越北部湾渔业合作协定》的通告（2004）

2. 农业部办公厅关于为输欧海洋捕捞产品办理合法捕捞证明的通知（农办渔〔2009〕126 号）

3. 农业部、外交部、公安部、海关总署关于加强对赴境外作业渔船监督管理的通知（农渔发〔2007〕4 号）

4. 交通部海事局、农业部渔业局、农业部渔业船舶检验局关于理顺从事国际鲜销水产品冷藏运输船管理关系的意见（2004）

5. 农业农村部办公厅关于规范濒危野生动植物种国际贸易公约附录水生动物物种审批管理工作的通知（农办渔〔2018〕78 号）

6. 农业部关于禁止在公海使用大型流网作业的通知（〔1991〕农［渔政］字第 3 号）

7. 农业部办公厅关于加强印尼远洋渔业项目管理的通知（农办渔〔2014〕62 号）

8. 农业部关于印发联合国大会通过禁止在公海使用大型流网决议的通知（〔1990〕农［渔政］字第 18 号）

9. 农业部办公厅关于严格遵守南极磷虾渔业国际管理措施的通知（农办渔〔2013〕93 号）

10. 关于远洋渔船统一实施《国际燃油污染损害民事责任公约》的通知（国渔政（船）〔2013〕3 号）

11. 农业部办公厅关于南太平洋区域渔业管理组织有关管理措施的通知（农办渔〔2013〕27 号）

12. 农业部办公厅关于加强印度洋作业渔船海盗防范工作的通知（农办渔〔2012〕99 号）

13. 农业部办公厅关于我国渔船过境俄罗斯水域注意事项的通知（农办渔〔2014〕61 号）

14. 农业部渔业局关于转发《鄂霍次克海俄罗斯专属经济区外国渔船通行暂行规定》等事的通知（〔1995〕农［渔远］字第 79 号）

15. 外交部对外贸易经济合作部《关于进入厄瓜多尔水域船只须提前办妥有关认证书事》的函（〔1995〕外经贸运函字第 234 号）